U0540349

西北政法大学自编教材

数据法学教程

A Course in Data Law

主　编｜国瀚文

撰稿人｜国瀚文　高丰美　录睿琪
以撰写章节先后为序　程　锦　刘海洋

法律出版社
——北京——
始创于1954年

好书，同好老师和好学生分享

图书在版编目（CIP）数据

数据法学教程 / 国瀚文主编. -- 北京：法律出版社，2025. -- ISBN 978-7-5244-0365-4

I. D922.17

中国国家版本馆 CIP 数据核字第 2025QT4530 号

数据法学教程
SHUJU FAXUE JIAOCHENG

国瀚文 主编

责任编辑 陈　慧
装帧设计 鲍龙卉

出版发行　法律出版社	开本　720 毫米×960 毫米　1/16
编辑统筹　法律教育出版分社	印张　21.25　　　字数　385 千
责任校对　王晓萍	版本　2025 年 7 月第 1 版
责任印制　刘晓伟	印次　2025 年 7 月第 1 次印刷
经　　销　新华书店	印刷　河北晔盛亚印刷有限公司

地址：北京市丰台区莲花池西里 7 号（100073）
网址：www.lawpress.com.cn　　　　　　销售电话：010-83938349
投稿邮箱：info@lawpress.com.cn　　　　客服电话：010-83938350
举报盗版邮箱：jbwq@lawpress.com.cn　　咨询电话：010-63939796
版权所有·侵权必究

书号：ISBN 978-7-5244-0365-4　　　　　　定价：49.00 元

凡购买本社图书，如有印装错误，我社负责退换。电话：010-83938349

序

习近平总书记在党的二十大报告中提出"以中国式现代化全面推进中华民族伟大复兴"的使命任务，明确提出"在法治轨道上全面建设社会主义现代化国家"的行动纲领，并对加快建设数字中国、法治中国作出了具体部署。随着大数据发展上升至国家战略层面，在顺应大数据时代发展潮流的背景下，数据法学作为法学研究的新知识形态应运而生，它集中体现了数据法律制度框架和体系。推动数字治理尽快步入法治化轨道已成为当务之急。对数据法学实务进行学科式梳理，必将有力地推动数字经济的法治化进程，这也是深入贯彻党的二十大作出的加快发展数字经济战略部署的具体实践。

本书是西北政法大学自编系列教材之一，也是我校第一本数字法学科实务教材。在内容编排上，本教材高度系统化，全面覆盖了数据法学从基础理论到实际应用的各个方面，能助力学生在学习过程中更好地掌握实际操作技能，为其未来投身职业生涯筑牢根基。本书不仅适用于各类高等院校法科课堂教学，也能为司法实务工作者以及社会读者的学习与研究提供具有价值的参考。

西北政法大学民商法学院院长　程淑娟
2025 年 4 月 2 日

作者简介及分工

(以撰写章节先后为序)

国瀚文 法学博士,西北政法大学副教授、硕士生导师,西北政法大学民商法学院数智法融创研究所主任,最高人民法院实践锻炼青年学者。主要著作有:《大数据交易的竞争法规制研究》(专著)、《数据法学适用研究》(专著)、《区块链法学》(副主编)、《数据法学》(参编)、《合同法》(合著)、《反垄断司法研究》(合著)等,并在《法律适用》《中国应用法学》《判解研究》《数字法学》等国内外期刊上发表论文30余篇。

撰写本书第一章、第三章、第八章、第三编。

高丰美 法学博士,西北政法大学副教授、硕士生导师。主要著作有:《挑战与调适:中国婚姻家庭制度的时代画像》(专著)、《改革开放40年法律制度变迁:民法卷》(合著),并在《法律适用》等期刊上发表论文20余篇,主持国家社科基金项目、民政部婚姻家庭建设项目等课题多项。

撰写本书第二章、第九章。

录睿琪 法学博士,西北政法大学讲师、硕士生导师,西北政法大学民商法学院数智法融创研究所副主任。在《广东社会科学》《南通大学学报》等刊物上发表论文多篇。

撰写本书第四章、第七章。

程 锦 法学博士,西北政法大学副教授、硕士生导师,西北政法大学民商法学院数智法融创研究所研究员。主要著作有:《武警部队反恐怖法律研究》(合著)、《军事法学》(副主编)、《中华人民共和国人民武装警察法释义和适用指南》(参编)等,并在《中国军法》《武警学术》等刊物上发表论文多篇。

撰写本书第五章、第六章。

刘海洋 法学博士，西北政法大学讲师、硕士生导师，西北政法大学民商法学院数智法融创研究所副主任。主要著作有：《人格权纠纷裁判规则研究》（专著）、《婚姻家庭纠纷案例教程》（主编），并在《学术界》《湖南社会科学》《西南民族大学学报》《判解研究》等刊物上发表论文 10 余篇，多篇文章被《中国社会科学文摘》全文转载。

撰写本书第十章。

目　　录

第一编　总　　则

第一章　数据法导论 （3）
第一节　数据法概述 （3）
第二节　数据法的立法目的和原则 （9）
第三节　数据法与其他法律的关系 （18）

第二章　数据法律关系 （25）
第一节　数据法律关系的概念和特点 （25）
第二节　数据法律关系的主体和客体 （27）
第三节　数据法律关系中的权利和义务 （39）

第三章　数据立法的国际模式与实践 （49）
第一节　欧洲模式 （49）
第二节　美洲模式 （56）
第三节　亚洲模式 （62）

第二编　分　　则

第四章　数据权益保护 （71）
第一节　数据权益的概念和特点 （72）
第二节　数据权益的类型和内容 （80）
第三节　数据权益的保护方式和措施 （90）

第五章　数据合规管理 （98）
第一节　数据合规管理的概念和特点 （98）
第二节　数据合规管理体系的构建 （101）
第三节　数据合规管理的实施 （115）
第四节　数据合规管理监督 （133）

第六章　数据安全保护　(138)

第一节　数据安全的概念和重要性　(138)
第二节　数据安全的保护措施和方法　(141)
第三节　数据泄露的应对和处理　(153)

第七章　数据交易与利用　(168)

第一节　数据交易的概念和类型　(169)
第二节　数据交易的原则和规则　(176)
第三节　数据的合理利用和限制　(188)

第八章　数据跨境流动　(197)

第一节　数据跨境流动的概念和特点　(198)
第二节　数据跨境流动法律规制　(202)
第三节　数据跨境流动规制路径的完善　(210)

第九章　数据法律责任　(217)

第一节　数据法律责任的概念和特点　(217)
第二节　数据法律责任的构成要件和归责原则　(220)
第三节　数据法律责任的形式和承担方式　(229)

第十章　数据法律救济　(238)

第一节　数据法律救济的概念和内容　(238)
第二节　数据法律救济的程序和规则　(244)
第三节　数据法律救济中行政救济与司法救济的效果和意义　(250)

| 第三编　数据法实务 |

案例一：网络平台经营者商业诋毁及滥用市场支配地位的认定
　　　　——北京奇虎科技有限公司、腾讯科技（深圳）有限公司等滥用市场支配地位纠纷　(259)

案例二：网络平台经营者泄露用户隐私信息的处理
　　　　——庞某鹏与北京趣拿信息技术有限公司等隐私权纠纷　(270)

案例三：元宇宙侵权第一案
　　　　——杭州原与宙科技有限公司、深圳奇策迭出文化创意有限公司侵害作品信息网络传播权纠纷　(276)

案例四：网络平台经营者非法抓取、使用用户信息的不正当竞争行为
　　　　——北京微梦创科网络技术有限公司、北京淘友天下技术有限

公司等不正当竞争纠纷 (283)

案例五：网络平台经营者数据爬取行为的合规边界
　　——以 HiQ 实验室诉 LinkedIn 案为例 (289)

案例六：网络平台经营者的数据合规管理
　　——以国家互联网信息办公室对滴滴全球股份有限公司作出网络安全审查相关行政处罚为例 (297)

案例七：网络平台经营者数据泄露事件的处理
　　——以阿里云计算有限公司未经用户同意擅自泄露个人信息为例 (305)

案例八：非法获取网络用户信息的有关刑事责任
　　——以逯某、黎某侵犯公民个人信息案为例 (311)

案例九：网络经营平台竞价搜索排名规制
　　——唐山人人信息服务有限公司、北京百度网讯科技有限公司滥用市场支配地位纠纷 (316)

案例十：金融机构数据交易的合规性和合法性分析
　　——以国家金融监管总局对中信银行股份有限公司作行政处罚决定为例 (322)

第一编 总 则

第一章 数据法导论

第一节 数据法概述

一、数据的定义和性质

2022年12月,中共中央、国务院正式印发《关于构建数据基础制度更好发挥数据要素作用的意见》(以下简称《数据二十条》),为我国数据立法提出了指导性意见和原则。《数据二十条》指出,"数据作为新型生产要素,是数字化、网络化、智能化的基础,已快速融入生产、分配、流通、消费和社会服务管理等各环节,深刻改变着生产方式、生活方式和社会治理方式。数据基础制度建设事关国家发展和安全大局。为加快构建数据基础制度,充分发挥我国海量数据规模和丰富应用场景优势,激活数据要素潜能,做强做优做大数字经济,增强经济发展新动能,构筑国家竞争新优势"。

(一)数据的定义

国务院发布的《"十四五"数字经济发展规划》指出,"数据对提高生产效率的乘数作用不断凸显,成为最具时代特征的生产要素"。数据现被官方认定为土地、资本、劳动力及技术之外的第五大基本市场要素[1]。数据在现代市场经济中发挥越来越重要的作用,数字经济已经成为国际竞争的重要组成部分,数据安全已上升为国家安全。数据的范围十分广泛,分为个人数据、企业数据、公共数据。其中,个人数据是指与已识别或可识别的自然人相关的任何信息,包括但不限于姓名、身份证号码、位置数据、在线身份识别、生物识别数据(如指纹、人脸、DNA)等;企业数据是指企业在运营过程中所产生的各种数据资料,包括但不限于销售数据、财务数据、客户数据、员工数据等,其中不乏涉及商业机密;公共数据是指由公共管理和服务机构在依法履行职责或提供公共服务过程中

---

[1] 中共中央、国务院《关于构建更加完善的要素市场化配置体制机制的意见》第6条。

产生、处理的数据。这些数据包括国家机关、法律法规规章授权的具有管理公共事务职能的组织以及供水、供电、供气、公共交通等公共服务运营单位在履行职责或提供服务过程中收集和生成的数据。数据收集、数据使用与处理、数据共享和交易、数据竞争和垄断都围绕数据进行,每一过程都与数据息息相关。同时数据处理也面临风险和挑战,集中体现为隐私及数据权益保护、数据歧视、数据伦理、数据确权、数据跨境、数据国家能力及数据安全等一系列问题。[2]

《数据安全法》对数据进行了定义,第3条第1款规定:"本法所称数据,是指任何以电子或者其他方式对信息的记录。"该条款以分类的方式定义了数据,根据数据的记录方式,将数据分为以电子形式记录的数据(如计算机、电子摄像头、电子记录仪等设备记录的信息)和以非电子形式记录的数据(如纸质信息)。但在实务中,以非电子形式存储的数据往往要转化为电子数据来使用。除了根据数据的记录方式,学界还根据数据重要性程度以及有无被加工等将数据进行区分。

按照数据的重要性程度,可以将数据分为核心数据、重要数据和一般数据。核心数据是指关乎国家安全、国民经济命脉、重要民生、重大公共利益的数据。重要数据是指一旦遭到篡改、破坏、泄露或者非法获取、非法利用等,可能危害国家安全、经济运行、社会稳定、公共健康和安全的数据。一般数据是指核心数据和重要数据之外的数据。

按照数据的来源和加工方式,可以将数据分为原始数据和衍生数据。原始数据是指第一次收集的数据,没有经过任何处理或分析。这些数据通常直接源于各种数据源,如传感器、用户输入、系统日志等,保持了数据的最原始形态和最高的真实性。衍生数据是指对原始数据处理加工后形成的数据,包括数据集合、数据产品。

既然数据是对信息的记录,那么就要厘清"数据"与"信息"的区别。学界和实务界对数据与信息的概念素有争议,有学者认为数据与信息并无本质区别,可以相互替换使用。[3]另有学者认为数据与信息不同,不可混用数据和信息的概念。[4]其中有学者认为数据大于信息,即数据包含信息,数据内容包含信息与非信息;[5]有学者认为数据小于信息,即信息包含数据[6],尽管学者

---

[2] 何渊主编:《数据法学》,北京大学出版社2020年版,第3页。
[3] 谢远扬:《个人信息的私法保护》,中国法制出版社2016年版,第6页。
[4] 彭诚信、向秦:《"信息"与"数据"的私法界定》,载《河南社会科学》2019年第11期。
[5] 李爱君:《数据权利属性与法律特征》,载《东方法学》2018年第3期。
[6] 梅夏英:《数据的法律属性及其民法定位》,载《中国社会科学》2016年第9期。

对数据和信息的关系有所争议，但已达成了"数据是信息的载体，信息是数据的内容"这一共识。

(二) 数据的性质

1. 可支配性

数据与其他民事权利的客体一样，具有可支配性，民事主体可以通过一定的方式对其进行支配和控制。虽然数据作为无体物存在，但民事主体借助电子手段，可对其进行支配。从权能上看，数据的权能包括占有、使用、收益、处分。从占有来说，数据主体对于数据的实际占有和控制，可通过技术手段实现。从使用来说，数据主体可以对数据进行各种层面的处理、使用。从收益来说，数据主体可获得数据产生的孳息，或是出让数据获得对价。从处分来说，数据主体可以进行事实上的处分和法律上的处分，包括删除、转让等。

2. 非排他性

数据与其他民事权利客体的最大区别体现为非排他性，即数据可以同时被多方主体在多地处理、利用。比如我们的个人数据可能同时被银行、医院、派出所等主体持有。数据曾被比作新时代的石油，但与石油资源不同的是，数据具有强大的再生能力。在数据爆炸时代，数据越多，使用率越高，质量也会越高；数据再生能力越强，相关性越多，就越能发挥数据要素的作用。但若是通过技术、协议等手段排除限制其他主体使用数据，不仅降低数据的应然效率而且有可能损害公众的共同利益。[7]

3. 价值性

数据具有财产属性。《民法典》第 127 条规定："法律对数据、网络虚拟财产的保护有规定的，依照其规定。"立法将"数据"和"虚拟财产"并列，可以看出数据的财产属性得到了认可。经济法学理论中的"财产"具有使用价值和交换价值。使用价值是构成财富的物质内容，又是交换价值的物质承担者。数据作为客观形式存在，满足人民群众生活工作的需要，体现了其使用价值。数据交易中数据作为商品进行交换体现了其交换价值，数据交易平台交易的对象便是数据。如中关村数海大数据交易平台交易的是除涉及国家安全数据和个人数据以外的数据（含底层数据），贵阳大数据交易所交易的是经过清洗后的数据，不含底

---

[7] 时建中：《数据概念的解构与数据法律制度的构建兼论数据法学的学科内涵与体系》，载《中外法学》2023 年第 1 期。

层数据。[8] 虽然数据交易的类型不一致，但其用于交易的目的表明了数据具有交换价值。[9] 因此，数据资源蕴含着丰富的经济价值和社会价值。

二、数据法的定义和内容

（一）数据法的定义

大数据时代背景下法学研究的新知识形态是数据法学。目前，数据法的定义在学界存在多个学说，主要有"学科说""领域说"。"学科说"主张数据法学是运用数据科学方法创造法律数据产品和发现法学知识的独立的法律科学，是继法教义学、实证法学、计算法学之后的第四种法学知识形态，是法学研究创新发展的新方向，同时也是一门独立的法学新学科。[10] "领域说"支持数据法是典型的领域法，即"秉持实定法规范和实定法秩序的实用主义研究立场，主张打破部门法桎梏，以问题意识为关怀起点，以经验研究为理论来源，综合借鉴与运用其他社会科学的成熟方法进行研究的理论"。[11]

本书认为，数据法是以法律数据为研究对象，规范数据活动，调整数据主体、数据处理主体及数据控制主体之间法律关系的法律规范的总称。数据法学有其独立的研究对象、研究方法和研究内容。

数据法的研究对象是法律数据。数据法的研究内容是保障数据在全生命周期中的安全，促进数据的开发利用。《数据安全法》第13条规定："国家统筹发展和安全，坚持以数据开发利用和产业发展促进数据安全，以数据安全保障数据开发利用和产业发展。"必须坚持统筹发展与安全并重的立法目的，以发展促安全，以安全保发展。数据法的研究方法是法律大数据方法。

（二）数据法的内容

1. 数据法的研究对象十分广泛。数据法的研究对象是法律数据，指以任何电子或者其他方式对形式完好的、具有意义的、能给予相关参考点一个值的法律

---

[8] 李爱君：《数据权利属性与法律特征》，载《东方法学》2018年第3期。
[9] 《中国大数据产业发展指数报告（2023版）》指出，2022年我国大数据产业规模达1.57万亿元，同比增长18%，成为推动数字经济发展的重要力量，更逐渐成为国家重要的战略性资源。
[10] 曾赟：《第四种法学知识新形态——数据法学的研究定位》，载《法制与社会发展》2023年第1期。
[11] 刘剑文：《论领域法学：一种立足新兴交叉领域的法学研究范式》，载《政法论丛》2016年第5期。

信息的记录。[12] 法律数据包括在数据活动过程中产生的人身关系、财产关系和数据管理关系。如兼具人格利益与财产利益的个人数据（信息），主要涉及财产权的非个人信息的数据，以人格权为基础的隐私。数据主体的人格利益是数据主体基于个人信息产生的利益，具象化为数据主体知情权、访问权、更正权、删除权、限制处理权、数据可携带权、反对权。数据财产权是"权利人直接支配特定的数据财产并排除他人干涉的权利，它是大数据时代诞生的一种新类型的财产权形态。其权能包括数据财产权人对自己的数据财产享有的占有、使用、收益、处分的权利"[13]。数据管理是指数据管理机关计划、组织、协调和控制数据的收集、存储、加工、使用、提供、交易和公开等数据活动，使其发展符合组织目标的过程。

2. 数据法的研究内容是保障数据在全生命周期中的安全，促进数据的开发利用。统筹发展与安全并重同为指导思想，相辅相成，相互促进。安全是发展的前提，发展是安全的保障。维护数据安全，有利于保障数据开发利用的有序和效率；数据的开发利用，不仅推动经济发展，而且倒逼技术进步，持续提升维护数据安全的能力和水平。数据的全生命周期治理是一种从数据的产生到数据的消亡的信息管理模式，具体包括数据的产生、收集、处理、共享、交易、删除等数据的全生命阶段。数据法要为数据的不同生命阶段提供不同的保护框架。与此同时，数据法应优化数据资源配置，促进数据要素赋能实体经济的协同优化、复用增效、融合创新，依靠数据资源，提升产业发展的创新力与竞争力，推动形成新质生产力。

我国《数据安全法》第1条规定："为了规范数据处理活动，保障数据安全，促进数据开发利用，保护个人、组织的合法权益，维护国家主权、安全和发展利益，制定本法。"数据法在数据安全方面的核心议题是数据安全和经济发展的平衡，即"国家坚持保障数据安全与发展并重，鼓励研发数据安全保护技术，积极推进数据资源开发利用，保障数据依法有序自由流动"[14]。

目前，我国正在建设与数据开发利用有机衔接的数据安全法治体系，《数据安全法》《个人信息保护法》《网络安全法》悉数出台。其中，《数据安全法》对数据安全制度作出专章规定，要求建立数据分类分级保护制度以及数据安全应

---

[12] 曾赟：《第四种法学知识新形态——数据法学的研究定位》，载《法制与社会发展》2023年第1期。

[13] 齐爱民、盘佳：《数据权、数据主权的确立与大数据保护的基本原则》，载《苏州大学学报（哲学社会科学版）》2015年第1期。

[14] 《数据安全管理办法（征求意见稿）》第3条。

急处置机制，还对数据安全保护义务作了详细规定，如建立全流程数据安全管理制度，加强风险监测与安全事件响应，定期开展风险评估，明确数据主体的法律责任。在数据安全立法总体框架建立的基础上，还应加快保护数据利益的立法，构建数据权属体系和数据行为规则体系，使促进数据开发利用的全国性法律制度尽快出台。

3. **数据法的研究方法是法律大数据方法**。法律大数据方法是指运用机器学习算法对法律大数据进行抓取、维护、处理、分析，从而发现法律数据之间的关系，并据以创造法律数据产品和发现法律规则、原则、制度等法学知识的科学方法。数据是法律大数据方法的物质基础，机器学习算法是法律大数据方法的技术基础，算力是法律大数据方法的动力基础。其中，机器学习是指根据给定的训练样本对某系统输入输出之间的依赖关系进行评估，以便对未知的程序输出作出尽可能准确的预测。算法是数据处理的核心机制，离开了算法，就无法实现数据的价值。无论是政务数据，还是企业数据，都需要依赖算法技术，给出一个有偏向性的决策。

4. **数据法是数据法学体系的重要组成部分**。数据法学体系是指数据法学在学科上的内部结构及整体构成方式，既包括内容上的逻辑联系，也包括形式上的逻辑构架。每一个部门法都是完整的体系，既要对法进行历史性研究，考察研究法的产生、发展及其规律，又要对法进行共时性研究，比较研究各种不同的法律制度，分析它们的性质、特点以及相互关系；既要研究法的内在方面，即法的内部联系和调整机制，又要研究法的外部方面，即法与其他社会现象的联系、区别及相互作用；既要研究法律规范、法律体系的内容和结构以及法律关系、法律责任的要素，又要研究法的实际效力、效果、作用和价值。[15]

建立数据法学有利于为数据法律体系提供指引和实现其内在统一与持续稳定，进而对数据法律体系的健全、完善和科学化起到促进作用。数据法学体系研究不仅进行理论研究，同时也为数据立法提供理论基础。在数据立法过程中，需要体系化的作用使原有杂乱无章、互不隶属的规范与事实整合为一个无矛盾的、和谐的有机整体，从而促进法秩序的稳定。数据法学体系的建立要以"科学化"为原则，数据法的理论研究应符合客观实际，尊重客观规律，以"激励数据价值挖掘和数据合规技术"发展以及开展"司法实践和数据活动"相呼应的动态研究为原则，[16] 随着社会的发展而变化。

---

〔15〕 吴汉东主编：《法学通论》，北京大学出版社2018年版，第9页。
〔16〕 李爱君：《论数据法学体系》，载《行政法学研究》2023年第5期。

第二节 数据法的立法目的和原则

一、数据法的立法目的

数据法立法目的应是保护数据安全，维护个人数据权益，促进数据开发利用，实现数据价值。保护数据安全是指采取必要措施，确保数据处于被有效保护和合法利用的状态，以及具备保障持续安全状态的能力；维护个人数据权益是指在数据处理过程中，保护个人数据权益，使其免受不法侵犯。对于一个国家来说，国家拥有的数据规模及数据运用能力已逐步成为综合国力的重要组成部分，对数据的占有权和控制权成为国家的核心权力，更是国家基础性战略资源。数据法既是权利保护之法，也是促进利用之法；是护航发展之法，也是权力规制之法。数据法应在准确把握党和国家政策导向、根植社会实际发展阶段、平衡好各方诉求和价值目标的过程中，有效提升数据治理能力和治理效能，引领收获数据红利。

数字化发展为个人提供了便利，改变了传统的生活工作模式，但复杂的数据处理也增加了个人权益暴露于众的安全风险。个人信息安全一旦受到威胁，将严重危害广大群众的合法权益，甚至对国家安全造成影响。"数据立法的目的不应当是短时间内的个人数据权利的最大化，而应当是民众利益或福利的最大化。"[17] 其目的应当是让人民群众在数字化发展中获得幸福感、满足感、安全感。民众利益或福利不仅包括个人数据权利，还包含国际安全、公共安全、经济安全及社会稳定等整体性利益。

在数据技术快速发展的同时，不只是人民群众的个人数据权益会遭到不同程度的侵害，还可能发生大型群体性数据泄露事件。如 2018 年，国泰航空 940 万名乘客信息遭泄露，涉及多项定位信息，另有大约 86 万个护照号码及身份证号码曾被不当浏览；2018 年，社交软件脸书（Facebook）3000 万用户信息被黑客利用控制，Facebook 的信誉和业务受到严重影响，引发网友共同抵制；2024 年 2 月，法国发生了有史以来最严重的数据泄露事件，4300 万公民的信息遭到窃取，包括当前注册用户、过去 20 年内曾经注册过的用户，以及未在求职者名单上但

---

[17] 何渊主编：《数据法学》，北京大学出版社 2020 年版，第 19 页。

在官网用户候选人名单上的用户。[18]

《信息安全技术　数据安全能力成熟度模型》对数据安全的定义是指以数据安全为中心，保护数据的可用性、完整性和机密性。数据安全有两方面含义：一是数据本身的安全，可采用现代密码算法对数据进行主动保护，如数据保密、数据完整性、身份认证等。二是数据防护的安全，主要是采用现代信息存储手段如数据备份、异地容灾[19]等对数据进行主动保护。此外，还可以将数据安全分为静态安全和动态安全。静态安全要求各个主体在其保存和处理数据过程中保证数据及权属的安全性与有效性，确保数据以合法合规的形态进入动态的流通环节。[20] 动态安全要求在数据流转过程中，数据的静态安全不受影响，保证数据流转过程的有效性。

数据开发利用是数据全生命周期中的关键环节，数据作为生产要素，应在更大范围、更大程度，以更高质量、更高效率得到开发和利用。2023年，国家数据局组建成立，其首要职能为"协调推进数据基础制度建设，统筹数据资源整合共享和开发利用"。2024年国家数据局等部门发布实施的《"数据要素×"三年行动计划（2024—2026年）》要求发挥数据的基础资源作用和创新引擎作用，遵循数字经济发展规律，以推动数据要素高水平应用为主线，以推进数据要素协同优化、复用增效、融合创新作用发挥为重点，……充分实现数据要素价值，引领全社会数据资源的开发利用，加大高质量数据的供给水平。由于个人数据具有私密性，企业数据具有专属性，公共数据成为开发利用的重中之重。公共数据是指行政机关以及具有公共管理和服务职能的机构在履行职责过程中产生和采集的数据。开发利用公共数据，是深化数据要素市场化配置改革的关键举措，是激活数据要素潜能的引领工程，是发展数字经济的重要支撑。目前，各省市都制定了关于数据开放利用的省市级综合立法。贵州省于2016年制定了《贵州省大数据发展应用促进条例》，其他省市也在2018—2022年集中制定了本省市的数据发展条例。各地的数据立法名称、立法模式、立法体系有所差异，但立法目的与发展目标基本一致。要丰富数据开发利用的模式、探索公众参与和监督机制，确保数据流通利用的最终目的是服务社会，推动社会经济发展，维护社会秩序。推动数

---

[18]《法国政府机构泄露4300万公民个人数据》，载微信公众号"网络法+"2024年3月21日，https://mp.weixin.qq.com/s/KrviArLgEJami4pAk1oq0g。

[19] 异地容灾，顾名思义就是在不同的地域，构建一套或者多套相同的应用或者数据库，起到灾难后立刻接管的作用。异地容灾对企业应用及数据库起到了安全性、业务连续性等方面的作用，因此其与私有云或者公共云起到的容灾效果是完全不同的。

[20] 张敏主编：《数据法学》，中国政法大学出版社2023年版，第71页。

据流通利用立法是提升一国数字经济竞争力、掌握数字社会规则主导权的重要举措，也是解决地方立法权限不足和碎片化市场问题的关键。[21]

数据开发利用要求数据共享流通，不仅要实现国内数据交互，而且要实现安全的数据跨境流动。数据跨境流动是数据发展和安全共同关注的目标，也是近年来我国数据治理中的重要环节。一方面，数据跨境流动有利于加强国际交流与合作，提升数字化水平，优化外商投资环境；另一方面，数据跨境面临风险和安全隐患，加大了数据治理难度。国家出台的《数据出境安全评估办法》《个人信息出境标准合同办法》有效推动了跨境数据的自由、有序和安全流动。2024年3月，国家互联网信息办公室公布《促进和规范数据跨境流动规定》，对数据出境安全评估、个人信息出境标准合同、个人信息保护认证等数据出境制度作出优化调整，以此促进数据依法、有序、自由流动，激发数据要素价值，扩大高水平对外开放。

二、数据法的基本原则

数据法的基本原则是规范数据的收集、存储、传输、处理、使用、共享、交易等全生命周期活动，以及指导数据安全保障和监督管理的基础性法律准则，是数据法律规范或规则存在的理论基础，是贯穿整个数据法的指导思想。

由于数据法具有抽象性、稳定性、滞后性的特点，数据关系随着科学技术不断发展变化，新型数据法律关系层出不穷，而数据法律规范在一定时间内将保持固定不变，这就造成了数据法落后于数据法律关系的结果，导致与社会实践存在矛盾。[22] 此时便需要数据法的基本原则来指导、调整、解决新型数据法律关系，保证数据法的安定性。

（一）数据主权原则

数据主权原则是指主权国家拥有对外的独立自主和对内的最终决定权，即有权占有、管理、控制、利用和保护本国数据。《数据安全法》第1条规定了数据处理要维护国家主权、安全和发展利益。数据主权原则是数据法的首要原则，承认数据主权是主权国家实施数据治理的前提。数据主权对内体现为主权国家对管辖范围内的任何数据都拥有最终决定权，特别要避免互联网企业以数据技术能力替代国家的认证能力；对外体现为主权国家有权决定如何参加国际数据活动，并

---

[21] 申卫星、刘云：《数字中国建设需要一部"数据资源法"》，载《数字法治》2023年第3期。
[22] 齐爱民：《数据法原理》，高等教育出版社2022年版，第88页。

有权采取必要措施保护数据权益免受非法侵害，比如避免其他主权国家通过跨国公司获取我国数据。如《数据安全法》第36条规定："中华人民共和国主管机关根据有关法律和中华人民共和国缔结或者参加的国际条约、协定，或者按照平等互惠原则，处理外国司法或者执法机构关于提供数据的请求。非经中华人民共和国主管机关批准，境内的组织、个人不得向外国司法或者执法机构提供存储于中华人民共和国境内的数据。"

由于数据资源的特有价值，各国对数据资源依赖程度加深，对数据的利用成为各国竞争的关键。《欧盟数据战略》强调了技术主权和实现数据跨境主权。美国《澄清域外合法使用数据法案》规定了其数据主权战略：既可取数据，又可防数据。取数据是指美国政府直接通过美国的跨国公司获取所在国的数据；防数据是指外国政府要获取美国的数据，需要通过"人权和数据权利保护底线"测试。[23] 捍卫数据主权，需要一系列规范性文件加以规则明确，还需要一系列制度相配合，如数据本土化存储制度、数据跨境评估制度等。

（二）数据自由原则

数据自由原则是指数据依法自由获取和自由流通，不受任何机构和个人的非法阻却。数据自由原则包括个人享有依法自由获得数据的权利，数据依法在国家之间自由流通，数据自由流通不受非法干预。[24]

数据自由流通是市场经济的客观需要，也是数字经济发展的前提。数据在市场经济中自由流通，不应对数据流通给予不必要的限制。一方面，要反对数据垄断，注意避免垄断者利用自身地位、技术等优势，拒绝开放共享数据或是有意阻碍数据的自由流动，取得对数据数量、时效和质量方面的垄断。[25] 另一方面，要加快全球范围内数据自由流通，促进数据依法自由跨境流通，自由开展国际贸易。目前，由于技术发展水平不平衡，加之各主权国家多选择宽松的"区域数据共享模式"，全球范围内的数据自由流动还存在一定的限制。信息技术的不平衡，导致数据使用出现严重的地区差异，经济发达国家在数据利用上具备优势。欧盟《非个人数据自由流动条例》鼓励在欧洲市场内实现非个人数据自由流动和共享，促进欧洲数字产业和企业的发展。此举旨在促进欧盟间的数据流动及发展。为此，我国提出了推进全球互联网治理体系变革的"四项原则"和构建网

---

[23] 何渊：《论中国式数据治理的法律逻辑》，载《数字法治》2023年第3期。
[24] 齐爱民：《数据法原理》，高等教育出版社2022年版，第90页。
[25] 齐爱民、盘佳：《数据权、数据主权的确立与大数据保护的基本原则》，载《苏州大学学报（哲学社会科学版）》2015年第1期。

络命运共同体的"五点主张",提出跨境数据流动治理的中国方案,在立法上引领数字开放与网络安全规则,在执法上开启跨境数字执法机制新模式,加强国家间治理协作,促进各国互联互通,努力弥合全球数字鸿沟,促进全球数据自由流动及数字经济发展。[26]

(三) 合理性原则

合理性原则也称比例原则,是衡量数据处理目的和拟采取手段之间利益关系的原则;要评价数据收集和处理所欲达到的目的的正当性,以及实现目的与拟采取手段之间的利益衡量关系。比例原则本是评价公法中公权力运用是否合理,衡量基本权利冲突的分析框架。但由于公私法不断靠近,"比例原则作为对社会行为中目的理性的全面与凝练的概括,作为利益衡量的基本方法,其作用领域并不仅仅局限于公法领域。在私法中,比例原则的利益衡量方法,也应得到全面地运用"[27]。

比例原则运用于数据法领域各个数据处理环节,具体表现在预备阶段、适当性审查阶段、必要性审查阶段以及均衡性四个阶段。适当性、必要性及均衡性同时符合了比例原则在数据法领域的三项要求。首先,在预备阶段需审查数据处理是否具有目的正当性。一方面,要求数据处理的目的是合法的。例如,《民法典》第 1035 条、《个人信息保护法》第 5、6 条均规定,处理个人信息应当遵循合法原则,既不能侵害数据主体的人格尊严、人身自由,也不能损害社会公共利益或国家利益。目的合法是数据处理的前提,也是比例原则适用的前提。另一方面,要求数据处理的方式是合法的。《个人信息保护法》第 5 条规定:"……不得通过误导、欺诈、胁迫等方式处理个人信息。"即使通过此种手段获得信息主体授权,但由于方式是违法的,也违背了目的正当性。其次,应检验数据处理是否符合适当性原则。适当性原则是指数据处理者在实施数据处理行为前必须进行利益衡量,只有当行为对于实现相应的目的是适当的且可能取得的利益大于可能损害的利益时,才能实施。此时要求数据处理者追求的目标是精确的,在目标模糊不清的情形下,不能认定符合比例原则;还要求采取的技术收集足以实现计划的处理目的。再次,检验数据处理是否符合必要性原则。数据法中的必要性原则体现为最小范围原则。《个人信息保护法》对必要性原则有详细规定,要求数据处理者在收集个人信息时,应收集实现处理目的所需要的最小范围,不得过度收

---

[26] 王淑敏:《全球数字鸿沟弥合:国际法何去何从》,载《政法论丛》2021 年第 6 期。
[27] 纪海龙:《比例原则在私法中的普适性及其例证》,载《政法论坛》2016 年第 3 期。

集；处理敏感的个人信息应当具有充分的必要性，否则不能收集；个人信息保存期限应当为实现处理目的所必要的最短时间，除非法律、行政法规另有规定。[28]最后，检验数据处理是否符合均衡性原则。均衡性原则又称"狭义比例原则"，是指数据处理者采取的技术手段，要保证对数据主体权益的损害不能超过实现数据处理目的所带来的收益，即处理行为造成的损害和所实现的目的效果之间成适当比例。

在实践中，违反适当性原则的情形较为突出，主要表现为收集与其提供的服务无关的个人信息。如移动应用软件（App）超范围、非服务场景索要用户个人信息或系统权限，地图类 App 用户不同意打开视频权限、视频类 App 用户不同意打开位置权限，则该 App 禁止该用户使用服务。对此，《常见类型移动互联网应用程序必要个人信息范围规定》对适当性原则进行了保障，即 App 不得因为用户不同意提供非必要个人信息，而拒绝用户使用其基本功能服务。

（四）目的限制原则

目的限制原则又称目的拘束原则，是指数据处理应限于最初的收集目的，在后续的数据处理活动中应与该目的保持一致，除非经过数据主体同意，否则不得在目的之外处理数据。《网络安全法》第 41 条第 1 款规定："网络运营者收集、使用个人信息，应当遵循合法、正当、必要的原则，公开收集、使用规则，明示收集、使用信息的目的、方式和范围，并经被收集者同意。"《个人信息保护法》第 6 条第 1 款规定："处理个人信息应当具有明确、合理的目的，并应当与处理目的直接相关，采取对个人权益影响最小的方式。"以上规定细化了目的限制原则的要求，即首先要目的特定，其次要直接相关，最后还要选择影响最小的方式。

欧盟《通用数据保护条例》（General Data Protection Regulation，GDPR）第 5 条第 1 款规定，数据处理者和数据控制者应基于具体、明确、合法的目的收集个人数据，且之后不得以与该目的相违背的方式对收集的个人数据进行处理。但基于公共利益存档目的、科学研究或历史研究目的以及统计目的而进行的数据处理，并不能被视为"违背最初目的"。该条例同时提出"兼容性使用""场景理论"，指出判定兼容性也应当考虑信息收集目的与信息处理目的之间的关系，信息收集的具体情境与信息主体的合理预期，信息的性质与信息处理对信息主体的

---

[28] 程啸：《论我国个人信息保护法的基本原则》，载《国家检察官学院学报》2021 年第 5 期。

影响以及信息处理者采取的保障措施等。[29] 而场景理论主张隐私保护应与特定情境相联系，信息的收集和传播应当符合具体情境并遵守特定情境的对应规则，隐私是否受到侵害需要综合考虑该场景下的多种因素。[30] 以上规定均体现目的限制原则的基本要求。

目的限制原则一方面有利于保护个人数据权益，另一方面有利于协调数据权益保护和经济发展之间的关系。在数据处理前确定好处理目的，可以保证数据主体事先知道数据利用的目的和范围，还可以对数据处理的风险或影响进行评估，这样可能提前发现存在的风险，在后续的处理活动中及时作出调整。如此一来，既为数据保护提供了保障，又避免了风险及相关损失，有助于促进科技发展和经济发展。[31]

在实践中，违反目的限制原则的典型行为有：未向个人明示个人信息的处理目的，个人信息处理目的变更而未取得个人重新同意，委托处理个人信息时受托人超出约定的处理范围处理个人信息。例如，App 用户协议未完整列举、说明 App 实际业务功能收集及使用个人信息的类型、目的和方式。

（五）公开透明原则

公开透明原则是指数据控制者和数据处理者以合法而且公开透明的方式对数据主体的个人数据进行处理。比如，《网络安全法》第 41 条规定，网络运营者收集、使用个人信息时，应当"公开收集、使用规则"。《个人信息保护法》第 7 条规定："处理个人信息应当遵循公开、透明原则，公开个人信息处理规则，明示处理的目的、方式和范围。"该法第 17 条更详细规定了应以显著方式、清晰易懂的语言告知信息主体个人信息处理者的名称和联系方式，处理个人信息的种类、保存期限，以及法律、行政法规应当告知的其他事项。若个人信息处理者采取隐秘的、暗箱操作的方式，且该处理行为侵害了自然人的个人信息权益，此种处理行为便是非法的处理行为。公开透明原则还要求个人信息处理者在利用个人信息进行自动化决策时，处理者应保证决策的透明度和结果公平、公正。

公开透明原则在各国数据法原则中同样有所体现。GDPR 导言部分指出，透明原则"特别涉及数据主体关于控制者身份的信息和处理目的以及进一步处理

---

[29] 朱荣荣：《个人信息保护"目的限制原则"的反思与重构——以〈个人信息保护法〉第 6 条为中心》，载《财经法学》2022 年第 1 期。
[30] Helen Nissenbaum, *Privacy as Contextual Integrity*, Washington Law Review, Vol. 79, p. 136 - 157（2004）.
[31] 程啸：《论我国个人信息保护法的基本原则》，载《国家检察官学院学报》2021 年第 5 期。

的信息，以确保对有关自然人的公正和透明的处理以及获得有关其正在处理的数据的个人确认和通信的权利。应该让自然人了解与处理个人数据有关的风险、规则、保障和权利，以及如何行使与处理有关的权利。特别是，处理个人数据的具体目的应清晰且合法，并在收集个人数据时予以明确"。巴西《通用数据保护法》第6条规定："保证数据主体对其个人数据处理及相关处理方的清晰、准确、易于访问的信息，受商业和工业秘密保护。"

违反公开透明原则的行为表现为未公开收集、使用数据。如App隐私政策或用户协议没有公开甚至没有制定，或隐私政策需满足特定条件才能访问，或隐私政策中没有收集、使用个人信息规则；隐私政策难以阅读，或个人信息收集、使用规则内容晦涩难懂，给用户制造理解困难。隐私政策应是公开且便于查阅和保存的。

（六）数据质量原则

数据质量原则是指数据资源应具备基本的质量要求，为数据利用提供基础保证；同时要求数据处理者应当保证其所处理的数据的质量，避免数据不准确、不完整造成不利影响。《个人信息保护法》第8条规定："处理个人信息应当保证个人信息的质量，避免因个人信息不准确、不完整对个人权益造成不利影响。"一方面，由于数据资源庞大，数据处理需先筛选具备价值的数据，数据自身的质量影响着其利用程度；另一方面，数据状态会产生相应的法律效果，若该数据存在错误或遗漏，可能影响数据处理后续的结果。

针对实践中可能出现的情形，我国对应制定了数据质量评价标准等一系列举措。数据质量评价标准包括：数据完整性，即数据是充分的，没有被遗漏，具体为实体不缺失、属性不缺失、记录不缺失和字段不缺失；数据唯一性，即组成数据内容的每个值都是唯一的；数据准确性，即数据必须真实准确反映实际发生的业务；数据一致性，即数据结构、数据值之间的相互关系符合逻辑规则。[32] 在公共数据利用层面，行政机关还要求：事前核实，由专门人员对数据的真实性、准确性进行核实，未经核实不得开放；注明出处，在上传数据时标明数据来源并负责；定期更新、检查与评估，以此改善和优化数据质量。[33]

---

[32] 《新鲜出炉，数据质量管理办法》，载微信公众号"融融数智"2022年5月25日，https://mp.weixin.qq.com/s/nHCVbOTbfpiUHGqKmLPbGw。

[33] 宋烁：《论政府数据开放的基本原则》，载《浙江工商大学学报》2021年第5期。

（七）责任原则

责任原则是指数据处理者是数据处理活动的首要责任主体，应对数据处理活动负责。《个人信息保护法》第9条规定："个人信息处理者应当对其个人信息处理活动负责，并采取必要措施保障所处理的个人信息的安全。"欧盟对于数据控制者要求更为严格，首先数据控制者要为确保处理活动的合规性负责，其次数据控制者要具有向监管机构证明此种合规性的能力。

责任原则要求数据处理者采取必要的保障措施，如国家网信部门在个人信息达到规定数量时，应当指定个人信息保护负责人，负责对处理活动及采取的保护措施进行监督；还要求数据处理者积极为数据主体提供投诉或举报等救济途径。《网络安全法》要求网络运营者建立网络信息安全投诉、举报制度，公布信息，及时受理并处理相关投诉和举报。网络运营者对上级部门的监督检查，应当予以配合。数据处理者故意或过失造成数据主体权利损害或数据泄露的，应承担赔偿等法律责任。[34]《个人信息法》第66条详细规定了个人信息处理者违反法律规定处理个人信息，应当承担相应的法律责任，包括责令改正、给予警告、没收违法所得、责令暂停或者终止提供服务，并处以罚款，对于个人信息保护负责人可以在一定期限内予以职业禁止。若有更为严重的违法行为，还涉及承担刑事责任。

（八）公共数据开放原则

公共数据开放原则是指政府机关和公共事业单位将其持有的公共数据，通过公共数据开放平台向社会开放，从而促进数据利用的原则。该原则针对的数据具有特殊性，即公共数据。数据权利并非纯粹的私权，而是具有明显的公共性。私权属性使数据趋向于保守秘密、独占支配，那么公共属性则需要数据不同程度地公开、开放共享。[35]公共数据具有规模体量大、数据质量高、价值潜能大、可控性强等特点。[36]《政府信息公开条例》规定，除涉及国家秘密或者可能危害国家安全，以及涉及商业秘密或者他人隐私的信息外，原则上需要信息公开。《数据安全法》规定国家机关应当遵循公正、公平、便民的原则，按照规定及时、准确地公开政务数据。国家制定政务数据开放目录，构建统一规范、互联互

---

[34] GDPR第5条第1款第6项。
[35] 张平华、董媛媛：《数据法与民法的制度基础比勘》，载《新文科理论与实践》2023年第1期。
[36] 张茜茜、涂群：《国家数据要素化总体框架——环节三：公共数据开发开放》，载微信公众号"交大评论"2024年3月17日，https://mp.weixin.qq.com/s/I6XiRLu2CteJOL6oYEK-LA。

通、安全可控的政务数据开放平台，推动政务数据开放利用。

我国公共数据开放经历了四个阶段：第一阶段为探索期，以信息资源开发利用为主；第二阶段为成长期，以信息公开为主；第三阶段为发展期，以公共数据共享开放为主；第四为成熟期，以深化公共数据共享开放为主。[37] 公共数据公开与开放，是两种不同的行为。数据公开相对于数据保密而言，是指主动将数据公开，允许他人访问，但无法进行结构化提取；数据开放公开程度更高。[38] 政务信息公开主要保障公民的知情权，打造阳光透明的政府。公共数据开放主要是为了促进数据利用，挖掘数据价值。

为保障公共数据开放，应采取相应措施。针对不同类型的数据，采取不同的开放形式，创新数据利用模式。《数据二十条》提出，"推动用于公共治理、公益事业的公共数据有条件无偿使用，探索用于产业发展、行业发展的公共数据有条件有偿使用"。该规定使有偿使用成为继共享和开放后的第三种方式。我国应建设公共数据开放平台和共享交换体系，完善平台功能，增加开放数量，形成不同层面的数据共享机制。我国应消除数字鸿沟、打破信息孤岛，加强数据技术共享，促进数据的创造和利用。[39] 不仅国家层面应助力数据开放，地方各省市也应积极制定公共数据开放管理条例。例如，深圳市设立数据开放专项资金，避免由于资金投入不足而无法开放，并建立公共数据开放实验室、设立星级奖励评价机制；青岛市探索"以公共数据运营撬动数据要素市场"的发展模式，推动培育全链条数据要素生态；温州市持续推动数据资源向数据产品转化，促进数据资源在各行业深入应用。

第三节　数据法与其他法律的关系

数据法聚焦各部门法在数据领域衍生的共性问题，在横向上整合传统法律部门要素，在纵向上突破部门法的壁垒，通过不同研究角度和方法来探索数据全生命周期的普遍规律，形成具有内生性、协同性的整体数据法律研究框架。但数据法并不是要取代传统的部门法，而是希望以一种交叉研究方法，综合运用各部门

---

[37] 张茜茜、涂群：《国家数据要素化总体框架——环节三：公共数据开发开放》，载微信公众号"交大评论"2024年3月17日，https://mp.weixin.qq.com/s/I6XiRLu2CteJOL6oYEK-LA。

[38] 郑磊：《开放不等于公开、共享和交易：政府数据开放与相近概念的界定与辨析》，载《南京社会科学》2018年第9期。

[39] 齐爱民：《数据法原理》，高等教育出版社2022年版，第93页。

法的既有知识图谱，全面回应并持续解决大数据时代不断出现的法律风险和难题。[40] 在法律实践中，无论是法官审理案件、律师提供法律服务，还是行政主体作出具体行政行为，都会遇到复杂的法律现象，可能涉及多个部门法，需要利用各部门的法律知识来解决。分析数据法与邻近部门法的关系，有利于深入了解数据法，准确理解相关法律的内在逻辑。

数据法与其他部门法的区别在于，数据权利具有复杂性与多元化的特征。一是数据权利主体多元化。数据主体包括数据处理者、数据控制者、数据提供者、数据监管机构等。二是数据权利客体多元化。数据权利客体范围根据不同标准有多种定义，不同的数据主体对应的数据客体也有所不同。三是数据权利内容的多样性。数据全生命周期对应的数据处理活动，包括产生、收集、处理、共享、交易、删除。四是保护法益上的多样性。数据权利既保护人格利益，也保护财产利益，还保护人格利益与财产利益的结合。五是数据权利法律关系的复杂性。不同数据主体间既具有横向社会关系，也具有纵向社会关系。[41]

一、数据法与宪法的关系

宪法是国家的根本法，是治国安邦的总章程，具有最高的法律效力，是数据法的重要渊源之一。宪法为数据领域的活动提供了根本指引，宪法从公民与国家、权利与权力的关系出发，将数据权利确认为宪法上的基本权利，为数据研究提供了宪法基础。这意味着国家对此负有保护义务，国家有义务保障公民数据权利的实现和不受第三人的侵害。公民个人有权抵制国家对其数据权利的入侵。[42] 相关数据立法活动必须以宪法为依据，不得与宪法相抵触。数据主体进行数据处理活动时必须以宪法为根本的活动准则，维护宪法尊严。

数字技术的发展推动了宪法的进步。如"数字人权""个人数据权益"的提出，使宪法上的人权与公民基本权利的内涵不断丰富。数字技术改变了传统的生活生产方式、经济发展方式，也影响着相关法律的变化。数字技术带来的风险也对宪法提出了挑战，促使宪法相关理论发展。[43]

---

[40] 刘剑文等：《领域法学：社会科学的新思维与法学共同体的新融合》，北京大学出版社2019年版，第72页。
[41] 张敏主编：《数据法学》，中国政法大学出版社2023年版，第69页。
[42] 王锡锌：《个人信息国家保护义务及展开》，载《中国法学》2021年第1期。
[43] 姜伟、龙卫球主编：《数字法学原理》，人民法院出版社2023年版，第34页。

二、数据法与民法的关系

（一）数据法与民法的联系

数据法与民法的发展有密切关系。民法是调整平等主体之间的人身、财产关系的法律规范。《民法典》人格权编设立了"隐私权和个人信息保护"专章，《个人信息保护法》对数据隐私作出专门规定，数据隐私主要表现为个人信息的保护。数据法基本原则与《个人信息保护法》的基本原则多有重合，如目的限制原则、公开透明原则、责任原则等，很多法律规范、法律适用也有重合之处。数据法调整的人身关系分为人格关系和身份关系，人格关系以人格利益为内容，身份关系以身份利益为内容。"数据法关于数据人身关系保护的规定实际上是民法关于人身关系保护的规定的特别法，数据法在遵循民法基本原则的前提下，就数据活动过程中形成的数据人身关系进行特别法的调整，予以数据权利主体更加周延的保护。"[44]

数据法的发展同时丰富了民法的内容，使传统民法与时俱进。[45] 如数据权益由于内容的复合性被定义为新型民事权益，需要民法规范予以保护。在合同方面，当数据主体与数据处理者形成合同关系，当事人之间的权利义务应适用《民法典》合同编中的规则。App服务商、数据提供者等平台制定的隐私政策或用户协议，应适用格式条款规制。在侵权责任法方面，当个人或企业的数据权益受到损害时，对于侵权行为构成、损害的认定和赔偿，应适用民事侵权法规则。王利明教授指出，数据权益保护应构建一套专门的、行之有效的针对数据的民法保护机制，应区分数据权益的合同法保护和侵权法保护，维护数据权益的完整性和安全性。[46]

（二）数据法与民法的区别

第一，调整对象不同。民法调整平等主体之间的财产关系和人身关系。数据法除调整人身关系、财产关系外，还调整数据管理关系，数据管理关系属于公法的调整范畴。数据管理关系中的数据监管机构大多属于行政主体，如网信部门、工信部门。

第二，调整主体不同。民事法律关系的主体是平等的自然人、法人或非法人

---

[44] 张敏主编：《数据法学》，中国政法大学出版社2023年版，第62页。
[45] 如《民法典》新增了关于电子合同的合同成立地点及标的交付时间的规定。
[46] 王利明：《数据的民法保护》，载《数字法治》2023年第1期。

组织。数据法律关系主体有提供数据的自然人、处理数据的国家机关、企事业单位、监管数据的行政机关等，其法律地位是不平等的。

三、数据法与刑法的关系

数字技术的应用作为一把"双刃剑"，一方面为数据治理、经济发展提供了支持；另一方面可能引发危害国家主权、领土完整和安全，破坏社会秩序和经济秩序，侵犯国有财产、公民私有财产，侵犯公民权利等情形。对此，刑法在公法的调整范围内，通过特有的技术和手段保障数据法实施，保护数据安全或信息秩序。《刑法》规定了数据犯罪的罪名，并在修正案中不断作出扩张，如增设罪名、扩充侵犯数据法益类型、规范行为方式。《刑法修正案（七）》对于针对计算机信息系统数据实施的犯罪行为，增设非法获取计算机信息系统数据罪。《刑法修正案（九）》对于针对公民个人信息数据实施的犯罪行为，修改完善了侵犯公民个人信息罪，强化了数据领域内的个人信息刑法保护力度。《刑法》针对属于商业秘密的数据实施的犯罪行为，规定了侵犯商业秘密罪，《刑法修正案（十一）》在此基础上还设立了为境外窃取、刺探、收买、非法提供商业秘密罪。[47]随着数字技术的发展进步，数据犯罪的对象不断扩张，需要刑法在合理的空间内进行规制，要惩治犯罪行为，但不能过度打压数据流通和利用。

刑法中的数据安全保护主要分为两类：一是重要数据安全保护，二是核心数据安全保护。数据安全保护依据《数据安全法》中的数据分类分级制度，根据数据在经济社会发展中的重要程度采取不同的保护措施。基于此，有学者提出"根据数据安全的法益性质及其所属侵害，对数据犯罪进行罪质界定和罪量评价"[48]。

四、数据法与经济法的关系

经济法是影响数字经济发展的重要部门法。经济法是调整在国家进行宏观调控和市场规制过程中发生的社会关系的法律规范。目前，数据领域的不正当竞争行为和垄断事件逐渐增多，导致市场秩序混乱，数据主体权益受损。经济法可从"反不正当竞争"和"反垄断"角度规范数据市场竞争秩序，引导市场良性竞争，保护数据主体权益；利用"消费者权益保护法"保护消费者的各类权利，如个人信息权。在规范数据行为的路径选择上，可采取正面清单路径和负面清单

---

[47] 喻海松：《数据犯罪刑法规制模式的现状评析与未来展望》，载《法学杂志》2023年第5期。
[48] 张勇：《数据安全分类分级的刑法保护》，载《法治研究》2021年第3期。

路径。法律明确规定可以从事的具体数据行为，属于正面清单路径，负面清单路径则强调"法无明文禁止即可为"。[49]

近年来，涉数据不正当竞争案件逐渐增多，如新浪微博诉脉脉案[50]、大众点评诉百度地图案[51]，这两案均被法院认定互联网企业利用爬虫技术获取对方数据的行为是不正当竞争行为，即违反了诚实信用原则和商业道德。在全国首例大数据产品不正当竞争纠纷案中，法院指出"应及时依法制止以不正当技术手段侵害大数据产品获取竞争优势的行为，同时加大惩治力度，给予数据产品研发者充分、有效救济，依法保护数据产品研发者的合法权益"[52]。数据法和经济法在实践中相互促进，"不论从数字税到数字货币，从数据垄断到平台竞争，还是从消费者保护到平台治理，由数字经济引发的经济法问题不胜枚举"[53]。为有效回应各类数字经济的需求，相关经济法律规范不断修改完善，带动了经济法律制度的推陈出新。

五、数据法与行政法的关系

截至2023年12月，在国家法律法规数据库收录的有效法律文件中，约有24.92%的法律文件内含有"数据"。就涉及的法律部门而言，呈现整体分散、大量集中的分布态势，主要出现在行政法领域和经济法领域，行政法约占文本总量的42.11%，经济法约占法律文本总量的28.95%。[54] 可以看出数据法与行政法联系密切，行政法中多有与数据相关的规范。《网络安全法》便具有明显的行政法色彩，其明确了政府各部门的职责权限，完善了网络安全义务和责任，并加大违法惩处力度。

行政法赋予行政主体执法和监管的权利，对于数据安全和个人信息保护，规定主要由四部门协同治理，即网信部门、工信部门、市监部门及公安机关。各部门在各自监管领域内各司其职又各有侧重，共同保障数据隐私与数据安全。网信部门主要负责网络信息安全审查，对关键信息基础设施运营者跨境传输数据进行评估和审查；工信部门负责定期通报侵害用户权益行为的App，如违规收集用户

---

[49] 张守文：《数据行为的经济法规制》，载《中国法律评论》2023年第6期。
[50] 北京知识产权法院民事判决书，（2016）京73民终588号。
[51] 上海知识产权法院民事判决书，（2016）沪73民终242号。
[52] 浙江省杭州市中级人民法院民事判决书，（2018）浙01民终7312号。
[53] 张守文：《数字经济发展的经济法规制》，载《中国网信》2023年第12期。
[54] 张红：《我国法律文本中的"数据"：语义、规范及其谱系》，载《比较法研究》2022年第5期。

个人信息,违规使用用户个人信息,不合理索取用户权限等行为,并监督存在问题的服务商及时整改;市监部门负责监管网络安全领域侵犯消费者个人信息权益的服务,对市场中的数据产品交易行为也具有执法权;公安机关主要负责净网专项行动,打击网络数据犯罪。[55] 除此之外,还有行业主管部门对其行业内部数据进行监管,如金融数据由金融监督管理局负责。各部门还可在职权范围内制定相应的规范性文件,如国家互联网信息办公室公布的《个人信息出境标准合同办法》,工业和信息化部公布的《电信和互联网用户个人信息保护规定》《网络安全审查办法》。在监管方面,先进的数字技术会被行政主体应用于各类行政行为中,应对此类大数据技术进行规制,确保数字技术的应用符合行政法的基本原则和法律规定。[56]

六、数据法与国际法的关系

数据法与国际法的关系中最受关注的是网络安全、网络犯罪、数据跨境流动等数据隐私及数据安全问题。对于此类问题,我国应制定与数据保护相关的专门性国际条约,积极参加国际条约、国际协定的谈判;开展国际交流合作,参与数据相关国际规则和标准的制定。若其他国家在数据开发利用等有关的贸易方面存在歧视性的禁止、限制或其他类似措施,我国也可根据实际情况采取反制裁措施。[57]

在数据跨境问题上,各国面临一系列政治困境、法律规范困境和技术困境。在政治困境方面,各国多形成一些双边、多边或区域性的国际规则,如《区域全面经济伙伴关系协定》《数字经济伙伴关系协定》,使"数据本土化"与"数据自由流动"对立。在法律规范困境方面,各国通过规则博弈争夺利益,导致跨境规制难以统一,规制效力难以实现。在技术困境方面,各国高度依赖技术支撑。此外,各国对待数据跨境有不同的价值导向,如美国以市场为导向,欧盟主要站在个人权利保护角度,我国以数据安全为中心,尊重网络主权和数据主权。[58] 基于此,应尊重国内和国际的法律框架,既注重各国数据主权,又注重

---

[55] 周杨、莫梓楠:《网络安全和数据保护领域行政职权划分与执法活动梳理》,载微信公众号"北京市竞天公诚律师事务所"2023年4月23日,https://mp.weixin.qq.com/s/Z6RMc5YmpbmWHRMD_OTZBg。
[56] 姜伟、龙卫球主编:《数字法学原理》,人民法院出版社2023年版,第35页。
[57] 周忠海主编:《国际法》,中国政法大学出版社2017年版,第56页。
[58] 熊菲、肖玉贤:《跨境数据流动治理:框架、实践困境与启示》,载《中国信息安全》2023年第10期。

全球数据的合理流动。

思考题
1. 请简述数据的三个基本性质（可支配性、非排他性、价值性）各自的具体内涵。
2. 请简述数据法的立法旨在实现哪些核心目标？
3. 请简述数据法与民法在调整对象和法律关系性质上存在哪些主要联系和显著区别？

第二章 数据法律关系

引例｜黄某与深圳某计算机公司等隐私权、个人信息保护纠纷案

黄某在通过某社交软件账号登录某读书软件时发现，在其没有进行任何添加关注操作的情况下，在该读书软件中"我关注的"和"关注我的"页面下出现了大量黄某的社交软件好友。此外，无论是否在该读书软件中添加关注关系，黄某与共同使用读书软件的社交软件好友都能够相互查看对方的书架、正在阅读的读物、读书想法等。黄某认为，读书软件及社交软件运营者的上述行为侵犯了自己的隐私权和个人信息权益，深圳某计算机公司作为读书软件及社交软件的开发、运营方，应当承担相应的侵权责任。黄某请求法院判令社交软件、读书软件的开发者、运营者深圳某计算机公司等停止侵权行为，解除读书软件中的关注关系、删除好友数据、停止展示读书记录等，并向黄某赔礼道歉。深圳某计算机公司认为，读书软件没有为黄某自动添加好友，获得黄某的社交软件好友关系数据、向黄某共同使用读书软件的社交软件好友展示读书信息，均在用户协议中有约定，经过了黄某的授权同意。

思考：法院应如何判决？

第一节 数据法律关系的概念和特点

一、数据法律关系的概念

数据法的调整对象是数据关系。数据关系是因数据行为而产生的社会关系。数据关系有广义和狭义之分。广义数据关系是指围绕数据产生的一切社会关系，包括数据处理、管理、安全保护等数据行为产生的社会关系。狭义数据关系，又称电子数据关系，是指围绕数据技术的应用由电子数据行为引发的一切新类型的数据关系。数据法应以狭义数据关系为调整范围。[1]

数据关系经数据法调整而形成数据法律关系。数据法律关系不同于数据关系。数据法律关系是由国家强制力保护的数据关系。数据法律关系是指法律在调整数据收集、处理和安全保护等数据行为中所形成的权利义务关系,既包括横向的平等主体之间的数据人身关系和数据财产关系,也包括纵向的数据管理关系。[2] 数据法律关系的主体既包括民事主体,也包括国家以及行政机关;数据法律关系客体为数据;主体对数据享有的权利和承担的义务为数据法律关系的内容。引起数据法律关系发生、变更和消灭的法律事实,包括收集、处理和利用等合法行为。

二、数据法律关系的特点

第一,数据法律关系是数据主体、数据处理主体、数据监管主体等主体之间的社会关系。数据法律关系是发生在自然人、法人或其他非法人组织之间的社会关系。数据法律关系是由享有权利、承担义务和责任的数据主体,数据处理主体及数据监管主体参与的社会关系。数据法律关系虽然在许多情况下与数据发生直接的联系,但它并不是人与数据的关系,而是通过数据所发生的人与人之间的关系。明确数据法律关系为人与人之间的关系,对于正确适用数据法具有重要意义。

第二,数据法律关系是由数据法所调整的数据关系。人们在社会生活中会形成各种不同的社会关系,各种社会关系分别由不同的法律部门所调整,因此形成不同的法律关系。数据法律关系是由数据法调整形成的法律关系。数据法是数据法律关系产生的前提,数据法律关系是基于数据法而形成的社会关系,没有数据法,也就无法形成与之相应的数据法律关系。同时,数据法律关系是数据法发挥调整作用的渠道和工具,数据法在具体的数据法律关系中发挥调整作用。[3]

第三,数据法律关系是由数据行为引起的数据关系。数据行为是指自然人、法人或者非法人组织等数据法律关系主体实施的能够引起数据法律关系发生、变更和消灭的数据处理活动。数据行为包括数据事实行为和数据法律行为。数据行为的主体是自然人、法人或者非法人组织等数据法律关系主体,数据行为作用的客体是数据。数据行为是最主要的数据法律事实,是数据法律关系发生变动的主

---

[1] 齐爱民:《数据法原理》,高等教育出版社2022年版,第151页。
[2] 张敏主编:《数据法学》,中国政法大学出版社2023年版,第97页。
[3] 齐爱民:《数据法原理》,高等教育出版社2022年版,第152页。

要原因。

第四，数据法律关系是以权利义务为内容的数据关系。数据法律关系区别于其他数据关系，是法律上的权利义务关系。数据权利义务关系的一部分是基于当事人在法律许可范围内的约定产生的。数据权利义务关系的另一部分是基于法律规定产生的。数据法在调整数据法律关系主体之间的财产关系和人身关系的过程中，形成了数据法律关系，并使原来的社会关系的内容表现为法律上的权利义务关系。数据法调整社会关系的方式赋予法律关系主体权利和义务，使之成为权利义务关系。

第五，数据法律关系是由国家强制力保障的数据关系。数据法律关系是国家意志的体现。数据法律关系是由国家强制力保护的数据关系，当数据法律关系受到破坏时，将由国家强制力予以矫正或恢复。一方面，数据法律关系一旦形成，主体的行为就被确定，并得到国家意志的督促、强制和矫正，其反映的是一种社会秩序的维持和实现。这与通过道德和社会舆论来约束的数据关系完全不同。另一方面，数据法律关系作为数据法调整数据关系的结果必然体现国家的意志，破坏了数据法律关系，就违背了国家意志。当数据法律关系受到破坏时，受到侵害的一方或者国家有权机关会请求国家运用强制力提供保护。[4]

第二节 数据法律关系的主体和客体

法律关系一般由主体、内容和客体三要素构成，数据法律关系也包括数据法律关系的主体、客体和内容三要素。数据法律关系的主体是指参加数据法律关系，享受权利（权力）和承担义务的主体，即数据法律关系权利（权力）的享有者和义务的承担者。数据法律关系的主体包括国家、行政机关和民事法律主体（主要有自然人、法人、非法人组织及特定情况下的国家）。数据法律关系的客体是指数据法律关系主体之间的权利和义务所指向的数据。数据法律关系的客体是主体之间据以建立数据法律关系的对象性事物，是主体权利和义务指向的对象，是构成数据法律关系的要素之一，是一定数据利益的法律表现。数据法律关系的内容是指主体的权利（权力）和义务。数据法律关系是以法律上的权利（权力）、义务为纽带形成的社会关系，它是数据法规则在事实社会关系中的体现。在纵向数据法律关系中，国家享有权力；在横向数据法律关系中，特定数据

---

[4] 齐爱民：《数据法原理》，高等教育出版社2022年版，第153页。

主体享有实际的法律权利和承担实际的法律义务。权利（权力）和义务构成了数据法律关系，没有权利（权力）和义务就没有法律关系。以权利（权力）和义务为内容是数据法律关系区别于数据关系的重要标志。权利（权力）和义务作为法律关系的重要因素，体现了人们以及社会组织在法律关系中的地位与关系。〔5〕

一、数据法律关系的主体

（一）数据法律关系主体的概念

数据法律关系的主体，是指参加数据法律关系，享有权利（权力）和承担义务的主体，即数据法律关系权利（权力）的享有者和义务的承担者。数据法律关系的主体包括国家、行政机关和民事法律关系主体（主要有自然人、法人、非法人组织及特定情况下的国家）。〔6〕

国家，包括国家政权和行使政权的国家机构体系。在某些情形下，国家也可以作为数据法律关系主体。比如，从国际数据法视角考量，国家是数据主权的主体；从国内数据法视角分析，在纵向数据法律关系或者横向数据法律关系中，国家可以成为数据法律关系的主体。

法人和非法人组织是重要的数据法律关系主体，参加各类数据法律关系。法人是具有民事权利能力和民事行为能力，依法独立享有民事权利和承担民事义务的组织。法人包括营利法人（如有限责任公司、股份有限公司和其他企业法人）、非营利法人（如事业单位、社会团体、基金会、社会服务机构）和特别法人（如机关法人）。非法人组织是不具有法人资格，但是能够依法以自己的名义从事民事活动的组织。非法人组织包括个人独资企业、合伙企业、不具有法人资格的专业服务机构等。

自然人是数据法律关系的重要参与主体。自然人即生物学意义上的人，是基于出生而取得民事主体资格的人。其外延包括中国公民，外国公民和无国籍人。自然人自出生之日起即享有数据主体资格，有权成为数据主体，只是根据其民事行为能力状态，作为数据主体参与数据活动时，行使数据主体权利的行为能力将受到相应的限制。

依据我国相关法律以及我国与有关国家、国际组织签订的条约，外国人、无国籍人和外国社会组织也可以成为我国一些数据法律关系的主体。

---

〔5〕 齐爱民：《数据法原理》，高等教育出版社2022年版，第153–154页。
〔6〕 齐爱民：《数据法原理》，高等教育出版社2022年版，第153页。

(二) 数据法律关系主体的类型

数据法律关系的主体，是指参加数据法律关系，享有权利和承担义务的自然人、法人或其他非法人组织。以数据法律关系主体的权利义务为标准，数据法律关系主体可被分为数据主体、数据处理主体、数据监管主体。

1. 数据主体

关于数据主体的法律定义，我国法律法规没有直接予以明确。但是，我国 2020 年 3 月 6 日发布的《信息安全技术　个人信息安全规范》第 3.3 条规定，"个人信息主体"（personal information subject）是指"个人信息所标识或者关联的自然人"。同时，GDPR 第 4 条明确"个人数据"主体是一个已识别或可识别的自然人。一般而言，数据主体，是指个人数据所含信息识别或者指向的自然人，具体是指通过姓名、身份证号、通信记录、交易数据、个人生物识别数据等被直接或间接识别身份的自然人。

自然人是基于出生而取得民事主体资格的人。自然人从出生时起成为数据主体，享有数据相关的权利。数据主体具有平等的民事权利能力，不因性别、年龄、民族、职务、文化程度等方面不同而存在差别，都有平等享有数据相关权利和承担相关数据义务的资格。

较之于自然人民事权利能力的抽象平等性，民事行为能力考量了年龄、智力、精神状况等因素。自然人民事行为能力是指能够通过自己独立的行为享有民事权利、承担民事义务的资格。按照年龄、智力、精神状况等不同因素，可将自然人的民事能力区分为完全民事行为能力、限制民事行为能力、无民事行为能力。按照自然人民事行为能力的划分，数据主体的行为能力也可以被分为具有完全民事行为能力数据主体、具有限制民事行为能力的数据主体和无民事行为能力的数据主体。具有完全民事行为能力的数据主体包括具有完全辨认能力的成年人和年满 16 周岁能以自己劳动收入为主要收入来源的未成年人，具有健全的辨识能力，可以独立进行数据相关活动。具有限制民事行为能力的数据主体包括 8 周岁以上的未成年人和不能完全辨认自己行为的成年人，只能独立进行与其年龄、智力状况相应的数据活动。无民事行为能力的数据主体包括不满 8 周岁的未成年人和不能辨认自己行为的成年人，无民事行为能力人实施与数据相关的民事法律行为无效，应当由其法定代理人代为实施与数据相关的民事活动。

多数国家及地区对欠缺完全民事行为能力的数据主体设计了特殊保护制度，如 GDPR 第 8 条中关于信息社会服务适用于儿童同意的条件等特殊的规定。美国《儿童在线隐私保护法》规定"以儿童等未成年人为受众目标的网络平台，在收集 13 岁以下儿童的个人信息之前，必须征得父母同意"[7]。我国相关法律法规制度也作出类似规定，对欠缺完全民事行为能力数据主体予以特殊保护。如 2021 年 8 月 20 日通过的《个人信息保护法》将不满 14 周岁的未成年人个人信息定性为敏感信息；同时规定了个人信息处理者处理不满 14 周岁未成年人个人信息的，应当取得未成年人的父母或者其他监护人的同意。个人信息处理者处理不满 14 周岁未成年人的个人信息的，应当制定专门的个人信息处理规则。

2. 数据处理主体

数据处理主体一般是指进行数据处理活动的主体。关于数据处理主体的界定，GDPR 规定，数据处理主体是为数据控制者处理个人数据的自然人、法人、公共机构、行政机关或其他非法人组织。数据处理主体应根据数据控制者明确的指示处理个人数据，履行相应的保密义务，在数据处理服务结束时，删除或返还所有的个人数据，接受数据控制者的审计等。GDPR 中"处理"的含义非常广泛，包括对个人数据或个人数据集合所作的任何一项或一组操作，如收集、记录、组织、结构化、储存、修改、检索、查阅、使用、传播或以其他方式利用、排列或组合、限制、删除或销毁。

在数据活动中，数据处理各环节的主体至少包括数据的收集主体、存储主体、使用主体、加工主体、传输主体、提供主体、公开主体。在主体类型上，数据处理主体包括组织和个人。数据处理主体的组织包括法人或非法人组织，国家机关、事业单位、社会团体、合伙企业等各类法人或非法人组织。除了法人和非法人组织，个人如果从事涉及数据收集、存储、使用、加工、传输、提供、公开等活动，也可以成为数据处理主体。

需注意的是，数据处理主体与数据控制者两者之间的关系。1995 年，欧盟《数据保护指令》将参与个人数据的行为人划分为"数据控制者"和"数据处理者"。数据控制者是指单独或与他人共同确定个人数据处理的目的和方式的自然人和法人、公共机构、代理机构或其他机构；如果数据处理的目的和方式由国内或欧洲共同体法律或规章确定，则控制者或其委任的具体标准可以由国内法或欧洲共同体法律制定；而数据处理者是指代表控制者处理个人数据的自然人、公共机构、代理机构或其他机构。GDPR 第 4 条第 6 款规定，能够单独或与其他主体一起决定个人数据处理目的和方式的自然人、法人、公权力机构等，是个人数据的控制者。GDPR 第 4 条第 7 款规定，代表控制者处理个人数据的自然

---

[7] 吴沈括、黄伟庆：《美国〈儿童在线隐私保护法〉的适用与商业合规》，载《中国信息安全》2019 年第 10 期。

人、法人、公权力机构等，是个人数据的处理主体。由此可见，数据控制者决定了个人数据处理的目的和方式，而数据处理主体则替数据控制者处理个人数据。当数据控制者委托数据处理主体具体处理数据时，数据控制者应选择采取具有合适技术和组织措施的数据处理主体，以确保数据处理符合 GDPR 的要求和保障数据主体的权利。虽然角色不同，但数据控制者与数据处理主体在数据保护的义务方面还是有很多共同点。GDPR 规定，数据控制者和数据处理主体同时适用的个人数据保护义务有：安全措施的采取、个人数据处理活动的记录、数据保护官的任命、对外传输时安保措施的采取、域内代表的任命、配合数据专门保护机关工作等。

3. 数据监管主体

数据监管主体是指对数据活动进行监督管理的主体，是履行对数据活动的监督管理职责的政府部门，主要包括行政机关和法律法规授权的组织。

关于数据监管主体，GDPR 第六章"独立监管机构"，分两节对监管机构进行了较为全面系统的规定。第一节"独立地位"，规定了监管机构、独立性、监管机构成员的一般规则、监管机构的设立规则；第二节"权限、任务和权力"，规定了监管领导机构的权限、任务、权力、活动报告。具体而言，GDPR 第 58 条规定的监管机构的权力主要是调查权和纠正权。

调查权包括：（1）命令控制者和处理者，以及若适用，命令控制者和处理者的代表提供监管机构执行任务所需的任何信息；（2）以数据保护审计的方式开展调查；（3）对根据该条例第 42 条发布的认证进行审核；（4）通知控制者或处理者对该条例的违反情况；（5）从控制者和处理者获得所有个人数据的访问途径以及执行任务所必要的信息；（6）根据欧盟或成员方程序法的规定，获得控制者和处理者的任何资产的访问途径，包括任何数据处理设备和处理方法。

纠正权包括：（1）向将要进行的处理操作可能违反该条例规定的控制者或处理者发布警示；（2）向处理操作已经违反该条例规定的控制者或处理者发布惩戒；（3）命令控制者或处理者满足数据主体根据该条例的规定提出行使权利的请求；（4）命令控制者或处理者使处理操作符合该条例的规定，若适用，应以规定的方式并在规定期限内进行；（5）命令控制者将个人数据泄露告知数据主体；（6）对处理施加暂时性、确定性的限制，包括禁令；（7）根据该条例第 16 条、第 17 条及第 18 条的规定，命令对个人数据进行更改、删除或限制处理，根据第 17 条第 2 款及第 19 条的规定将上述行为告知个人数据向其披露的接收者；（8）依据该条例第 42 条、第 43 条的规定撤销认证或命令认证机构撤销已发布的认证，或在认证机构不符合或不再符合认证要求的情况下命令认证机构不再出具认证；(9) 根据具体情况，除上述的措施外，或作为对该段所述措施的替代，依据该条例第 83 条的规定实施行政罚款；(10) 命令暂停向第三国或国际组织接收者的数据流动。

关于数据监管主体的国内立法，2021 年颁布的《数据安全法》是关于在我国境内开展数据处理活动及其安全监管的法律规范。《数据安全法》第 6 条第 2、3、4 款明确规定：工业、电信、交通、金融、自然资源、卫生健康、教育、科技等主管部门承担本行业、本领域数据安全监管职责，公安机关、国家安全机关在各自职责范围内承担数据安全监管职责，国家网信部门负责统筹协调网络数据安全和相关监管工作。此外，《个人信息保护法》第六章"履行个人信息保护职责的部门"明确了具体的管理部门、监管职责以及有权采取的相应措施。(1)《个人信息保护法》第 60 条规定国家网信部门负责统筹协调个人信息保护工作和相关监督管理工作。国务院有关部门和县级以上地方人民政府有关部门，统称为履行个人信息保护职责的部门，在各自职责范围内负责个人信息保护和监督管理工作。(2)《个人信息保护法》第 61 条规定了履行个人信息保护职责的部门保护个人信息的具体职责，主要包括：一是开展个人信息保护宣传教育，指导、监督个人信息处理者开展个人信息保护工作；二是接受、处理与个人信息保护有关的投诉、举报；三是组织对应用程序等个人信息保护情况进行测评，并公布测评结果；四是调查、处理违法个人信息处理活动；五是法律、行政法规规定的其他职责。(3)《个人信息保护法》第 63 条第 1 款规定了履行个人信息保护职责的部门可以采取的保护措施，主要包括：询问有关当事人，调查与个人信息处理活动有关的情况；查阅、复制当事人与个人信息处理活动有关的合同、记录、账簿以及其他有关资料；实施现场检查，对涉嫌违法的个人信息处理活动进行调查；检查与个人信息处理活动有关的设备、物品，对有证据证明是用于违法个人信息处理活动的设备、物品，向本部门主要负责人书面报告并经批准，可以查封或者扣押。

二、数据法律关系客体

（一）数据法律关系客体的概念

法律关系客体，是指法律关系的权利和义务共同指向的对象，是法律关系的构成要素之一。数据法律关系客体是构成数据法律关系的要素之一，是数据法律关系主体据以建立数据法律关系的对象，是数据法律关系主体的权利和义务共同指向的对象。

数据法律关系客体主要包括数据和数据行为。在大数据时代，随着现代信息技术的发展，人类需要对各种电子数据进行处理、管理和保护等，数据和数据行为成为法律关系客体。

（二）数据法律关系客体的类型

1. 数据

数据是重要的法律关系客体，在数据法律关系的产生、变动和终止整个动态过程中，数据法律关系的权利和义务共同指向的重要对象为数据。

（1）数据的概念

数据是一个抽象概念，关于数据的法律概念，《民法典》第 127 条规定了数据的法律保护，但并未对其概念未予以界定。《数据安全法》第 3 条将数据定义为"任何以电子或者其他方式对信息的记录"。该条款从数据和信息的关系出发对数据予以法律界定。根据《数据安全法》第 3 条之规定，数据是信息的载体，是对信息的记录。数据包括电子形式的数据、非电子形式的数据以及其他形式的数据。

（2）数据的特征

相较于传统的财产性权利，数据作为新型的民事权利客体，既具备传统权利客体的特征，如数据具有可支配性，通过技术手段，数据能够为人力所控制与支配，也具备自身独立的特征，包括无体性、价值性、非独占性、可携带性等。

第一，数据的无体性。与有体物相比，数据具有无体性。数据不具备通常的被肉眼感知的可见形态，其存在需要借助电子手段或其他方式，具有物理形态。比如电子数据根据电磁原理，主要以硬盘的磁道面凹凸来表示其二进制的 0 和 1，电子数据是以符合二进制规则形式存在的。需要注意的是，数据与作为精神创造物的知识产权不同，后者并不具备物理上的形态，是人类的精神创造。[8] 数据不具有实体，导致数据法律关系主体无法通过如对有体物那般实际占有、控制和利用数据，必须依赖于一定的载体而存在，因此数据也往往具有依附性。

第二，数据的价值性。数据具有价值，通过利用数据，可以产生相应的使用价值和交易价值，这种价值是支撑数据财产化的价值基础。虽然数据不同于以往民法中的物，但也是一种物质存在形式，客观上能满足人们的生产生活需要，具有使用价值，同一个大数据可以有截然不同的使用方式，并体现出完全不同的使用价值。数据具有经济价值，是人们用数据手段在互联网上形成的将客观财产予

---

[8] 纪海龙：《数据的私法定位与保护》，载《法学研究》2018 年第 6 期。

以优化扩展的结果，凝集着人的高智力劳动。[9] 数据的价值一方面基于其自身的效用，另一方面也高度依赖于法律制度的权利设定。基于数据的价值和功能，数据可以作为经营资产并从中盈利。与此同时，数据的价值实现也需要在法律上予以保护，方能定分止争，维持或提升数据的经济价值。[10] 就单个数据而言其价值是极低的，但大数据作为整体则会产生独特的价值，并形成突出的商业价值。通常而言，个人数据的价值较低甚至没有，数据产品的价值较高。正如杰罗姆（Joseph W. Jerome）所言，真正蕴含巨大价值的是收集的海量数据。[11]

第三，数据的非独占性。数据是无体的，但是数据的载体所承载的数据内容可以被独占和控制。数据权利主体可以通过电子化手段实现对数据的实际占有和控制。但是，在使用权能上，数据权利主体可以自己使用数据，也可以设定独占许可、排他许可、通用许可等多种方式使用数据。因此，数据具有非独占性，一个数据法律关系主体对数据的使用不会限制其他主体对相同数据的使用，数个主体可以在数个地点同时使用。

第四，数据的可携性。数据的载体表现为电子等形式，这决定了数据具有可复制性，也决定了数据具有可携性。数据权利主体有权获得其收集和处理的个人数据对应的副本，并可以在技术可行时直接要求数据控制者将这些个人数据传输至另一数据控制者。当然，数据的可复制性和可携性应建立在合法的基础上。

（3）数据的类型

数据内容丰富，类型复杂，不同类型的数据需要不同程度的法律规范与保护。根据不同的分类标准，可以将数据分为以下不同的类型：

第一，电子数据和非电子数据。根据数据的载体，可以将数据分为电子数据和非电子数据。电子数据是指以电子方式存在的数据，包括网络数据和其他电子数据。如《网络安全法》第76条第4项明确规定网络数据是通过网络收集、存储、传输处理和产生的各种电子数据。非电子数据，是指以电子数据以外的其他方式（如书面形式）为载体的数据。

第二，个人数据和非个人数据。根据数据的来源，可以将数据分为个人数据和非个人数据。个人数据是指根据现有数据可以直接或者间接识别某个人，那么该数据就属于个人数据。比如个人的身体、生理、心理、遗传、经济、文化或社会身份等。反之，则为非个人数据。在现实中，数据流和数据集通常同时包含个

---

[9] 刘士国：《大数据背景下民法典编纂应规定的条款》，载《法治研究》2016年第6期。
[10] 张敏主编：《数据法学》，中国政法大学出版社2023年版，第80-96页。
[11] Joseph W. Jerome, *Buying and Selling Privacy: Big Data's Different Burdens and Benefits*, Sandford Law Review, Vol. 66：47, p. 52 (2013).

人数据和非个人数据。个人生成的大多数数据都是关系数据，包含两个或多个个人或实体之间关系。比如，在某买卖合同法律关系中，如果一方对特定数据拥有某项权利，另一方对该数据也同时拥有该项权利。

第三，原始数据和衍生数据。根据数据的来源和加工方式，可以将数据分为原始数据和衍生数据。也有学者称之为基础数据与增值数据。[12] 原始数据是指未经加工的电子或其他形式的数据；衍生数据也称数据产品，是指对原始数据加工后形成的电子信息产品，包括对个人信息匿名化加工后形成的数据产品，对原始数据进行汇集、分类、分析、研究等加工后形成的数据产品。[13]

第四，人身性数据与财产性数据。按照数据权利的内容，可以将数据分为人身性数据和财产性数据。人身性数据是指数据主体在互联网或网络社交平台等数字环境下进行行为时所产生或生成的不可与人身相分离的非财产性数据，具有人身专有性。财产性数据是指数据主体在互联网或网络社交平台等数字环境下进行行为时所具有的直接体现为财产性利益的数据，一般不具有人身专有性。[14]

第五，核心数据、重要数据和一般数据。按照数据的重要性标准，可以将数据分为核心数据、重要数据和一般数据。《数据安全法》第 21 条第 2 款规定，核心数据是指关系国家安全、国民经济命脉、重要民生、重大公共利益等的数据。《数据出境安全评估办法》第 19 条规定，重要数据是指一旦遭到篡改、破坏、泄露或者非法获取、非法利用等，可能危害国家安全、经济运行、社会稳定、公共健康和安全等的数据。核心数据和重要数据之外的其他数据，属于一般数据。数据的重要性不同，法律规范和管理的要求也不同，一般而言，对于核心数据和重要数据要实行更加严格的管理制度。

2. 数据行为

作为数据法律关系的客体，数据行为一般是指数据处理行为。数据处理行为是指对数据或数据产品进行收集、存储、使用、加工、传输、提供、公开等活动，数据处理活动中各环节的行为都可以成为数据法律关系的客体。对于数据处理，相关法律条文的表述上稍有不同，但并无本质差异。GDPR 第 4 条第 2 款规定，"处理"是指针对个人数据或个人数据集合的任何一个或一系列操作，诸如收集、记录、组织、建构、存储、自适应或售改、检索、咨询、使用、披露、传播或其他的利用，排列、组合、限制、删除或销毁，无论此操作是否采用自动化

---

[12] 丁道勤：《基础数据与增值数据的二元划分》，载《财经法学》2017 年第 2 期。
[13] 王森：《数字经济发展的法律规制——研讨会专家观点综述》，载《中国流通经济》2020 年第 12 期。
[14] 方印、魏维：《数据信息权利的物权法保护研究》，载《西部法学评论》2018 年第 3 期。

的手段。我国《数据安全法》第3条第2款规定，数据处理包括数据的收集、存储、使用、加工、传输、提供、公开等。我国《个人信息保护法》第4条第2款规定，个人信息的处理包括个人信息的收集、存储、使用、加工、传输、提供、公开、删除等。综上，数据行为包括数据收集、数据存储、数据使用、数据加工、数据传输、数据提供、数据公开、数据交易等内容。

（1）数据收集

数据收集，又称数据采集或数据获取，是指收集获取相关数据的行为。广义的数据收集包括直接收集和间接收集，狭义的数据收集仅指直接收集。《信息安全技术　个人信息安全规范》第3.5条对信息收集进行了法律规定。依据上述规定，信息收集是指获得个人信息的控制权的行为，包括由个人信息主体主动提供、通过与个人信息主体交互或记录个人信息主体行为等自动采集行为，以及通过共享、转让、收集公开信息等间接获取个人信息等行为。收集是获得个人信息的控制权行为。直接收集是指个人信息主体主动提供或者在交互过程中自动采集，间接收集是指通过共享、转让、搜集等方式进行的个人信息收集。

（2）数据存储

数据存储，是指对数据进行归集，以某种方式记录在电子化介质中。根据不同的应用环境，采取合理、安全、有效的方式将数据保存到某些介质上并能保证有效访问，一般包括两个层面的含义：其一为数据临时或长期驻留的物理媒介，其二为保证数据完整且安全存放的方式或行为。比如，《上海市公共数据和一网通办管理办法》第21条对"数据归集"进行了法律界定，指出公共管理和服务机构应当将本单位的公共数据向市、区电子政务云归集，实现公共数据资源的集中存储。从构成要素上看，数据存储的对象是数据流在加工过程中产生的临时文件或加工过程中需要查找的信息；数据存储的模式包括中心化与去中心化两种模式，中心化存储是一个以数据的存储和管理为核心的云计算系统，将数据存储于这些中心的服务器上，去中心化的分布式存储是通过把数据分布到多个网络节点，进行数据的加密和分发；数据存储的介质主要包括移动硬盘、可记录光盘、磁带、闪存卡等。[15]

（3）数据使用

关于数据使用，有学者从数据利用的角度，认为其包括数据查询、数据调用、数据缓存、数据复制、数据交换、数据演算分析等方式。[16] 有的学者认为

---

[15] 张敏主编：《数据法学》，中国政法大学出版社2023年版，第164－169页。
[16] 高富平：《数据流通理论——数据资源权利配置的基础》，载《中外法学》2019年第6期。

数据使用是用数据完成某项现实任务，说明数据的有用性或数据具有使用价值，分为直接使用和间接使用，数据的直接使用是指数据使用者直接使用数据提供商提供的数据来完成某项现实任务，而数据的间接使用是指数据使用者使用数据提供商提供的数据进行数据分析和处理，再使用数据分析的结果完成某项现实任务。[17] 数据使用有广义和狭义之分，广义的数据使用包括对数据或数据产品进行收集、存储、使用、加工、传输、提供、公开等所有的数据处理行为。狭义的数据使用，是指应用原始数据或数据产品进行分析或者预测的过程。一般在狭义上使用该术语。如 GDPR 第 4 条第 4 款规定的"数据画像"就是这种数据应用，指对个人数据进行任何自动化处理，包括利用个人数据评估与自然人有关的特定方面，特别是对自然人的工作表现、经济状况、健康状况、个人偏好、兴趣、信誉、行为习惯、位置或行踪进行相关的分析和预测。我国《信息安全技术 个人信息安全规范》第 3.8 条对用户画像进行了定义，指通过收集、汇聚、分析个人信息，对某特定自然人个人特征，如职业、经济、健康、教育、个人喜好、信用、行为等方面作出分析或预测，形成其个人特征模型的过程。

（4）数据加工

数据加工，是指将原始数据按照特定需求处理成可机器读取数据的过程。具体而言，数据加工是对原始数据进行汇总、分类、分析并形成各类数据产品的过程，包括对原始数据简单加工从而形成可供进一步使用的简单数据产品，也包括对数据进行复杂加工形成复杂数据产品。比如，《信息安全技术 个人信息安全规范》第 3.14 条规定的匿名化和第 3.15 条规定的去标识化都是数据加工的常见形式。匿名化是指通过对个人信息的技术处理，使个人信息主体无法被识别或者关联，且处理后的信息不能被复原的过程。去标识化是指通过对个人信息的技术处理，使其在不借助额外信息的情况下，无法识别或者关联个人信息主体的过程。

（5）数据传输

数据传输是数据提供的基础。关于数据传输，有学者从数据的物理层面对数据传输进行分析，提出"所有的信息传输均是通过集成电路中的电信号以及对应的字节组成的比特流来完成的"[18]。有学者认为数据传输"本质上是计算机代码复制"，并将"传输"与"流动"和"转移"这两个概念通用。[19] 也有学

---

[17] 朱扬勇、熊赟：《数据的经济活动及其所需要的权利》，载《大数据》2020 年第 6 期。

[18] 梅夏英：《数据的法律属性及其民法定位》，载《中国社会科学》2016 年第 9 期。

[19] 史宇航：《主权的网络边界——以规制数据跨境传输的视角》，载《情报杂志》2018 年第 9 期。

者将"数据流动"分为数字机器层次的数据流动、应用系统层次的数据流动、数据网络层次的数据流动和信息空间层次的数据流动。[20] 一般而言,数据传输,是指将数据从一个主体向另一个主体转移的过程。数据传输可以分为境内传输和跨境传输。境内传输是指在本国或地区内的数据流动,跨境传输是指跨越国家或地区的数据流动。当数据进行跨境传输,向境外提供时,需要进行更加严格的审查。

(6) 数据提供

数据提供,是指数据权利从一个数据法律关系主体向另一个数据法律关系主体转移的过程,包括有偿的提供和无偿的提供。有偿的数据提供实质上为数据交易,无偿的数据提供包括数据开放、数据共享等情形。数据提供与数据传输具有紧密联系,数据传输是数据提供的基础,而数据传输不涉及数据权利的转移。《信息安全技术 个人信息安全规范》没有使用数据传输的概念,而是使用了"转让"的表述。《信息安全技术 个人信息安全规范》第3.12条规定,转让是指将个人信息控制权由一个控制者向另一个控制者转移的过程。此外,《数据出境安全评估办法》规定了跨境数据提供须进行安全评估。《数据出境安全评估办法》第2条规定:"数据处理者向境外提供在中华人民共和国境内运营中收集和产生的重要数据和个人信息的安全评估,适用本办法。法律、行政法规另有规定的,依照其规定。"

(7) 数据公开

数据公开,是指数据持有者通过公开平台或其他方式向社会提供可读取数据的活动,包括数据开放和数据共享。数据公开与数据共享、数据开放紧密相关。数据开放是指数据持有者向不特定人群发布数据的行为,数据共享则是指数据持有者向一定范围内的特定人群发布数据的行为。《信息安全技术 个人信息安全规范》第3.11条规定,公开披露是指向社会或不特定人群发布信息的行为。第3.13条规定,共享是指个人信息控制者向其他控制者提供个人信息,且双方分别对个人信息拥有独立控制权的过程。

(8) 数据交易

数据交易是数字经济时代数据流转和生产要素价值实现的重要途径。数据交易是数据提供方和数据需求方之间将数据商品作为交易对象进行的活动。具体而言,数据交易是数据转让方(数据提供方)将原始数据或数据产品相关权利转让给数据受让方(数据需求方),数据受让方支付对价的营利性商事活动。从本

---

[20] 史宇航:《主权的网络边界——以规制数据跨境传输的视角》,载《情报杂志》2018年第9期。

质上看，与数据开放和共享的非营利性不同，数据交易将"数据"本身视作商品，具有营利性特征，本质上是商行为而非公共服务。在交易主体上，与传统商事交易主体一般为买卖双方不同，数据交易呈现交易主体的多元性，数据交易过程中主要涉及数据转让方、数据受让方和数据交易平台三方。

第三节 数据法律关系中的权利和义务

数据法律关系是以法律上的权利（权力）和义务为纽带而形成的社会关系。在纵向数据法律关系中，国家享有数据权力；在横向数据法律关系中，数据法律关系主体享有实际的权利和承担实际的义务。

一、数据法律关系中的权利

数据法律关系中的权利包括数据人身权和数据财产权。

（一）数据人身权

人身权本身作为一种对世权，是财产权的对称，包括人格权和身份权。人格权是关于民事主体人格方面的权利，比如生命权、健康权、身体权、姓名权等。身份权是民事主体基于地位和资格而产生的权利，比如基于夫妻身份、亲子身份的权利。数据人身权作为信息化时代数据发展过程中产生的新型权利，注重对基于数据产生的利益予以保护，同时对个人相关数据中涉及个人的基本权利予以保护。数据人身权包括知情同意权、数据访问权、更正权、删除权、限制处理权、数据可携带权、反对权等权利。

1. 知情同意权

知情同意权，是指数据法律关系主体享有的获取与其个人数据处理相关的信息并同意进行处理的权利，包括但不限于数据处理者的相关信息、数据收集的目的和用途、数据收集的范围和种类、数据收集的方式和储存等。[21] 如 GDPR 确认了知情同意是收集和处理个人数据的合法性要件，并规定了同意要件、同意的撤回及其效力、同意是否为自愿作出的判断标准等内容。[22] 我国《民法典》第

---

[21] 张敏主编：《数据法学》，中国政法大学出版社 2023 年版，第 108 – 111 页。
[22] 阮爽：《〈欧盟个人数据保护通用条例〉及其在德国的调适评析》，载《德国研究》2018 年第 3 期。

1035条第1款规定处理个人信息的,应当征得该自然人或者其监护人同意。我国《个人信息保护法》对"知情权"作了较为全面具体的规定。《个人信息保护法》第44条明确规定个人对其个人信息的处理享有知情权;第14条规定基于个人同意处理个人信息的,该同意应当由个人在充分知情的前提下自愿、明确作出。我国《信息安全技术 个人信息安全规范》第5.4条关于"收集个人信息时的授权同意"还明确了知情权的五种情形:(1)收集个人信息,应向个人信息主体告知收集、使用个人信息的目的、方式和范围等规则,并获得个人信息主体的授权同意。(2)收集个人敏感信息前,应征得个人信息主体的明示同意,并应确保个人信息主体的明示同意是其在完全知情的基础上自主给出的、具体的、清晰明确的意愿表示。(3)收集个人生物识别信息前,应单独向个人信息主体告知收集、使用个人生物识别信息的目的、方式和范围,以及存储时间等规则,并征得个人信息主体的明示同意。(4)收集年满14周岁未成年人的个人信息前,应征得未成年人或其监护人的明示同意;不满14周岁的,应征得其监护人的明示同意。(5)间接获取个人信息时,也要取得个人同意。

知情同意权对杜绝个人数据及其个人信息被随意利用和侵犯具有重要作用。除特定的例外情况外,数据处理者想要收集数据主体的个人信息,必须获得数据主体的同意,而关于"数据主体同意"的标准,应当满足"充分性"和"明确性"两方面的条件。[23]"充分性"是指数据控制者在获取数据主体的同意之前,数据主体有权获取相关的信息,包括但不限于数据控制者的相关信息、数据收集的目的和用途、数据收集的范围和种类、数据收集的方式和储存等,确保数据主体对其"同意"有充分的认知和认识;"明确性"是指数据主体作出的"同意"必须是确切的、明示的,以推定或默示等非明确方式获得的"数据主体同意"是无效的。

2. 数据访问权

数据访问权,是指数据主体查询、复制其被处理的数据以及与被处理个人数据情况相关信息的权利,比如数据处理目的、个人数据种类、将被披露个人数据的第三方等信息。[24] 数据访问权包括"查询权"与"复制权"两项具体权利。数据访问权是对知情同意权的深化和扩张,知情同意权是数据控制者负担数据收集前的主动告知义务,而数据访问权是数据主体主动提出数据浏览复制要求的积

---

[23] 王雪乔:《论欧盟GDPR中个人数据保护与"同意"细分》,载《政法论丛》2019年第4期。
[24] 张敏主编:《数据法学》,中国政法大学出版社2023年版,第111–112页。

极权能，贯穿于整个数据处理过程中。[25] 如 GDPR 第 15 条"数据访问权"规定了数据主体应当有权从管理者处确认关于该主体的个人数据是否正在被处理，以及有权在该种情况下访问个人数据及相关信息，同时控制者应提供正在处理的个人数据的副本。我国《个人信息保护法》第 45 条规定了个人有向个人信息处理者查阅、复制其个人信息的权利以及个人信息处理者有及时提供的义务。《信息安全技术　个人信息安全规范》则在第 8 条"个人信息主体的权利"中明确了个人信息主体有查询的权利和获取个人信息副本的权利。

3. 更正权

更正权，又称修正权，指数据主体具有要求数据处理者对与其相关的不完整、不准确、不全面的数据进行更正、补充的权利。[26] 更正权首先体现于 GDPR，其第 16 条"更正权"规定数据主体应当有权要求数据控制者及时更正其不准确的个人数据。我国《个人信息保护法》第 46 条规定了更正权，即自然人发现其个人信息不准确或者不完整的，有权请求个人信息处理者更正、补充。个人请求更正、补充其个人信息的，个人信息处理者应当对其个人信息予以核实，并及时更正、补充。《信息安全技术　个人信息安全规范》在第 8 条"个人信息主体的权利"中明确规定了个人信息主体有更正权。

4. 删除权

删除权，也被称为遗忘权，是指数据主体享有的要求数据处理者及时删除其个人数据的权利。[27] GDPR 第 17 条规定数据主体有权要求控制者删除其个人数据，无论是非公开的数据还是公开的数据，数据控制者都有义务进行删除。同时 GDPR 还规定了删除权不予适用的情形。我国《个人信息保护法》第 47 条规定，自然人享有个人信息删除权，有权请求信息处理者删除其个人信息。我国《信息安全技术　个人信息安全规范》则在第 8 条"个人信息主体的权利"中明确规定了个人信息主体有删除权。

删除权一般适用于以下三种情形：（1）实施个人信息处理的目的消失。《个人信息保护法》第 47 条规定个人信息处理的目的消失包括处理目的已实现、无法实现或者实现处理目的不再必要。实施个人信息处理的目的消失的，信息处理者应删除信息。信息处理者应删除但未删除个人信息的，权利人有权请求信息处理者删除其个人信息。（2）停止服务、服务期限届满或者信息保护期限届满。

---

[25] 叶名怡：《论个人信息权的基本范畴》，载《清华法学》2018 年第 5 期。
[26] 张敏主编：《数据法学》，中国政法大学出版社 2023 年版，第 112–113 页。
[27] 张敏主编：《数据法学》，中国政法大学出版社 2023 年版，第 113–114 页。

数据处理者实施个人信息活动的权利自始期发生，至终期消灭。当信息保存终期届至时，自然人有权要求信息处理者删除其个人信息；信息处理者停止提供服务或者服务期限届满的，自然人可以要求信息处理者删除个人信息。（3）信息处理者实施的个人信息活动不具备合法性。不具备有合法性的情形有四种：一是实施个人信息活动未得到自然人同意且无法律依据，二是自然人的同意无效或已撤销，三是对个人信息的处理与利用已超出约定或法定的范围，四是自然人撤回同意。根据《个人信息保护法》第47条的规定，自然人撤回处理个人信息同意的，应自然人要求，信息处理者应该删除其个人信息。

5. 限制处理权

限制处理权，指数据主体在特定条件下要求数据控制人暂时或永久停止数据处理的权利，即数据处理者只在个人授权允许的范围内对个人数据进行处理。[28]比如GDPR第18条规定了数据主体有权限制控制者处理数据的情形：第一，数据主体对个人数据的准确性提出争议，且允许控制者在一定期间内核实个人数据的准确性；第二，该处理是非法的，并且数据主体反对删除该个人数据，而是要求限制使用该个人数据；第三，控制者基于该处理目的不再需要该个人数据，但数据主体为设立、行使或捍卫合法权利而需要该个人数据；第四，数据主体在核实控制者的法律依据是否优先于数据主体的法律依据之前已根据GDPR第21条第1款反对处理。我国《个人信息保护法》对限制处理权也作出了明确规定，指出个人信息处理者委托处理个人信息的，应当与受托人约定委托处理的目的、期限、处理方式、个人信息的种类、保护措施以及双方的权利和义务等，并对受托人的个人信息处理活动进行监督。

6. 数据可携带权

数据可携带权，是指赋予数据主体从数据持有者处获取其个人数据以及将个人数据从一个数据持有者处无障碍地转移到另一个数据持有者处的权利。作为一种新型数据权利，数据可携带权是在欧盟在2016年GDPR第20条中首次正式提出并进行界定的。GDPR第20条对"数据可携带权"作出如下规定："数据主体有权存取他或她对信息控制者提供过的个人数据，并有权将这些数据转输至另一位数据控制者，这些数据是结构化的、常用的、机器可读的格式。"数据可携带权首创于GDPR，作为一项制度创新，旨在平衡数据流动的自由和管制，使数据主体能以简明的方式迁移数据并更好地控制个人数据。可迁移能力是数据移动、复制或传输的能力，这一制度是促进服务提供商竞争、防止锁定效应的关键因

---

[28] 张敏主编：《数据法学》，中国政法大学出版社2023年版，第114-115页。

素。我国《个人信息保护法》虽然没有使用数据可携带权的概念，但是规定了可携权的内容。该法第 45 条第 3 款规定，个人请求将个人信息转移至其指定的个人信息处理者，符合国家网信部门规定条件的，个人信息处理者应当提供转移的途径。

数据可携权的内容主要包含两方面：一是自然人有权取得个人信息副本；二是自然人有权要求信息处理者直接将其个人信息副本传输给其他信息处理者。根据 GDPR 第 20 条第 2 项的规定，并不是要求信息处理者提供必要的技术渠道和措施保障自然人传输，而是要求信息处理者实现传输。数据可携带权是一项具有高度人身性的权利，不得移转给第三人，不得继承，但可代理行使，旨在平衡个人数据流动的自由和管制，使数据主体能以简明方式迁移数据并更好地控制个人数据。数据可携带权表明数据控制者对个人数据不具有控制权，仅负有配合义务，避免数据控制者争夺用户的个人数据，进而促进个人数据的流动，解决了数据归属问题。[29]

7. 反对权

反对权指数据主体享有的拒绝数据处理者对其个人数据进行处理的权利。[30] 反对权主要体现于 GDPR 第 21 条，主要分为两个层面：一是数据主体有权基于与其特定情况有关的理由，拒绝有关的个人数据被处理，包括根据这些数据进行概况分析。控制者不得再处理该个人数据，除非控制者证明其有关数据处理的强制性法律依据优先于数据主体的利益、权利和自由，或者为了设立、行使或捍卫其合法权利。二是如果为了直接营销而处理个人数据，数据主体有权在任何时候反对有关其的个人数据被处理，其中包括与此类直接营销相关的概况分析。如果数据主体反对以直接营销为目的的处理，则个人数据不得再为此目的而被处理。反对权在我国的立法规定中与个人的"知情同意权"密不可分，我国《个人信息保护法》第 27 条规定：个人信息处理者可以在合理的范围内处理个人自行公开或者其他已经合法公开的个人信息，个人明确拒绝的除外。个人信息处理者处理已公开的个人信息，对个人权益有重大影响的，应当依照该法规定取得个人同意。对于合法公开的信息以不需要取得个人的知情同意为原则，但给予个人拒绝的权利；而对于牵涉重大个人权益的个人信息，则以个人拒绝为原则，需要取得个人明确的同意。

---

[29] 何渊主编：《数据法学》，北京大学出版社 2020 年版，第 87 页。
[30] 张敏主编：《数据法学》，中国政法大学出版社 2023 年版，第 116 - 117 页。

（二）数据财产权

1. 数据财产权的概念和特征

数据财产是一个有独立价值和财产利益的新型民事法律关系客体，数据财产权是指数据权利主体直接支配数据财产并排除他人干涉的权利。数据财产权是信息社会大数据时代诞生的一种新型的财产权形态。数据财产权的主体为创制数据财产或者购买数据财产的人，数据财产权的客体是数据财产，数据财产权的内容是直接支配数据财产并排除他人干涉。具体来看，数据财产权具有以下特征：

（1）数据财产权是支配权。数据财产权是权利人直接支配数据财产的权利，数据财产权人可以依自己的意志就数据财产直接行使权利，无须他人的意思或义务人的行为介入。数据财产权的权利人可以依据自己的意志直接或采取其他的支配方式依法占有、使用数据财产，无须征得他人的同意；任何人非经数据财产权的权利人同意，不得侵害其权利或加以干涉。

（2）数据财产权是绝对权。数据财产权的权利人是特定的，义务人是不特定的，且义务内容是不作为，即以不妨碍数据财产权人行使权利为限。任何人侵害数据财产权时，数据财产权人均得行使请求权，以排除他人的侵害并恢复到数据财产权应有的圆满支配状态。

（3）数据财产权的客体是数据财产。不同于物和知识财产，数据财产权的客体为数据财产。数据财产是一种数据或者数据产品，最终用户通过购买此种数据或者产品所获得的权利即为数据财产权。

（4）数据财产权是一种对世权。数据财产权的权利主体特定，而义务主体不特定，数据财产权人以外的任何人都负有不得侵害数据财产权人的权利之义务。数据财产权人的权利可以对抗一切不特定人的侵害。

2. 数据财产权的内容

数据财产权的内容主要涉及数据财产权的权能，指数据财产权人对自己的数据财产享有的占有、使用、收益、处分的权利。

（1）占有。数据财产权的占有权能是指数据财产权人对于特定数据财产的实际占领和控制的权能。数据财产权的占有为意思占有，通过数字技术手段体现所有权的占有。比如俄罗斯《信息、信息技术与信息保护法》第6条第8项规定在按公用事业提供程序或在共同使用处理（加工）手段时，这些被处理（加工）的文件属于其占有者。

（2）使用。数据财产权的使用权能是指数据财产权人依照数据财产的性能和用途加以利用，从而实现数据财产的使用价值的权能。数据财产权中的"使用"既包括权利人直接使用，也包括许可他人使用。一般而言，数据财产权人有对其数据财产进行许可使用的权利，而用益数据财产权人则只能被许可使用，不能再进行许可。比如，美国《统一计算机信息交易法》认为最终用户不能基于任何原因从事转售、销售或向第三方再许可使用计算机信息等商业行为，不能对社会公众进行商业表演或展示该信息，也不能基于商业目的向第三方以其他方式提供信息。就数据财产权而言，购买了数据财产的人，依据数据财产权具有展示该数据财产的权利，并可以转售他人。比如，根据我国《计算机软件保护条例》的规定，软件复制品所有权的权利内容为软件的合法复制品，所有人有权安装计算机软件进行使用、有权为了防止损坏而制作备份复制品，有权为了把该软件用于实际的计算机应用环境或者改进其功能、性能而进行必要的修改。

（3）收益。数据财产权的收益权能是指数据财产权人利用数据财产并获得经济利益的权能。收益权能一般由所有人行使，也可以转让给他人。数据财产权的收益主要源于其自身产生的利润。

（4）处分。数据财产权的处分权能是指数据财产权人对数据财产进行事实上和法律上最终处理的权能。处分权通常由数据财产权人行使，也可以由其他人行使。数据财产权人可以转让数据财产权的全部或者部分权能，而不丧失数据财产权；也可以完全转让数据财产权给他人，甚至可以销毁数据财产，使数据财产权彻底消灭。

3. 数据财产权的效力

权利的效力，是权利人为实现其利益而获得的法律保障力。数据财产权的效力是指为使数据财产权得以实现而由法律赋予的各项具体的保障力。具体而言，数据财产权具有排他效力、请求权效力、优先效力和追及效力四种效力。

（1）数据财产权的排他效力。由于数据财产权人有权直接支配其数据财产，可以依自己的意思对数据财产进行占有、使用、收益或处分，无须他人的意思或行为的介入即可实现权利，因而数据财产权具有排他性，即同一数据财产之上不能有内容不相容的两个或者两个以上的数据财产权并存。

（2）数据财产权的请求权效力。数据财产权的请求权是指在数据财产权的实现过程中遇有某种妨害或可能会发生某种妨害的情况下，数据财产权人请求对方排除妨害的权利。数据财产权的请求权效力旨在恢复数据财产权人对其数据财产的支配状态，因而，数据财产权的请求权本身就可以排除任何人对数据财产的干涉。

（3）数据财产权的优先效力。数据财产权的优先效力是指数据财产权具有优先于债权的效力，即数据财产权与债权并存于同一数据财产之上时，数据财产权具有无条件地优先于债权的效力。数据财产权保护的是财产支配关系,数据财产权的优先效力是数据财产权对数据财产的直接支配具有排他性的表现。

(4)数据财产权的追及效力。数据财产权的追及效力是指数据财产权人的数据财产无论辗转流入何人之手,数据财产权人都可以依法请求占有数据财产的不法占有人返还该数据财产。数据财产权是一种对世权,任何人都负有不得妨碍权利人行使权利之义务,任何人非法取得权利人的数据财产,均负有返还义务。[31]

二、数据法律关系中的义务

数据法律关系中的义务主要是数据控制者、数据处理主体在数据法律关系中所负的义务。比如,GDPR规定了数据控制者、数据处理者在数据收集、使用、存储、处理等各环节的义务。我国《数据安全法》规定了数据处理主体的数据安全保护义务。

(一)数据控制者的义务

数据控制者一般负责收集、储存数据。数据控制者的核心权利在于对非指向性数据进行开发、利用以及交易。[32] 出于对个人数据的保护及维护数据产业的有序发展,无论数据控制者依靠何种权利基础获得对数据的控制,在获得数据控制权的同时,必然要承担相应的责任和义务。[33] 比如,GDPR第四章第一节即规定了数据控制者的基本义务,主要包括:(1)涉及的和默认的数据保护。数据控制者应当有一套固有的数据保护机制,在默认情况下仅处理那些为每个特定处理目所必需的个人数据。(2)处理活动的记录。每一位数据控制者及特定情况下控制者的代理人,应当依其职责保存处理活动的记录。(3)和监督机构合作。在执行任务的过程中,数据控制者、处理者以及特定情况下其代理人,应当根据要求与监督机构进行合作。

此外,GDPR第四章第二节到第四节规定了数据控制者的特定义务,主要包括:(1)数据泄露的通知义务。在个人数据泄露的情况下,数据控制者应在可行的情况下,至少在获知之时起72小时以内通知监督机构,除非个人数据泄露

---

[31] 齐爱民:《数据法原理》,高等教育出版社2022年版,第192–202页。
[32] 李勇坚:《个人数据权利体系的理论建构》,载《中国社会科学院研究生院学报》2019年第5期。
[33] 黄震、蒋松成:《数据控制者的权利与限制》,载《陕西师范大学学报(哲学社会科学版)》2019年第6期。

不会产生危及自然人权利和自由的风险。(2) 与数据主体的交流。当个人数据泄露可能对自然人权利和自由形成很高的风险时，数据控制者应当毫不延误地就个人数据泄露问题与数据主体进行交流。(3) 数据保护影响评估。在进行数据处理之前，数据控制者应当对就个人数据保护所设想的处理及操作方式的影响进行评估。(4) 事先咨询。数据保护影响评估的结果表明，如果数据控制者没有采取措施减少风险，那么处理过程将会是高风险的。因此，控制者应当在处理之前向监督机构咨询。(5) 指派数据保护专员。当需要对数据主体进行定期和系统的大规模监控时，数据控制者应当指派数据保护专员。

与之相较，我国《电子商务法》第23条规定了电子商务经营者的义务，即收集、使用其用户的个人信息，应当遵守法律、行政法规有关个人信息保护的规定。该法第79条规定："电子商务经营者违反法律、行政法规有关个人信息保护的规定，或者不履行本法第三十条和有关法律、行政法规规定的网络安全保障义务的，依照《中华人民共和国网络安全法》等法律、行政法规的规定处罚。"另外，《信息安全技术 个人信息安全规范》详细列举了个人信息控制者应遵守的各项义务，主要有：(1) 信息收集时应遵守的义务。如收集信息应具有合法性，满足最小必要原则，应获得信息主体的授权同意，不应强迫信息主体接受多项业务功能，应制定相应的隐私政策等。(2) 信息保存时应遵守的义务。如应实现保存时间最小化，应对信息去标识化处理，应对敏感信息的传输和储存采取加密等安全措施，在控制者停止运营时应对信息作出适当的处理等。(3) 信息使用时应遵守的义务。如应采取相应的访问控制措施，对个人信息的展示采取限制措施，对个人信息的使用目的进行限制，对用户画像的使用进行限制，应提供个性化展示及退出选项等。(4) 信息委托处理、共享、转让、公开披露时应遵守的义务。如委托处理时应征得信息主体的授权同意，共享、转让时应事先进行评估，公开披露时应进行评估并征得信息主体的同意等。(5) 发生个人信息安全事件时应遵守的义务。如应制定安全事件的应急预案，应履行告知义务等。

(二) 数据处理主体的义务

数据处理主体一般为数据控制者提供辅助服务。数据处理主体的部分义务与数据控制者的义务相同或相似，包括处理活动的记录、与监督机构合作、数据滥用的通知、特殊情况下指派数据保护专员和向第三国或国际组织传输个人数据。数据处理主体也应履行其特定的义务，比如GDPR规定了数据处理者应当遵守的基本义务和特殊义务，第28条规定数据处理者的责任，包括增加其他处理者时的告知义务、与控制者签订合同明确自身权利义务、确保引入的其他数据处理者遵守条例的规定。

关于数据处理主体的法律义务，我国《数据安全法》专门规定了数据处理主体的数据安全保护义务。其中第四章第 27 条至第 36 条主要从安全方面规定了数据处理者的数据安全保护义务，落实开展数据活动的组织、个人的主体责任。具体可以概括为以下五个方面的义务：（1）开展数据活动必须遵守法律法规，尊重社会公德和伦理，有利于促进经济社会发展，增进人民福祉，不得违法收集、使用数据，不得危害国家安全、公共利益，不得损害公民、组织的合法权益。（2）开展数据活动应当按照规定建立健全全流程数据安全管理制度，组织开展数据安全教育培训，采取相应的技术措施和其他必要措施，保障数据安全。（3）开展数据活动应当加强数据安全风险监测、定期开展风险评估，及时处置数据安全事件，并履行相应的报告义务。（4）对数据交易中介服务和在线数据处理服务等作出规范。（5）对公安机关和国家安全机关因依法履行职责需要调取数据以及境外执法机构调取境内数据时，有关组织和个人的相关义务作了规定。

| 引例分析 |

《网络安全法》明确了网络运营者收集使用个人信息，应符合合法、正当、必要原则，并经被收集者同意。知情及同意不仅包括信息主体对收集信息种类的知情，还包括对收集、使用的目的、方式和范围的知情及同意，且应充分、自愿、明确。在该案中，虽然社交软件与读书软件均由深圳某计算机公司运营，但同一信息处理者在关联产品中共享个人信息，需要个人信息主体在充分知情的前提下，自愿、明确同意该处理方式。同时，读书信息中可能包括用户不愿意向他人公开的信息，且深圳某计算机公司处理的方式对用户人格权益有较大影响，因此，仅以用户概括性地同意用户协议，不能认定深圳某计算机公司充分履行了告知和获得用户同意的义务。深圳某计算机公司应停止侵权、删除个人信息、赔礼道歉和赔偿相关维权费用。

| 思考题

1. 请简述数据主体的行为能力。
2. 请简述数据处理主体与数据控制者的关系。
3. 请简述数据行为的类型。
4. 请简述数据人身权的类型和内容。
5. 请简述数据财产权的法律特征。

第三章 数据立法的国际模式与实践

引例 | **Dornay v. Volkswagen Grp**

美国华盛顿州居民 Gellert Dorna 和 Mark Jones 对大众汽车美国集团公司（Volkswagen Group of America, Inc.，以下简称大众公司）提起诉讼，指控大众公司利用车辆的车载信息娱乐系统记录和拦截客户的私人信息，违反了《华盛顿隐私法》（Washington Privacy Act，WPA）的规定。WPA 旨在禁止任何主体在未事先获得通信中所有参与者同意的情况下，拦截或记录任何私人的通信。原告称其从未同意大众公司记录或拦截他们的短信和通话记录。因此被告属于未经原告同意，违反 WPA 的规定，将其短信和通话记录拦截或记录，并将副本供第三方和执法部门访问，这对原告造成了人身损害。

思考：法院应如何判决？

第一节 欧洲模式

一、欧盟的数据立法模式与实践

欧盟的数据立法模式与实践以构建全球最严格、最全面的数据治理框架而著称，其核心在于将个人数据保护确立为一项基本权利，并通过强有力的统一立法、集中监管与严厉执法来保障这一权利。以 GDPR 为基石，欧盟建立了覆盖数据处理全生命周期的统一规则。欧盟还积极发展数据战略，在确保个人权利的前提下，促进非个人数据的流通与再利用。

（一）欧盟的数据立法概况

1980 年经合组织颁布了《关于隐私保护与个人数据跨境流通指引》，创立了数据控制者在处理个人数据时需遵循的一系列原则。1981 年欧洲理事会成员国签署《有关个人数据自动化处理之个人保护公约》（108 号公约），该公约为世界上首个关于个人数据保护的国际公约，要求签署国需通过国内立法落实公约所规定的个人数据处理原则。1995年，欧洲议会与欧盟理事会颁布《关于涉及个人数据处理的个人保护以及此类数据自由流通的指令》，在108号公约的基础上，规定了公平合法、目的限制、信息准确、知情同意、特殊数据处理、安全保障等原则；1996年通过《关于数据库法律保护的指令》，该指令主要涉及以任何形式存在的数据库的法律保护。[1] 欧盟数据保护立法框架至此已初具雏形。

2020年，欧盟发布了一系列战略性文件，如《塑造欧洲的数字未来》《欧洲新工业战略》《欧洲数据战略》，明确提出了"技术主权"的概念，强调通过技术创新和数据利用来增强欧盟的全球竞争力。[2] 这表明欧盟高度重视"数字化转型"，此后数据领域立法迎来爆发期。2021年4月21日，欧盟委员会提出《人工智能法案》并于2024年3月13日通过欧洲议会审议；2022年欧盟通过《数据治理法案》《数字服务法案》《数字市场法案》。这些法律不仅对平台企业在非法内容和商品方面施加了强制性义务，还赋予监管部门访问大型平台数据库和算法的权力，从而有效遏制了垄断行为，保护了中小企业的发展。[3] 2023年12月22日，《数据法案》在欧盟官方公报上公布，并将于2025年9月12日开始施行。2024年欧盟修订《数字身份条例》以充分适应数字经济发展。这些法律文件共同构成欧盟数字法律框架，打造欧盟单一数字市场，推动欧盟数字经济发展。

（二）欧盟数据立法的主要内容

作为世界重要经济体，欧盟在数据安全立法方面强调技术导向的数据共享与自由流动，消除成员国家间的信息屏障。为达到这一目标，欧盟采取积极的立法策略，在隐私和数据保护、数据市场监管、数据跨境流动等方面构建完善的法律框架。

在隐私和数据保护方面，欧盟构建了以GDPR为核心的监管框架，一方面强调数据主体的权利保护并赋予个人一系列数据权利，包括访问个人数据、更正错误的数据、删除个人数据、限制数据处理以及数据携带权等；另一方面，欧盟对

---

[1] 姚佳：《数据权益的知识产权保护及其限度——兼具"财产"与"知识"的双重视角》，载《数字法治》2025年第2期。
[2] 王瑞莹：《欧盟数据立法新特点及对我国数据基础制度的启示》，载《新经济导论》2023年Z1期。
[3] 杨晓伟、李文婷、张誉馨：《关于欧盟数据治理立法的研究与思考》，载《工业信息安全》2022年第11期。

数据控制者和处理者作出严格规制，包括数据安全要求、数据保护官的任命、数据保护影响评估的执行等，以确保数据处理符合法律要求，并保障个人数据的安全性和隐私性，体现了浓厚的人权保护色彩。〔4〕在数据市场监管方面，欧盟通过《数字市场法案》《数字服务法案》《数字运营弹性法案》等法律规定，着重对数字市场公平竞争、平台内容和数据服务、金融行业网络安全实施监管和规范。在数据跨境流动方面，欧盟首先通过《非个人数据自由流动条例》确立了欧盟范围内非个人数据自由流动的原则，强化对超大规模网络服务提供者的义务规范，即除非危及公共安全，否则禁止任何数据本地化；其次，欧盟的《数据治理法案》对促进数据共享、数据中介制度以及数据监管等方面均作出了较为严格的规定，宗旨是在确保数据安全的前提下促进数据的流通、共享和再利用，并通过组织和技术保障建立长效的数据治理管辖机制；〔5〕最后，通过设置数据监管机构并构建数据监管体系实现数据保护的目标，例如欧盟设置了欧洲数据保护委员会和数据保护专员公署。除此之外，欧盟通过数字外交，与美国、北约、印度等国家和组织建立了广泛的数字伙伴关系，促进了数据流动与数字服务的进出口。

（三）欧盟数据立法的实践

GDPR 实施迄今已逾 5 年，其立法框架与执法判例不仅引起业界广泛关注，也成为世界各国数据隐私与安全保护的风向标和行动指引。〔6〕根据数据隐私事务网站 Privacy Affairs 显示，截至 2023 年 5 月 22 日，欧盟处罚违反 GDPR 的案件总数为 1701 件，罚款总额超过 40 亿欧元。其中，爱尔兰数据保护委员会根据 GDPR 第 31.1.b 条对 Meta Platforms, Inc.（Facebook）处以 12 亿欧元的罚款。2020 年 7 月，欧盟法院宣布欧盟－美国隐私保护框架无效，爱尔兰数据保护委员会审视了 Meta 爱尔兰公司在提供 Facebook 服务过程中将个人数据从欧盟/欧洲经济区（欧盟/EEA）传输到美国的基础。爱尔兰数据保护委员会根据欧洲数据保护委员会的决定，对 Meta 调查案作出最终决定：（1）根据 GDPR 第 58.2.j 的规定，Meta 爱尔兰公司必须在数据保护委员会向 Meta 爱尔兰公司通知其决定之日起 5 个月内暂停向美国转移任何个人数据；（2）处以 12 亿欧元的行政罚款

---

〔4〕 武长海：《国际数据法学》，法律出版社 2021 年版，第 217 页。
〔5〕 邓灵斌：《数据治理的法律规制：欧盟立法与"中国方案"——基于欧盟〈数据治理法〉（DGA）的分析与思考》，载《图书馆杂志》2024 年 10 月 31 日。
〔6〕 吴俊、房祥静：《欧盟 GDPR 五年执法反思：成效、挑战与经验》，载《上海交通大学学报（哲学社会科学版）》2024 年第 3 期。

(反映了欧洲数据保护委员会的决定,认为应当对发现的违规行为处以行政罚款);(3)根据 GDPR 第 58.2.d 的规定,要求 Meta 爱尔兰公司在数据保护委员会将该决定通知 Meta 爱尔兰公司之日起 6 个月内,停止在美国对违反 GDPR 的欧盟/欧洲经济区用户个人数据的非法处理,包括存储。[7]

二、法国的数据立法模式与实践

法国的数据立法模式与实践呈现多层次、强干预、重平衡的鲜明特征,其核心在于以主权意识为基石、以公民权利为中心、以技术适配为手段,在国内构建严密治理框架的同时,积极引领欧盟数字规则制定。

(一)法国的数据立法概况

法国的数据立法由欧盟数据法、法国国内数据法令、CNIL 数据监管规则三部分构成。[8] 1978 年 1 月,法国颁布了关于数据处理、数据文件和个人自由的《信息技术、文件和自由法》(第 78-17 号法案),这是法国数据领域第一部专门立法,专注于个人数据保护领域。此后法国多次修改该法案,在历次修正案中引入了被遗忘权、罚金刑和数据可迁移性规则等。为了衔接 GDPR,该法案于 2018 年 6 月和 9 月再次被修订。2004 年 6 月,法国颁布了《数字经济信任法》,2006 年 8 月颁布《信息社会版权和邻接权法》,以转化欧盟相关规定。2015 年 10 月颁布《公众与行政机关关系法典》,强化政府数据开放、规范公共信息再利用。2016 年法国《数字共和国法》正式生效。

法国统一的数据基本法是《信息技术、文件和自由法》,这部法律是法国保护数据安全的起源法律之一,在该法律的基础上,法国的《个人数据保护法》及《数据保护法》分别在 2018 年末生效和发布,根本目的在于保障法国的个人数据和重要数据的安全。在各个不同领域,法国颁布了多部特别法,如《关于个人健康数据托管的第 2018-137 号法令》《数字服务税法》等。

(二)法国数据立法主要内容

在个人隐私和数据保护方面,法国 1978 年 1 月出台的《信息技术、文件和自由法》第 1 条规定:"信息技术必须为每个公民服务,必须在国际合作的框架

---

[7] Data Protection Commission announces conclusion of inquiry into Meta,载 Irelandhttps://www.dataprotection.ie/en/news-media/press-releases/Data-Protection-Commission-announces-conclusion-of-inquiry-into-Meta-Ireland。

[8] 武长海:《国际数据法学》,法律出版社 2021 年版,第 93 页。

内发展，不得侵犯人格、人权、隐私和个人或公共自由。"[9] 2016 年《数字共和国法》引入了一项一般权利，即人能够自主决定和控制其个人数据的用途，以强化个人权利；与此同时，该法还创造性地为个人设立了前所未有的权利——死后隐私权，意味着个体可以于在世时作出对个人数据进行储存、清除或披露等指示，自此拥有决定在死后如何处理其个人数据的权利。[10]

在数据开放方面，法国构建了较为完善的政府数据开放体系。1789 年《人权宣言》第 15 条就规定，公众有权向所有行政机构要求获得数据，1978 年卡达法规定，政府政策应该建立在公民自由获得行政文件的权利之上，2015 年 12 月 29 日，第 2015-1779 号法令规定了免费使用公共部门信息及进行价值再创造的条件。[11]《数字共和国法》通过扩大政府数据开放范围和数量、确立数据开放原则以及构建"普遍关系的数据"概念等方式进一步完善了公共数据开放体系。

在数据安全领域，1978 年颁布的第 78-17 号法令对数据处理风险预防作出规定，初步构建了数据安全性保护法律规定。2009 年，法国设立了国家信息系统安全局，该局负有制定保护信息系统安全的规范等职责以实现国家安全，为数据安全提供了更全面的保护。2019 年 10 月 25 日颁布的关于国家信息和通信系统与部际数字化方向的法案进一步对公共数据的开放使用作出规范，并通过重新规划相关负责人的权责以促进数据开放向规范化方向发展。[12]

（三）法国数据立法的实践案例

法国在数据立法和实践方面的一个典型案例是 2023 年 12 月 27 日法国数据保护管理局批准了对亚马逊法国物流罚款 3200 万欧元的决定，原因是该物流公司建立了一个过度侵入性的系统来监控员工活动和绩效，且该公司的视频监控安全性不足。[13] 亚马逊法国物流公司负责管理亚马逊集团在法国的大型仓库，在

---

[9] André Vitalis, Informatique et libertés: une histoire de trente ans, La Revue, Vol. 01, No. 53 (2009), p. 137-143.

[10] 马晓悦、黄思佳、李菲等：《法国数据治理：发展脉络、体系建设与经验启示》，载《法国研究》2022 年第 4 期。

[11] 筱雪、胡琳悦、王晓迪：《法国政府开放数据发展现状及启示研究》，载《现代情报》2017 年第 7 期。

[12] 马晓悦、黄思佳、李菲等：《法国数据治理：发展脉络、体系建设与经验启示》，载《法国研究》2022 年第 4 期。

[13] Surveillance des salariés: la CNIL sanctionne AMAZON FRANCE LOGISTIQUE d'une amende de 32 millions d'euros, https://www.cnil.fr/fr/surveillance-des-salaries-la-cnil-sanctionne-amazon-france-logistique-dune-amende-de-32-millions.

这些仓库中接收和储存物品，然后准备将包裹交付给客户。作为其活动的一部分，每位仓库员工都配有一台扫描仪，用于实时记录分配给他们的某些任务的执行情况，如从货架上存储或移除物品、收起或包装等。员工的每次扫描都会记录数据，这些数据会被储存起来，用于计算指标，提供有关每位员工的工作质量、生产率和闲置时间等信息，在媒体报道了该公司在仓库中的做法之后，法国监管局进行了多次调查，并在调查中还收到了几起员工投诉。[14] 亚马逊法国物流公司的以上行为违反了数据最小化原则（GDPR 第 5.1.c 条）、处理的合法性原则（GDPR 第 6 条）、信息透明度义务（GDPR 第 12 条）、告知义务（GDPR 第 13 条）以及处理过程的安全性义务（GDPR 第 32 条）。

三、德国的数据立法模式与实践

（一）德国的数据立法概况

德国作为全球信息化程度较高的国家之一，在数据立法方面积累了丰富的经验，是最早通过明确立法对数据进行严格保护的国家。德国作为联邦国家以及欧盟成员国，形成了欧盟立法与德国国内立法、中央立法和地方立法、一般立法到专门领域立法并存的全方位数据保护法律体系框架，这个体系在世界范围内同样具有领先性。1970 年德国黑森州颁布的《数据保护法》是世界上第一部数据保护法，开启了数据保护的新时代。此后其他各州也陆续制定本州的数据保护法，1977 年《联邦数据保护法》的通过标志着国家层面数据保护之路开启。1996 年德国《电信法》颁布，该法对电信业务管制、监管机构、数据保护等问题作出规定。2001 年，德国通过《联邦信息技术安全局法》，设立专门机构承担网络安全管理职能。2007 年《电子交易统一法》颁布，系统修订了与电子交易有关的联邦法律。2017 年 6 月 30 日，德国通过了《联邦数据安全法》，完成对 GDPR 的国内立法转化。同时，德国是欧洲首批实现卫生系统数字化的国家之一，《患者数据保护法》已于 2020 年生效。2021 年 5 月《电信和远程媒体数据保护和隐私法》通过，该法最重要的条款为隐私设置条款——首次将欧盟关于 cookies 的要求从《电子隐私指令》中移植过来——电信服务提供商在使用 cookie 等跟踪

---

[14] 马婷：《【域外执法】亚马逊法国物流公司因对员工进行不合理监控被法国数据保护局罚款 3200 万欧元》，载微信公众号"数据治理与竞争法研究"2024 年 3 月 29 日，https://mp.weixin.qq.com/s/ZEJUgaahIDEaOv0WRp2Zuw。

技术前需获得有效的用户同意。[15]此外，德国通过附属刑法和核心刑法建立了二元数据刑法保护模式，明确了个人信息权作为个体法益的重要性。[16]《联邦数据保护法》还针对"个人数据"进行了较为明确的界定，其认为"个人数据"是指关于个人或已识别、能识别的数据主体的客观情况的信息，同时还特别规定了特殊种类的个人数据，即关于种族血统、政治观点、宗教或哲学信仰、党派、健康情况或者性生活的信息。

（二）德国数据立法的主要内容

在数据保护方面，德国的数据保护法旨在确保数据安全，特别是个人数据的保护。其核心内容包括数据权利、立法保护和司法实践等方面。[17]《联邦数据保护法》对"个人数据"进行了较为明确的界定，并在第二章中明确了数据主体权利。在司法中，政府设置了专门机构和人员监督实施个人数据保护工作。根据德国《联邦数据保护法》，涉及个人数据保护的相关企业也要设立数据保护专员（Data Protection Officer）。

在数据竞争法方面，2021年1月14日德国联邦议会通过了《数字竞争法》，这是《反限制竞争法》的第十修正案，是全球主要国家中首部针对数字化挑战而进行全面修订的反垄断法，引入针对"数字守门人"的新工具，针对平台经济垄断问题进行了大量回应和创新。按照新的修正案，第19a条新增的明令禁止的滥用行为之一就是"在一个自身并不占支配地位的市场中，利用迅速的扩张能力直接或间接地阻碍其他竞争者"。因此，在德国，一旦企业被认定为具有"对竞争至关重要的跨市场意义"，其在不同市场造成垄断或试图造成垄断的行为都可以被纳入监管。此法还规定在没有用户或第三方企业充分授权的情况下，具有市场支配地位的平台企业跨领域、跨平台、跨企业将数据进行合并使用的行为将被禁止；而且授权必须是自愿的，不能是用户或第三方企业在没有充分选择的情况下，不得不同意将对数据的授权作为使用平台服务的前提条件；此外，对数据合并使用行为的限制是针对每一个数字产品或服务的，这意味着同一家企业不同数字产品或服务之间的数据共享行为也必须获得用户的明确授权，这对具有市场支配地位的平台企业的数据采集和使用行为将产生巨大影响，进而影响平台

---

[15] 郭雪菲：《【研究报告】数据跨境治理国别规则（3）：德国》，载微信公众号"梦溪拾笔 数字治理全球洞察"2023年1月1日，https://mp.weixin.qq.com/s/akbrYGAaF08kgqQXQ8pLSg。

[16] 参见王华伟：《数据刑法保护的比较考察与体系建构》，载《比较法研究》2021年第5期。

[17] 刘悦心、王克萍、李慧瑜等：《大数据时代下德国数据权利保护的研究》，载《上海法学研究》2021年第6卷。

的精准推送能力。

(三) 德国数据立法的实践

德国数据保护的典型案例是德国联邦反垄断局对 Facebook 滥用市场支配地位侵犯用户隐私的行为进行调查并处罚的案例。在经过三年的调查后，2019 年初，德国联邦卡特尔办公室发布了一项命令，对 Facebook 在处理用户数据方面施加了广泛的限制。该命令禁止 Facebook 使用和实施允许其收集和使用来自 Facebook 服务以外的用户数据和设备相关数据（如 WhatsApp）的条款，并将这些数据与通过 Facebook 账户生成的数据链接，除非用户根据 GDPR 同意进行此类数据处理。在德国联邦卡特尔办公室看来，Facebook 在德国社交网络市场占据主导地位，因此，如果用户只有在同意的情况下才能使用 Facebook，即如果同意所述使用条款是使用 Facebook 的先决条件，则用户的同意不符合 GDPR 的要求。[18]

第二节 美洲模式

一、美国的数据立法模式与实践

(一) 美国数据立法模式特点

美国作为一个联邦制国家，实行联邦和州两个层次之间的纵向分权，立法也更加分散多元化。整体而言，美国政府形成了公开部门和私营领域分别立法、私营领域分行业立法、联邦下属各州分散立法的分业立法体系。在联邦层面，美国制定了《隐私法》《电子通信隐私法》等一系列法律，对政府机构和私营部门收集、使用个人信息作出规定。在州层面，自 2018 年起，美国州层面的个人数据相关立法呈现快速增长的趋势。这种联邦与州分工的立法模式，既保证了全国性的基本规则，又为各州根据实际情况制定更严格的规定留下了空间。

美国的数据立法也体现出行业自律和政府监管并重的特点。在私有领域，采取行业自律的方式对企业进行约束：在某些行业领域，例如金融、医疗保健和电信等，行业组织和协会通常会制定自己的数据管理准则和行业标准，企业需要遵

---

[18] German Federal Cartel Office vs. Facebook – The One Who Wins the Battle Might not Win The War, https：//inplp.com/latest-news/article/german-federal-cartel-office-vs-facebook-the-one-who-wins-the-battle-might-not-win-the-war/.

守这些自律规定以确保数据安全和隐私保护。与此同时，在公共领域，由政府主导立法对相关行为进行规范，政府针对不同行业和领域制定专门的数据保护法规。

（二）美国数据立法的主要内容

在隐私权和数据保护方面，美国联邦并没有制定整体数据保护法律，但对公共机构收集、处理、使用个人数据规定较为严格。隐私权的执行通过分散化的机制达成，比如，《公平信用报告法案》规定了消费者报告机构如信用署对信息的使用；《计算机匹配和隐私信息的保护法案（1988）》以及《税法改革法案（1976）》提出了对根据法定职责而采集的数据匹配及信息使用的限制。[19] 在州层面，具有代表性的数据保护法律为《加利福尼亚州消费者隐私法案》。

在数据跨境传输方面，美国以国家安全为核心构建数据监管法律体系。2016年7月，美欧通过主基调在于增强跨境数据主体权力的《隐私盾框架》，这是美国对跨境数据流动法律作出的重要部署。[20] 2023年10月美国贸易代表办公室（USTR）在WTO发表声明，表示美国政府将撤回其2019年提出的在数据跨境自由流动、禁止数据本地化和软件源代码审查的国家立场，[21] 为其国内出台数据跨境流动的限制性举措预留政策空间。[22] 2024年3月，美国众议院通过《保护美国人数据免受外国对手侵害法案》，该法案旨在防止外国敌对国家或受其控制的实体通过数据经纪人获取美国公民的敏感个人数据。根据该法案，有关部门将确定"如果出口可能损害美国国家安全的个人数据类别"，并对不同国家风险程度作出区分，以实施不同程度的数据出境限制。此外，美国还通过行政命令，防止"受关注国家"访问美国公民敏感个人数据和政府相关数据。

在数据监管方面，美国构建了对政府监管和企业监管的数据隐私监管体系。针对政府的监管是通过行政管理和预算局的统筹指导、各部门分别实施的方式来实现；针对企业的监管主要是通过行业自律辅以政府机构的执法来实现。[23] 1974年《隐私法》规定政府监管由行政管理与预算局负责，除此之外，联邦贸

---

[19] 张晶：《美国与德国隐私信息立法与政策框架的比较》，载《电子政务》2008年第5期。
[20] 何治乐、黄道丽、孔华锋：《大数据时代美国个人数据保护立法借鉴》，载《计算机应用与软件》2017年第7期。
[21] 冯迪凡：《WTO电子商务谈判最新进展：美方撤回此前提议，如何研判？》，载第一财经，https：//www.yicai.com/news/101893844.html。
[22] 高雅：《服务贸易如何进一步拓展成为外贸新动能？》，载第一财经，https：//m.yicai.com/news/101925653.html。
[23] 苏力、杨韬：《美国隐私保护立法和监管体系研究》，载《保密科学技术》2021年第9期。

易委员会对消费者隐私保护享有调查、执法权力。目前,美国行业自律主要有两种方式:一是通过行业协会或联盟的形式制定并执行相关规则和标准;二是通过认证督促企业提供隐私保护服务。[24]

(三) 美国数据立法的实践

美国数据保护的相关案例有许多,较为典型的是 Facebook 被美国联邦贸易委员会处罚的案例,处罚的主要原因是 Facebook 被指控利用调查工具向现已破产的英国公司剑桥分析不当分享了 8700 万名全球用户的信息。联邦贸易委员会认为 Facebook 没有保障用户的数据安全,违反了隐私协议。在该案中,Facebook 除了承担罚款外,作为和解协议的一部分,Facebook 还需成立一个独立隐私委员会,并建立更多的隐私保护措施。2024 年,总部位于英国的捷克杀毒软件公司 Avast 因擅自收集大量用户浏览信息,并将它们出售给上百家数据掮客,被美国联邦交易委员会在 2024 年 2 月 22 日责令停止相关行为,同时支付 1650 万美元的罚款,根据联邦贸易委员会的调查,Avast 利用所开发的杀毒软件及浏览器扩充程式来收集用户的浏览资料,不仅无限期地储存这些用户数据,还在未经用户同意且未告知的情况下,将这些数据资料通过子公司 Jumpshot 出售给全球超过 100 家的第三方数据掮客,用以开展定向广告营销。[25]

二、加拿大的数据立法模式与实践

(一) 加拿大的数据立法概况

加拿大作为全球数据立法的先行者之一,其数据立法模式和实践具有重要的研究价值。加拿大的数据立法体系涵盖了多项关键法律法规,如《个人信息保护与电子文件法》和《隐私法》。《个人信息保护与电子文件法》适用于商业组织,规定了在收集、使用和披露个人信息时必须遵循的原则,而《隐私法》则主要针对政府机构的数据处理行为。此外,加拿大的数据保护原则强调透明度、责任制和用户控制权,确保数据主体在数据处理过程中的知情权和选择权。

加拿大的数据监管框架由多个机构共同负责,其中最重要的是加拿大隐私专员办公室,该机构负责监督和执行数据保护法律,并处理与隐私相关的投诉。此

---

[24] 苏力、杨韬:《美国隐私保护立法和监管体系研究》,载《保密科学技术》2021 年第 9 期。
[25] 《未经许可出售用户数据,杀毒软件巨头 Avast 在美国被罚 1650 万美元》,载微信公众号"清华大学智能法治研究院"2024 年 2 月 24 日,https://mp.weixin.qq.com/s/fhKjBKUfm_7Ob8q94gpkVg。

外，加拿大各省也有自己的数据保护法律和监管机构，例如安大略省的《信息与隐私法》、魁北克省的《个人信息保护法》以及不列颠哥伦比亚省的《个人信息保护法》。另外，加拿大针对一些行业也制定了个人信息和数据安全法规，例如《支付卡行业数据安全标准》规范了支付卡行业的数据安全要求，《健康信息法》规范了健康信息的收集、使用和披露，《银行法》规范了金融机构如何处理个人信息。

（二）加拿大的数据立法原则

加拿大的数据保护法律体系主要由《个人信息保护与电子文件法》构成。《个人信息保护与电子文件法》是加拿大联邦层面的数据保护法，旨在规范私营部门对个人信息的收集、使用和披露。该法律适用于商业活动中处理个人信息的所有组织，确保个人信息在处理过程中得到充分保护。

《个人信息保护与电子文件法》的核心原则包括如下几个方面（见表1-3-1）：

表1-3-1 《个人信息保护与电子文件法》中的核心原则

核心原则名称	核心原则含义
责任原则	组织必须对其控制下的个人信息负责，并指定一名或多名个人负责确保合规
识别目的原则	在收集个人信息时，组织必须明确告知信息收集的目的
同意原则	在收集、使用或披露个人信息之前，必须获得个人的知情同意
限制收集原则	仅收集为明确目的所必需的个人信息
限制使用、披露和保留原则	个人信息只能用于收集时明确的目的，除非获得个人同意或法律要求，并且信息应在不再需要时销毁
准确性原则	个人信息应保持准确、完整和最新，以满足使用目的
保障措施原则	组织必须采取适当的安全措施保护个人信息，防止未经授权的访问、披露、复制、使用或修改
公开原则	组织应公开其个人信息管理政策和实践
个人访问原则	个人有权访问其个人信息，并有权纠正不准确的信息
质疑合规性原则	个人可以质疑组织对这些原则的遵守情况，并应有机制处理投诉和纠正问题

三、巴西的数据立法模式与实践

总的来说，巴西的数据隐私立法模式和实践在借鉴欧洲经验的基础上，逐步形成了具有自身特色的法律体系。这一体系不仅在法律条款上与国际标准接轨，还在具体执行和合规要求上进行了细化和完善，为企业的数据管理提供了明确的指导和规范。

（一）巴西的数据立法概况

巴西形成以《巴西联邦宪法》为中心，合规监管双发力的立法体系。《巴西联邦宪法》提出个人隐私权不可侵犯的要求，成为数据安全立法基石。2014年4月，巴西通过《网络民法》，它明确了用户、企业和公共机构在巴西境内使用互联网的原则、权利与义务。2015年1月，巴西司法部启动对《网络民法》部分条款的修正工作，对《网络民法》进行修正。2016年5月20日，迪尔玛·罗塞夫总统签署了规范互联网法律框架的《网络民法》第8771/2016号联邦法令。2018年8月，《通用数据保护法》经巴西总统米歇尔·特梅尔的签署正式通过，自2020年9月起生效，对违规行为的处罚也在2021年8月生效。该法是对第12965号法律《网络民法》的修订。巴西《通用数据保护法》受GDPR的影响，是巴西首部有关个人数据保护的综合性立法，显著增加了巴西个人数据保护的要求，进一步提升了巴西的数据保护能力。同时，巴西根据该法成立了数据保护监管机构——国家数据保护局。巴西参议院于2021年10月20日批准了宪法修正提案PEC第17/2019号的文本，该提案已获众议院批准。PEC第17/2019号修改了《巴西联邦宪法》，将保护个人数据列入基本权利和保障。巴西对于特定行业也有关于数据保护的法规，受巴西中央银行监管的实体必须遵守巴西《银行保密法》和《网络安全条例》。根据巴西《银行保密法》，金融实体必须对"其所有的信贷和借记交易以及提供的服务"保密，《巴西良好数据法》《政府第9936/19号法令》《巴西中央银行第4737/19号决议》共同规范了包含个人或法人实体支付记录信息的数据库的创建和管理，旨在建立信用记录。

（二）巴西数据立法的主要内容

1. 数据主体的权利

首先，数据主体有权知晓其个人数据的处理情况。这包括数据被收集、存储、使用和共享的目的、方式和时间等详细信息。数据控制者必须在数据主体请求时提供透明和易于理解的信息。其次，数据主体有权访问其个人数据。这意味着数据主体可以请求并获得其个人数据的副本，以便了解和验证数据的准确性和合法性。此外，数据主体有权更正其不准确或不完整的个人数据。如果数据主体发现其数据存在错误或遗漏，可以要求数据控制者进行更正或补充。数据主体还享有删除权，即在某些情况下，可以要求数据控制者删除其个人数据。这些情况包括数据已不再需要、数据主体撤回同意或数据处理违法等。数据主体有权限制其个人数据的处理。在特定情况下，如数据的准确性存在争议或数据处理违法但数据主体不希望删除数据时，数据主体可以要求限制数据的处理。

2. 数据处理者的义务

在巴西数据保护法中，数据处理者承担着多项义务和责任，以确保个人数据的安全和隐私。这些义务主要包括以下几个方面：首先，数据处理者必须获得数据主体的明确同意。这意味着在收集、处理和存储个人数据之前，数据处理者需要向数据主体提供详细的信息，说明数据将如何使用，并确保数据主体在知情的情况下给予同意。这种同意必须是明确的、具体的，并且可以随时撤回。其次，数据处理者有责任保护数据的安全性。巴西《通用数据保护法》要求数据处理者采取适当的技术和组织措施，以防止数据泄露、未经授权的访问以及其他形式的数据滥用。这些措施包括但不限于数据加密、访问控制和定期安全审计。此外，数据处理者必须确保数据的准确性和完整性，数据处理者有义务定期更新和验证所处理的数据。如果发现数据不准确或不完整，数据处理者必须及时纠正。数据处理者还需要对数据主体的权利给予充分的尊重和保障。根据巴西《通用数据保护法》，数据主体享有访问、更正、删除和限制处理其个人数据的权利。数据处理者必须建立便捷的机制，使数据主体能够行使这些权利，并在合理的时间内作出回应。最后，数据处理者有义务向监管机构报告数据泄露事件。如果发生数据泄露，数据处理者必须在规定的时间内通知巴西国家数据保护局和受影响的数据主体。通知内容应包括泄露的性质、可能的影响以及已采取的补救措施。

（三）巴西数据立法的实践

2024年7月16日，巴西联邦检察院与消费者保护协会向法院提起公益诉讼，要求判令WhatsApp赔偿因其违规变更隐私政策等行为对巴西用户造成的集体精神损害17.34亿雷亚尔（折合约3.09亿美元），并承担其他民事责任。据悉，WhatsApp于2021年1月更新了其使用条款及隐私政策，巴西联邦检察院和消费者保护协会认为，WhatsApp更新后的隐私政策用词模糊、界面设置具有诱导性且强迫用户进行同意，此外，WhatsApp收集和处理的数据远超正常运营所需的范围，并与同样隶属于Meta集团的Facebook和Instagram等网络平台共享，侵犯用户权益。[26] 在本案中，WhatsApp 违反了巴西《通用数据保护法》规定的透明性原则、必要性原则等，侵犯了主体的访问权和消费者权利，并且 WhatsApp 存在区别对待巴西用户与欧洲用户的情况。

第三节　亚洲模式

一、韩国的数据立法模式与实践

（一）韩国数据立法概况

韩国数据立法以 2011 年《个人信息保护法》的颁布为分界点。2011 年以前，韩国多次尝试数据立法，1989 年制定了《个人信息保护法（草案）》；1991 年制定并实施《电子处理个人信息管理条例》；1995 年制定了《信用信息使用和保护法》，主要规范信用信息公司的数据处理行为；2001 年制定了《关键信息基础设施保护法》，并在国务总理室设立了关键信息基础设施保护委员会，协调各部门之间的相关事宜。[27] 2011 年韩国《个人信息保护法》经过 8 年审议后正式通过，对个人信息保护的基本原则、基准、权利保障、自决权的救济等做了全面规定。至此，被称为"数据三法"的《个人信息保护法》《信息通讯网法》《信用信息法》构成了韩国数据保护的基本框架。除《个人信息保护法》之外，韩国个人信息保护委员会还颁布了《个人信息保护法实施令》《标准个人信息保护指南》《个人信息保护指南》《违反个人信息保护法的处罚标准》《关于个人信息影响评估的通知》《个人信息技术和行政保护措施标准》《确保个人信息安全措施的标准》等法规。

近年来，韩国为推动大数据产业发展，扩大个人和企业可以收集、利用的个人信息的范围，陆续对"数据三法"进行修订，尤其是《个人信息保护法》，在其通过之后已经历 19 次修订。2023 年 3 月 14 日韩国《个人信息保护法》再次修订，并于 2023 年 9 月 15 日正式实施。2023 年 7 月 26 日，韩国个人信息保护委员会发布了《个人信息跨境转移规定（草案）》并就该草案向公众征求意见，

---

[26] 《巴西针对 WhatsApp 违规变更隐私政策等行为提起公益诉讼，索赔 17.34 亿雷亚尔》，载微信公众号"Kaamel 隐私保护"2024 年 7 月 25 日，https：//mp.weixin.qq.com/s/4iYhfwTiyAfbFTgjblHbSQ。

[27] 郑乐锋：《韩国数据治理方式：世界在线率最高国家如何打造第三条道路（译文）》，载《信息安全与通信保密》2021 年第 12 期。

该规定将在《个人信息保护法》的基础上进一步完善韩国的跨境传输制度。2023年12月29日，韩国个人信息保护委员会发布《个人信息保护法》的修订指南，该指南详细介绍了《个人信息保护法》的历次修订，包括全面修订以及后续修订的定稿，其中包括执行法令和执行通知。2024年3月6日，韩国个人信息保护委员会宣布对《个人信息保护法施行令》进行修订，修订内容于2024年3月15日生效并执行。

（二）韩国数据立法的主要内容

韩国的数据保护法律主要体现在《个人信息保护法》中，该法旨在保护个人信息，赋予数据主体相应的权利，并规范数据控制者和处理者的行为。该法律共计十章76条，对个人信息保护的基本原则、个人信息保护的基准、信息主体的权利保障、个人信息自决权的救济等问题作出了全面的规定。

韩国《个人信息保护法》将个人信息定义为：通过姓名、居民身份证号码及影像等可以对个人进行识别的，或虽然仅凭该信息无法识别特定个人，但很容易将该信息与其他信息结合起来识别自然人个体的信息。修订后的韩国《个人信息保护法》对"个人信息"延续了以上定义，但在第2条中新增了"假名信息"制度，是指对个人信息进行假名处理，删除部分个人（标识性）信息或用其他信息代替（部分或全部个人信息）的信息，如果没有额外信息，则无法识别出特定的个人信息。对于个人信息进行假名信息的处理过程称为"假名处理"，假名信息虽然将一部分信息进行替代，无法被直接识别出来，但是如果与其他信息"简单"结合后，依然锁定至特定个人。因此，假名信息被认定为可以再识别的信息，属于个人信息，是韩国《个人信息保护法》的保护对象。[28]

此外，韩国《个人信息保护法》还对以下方面作出规定：

第一，明确数据跨境流动的多种渠道。扩大跨境数据流动的合法途径，以承接国际上通常采取的跨境数据流动机制，同时规定，个人信息在跨境的过程中，一旦存在违法行为，则立刻中止跨境行为以确保个人信息安全。

第二，建立隐私政策审查机制。引入隐私政策的审查系统，以辅助个人信息保护委员会对企业的隐私政策进行评估，确保对隐私政策进行充分审查。

第三，引入数据可携权。企业必须有能力为其用户提供其拥有的所有关于数据主体个人信息的拷贝，以及将个人信息传至另一个服务提供商的能力。

---

[28] 国瀚文：《个人信息处理规则的构建研究——以韩国"假名信息"制度的立法反思为视阈》，载《判解研究》2021年第1辑。

第四，对于自动化决策的拒绝权和解释权。数据主体不受对个人有法律影响或重大影响的纯粹自动化决策（包括画像）的限制和制约，有权提出异议。同时，个人有权获知关于自动化决策的相关信息。

二、日本的数据立法模式与实践

（一）日本数据立法概况

日本的个人信息保护立法自20世纪70年代始，最先制定个人信息保护规范的是行政领域，1976年日本政府制定了《电子计算机处理数据保护管理准则》，旨在应对政府引进"国民总编号制度"收集国民信息引发的一系列问题。1988年，日本出台《行政机关计算机处理的个人信息保护法》，对行政机关运用计算机处理个人信息的行为作出规制，要求保障数据主体合法权益。此后，其他领域也陆续出台相关文件，例如1988年日本信息处理开发协会制定了《关于民间部门个人信息保护指导方针》。欧盟95指令颁布后，日本着手制定《日本个人信息保护法》，经历强烈反对后，2003年《日本个人信息保护法》等五项法案终于通过。《日本个人信息保护法》前三章于颁布之日起施行，后三章于2005年4月全面实施，历经多次修订，最新修订版本于2023年4月1日开始实施。在网络安全方面，2000年《保护信息系统免受网络攻击行动计划》是日本在该领域的首个政策文件，2013年《网络安全战略》、2014年《网络安全基本法》、2015年《网络安全战略（第二版）》、2018年《网络安全战略（第三版）》、2022年最新版《网络安全战略》，构建了网络空间相关的法律框架，致力于构建"自由、公平、安全"的网络空间。

（二）日本数据立法的主要内容

2003年5月，日本正式通过《个人信息保护法》（APPI），该法是在《行政机关计算机处理的个人信息保护法》的基础上制定的，明确了基本理念方针等总则性内容及与民间企业相关的一般性内容，在日本个人信息保护法制体系中相当于基本法。日本《个人信息保护法》的适用范围包括处理位于日本境内的个人数据以及在向日本境内公司和或个人提供商品或服务时处理上述个人数据的企业，其关键在于数据主体是否位于日本境内，而非商业实体。

在日本《个人信息保护法》中，个人信息是指通过该信息中包含的姓名、出生日期或其他描述可识别特定个人的信息，包括容易与其他信息对照后识别特定个人的信息；或含有个人识别符号的信息，如驾驶证号码、护照号码等。2015

年,《个人信息保护法》首次引入"敏感个人信息"概念,是指为避免发生针对本人的不当歧视、偏见或者其他不利而需要在处理时予以特别注意的个人信息,例如种族、信仰、社会身份、病历、犯罪经历、因犯罪受害的事实等。[29] 新版《个人信息保护法》重点关注人脸识别信息使用,引入了"假名加工信息"和"匿名加工信息"两类新的信息类型,并规定了其处理者对应承担的义务。

日本《个人信息保护法》规定,个人信息使用以告知同意为法律基础,且个人信息处理者不得超出特定使用目的所必需的范围来处理个人信息。在历次修订中,该法增强了包括知情权、查询权、更正权、停止处理/删除权等在内的用户权利;同时加重了数据处理者的义务,规定数据处理者必须明确特定使用目的、通知和公布使用目的,要求数据处理者超出使用目的处理个人信息时应另行取得本人的同意、对其处理数据采取必要的安全管理措施。

在修订中,日本《个人信息保护法》将监督权集中在个人信息保护委员会。修订前,由于日本数据领域立法呈现分行业的特点,针对不同行业领域制定了本行业的信息保护法,分别对本行业的监督权作出规定,这使得的数据领域的监督权分散在各省。当时日本国内对此有一种社会共识,即一旦经由立法确立统一标准规范,便会妨碍各类主体有效利用商业性个人信息,进而不利于市场活力与经济发展。[30] 因此,立法者设计了个人信息委员会,其职责为对信息处理者进行监督、处理投诉、认定个人信息保护机构等。委员会的设立避免了监管机构职能分散、责任不清的问题。

三、新加坡的数据立法模式与实践

（一）新加坡的数据立法概况

新加坡作为一个高度发达的城市国家,其数据立法模式和实践备受关注。随着全球数字经济的迅猛发展,数据隐私和保护问题日益突出。新加坡政府认识到数据保护的重要性,并采取了一系列措施来确保消费者数据的安全和隐私。2006年,新加坡提出"智能城市2015"发展蓝图。在2012年,新加坡就已发布《个人数据保护法》,用于规范个人数据的收集、使用、披露等行为,明确个人数据保护的基本原则和制度,并明确个人的权利以及个人数据保护委员会的职能。为

---

[29] [日] 弦卷充树、陈天华、崔文英：《外国企业在日本处理个人信息的法律要点——日本个人信息保护法的详细解读》,载微信公众号"金杜研究院"2022年5月20日,https://mp.weixin.qq.com/s/NrLKFGDz43uXVN3vCQDKMQ。

[30] 武长海：《国际数据法学》,法律出版社2021年版,第81页。

更好地执行《个人数据保护法》，新加坡相关主管机关发布了一系列条例，以落实《个人数据保护法》的相关规定，包括：《个人数据保护条例》《个人数据保护（违法构成）条例》《个人数据保护（谢绝来电注册表）条例》《个人数据保护（执行）条例》《个人数据保护（数据泄露通知）条例》《个人数据保护（上诉）条例》等。2018年2月，《网络安全法》通过，2020年5月《个人数据保护法（修订）草案》公开征求意见。此外，新加坡还通过设立专门的监管机构，如个人数据保护委员会，来监督和执行数据保护法律，确保法律的有效实施。

（二）新加坡数据立法的主要内容

2012年，新加坡发布《个人数据保护法》对机构收集、使用和披露个人数据的行为进行规范，明确个人数据保护的基本原则和制度。其适用的主体包括在新加坡处理个人数据的组织，同时也可以规制位于新加坡境外但在新加坡处理个人信息或处理新加坡居民个人信息的组织。选择新加坡作为出海各国数据集中存储的地点，进而将从其他出海目的地收集到的用户个人数据传输至新加坡进行处理时，这些行为均应当严格遵守新加坡《个人数据保护法》。

在历经多次修订后，现行有效的新加坡《个人数据保护法》共分为十个部分，其中第七部分和第八部分已被撤销。第一、二部分主要涉及基本条款及个人数据保护委员会的职能；第三至六部分主要涉及数据保护主要规则。

新加坡《个人数据保护法》明确了个人数据定义以及个人的权利以及个人数据保护委员会的职能，包括增强新加坡的数据保护意识以及管理和执行新加坡《个人数据保护法》，其可以根据《个人数据保护法》发布执行决定，以对违反《个人数据保护法》的机构作出相应惩罚。

涉及数据保护的主要规则包括：（1）基于合理目的，且收集、使用或披露个人数据前进行告知并获取同意；（2）允许个人访问并更正其个人数据；（3）妥善管理个人数据（包括确保数据的准确性）、保护个人数据（包括跨境传输个人数据时的保护）以及在不再需要个人数据时不进行保留；（4）在数据泄露时通知个人数据保护委员会和受影响的个人；（5）制定相关政策和制度以符合新加坡《个人数据保护法》的要求。

新加坡《个人数据保护法》还规定了谢绝来电登记制度。这些规定涉及建立新加坡全国的谢绝来电登记册以及相关组织在向新加坡电话号码发送某些营销信息时的特定义务。谢绝来电登记册涵盖电话呼叫、短信和传真三个方面，并由新加坡个人数据保护委员会保存和维护。用户和订阅者可以根据他们接收电话呼叫、短信或传真营销信息的偏好，在一个或多个谢绝来电登记上注册他们的新加坡电话号码。相关组织在向新加坡电话号码发送营销信息前，需检查谢绝来电登记册，以确认该电话号码是否列在谢绝来电登记册中。

（三）新加坡的数据立法实践

自新加坡《个人数据保护法》生效以来，新加坡个人数据保护委员会已对未尽到保护个人数据义务或侵犯个人数据的多家机构作出了处罚。其中，处罚最重同时也是影响最大的个人数据遭泄露的案例，是2019年的新康集团集群案：2018年6月27日至7月4日，新加坡健康服务私人有限公司（以下简称新康公司）的病例数据库系统遭到网络攻击，黑客从公司数据库中非法访问和复制近150万名病人的个人数据和近160万名门诊病人的处方记录，导致大规模的病人数据泄露。这是新加坡历史上个人信息泄露最为严重的案件。[31] 根据新加坡《个人数据保护法》第50条第1款，新加坡个人数据保护委员会或可根据投诉或可主动依本条开展调查，决定任何机构是否违反该法。经调查，新加坡个人数据保护委员会认为新康公司违反新加坡《个人数据保护法》第24条，最终根据第29条对新康公司和综合健康信息系统公司分别作出了25万新加坡元（约127万元人民币）和75万新加坡元（约380万元人民币）罚款指令。

| 引例分析 |

案件的核心问题是，汽车公司存储和传输用户的短信和通话记录的限度。美国《华盛顿隐私法》要求企业进行数据保护影响评估并实施安全措施来保护个人数据。虽然该法禁止"任何个人、合伙企业、公司、协会或华盛顿州的机构和政府部门"拦截或记录通过电话传输的任何私人通信，但与此同时还需要证明该行为对企业、个人或声誉造成损害。2023年11月7日，美国第九巡回上诉法院判决确定，在原告无法证明发生实际损害后果的情况下，被告大众公司存储联网手机的短信和通话记录并未违反法律。这在一定程度上降低了法律对个人数据和隐私的保护水平。

思考题
1. 请简述欧盟数据立法的具体实施与实践效果。
2. 请简述法国数据立法的主要内容。

---

[31] 屈文生：《新加坡个人数据保护的立法与实践》，载云南网，https://m.yunnan.cn/system/2020/07/10/030784166.shtml。

3. 请简述美国数据立法的主要内容及实践。
4. 请简述加拿大《个人信息保护与电子文件法》(PIPEDA) 的核心原则。
5. 请简述日本数据立法的主要内容及实践。

第二编 分 则

第四章 数据权益保护

引例｜深圳某计算机公司、某科技（深圳）公司与浙江某网络公司、杭州某科技公司不正当竞争纠纷案

深圳某计算机公司、某科技（深圳）公司（以下简称两原告）共同开发运营个人微信产品，为消费者提供即时社交通讯服务。浙江某网络公司、杭州某科技公司（以下简称两被告）开发运营"某群控软件"，以外挂技术将该软件中的"个人号"功能模块嵌套于个人微信产品中运行，利用个人微信用户的用户账号数据、好友关系链数据、用户操作数据为购买该软件服务的微信用户在个人微信平台中开展商业运营活动提供帮助。两原告诉称，其对于微信平台中的全部数据享有数据权益，两被告擅自获取、使用微信数据，已构成不正当竞争，遂诉请判令两被告停止侵害、赔礼道歉并连带赔偿经济损失500万元。两被告辩称，微信用户信息所形成的涉案数据应归用户所有，两原告并不享有任何数据权益，无权就此主张权利；被控侵权软件的应用属于创新性竞争，不应被认定为不正当竞争。

思考：原告是否享有数据权益？应如何进行保护？

近年来，全球数据的数量显著增加，数据处理技术也取得了显著进步。云存储的发展，新的数据科学技术的不断涌现，数据处理能力和速度的大幅提高，以及人工智能（AI）的进一步发展，都使经济参与者能够从他们的数据资产中挖掘出新的潜在价值。将数据转化为潜在价值是利用数据创造经济价值的一个重要因素，因为决策者可以利用这些来优化资源配置和发展新能力。研究表明，采用数据驱动决策的公司可以提高5%—6%的产出和生产率。

数据驱动的创新可以对人们的福祉和生产率的提高产生重大影响。数据可以用于提供个性化服务，并在地图、零售、视频或音乐流媒体等领域改善消费者体验。它可以产生横跨全行业的全新产品——从解锁新的医疗保健方法，到启用智

能设备。在公共部门，数据在转变公共服务方面发挥着越来越大的作用。在交通运输领域尤其如此，这个领域已经出现了大量由数据驱动的创新。数据在人工智能和机器学习的发展中也扮演着重要的角色，其中数字程序开始扮演决策者的角色。

同时，全球产生的数据中有很大一部分（尽管不是全部）是个人数据。充分保护个人资料对于实现安全目的和维护个人隐私权利都至关重要。因为公众对个人数据安全、透明使用的信任是数字经济的基石。对于企业和消费者来说，个人数据也是实现经济和社会价值的重要来源。

第一节　数据权益的概念和特点

随着技术对用户体验变得越来越重要，技术本身对个人数据的依赖也可能会增加。例如，地理位置数据预计将改变我们与商业街互动的方式，消除排队的需要，并留给零售互动[1]更多个性化的空间。虽然这将给企业和消费者带来重大机遇，但也会对隐私和数据保护产生影响。如上所述，各国承诺保护个人数据，包括提供新的权利，可确保我们对自己的数据拥有控制权。例如GDPR为保护个人数据设置了新的标准。根据新的数据保护法，消费者能够更好地"权衡"自己已知的信息与产品推荐和个性化服务等利益。该条例确保个人能控制对其个人数据的使用，同时给创新的发生留足空间。对于违反新数据保护规定的公司，信息专员办公室有权处以高达1750万英镑或全球营业额的4%（以较高者为准）的罚款，以此敦促数据处理机构采取适当的保护措施。因此，如何设置不同主体的不同数据权益，对于数据治理至关重要。

一、数据权益的概念

数据作为当代新型生产要素，是数字化、网络化、智能化的基础，深刻改变着我们的生产方式、生活方式和社会治理方式。各国将数据权益之内涵界定为数据利用过程中的价值发现与实现，并在平衡各方利益的基础上寻求最佳的权益分配机制。数据之上承载着多重法律权益，数据承载权益的集合可称数据权益。一方面，数据权益具有综合性，因为数据负载的内容可能会涉及知识产权、隐私

---

[1] 零售互动，是指消费者与零售商（品牌、商家或服务提供者）在购物全过程中产生的双向沟通、行为反馈及体验交流。

权、个人信息权益等民事权利，也可能属于商业秘密。另一方面，数据财产具有无形性，它不像有形财产那样具有明确的价值。其价值不同于数据载体的价值，而是通过数据所包含的信息内容加以体现。

(一) 数据权益化的理论依据

《数据二十条》明确提出要"推动建立企业数据确权授权机制"，对各类市场主体在生产经营活动中采集加工的不涉及个人信息和公共利益的数据，市场主体享有依法依规持有、使用、获取收益的权益。纵观人类文明长河，在社会发展过程中很长一段时间并不存在权利，直到资产阶级革命不断深入，才陆续建立现代权利（人权）制度。虽然这一时期资产阶级宣布的权利在形式上是普遍的，但马克思对此进行了批判，他认为"所有权对于资本家来说，表现为占有他人无酬劳动或它的产品的权利，而对于工人来说，则表现为不能占有自己的产品"。在《论土地国有化》中，马克思亦指出主张土地私有的论者是在"千方百计地用'天然权利'来掩盖掠夺这一原始事实"。他揭示了资本主义社会以权利推进市场交易以赚取更多资本的本质需求，披露了其被用于实现压榨和剥削的目的。马克思认为"权利决不能超出社会的经济结构以及由经济结构制约的社会的文化发展"。

数据作为数字经济深化发展的核心引擎，其价值不局限于简单的数据交易所获取的经济增长，更为重要的是作为数字经济的"血液"，其为产业提质降本增效、政府治理体系和治理能力现代化广泛赋能。我国作为一个数据资源极其丰富的国家，拥有巨大的数据价值潜力尚未得到充分释放，亟须建立顺畅的数据流通机制来发挥数据的乘数效应，以实现数据利益总量最大化，并在全球数字经济中实现"变道超车"。然而，一方面，数据确权虽然能够保障数据参与者的利益，但权利作为个人利益的法权诉求，表现为双方互相让步和妥协的结果，"一旦有人获得了这项权利，就意味着其他人必须把它放弃"[2] 其具有显著的排斥他人共同权利的效果，这与以数据高效利用为基础的数字经济时代不相适应。另一方面，创造数据价值的关键不在于数据本身，而在于数据劳动，是数据"活劳动"使数据的价值得以保存和延续，并添附上新的价值。

因此，在数字经济时代，只有不断地开展包括数据生产、加工和经营在内的数据劳动，才能创造更大的数据价值，满足人们对数字经济发展的需要，故更应聚焦数据劳动激励机制的设计，而非数据确权问题。此外，不够审慎的权利设置

---

[2] 涂尔干：《社会分工论》，渠敬东译，生活·读书·新知三联书店2017年版，第81页。

也将导致权利概念被滥用,"真正的权利"失去威信,进而"引发了国家这个'巨兽'对社会经济生活的全面渗透,并最终导致了现代规制国的诞生"。[3] 这显然与数字经济时代的发展需求不相适应。

目前,各国对数据确权均持谨慎态度。我国所坚持的应当是以整体主义为核心的马克思产权理论,所追求的是共享数据红利,因此更有必要审慎分析我国当前和未来的生产方式、经济关系以及社会生活条件等,来决定是否对数据确权,以数据赋能生产和提高社会整体利益为核心构建数据权益制度。我国关于权利范围适用的是形式主义标准,即法律明确以"权"字命名的才是权利,其他的都是单纯的利益。由于我国现行法律位阶规范关于数据的规定均未加"权"字,在形式上数据尚属一种利益。就两者实质区别而言,张新宝教授认为,权利至少包括特定的权利主体、明确的权利内容和清晰的权利边界三项基本要素。于飞教授也指出,在权利与利益的区分上,"同时具备归属效能、排除效能和社会典型公开性的,为一种侵权法上的权利,反之则只能归于一种利益"。[4] 假设数据通过确权进路保护,所创设的数据权利很难说满足权利的基本要素。

例如,"归属效能"欠缺。一是数据作为权利客体缺乏可控性,基于数据的自动记录和智能处理,实践中产生和形成的数据很少由数据主体控制和占有,在未经数据主体同意的情况下,数据主体甚至不知道自己的数据被保存。在数据消费过程中,由于消费者对其持有的数据缺乏实体占有,"是否能够访问你购买的内容取决于云服务提供商是否能够履行它们的承诺"。[5] 二是数据的权利主体不清。由于大数据环境中任何数据都不可能为单一主体独占,所以实践中用户数据究竟属于用户、平台还是企业,很难作出精准的判断。三是权利边界模糊。不同数据主体的数据经过汇聚、融合、加工等处理后,从单一主体数据演变为多元主体数据集合,这导致各类基础数据权属和不断衍生的新数据权属都十分模糊。故数据权利主体、内容和范围仍难以具体确定。

又如,"排除效能"欠缺。数据具有天然的非排他性和非竞争性,即一个人对数据的利用,并不会阻碍他人对该数据的使用,也不会减少数据对他人的利用价值。由于数据的边界模糊性、强流通性和信息关系不对等性,数据权利也很难排除其他主体的不法干涉。

再如,"社会典型公开性"欠缺。数据作为一种新型生产要素,其范围、类

---

[3] 方新军:《权利保护的形式主义解释方法及其意义》,载《中国法律评论》2020年第3期。
[4] 于飞:《侵权法中权利与利益的区分方法》,载《法学研究》2011年第4期。
[5] [美] 亚伦·普赞诺斯基、杰森·舒尔茨:《所有权的终结:数字时代的财产保护》,赵精武译,北京大学出版社2022年版,第64页。

型、利用场景、权属等在经济学、法学等领域均存在的较大分歧。此外，在数据（data）—信息（information）—知识（knowledge）—智慧（wisdom）四层金字塔模型（DIKW 模型）中，数据作为其中的底层范畴，体现的是数字经济时代信息科技发展反射到信息载体的阶段性形态。

（二）数据权益化的实践依据

首先，数据利益化符合经济发展规律。依据科斯定理，当交易成本为零时，无论初始权利被界定给谁，理性的主体都会对权利进行自愿的交易，以使社会生产实现最有效率的水平。数据一旦实现点对点的交易，基于区块链技术的数据流通成本极低，零边际社会交易成本有望成为可能。因此，在交易成本不断降低的前提下，数据权利的界定实际上缺乏必要性，反而是数据利益需要被进一步外化。

其次，数据利益化更利于数据的开放利用。相较于权利的明确性和强制性，利益更具有相对性和灵活性。在没有排他性权利的局限之下，市场主体有更多的机会在数据市场中交易和利用数据，更有利于形成具有公平竞争秩序的市场环境。以美国为例，该国立法并未将数据定性为一种权利，而是将信息隐私定义为控制个人数据的权利，采用"大隐私"保护模式。其所关注的重点是矫正对消费者隐私产生侵害的行为，在隐私保护与有效率的商业交易之间找寻平衡；允许一些企业在遵循相关法律且不存在欺骗和不公平行为的前提下，无须获得消费者明确同意或签订合同也可以收集和使用其个人数据；并主要依赖法律框架下的企业自律和事后救济来保护权益。

此种交易市场模式突破了多重授权的约束，更有利于促进数据的高效流通、开发和利用，这也是美国数据产业（如 OpenAI 公司研发的 ChatGPT），领先于适用史上数据保护最严格法案——GDPR——的欧盟国家的关键所在。因为当数据产业获取的数据量足够，参数规模超过千亿量级时，能够产生"顿悟现象"或者"涌现现象"，其语言理解能力和处理大规模任务效果能达到质变，而这种"顿悟"或者"涌现"实际上是海量数据驱动的产物。

最后，数据利益化后数据权益能得到有效保护。法益作为刑法保护的核心自不待言。就私法而言，利益在合同法上获得的根本不是弱保护，只有在侵权法领域，由于利益保护往往比权利保护需要更强的要件，如存在保护性法规、违反善良风俗故意致损，这时才涉及对利益的弱保护。处理这种弱保护或者保护不足的问题：一方面，可以作出明确的数据处理行为规范，间接为数据主体划定一个需要保护的基础利益范畴，让其获得借由相关标准和政策所享有的具有衍生性的反射利益。比如，目前我国《民法典》《数据安全法》《个人信息保护法》规定了大量数据（信息）处理规则、保护义务和责任承担条款，呈现为一种反射利益意义的基础法益设定，可以有效保护数据主体利益。另一方面，对于数据处理者的数据财产利益，我国司法实践中存在著作权法保护、商业秘密保护、《民法典》合同编保护及反不正当竞争法保护等多重保护进路，已经形成较为完备的行为主义保护模式。以企业经营数据为例，即便是授予企业数据持有权，其享有的保护力度也不如商业秘密强。此外，企业通常也会对外公布财务报表，若对这些数据进行确权，反而会影响其他主体对此部分数据的及时利用。此外，我国民法、行政法、刑法三大部门法对于数据的保护水平，已经远远高于财产权责任规则的保护水平，即便对数据进行确权，也只能适用责任规则，最终适用侵权赔偿机制来保护产权，没有任何实质意义。

二、数据权益的特点

与工业经济时代不同，数字经济时代的数据要素市场培育与发展并不必然依赖数据确权，而且通过赋予各方主体以数据权利，无法有效实现数据的公平利用，还可能会阻碍数据的流通共享。

第一，数据权益将具备其他物权所共有的明确性。与传统的生产要素不同，数据通常呈现出"你中有我，我中有你"的交叉重叠样态。数据权属越清晰，需逐一获取"同意授权"的数据权属主体就越多，这将减缓数据流通共享使用的速度，难以满足数据价值实现规律中的利用及时要求。

第二，数据权益将具有排他性。物权都具有排他性，即一个物不可能在同一时间为不同的所有者所有、同一物上很少有两个用益权。该性质虽有利于保障权利人对物的支配权，维护其一元（自由）价值，但在数据领域则不适用，因为数据具有天然的交互性、社会性和公共性，盲目地对其进行确权不仅与其特征背离，还将阻碍数据的流通共享，让更能实现数据价值的主体无法拥有数据，最终可能导致数据利用度不足，阻碍数字经济的发展。

第三，数据权益将具有竞合性。在万物互联的背景下，数据确权将极大地增加权利生态系统的复杂性，也将增加权利登记和维权时的权利甄别难度，进而提高社会成本。况且，数据确权虽然可以在形式上强化数据主体的数据自决利益，如赋予权利主体删除权和撤回权，但这也将破坏数据产业链的稳定性和连贯性，不利于数据产业的可持续发展。因此，通过套用传统的财产确权框架对数据进行确权尚需商榷。

综上可知，数据财产所处的自然状态绝非不受限制，人们支配数据在某种范围内需要得到其他人的"明确同意"并受监管。一方面，当数据仍处于"自然状态"中，也即并无在先事实权利外观可供识别时，如传感器等智能设备在汽车自动驾驶过程中自动收集的目的地、运行线路等实时数据，相对人获取数据可能并无阻碍，但其对数据的后续使用如果侵害了国家安全和公共利益，则会受到法律的责难与制裁。例如，滴滴公司曾因违规收集、分析乘客出行数据给国家网络安全和数据安全带来严重风险隐患，受到国家互联网信息办公室的处罚并被勒令整改。可以看到，数据科学与其他学科领域的交叉越来越深入，网络安全领域使用数据科学解决问题是大势所趋。[6] 另一方面，即便数据经过收集而初步脱离"自然状态"，如社交平台在提供产品服务过程中向用户收集并公开展示的数据，但司法实践往往并不关注此种"收集"能否使数据真正"脱离"出来也即发生质的变化，只要企业对其施加用户服务使用协议、Robots 协议等协议权利外观，相对人获取数据便必须获得授权，无授权的收集使用可能被判定构成不正当竞争。

"自然状态"下的数据并非无所归属，通过劳动将其"拨归私用"的行为可能与在先权益产生冲突。排除部分纯粹源于服务器、网络设备等硬件或虚拟硬件运行过程中产生的状态数据，数据要么是源于用户在使用产品或者服务过程中提供的可识别性数据，其因与人格具有统一性而应由用户享有个人信息权益；要么是源于企业投入资源在公共领域中采集、存储、加工的描述性数据，其可能因具有公共属性或安全属性而需受相关法律限制，二者均非"共有物"或"无主物"。事实上的"强保护"状态揭示财产权制度的暂时缺位并非对数据进行绝对化保护的正当理由。具体而言，企业对数据采取的加密、防护等技术措施俨然构成网络空间中侵害防范，绝对化的保护并无必要。

然而，司法实践之于数据的绝对化保护却偏偏反其道而行之，以北京微梦创科网络技术有限公司与北京字节跳动科技有限公司不正当竞争纠纷案为例，[7] 新浪微博的运营者北京微梦创科网络技术有限公司（以下简称微梦公司）向法院诉称，北京字节跳动科技有限公司（以下简称字节公司）是今日头条的运营者，业务领域与微梦公司多有重合，均以用户及平台热度为生存及运营基础。2016 年 10 月起，字节公司利用技术手段抓取或由其公司员工以人工复制方式大规模获取源自新浪微博的内容，并紧随其后发布、展示在今日头条中，向用户进

---

[6]　[美] 约书亚·萨克斯、布拉里·桑德斯：《基于数据科学的恶意软件分析》，何能强、严寒冰译，机械工业出版社 2020 年版，第 8 页。
[7]　北京市海淀区人民法院民事判决书，（2017）京 0108 民初 24530 号。

行传播。

微梦公司表示，字节公司的涉案不正当竞争行为，导致公众误认为今日头条为涉案内容的首发平台、源发平台，从而大大增加今日头条对用户的吸引力，不正当增加其竞争优势。这一点对明星、知名博主的粉丝用户产生的影响相当明显。一审法院认为微博公司设置 Robots 协议仅限制字节公司抓取其数据而不限制其他网站的爬虫，这将导致其因无法正常抓取网络信息而降低相关用户体验，字节公司因此遭受流量收入的损失，微博公司据此被判定构成不正当竞争；与之相反的是，二审法院区分搜索引擎与非搜索引擎场景进行认定，认为在非搜索引擎场景下对其他网络机器人的抓取进行合理限制是网站经营者经营自主权的体现，最终改判被诉行为不构成不正当竞争。两审法院截然相反的判决表明，我国现行司法实践之于数据仍属于"重保护、轻共享"的保守阶段，"经营自主"与"数据流通"难以兼得。

我们将数据权益的特点从私权与公权的角度进行总括性评述：

先从数据权的私权属性来说。在数据的子属个人数据中，考察个人数据权的权利属性，可知其兼具数据人身权和财产权，应当认为个人数据权是一种独立的民事权利。个人数据在大数据时代所涵盖的内容非常广泛，除了传统的隐私和个人信息如姓名、性别、年龄、民族、婚姻、家庭、教育、职业等之外，在现阶段还包括能够识别其身份特征的网页浏览记录、出行记录、购物取向、就医记录等能够直接或者相互印证识别数据主体身份的各类信息。个人数据虽并非传统民法上的有体物，不能对其进行现实的占有，但其能够通过法律规定进行规制，实现对他人搜集和处理的禁止、排除和索取使用利益等，体现的正是一种私权上的利益。未经数据权利人许可的搜集和处理行为，就是侵权行为，这种权利与其他民事权利一样能够排除他人干涉，属于受保护的民事利益。

个人数据权中的人身权和财产权的私权属性能够被准确界定。权利依照权利主体的不同可以被分为私益和公共利益，民法所调整的权利对象以私益为核心，而个人数据权体现的恰恰是一种私人利益，是在数据采集、处理和应用过程中对个人数据权益的调整和维护，这有别于公共利益。个人数据的主要内容通常情况下与个人私密生活有密切关系，是数据权人不想为外界所了解和传播的，这些信息只要不损害他人利益，不被法律强制需要，就应该依照数据权人的意思保持隐秘，即使某些信息被数据采集人得到，在未经数据权人许可的情况下也不能被任意利用，维持这一权利基本运行形态正是民法的任务。

数据权益纠纷的主要形式是个人数据主体和数据采集主体的矛盾，即是平等主体之间的利益纠纷，即使数据采集主体是公权力机关，也不影响私人利益的存在，二者之间的关系体现为公权力行为与个人利益的冲突。将个人数据权益归类为私人利益，使个人数据权人能够获得私法上的救济以及采用自力救济方式，这也符合个人数据保护的高效性。同时，在发生严重侵害个人数据权或者侵害众多主体的个人数据权时，公权力机关可以通过公权采取措施保障并维护个人数据权的实现。从这方面来说，对个人数据权的设定重在对个人数据权人权益的维护和对数据采集、利用主体行为的限制，这也是私权的重要属性。个人数据权在私法设立具有合理性，能够给个人数据权人直接和全面的法律保护。数据化社会的发展改变了社会结构和人们的价值观念，数据的最重要的来源就在于每个人在日常生活中不经意产生的各种数据，这些数据包含着各类私密信息，这就迫切需要划定数据采集的法定模式和数据采集的边界。

只有将个人数据纳入民事法律权利的范畴中，才能够使其得到民法规范化、系统化的保护，数据采集人才能够在数据采集时识别他人相关利益，规避法律风险，合法采集数据进行开发，进而创造价值；而当个人数据权益受到侵害时，个人数据权人才能够依照相关民事救济途径，寻求基础请求权要求侵害人停止侵害、排除妨害、赔偿损失，这是民事救济的优势所在。将个人数据权规定为民事权利，能够结合其他部门法规范协力对其进行全面保护。个人数据权符合民事权利的属性内涵，从比较法上看各国大多通过单行法或者在民法典中规定的形式承认个人数据权。例如，美国通过《统一计算机信息交易法》确认数据信息财产权，把信息财产作为类似知识财产的财产来看待，并设计出和知识产权性质相一致的上位权利——以信息产权来保护计算机信息。我国《刑法修正案（七）》补充了非法搜集利用信息类的犯罪，但是却没有明确规定个人对数据的私法救济途径，这就造成了个人数据保护范围较窄的局面。

将个人数据权规定为民事权利，能够更好地划定民法、刑法和行政法救济的范围，通过数据采集利用流程进行法律管控，划定数据采集利用过程中的各方责任，周密地部署法律调整层次，将个人数据权妥善地融入现有法律体系之中，而不破坏既有规则。梅迪库斯曾指出，近几年，对数据的保护在加强，可能有点过分，但是也体现出发展特别人格权的趋势。私法应当创设一项特别人格权保护个人数据，即个人数据权。该权利不仅是法律对个人数据的结论性保护，也是对现实的自然人权利诉求的正当性回应。

个人数据权是数据主体对其个人数据所享有的支配并排除他人干涉的权利，是一项特别人格权，以保障人格权为核心，包括消极的个人数据不受侵犯和积极的个人数据自我决定。个人数据权的出现，不是要保障自然人在信息时代独处的权利，而是要保障个人在信息时代安全地参与社会生活，使个人可以维持行动、语言乃至思维的自由，并防止个人被透明化、数据化或者物化。个人数据权的确定，不仅有利于全面保障数据主体的人格权和财产权，而且还可以以法定私权的地位限制公权力的扩张，维护民事主体的私利。

从我国的社会实践来看，应当确认数据权的宪法性质。许多学者认为个人数据权是我国的一项宪法权利。例如，林来梵教授用二重规范解释我国《宪法》第38条的"人格尊严"的意义，为个人数据权成为基本权利提供了宪法依据，也赋予个人参与公权力个人数据处理的权利，为个人对抗公权力提供了宪法保障。从现实需要来看，随着信息技术水平的提升，我国政府在行政过程中，对个人数据处理愈加频繁，在推动整个国家走上数字社会的同时，国家公权力处理个人数据时对数据主体造成的侵犯不容忽视。比如，为了社会的治安和稳定，身份证的使用范围越来越广泛，如乘坐交通工具，购买电话卡，办理银行卡、住宿、营业登记、学籍注册等，可以说我们的日常生活离不开身份证的使用。那么如果发生互联网网络攻击，基于特征的手动检测技术不再适用，未来还有必要通过数据科学使检测网络攻击的大部分工作自动化。[8]

欧洲在立法实践中，明确提出个人数据保护基本权利、自由，特别是隐私权。确认数据权在宪法范畴的基本权利具有积极的意义。宪法虽然没有明文列举出数据权利，但是由于数据权具有人身权内容，基于人格尊严及保障人格完整发展的需要，自主支配个人数据是不可或缺的基本权利。个人数据权是宪法上的基本权利，起初从宪法上对人的尊严保护推导而来，但是，个人数据权宪法意义有所流变，越来越多地体现为与信息交流相关的一项基本权利和自由。个人数据权保证公民公平地发表意见、不受限制地交流。维护个人对个人数据信息的控制权，是信息时代人格尊严和独立的具体表现，是个人经济权利的基本保障，是个人作为社会和经济生活的主体而非客体的必然要求。这项权利应具有受宪法保护的基本人权地位。个人数据权是构建和谐社会、民主共同体所需具备的基本元素，直接同人与人的交流和参与社会的能力有关系。个人数据权旨在于建构一个意思形成自主、信息交流自由的法秩序。

第二节 数据权益的类型和内容

数据权的提出，实际拓展了传统的权利体系的内容。根据不同的数据主体，

---

[8] 陈明编著：《大数据概论》，科学出版社2015年版，第211页。

数据权体现为不同的数据权利法益。数据权是包含了人格权、财产权等数据权利和数据主权的新型法益综合体。由此可见，数据权是一种新型的权利，其之所以被称为新型是因为其包含的利益不是单一的法益，也不是传统法益所能涵盖的。在数据主体为自然人的情况下，个人数据权保护的法益是收集、处理、存储和使用个人数据的过程中个人数据主体全部利益的体现。个人数据权的权利内涵，包含传统意义上的隐私利益、个人自由利益等人格利益，还包含数据财产利益。

在数据主体为企业、组织的情况下，企业数据权表现为典型的财产权和知识产权。企业数据权保护的法益是企业收集、处理、存储和使用数据的行为，企业形成的数据财产和收集开发形成的数据库等知识产权利益。企业数据权体现为典型的财产权和知识产权的多种形态的混合体。在表现形式上，其既是有形财产，也是无形财产。在数据主体是国家或者主权组织的情况下，数据利益成为技术之外的地缘政治的重要国家资源。国家数据权具有典型的国家主权和安全的内容。由此可见，数据权保护的核心利益是法律对数据在收集、处理、存储和使用过程中不同数据主体的法律关系的调整和适用的法益综合体。

一、数据人身权

数据人身权在内容上同样存在于数据收集、处理、存储和使用的全过程。由于数据在商业化运营过程中被赋予高度价值，因而在利用的过程中需要兼顾作为数据源泉的个体在这方面的基本权利，对其进行适当的保护；也正是因为数据权利横跨人格权和财产权，因而数据权利本身兼具人格权性质和财产权性质，而传统的人格权则更多地局限于个体的人身范畴，较少直接地涉及财产领域。

传统隐私权是在工业发展时期基于新闻自由产生的，而对于个人数据的保护则是伴随信息社会的发展应运而生。除此之外，与其他人格权相比，数据人身权的产生也有特色鲜明的时代背景。传统的隐私权注重对于个人领域、隐私等内容的保护以防止他人的随意侵扰和冒犯，其他人格权也有自身特定的保护领域。数据人身权作为信息数据发展过程中产生的新型权利，注重对由数据产生的利益的保护，围绕数据展开，本质是对于个人相关数据中涉及的个人基本权利进行保护。这里需要注意，数据与隐私本身就存在差异，可以将其理解为有交集的关系，并非所有数据都属于隐私，也并非所有隐私都被纳入数据范畴。

（一）知情同意权

知情同意权是由知情权和同意权两个密切相连的权利组成的，知情权是同意权得以存在的前提和基础，同意权又是知情权的价值体现。现有意义上的知情同意权多存在于病患与医院或医生之间，主要目的在于通过赋予医疗机构及其医务人员相应的告知义务，使患者在了解自己将面临的风险、付出的代价和可能取得的收益的基础上自由作出选择，从而维护患者的利益，改变患者相对弱势地位。知情同意权本质在于解决双方主体的信息不对称情况，使相对弱势一方尽可能多地获取与本人相关的信息从而作出更符合自身需求的决定。因而本书认为，也应该将数据人身权赋予个人，数据由个体产生后会在被公布、利用过程中进行广泛的传播，个体很难对数据进行全方位的限制，这不仅在信息时代不现实，而且也会阻碍数据信息的流动，进而消磨数据的价值，因而应该进行折中处理，赋予个体对于自身数据何时被获取利用，被何人获取利用等情形以知情权并对是否允许享有一定程度的同意权将会平衡上述问题，并且在一定程度上可杜绝个人数据及其中的个人信息被随意利用和侵犯。

（二）异议权

首先，数据在征得个体知情同意后会被其他主体收集、处理并应用，在这个过程中其将发挥应有的财产性价值，但这个过程中如何收集、处理以及应用，个体本身处于相对的信息弱势地位，个人数据仍有很大风险被侵犯。其次，尽管赋予个体以数据的知情同意权，但数据本身具有无形、可复制等特点，实践中更多时候会出现未经个人知情同意即被非法获取、侵犯的情形。因而应当赋予个体以异议权，在其他主体对于涉及个人信息的数据作出不当处理、非法侵犯等行为时，个人可及时提出异议以保护具有较强个体性的信息进而防止人格利益被侵害。

（三）更正权

更正权最早同样出现在新闻报道领域，指的是当新闻报道损害他人正当利益或失实时，所涉及的自然人、法人或其他组织单位依法应享受的要求更正的权利。实际上，尽管数据信息与新闻产生于不同的时代，具备不同的背景，但本质上具有相似性，都是对于信息的传播和利用，数据同样因为其含有的信息而具有价值，同样在利用过程中需要具备真实性。因而，当数据在传递、利用过程中出现如失实、抹黑等侵犯个人权益的情形时，个人应有权要求有关主体更正以维护自身的人格权益。

（四）被遗忘权

被遗忘权也被称为"被遗忘的权利"，指的是数据主体有要求数据控制者删除关于其个人数据的权利，控制者有责任在特定情况下及时删除个人数据。简单来讲，如果一个人想被世界遗忘，相关主体应该删除有关此人在网上的个人信息。被遗忘权是 GDPR 修正后增加的权利。在数据人身权语境下，可以将被遗忘权理解为在特定情况下，数据主体为保护个人人格利益有权要求其他的数据拥有者、控制者将有关本人的相关信息予以删除的权利。同时本书认为，该特定情况应当作出一定的限缩解释，数据本身由于被利用而具备价值，进而需要被规范，这也导致在数据领域强调所有权并非显得十分重要，数据可以由多个主体拥有，这会当然降低数据产生主体对数据的把控性，应该将特殊情形限定在一定范围内，例如，仅限未经主体知情同意而获取、对主体数据非法侵犯等情形才可行使被遗忘权。

（五）数据可携权

GDPR 中有项极具创新性的保护机制，即对"数据可携带权"作出规定。欧盟的开放数据研究所认为，数据可携带权带来了新的个人数据使用机制，由此可望带来多方面的创新，具体可以归纳为下述三方面的正面影响。首先，数据可携带权将使个人可以在同类或相似服务的不同服务商之间轻松转换，从而促进服务主体之间的正向竞争。其次，数据可携带权还允许用户把数据导入第三方，利用这些数据有可能产生与数据本来用途具有补充性的服务和产品，如通过数据分析提供的服务。最后，数据可携带权还有可能带来新的数据利用方式，从而产生此前无法设想的产品或服务，如个人可自主把数据交给研究机构使用。

此外，除了上述权利，立法过程中应重点关注数据人身权的事中、事后救济。GDPR 即采取了行业主导、政府适度约束的理念，在宏观层面上由政府调控和制定个人数据保护的基本框架及原则，而市场则从微观层面发挥自我管理的基础功能。

二、数据财产权

（一）数据财产权的概念

数据财产的概念，随着信息化发展而被提出。有关"数据资产""信息资产"的概念最早在 20 世纪 70、80 年代出现。20 世纪 90 年代出现了"数字资产"的概念，信息、数字、数据等不同定义的资产概念均指向了同一类型的财产，即随着社会和技术的信息化和数字化发展，出现了以数据为基础类型的资产，这类资产具有自己的内涵和相对独立的范畴。这一阶段，数据资产主要被表述为信息资产。信息资产被作为独立的概念提出，并具有了独特的内涵。"信息资产"的概念历经演变和发展。"信息资产"这一概念最早在1977年被提出，卡巴克（Stuart Kaback）认为索引系统就是信息资产。1981年，霍顿（Forest W. Horton）认为信息资产与其他传统的资产存在重大差异。1994年，在英国工业联合会的支持下，毕马威会计师事务所发布《霍利报告》最早提出了信息资产的定义，指出信息资产是已经或应该被记录的具有价值或潜在价值的数据。

数据财产权是指数据主体对其数据所拥有的财产性占有和收益的权能，并对此需要承担的数据保护责任。这一概念有别于物权，也有别于传统的财产权。对数据财产权的研究主要关注数据的资源属性，学者们希望通过有效的产权分配制度，降低交易成本，促进数据交易和数据产业发展。数据产权主要集中于所有权，重点关注对数据的占有、使用、收益和处分的权利分配，即"谁的数据，归谁所有"。国外学者也倾向于关注数据产权，特别是数据所有权问题。但是，在数据的所有权内涵中，往往强调了数据所有者对数据的控制和责任，其并非纯粹的财产性质的内容。例如，洛辛（2001年）认为，数据所有权指的是信息的拥有和责任，所有权意味着权力和控制，信息的控制不仅包括访问、创建、修改、打包、衍生利益、销售或删除数据的能力，还包括将这些访问权限分配给他人的权利。实际上，数据产权或所有权与物权概念中的所有权概念并不完全相同。数据所有权概念的表述存在误区，数据所有权应该强调并应具有与责任对应的内涵，数据的所有者必须对数据的质量负责，权责必须统一。例如，斯科菲尔德认为，应当将数据的"所有权"一词应该更换为"管理权"，因为管理权意味着更广泛的责任，用户必须考虑对"他的"数据进行更改的后果。

（二）数据财产权的特征

在大数据技术和数字经济时代背景下，"数字经济"概念被提出并迅速流行，加快发展数字经济已成为各国共识。信息资产、数字资产、数据资产这三个概念本质上都是在讲数据财产。在数字经济发展过程中，数据变得日益重要，在法学视角上，亟待界定数据资产并依据法律权利的范畴界定数据财产权利的内涵和外延。本书认为，数据财产权是指数据主体对其数据所拥有的财产性占有和收益的权能，并对此需要承担的数据保护责任。这一概念有别于物权，也有别于传统的财产权。对数据财产权的研究主要关注数据的资源属性，学者们希望通过有效的产权分配制度，降低交易成本，促进数据交易和数据产业发展。数据所有权并非传统的所有权，数据所有权应当与数据责任、数据质量进行匹配。甚至有学者，如奇斯霍尔姆认为，数据所有权概念具有误导性，数据所有权只是一个类比，而非专业的术语。数据所有权可以被认为是在防止和解决特定数据集问题中的责任和义务，并推荐使用 RACI 模型[9]来精确地赋予参与数据治理各方责任和义务。也有观点认为，由于数据责任主要依赖于所有权，因此认为研究人员对科研数据拥有所有权很重要。还有观点认为，"数据保护法"不涵盖数据所有权的全部内容，并提出了一种名为"双钥匙"（dual-key）[10]的控制协议。

所以，本书将数据财产权的特征总结如下：

第一，数据财产权是可重复使用的财产权利。从法律方面来看，相对于数据生产的成本来说，数据复制的成本极低，数据的复制传播非常容易，因此要研究数据使用权对数据的所有权造成伤害的问题，合理界定数据的勘探权、使用权、所有权。

第二，数据财产权是具有使用价值的财产权利。数据可以没有价值，但作为资产的数据必须有价值。因为纸质资料和电子资料在计量和规模上有着本质的不同，所以本定义将数据界定为网络空间中的数据，以排除图书馆、档案馆的纸质资料数据资产。除涉及非网络空间的数据外，在将数据界定为网络空间中数据的前提下，该定义与现有的关于信息资产、数字资产和数据资产的主要定义不存在不一致的问题。

第三，数据财产权是可计量的财产权利。无论是无形资产还是有形资产，可计量是资产化的必要条件，只有可计量才有可能进入会计报表，资产化才可能实现。数据是现实世界中万事万物的信息化，数据类型、规格、内容也多种多样，有些可以计量、有些目前还没有找到计量方法。

（三）数据财产权的内容

关于数据财产权的内容研究，我国有学者主张将数据产权纳入知识产权范畴，也有学者主张将数据纳入虚拟财产权和财产权的保护之中。例如，汤琪（2016 年）在调查国内外大数据交易的法律政策与实践现状基础上，对交易过程中涉及的授权合法性、交易安全、交易成本、交易公平、隐私保护等产权问题进行了分析，为我国的大数据交易从法律政策的制定、行业法规的建立、产权环境

---

[9] RACI 模型，R = Responsible，负责执行任务的角色，A = Accountable，对任务负全责的角色，C = Consulted，在任务实施前或实施中提供指定性意见的人员，I = Intormedl，及时被通知结果的人员。

[10] Dual key 指双密钥，即使用两把密钥来进行加密，解密或身份验证等操作以提高数据的安全性和系统的可靠性。

的改善等方面提出建议。同时，其建议将数据纳入虚拟财产权和财产权的保护之中。[11]

1. 数据财产权的类型化分类

从法律的视角来看，需要将数据进行类型化分类。根据数据的产生来源，可将数据分为自然界数据、个人数据、企业数据、第三方平台数据和政府数据。根据数据是否经过加工和脱敏，可将数据分为原始数据、数据产品和应用程序编程接口（Application Programming Interface，API）数据等形式。原始数据一般归属于产生数据者。经过处理的数据产品、去身份信息的原始数据一般归属于对数据作出处理和分析的主体，API数据产品往往需要界定原始数据以及使用者的边界。这些不同的数据的财产权归属具有不同的规则：

（1）自然界数据的归属。其本身属于公共财产，在产权界定上比较明确，基本的法律产权逻辑是"谁开发谁利用，谁归属谁所有"。

（2）企业数据的归属。一般认为其归属于企业，主要有两大类：一类是有关企业商业秘密的数据，另一类是企业的一般数据。

（3）第三方平台数据的归属。数据属于用户个人，事实上，如果强化用户数据个人所有权，将用户对个人数据的权利更多视为人格权而非财产权，或者将此种权利视为法定的消费者权利。欧盟新近确立的数据携带权可以被视为这种个人数据权利的另一佐证。

（4）政府数据的归属。一种是依法采集的原始数据，归政府所有；另一种是政府采集备案的数据，归企业和个人所有。政府数据主要涉及公安、交通、医疗、教育、科技等政府各部门因为行政管理和监管服务形成的数据。政府数据可以分为五类：一是具有政府资源收集权力方能采集的数据，如资源类、税收类、财政类等数据；二是具有政府资源收集权力方能汇总或获取的数据，如建设、农业、工业等数据；三是因政府发起才产生的数据，如城市基建、交通基建、医院、教育师资等数据；四是政府履行监管职责所拥有的大量数据，如人口普查、食品药品管理等数据；五是公共服务产生的客户级消费和档案数据，如社保、水电、教育信息、医疗信息、交通路况、公安等数据。从广义角度讲，政府数据是政府及其公共服务机构因履行工作产生、采集以及因管理服务需求而采集的外部数据（如互联网舆论数据），为政府或者公共服务机构自有和面向政府或者公关服务机构的数据。

从数据的国家利益关系属性来看，可以将其划分为三个层级：第一层级是政

---

[11] 汤琪：《大数据交易中的产权问题研究》，载《图书与情报》2016年第4期。

务核心治理类数据，此类数据涉及国家安全和核心利益，主要包括安全、国防、外交等核心利益的数据，具有国家高度秘密的内容。第二层级是政务实体服务或者监管类数据，此类数据主要涉及经济和社会利益，主要包括医疗、交通、教育等行政管理和监管服务的数据。第三层级是政务指导统计类数据，此类数据主要涉及社会管理的基础数据，包括工业农业、文化、商业、体育、旅游、知识产权等数据。

故此，以上数据由于不涉及个人人格利益的内容，可以运用财产权保护方式，将其纳入信息财产权保护的法律范畴中。关于信息财产权的保护，目前也有国家通过立法加以规范和保护。

2. 数据财产权的类型化内容

（1）个人的数据财产权。个人针对个人数据享有的权利是个人信息权益，该权利是个人数据授权的前提和基础。没有该权利，个人是无法将针对其个人数据进行收集、存储、加工、使用以及取得相应收益等财产性权利授予他人来行使的。《数据二十条》也明确提出了建立健全个人信息数据确权授权机制的要求，即"对承载个人信息的数据，推动数据处理者按照个人授权范围依法依规采集、持有、托管和使用数据，规范对个人信息的处理活动"。所谓个人数据授权，是指作为数据主体的个人依其意思表示将对其个人数据进行收集、加工、使用等处理活动的财产性权利授予数据处理者的法律行为。应当说，《个人信息保护法》建立的告知同意制度赋予了个人对个人数据的自主决定权，从而使个人信息权益具有排他性，给信息主体之外的人施加了不得侵害的义务。然而，告知同意只是给了个人对其个人数据处理的否决权即"不同意，不得处理"，立法者仅完成了对个人赋权的一半任务。只有进一步承认个人数据的授权，才能在告知同意制度的基础上继续完成对个人赋权的另一半任务。因为个人授权明确了作为数据主体的个人可以将针对其个人数据的财产性权利授予个人数据的处理者，从而使数据处理者能够在授权的范围进行个人数据的收集、存储、加工和使用，进而享有相应的数据权益。

（2）企业的数据财产权。企业对企业数据享有的是不同于所有权、知识产权等既有的民事权益的一类独立、新型的财产权，该权利属于民事权益，可称之为"数据财产权"。民法学通说将权利界定为：法律规范授予人的，旨在满足其个人利益的意思力（Willensmacht），即享受特定利益的法律之力。[12] 法律上之

---

[12] [德] 卡尔·拉伦茨：《德国民法通论》（上册），王晓晔、邵建东等译，法律出版社 2003 年版，第 276 页。

所以确立某一民事权利,根本目的在于保护民事主体的某种利益,以满足其需求。企业数据具有巨大的经济利益,这一点无须多言,企业投入人力、物力和财力,以合法方式生产与收集数据,故此,其对该等数据享有的经济利益当然也是合法的、值得保护的。故此,需要考虑的是能否通过所有权、知识产权等既有民事权益保护之,如果不能则需要考虑新设相应的民事权益加以保护。

首先,所有权无法保护企业对其数据的经济利益。因为所有权所指向的标的物是动产与不动产这两类有体物,而不包括数据。就有体物而言,所有权人可以对其进行完全排他的独占的控制,因此,一个有体物上只能成立一个所有权,两个以上的民事主体无法在同一时间于不同的地方对于同一个有体物进行控制和使用。有体物的特点使法律上可以将对于一个特定的有体物实施的任何不违反法律强制性规定和公序良俗的处理方式都归属于所有权人。然而,数据具有非竞争性、无形性等特点,虽然法律上可以赋予民事主体以数据的排他性权利,但是不可能将对于数据的任何合法的处理方式都归属于数据权利人,否则不仅无法更好地保护个人信息权益等人格权和推动创新或技术进步,还可能抑制言论自由、信息自由,阻碍科学和技术进步。此外,就实体法的角度而言,数据所有权也不符合我国《民法典》第 240 条的规定,因为该条明确将所有权的标的物限定为不动产或者动产。

其次,知识产权可以保护企业对其数据的某些利益,但大多数经济利益无法被涵盖。在企业收集的大量数据中,有些数据经过汇编具有一定的独创性,成为作品,可以受到《著作权法》的保护。有些数据涉及商业秘密,可以受到《反不正当竞争法》的保护。但是,大数据背景下的数据集合主要是通过算法或者计算机系统自动生成的,通常难以具有"选择或编排的独创性",不构成汇编作品。大数据时代重要的是数据本身,数据的量越多越好,越全面越好,至于数据处理者如何汇编数据从而满足作品的独创性要求,并不重要。同时,企业数据中有大量的公开数据,如社交平台上大量用户言论、点评软件上的用户评论等,也不构成商业秘密。保护商业秘密的制度目的也决定了以该制度保护数据只会妨害数据的利用与流通,损害数字经济的发展。因此,企业数据中的绝大部分无法通过著作权和商业秘密权加以保护。对于这些无法为知识产权所保护的企业数据,仅仅因为数据与知识产权的客体具有某些相似性(如无形性等),就一定要将其上的权益认定为知识产权,显然是不适当的。这样做会导致现行知识产权制度调整,破坏知识产权的权利体系。

所以,我们将企业的数据财产权具体阐述如下:

数据资源持有权体现的就是对数据的控制,就企业数据而言,就是企业对其生产的或者收集的数据的管控。数据的持有和有体物的占有，本质上都是一种事实状态。前者是数据财产权的权能之一，后者是物权的权能之一。在民法上，占有是一种事实状态，而非权利。所谓占有，就是对于动产、不动产这样的有体物具有事实上的管领力（tatsaechliche Sachherrschaft）。占有动产或不动产的民事主体要么是基于物权、债权等本权的有权占有，要么是缺乏本权的无权占有。无论有权占有还是无权占有，均受到法律保护。为了维护法律上的和平与安宁，《民法典》第462条赋予了占有人以占有保护请求权，即有权请求返还原物、排除妨害或者消除危险。数据虽然不是有体物，但对于数据也是可以进行管领控制的。

数据加工使用权与数据产品经营权是从经济学的角度对于企业就其数据享有的数据财产权中的使用权能、收益权能的描述。《数据二十条》第7条对于数据加工使用权和数据产品经营权的内容进行了较为详细的描述。所谓使用权能，是指数据财产权的权利人对数据进行处理，多维度发掘和实现数据使用价值的权能，而收益权能是指数据财产权的权利人有权通过数据交易和服务取得一定的经济利益。具体而言，企业作为数据财产权的权利人，在符合法律法规规定以及合同约定的前提下，有权依法和依约自行或委托他人对于数据进行各种处理并获得收益，有权自行决定经营新形成的数据以及数据衍生产品，有权自行或许可他人使用数据以及数据衍生产品等，有权向其他的民事主体提供数据服务或者数据产品从而获得经济对价等。

数据财产权最重要内容之一的就是处分权能。财产权在经济学上被称为产权，而"可交易性是产权的本质特点，这要求赋予产权主体充分的决策自由，包括选择交易或不交易的自由、整体转让还是部分转让的自由"。企业拥有数据财产权意味着企业能够处分这些数据或者数据上的财产权。例如，企业可将数据转让或出租给其他企业，以数据财产权为自身或他人的债务提供担保等。由于数据中既有原始数据，也有经过加工后的数据（如清洗、匿名化处理后的数据）以及数据衍生品等，而原始数据涉及个人信息权益、隐私权或者商业秘密权等在先权利，故此，企业数据财产权中的处分权能必须是在符合法律规定以及当事人合同约定的前提下行使，《数据二十条》将其表述为"建立健全基于法律规定或合同约定流转数据相关财产性权益的机制"。

（3）公共数据的财产权。有的学者认为，应当承认公共机构基于占有公共数据的客观事实而享有数据持有者权，进而合法享有数据使用权，使公共机构产生的数据资源有明确的责任主体，从而推动其参与数据市场培育，构建公共数据重用秩序。还有的学者认为，公共数据不能简单地被看作自然资源，公共数据的开放是为了使多元的市场主体和社会主体在公平合理的条件下获取和利用公共数据，推动数据利用效力和社会福利的整体增长，故此，不宜贸然规定公共数据归国家。

尽管对于公共数据的共享、开放以及授权经营等都必须严格依据法律法规的规定，受到公法规范的严格限制，但是，确认公共管理机构和公共服务机构对公共数据的数据权益仍然具有重要的意义。对于公共数据权益的确认可以在法律上进一步明确此等公共数据上的权益的内容与行使的独特之处，其不同于个人针对个人数据享有的个人信息权益以及企业对企业数据享有的数据财产权。个人信息权益与企业数据财产权都属于民事权益，是私权利。《民法典》第130条规定："民事主体按照自己的意愿依法行使民事权利，不受干涉。"个人或企业在不违反法律和不损害国家利益、社会公共利益或者他人合法权益的前提下，完全可以自由地行使其个人信息权益或者数据财产权。

申言之，个人或企业既可以自己行使该权利，也可以授权或许可他人行使。在授权他人行使或者处分数据权益时可以双方协议，依据市场自主定价，并自由地获取收益。然而，无论国家机关还是公共服务机构，对于公共数据都不享有这种私权利，因为它们是基于特殊的主体身份而成为公共数据的生产者、处理者以及管控者。即便是在对公共管理数据进行授权运营或公共服务机构对于公共服务数据行使数据权益时，也必须严格依据法律法规关于公共数据共享和开放的规则，不能也不许基于所谓的自由意思而任意决定允许谁使用或禁止谁使用，允许谁有偿使用或允许谁无偿使用。

第三节　数据权益的保护方式和措施

从本质上来看，大数据采集、分析等技术手段的深度融入将使供给侧和需求侧的衔接更加顺畅、充分，在动态中实现更高水平的供求平衡，进而提高全社会资源配置的效率和精准度。当下和未来的生产、分配、交换、消费等经济环节将不同程度地实现数据化、网链化，进而实现不同市场主体之间的广泛连接。

一、数据主权的确立

（一）数据主权的概念

亚里士多德被认为是最早对主权思想进行阐释的思想家，他在《政治学》一书中指出，"政体为城邦一切政治组织的依据，其中尤其着重于政治所决定的

'最高治权'的组织"[13]。亚里士多德认为在诸多政体类型当中，国家凌驾于其他政体类型之上，所以国家具有统治权。他坚持法治，反对人治，认为法律汇聚了更多的共识，更容易被民众接受。从其论述中可以看出，国家对内拥有最高权力的思想已经显露出雏形。古罗马的西塞罗对于国家与人民的关系也有相关论述，他认为，治理国家就是依据行政权威以及法律施加的惩罚迫使所有人服从法规。[14] 相对于亚里士多德提出的最高主权思想，西塞罗在此又进一步提出了人民是国家的主人的思想，在其对于共和政体优越性的思考当中，法律与人民是编织起国家的网络，人民是肌肉，法律是骨骼，而正义则是国家的灵魂，体现了法律对于国家对内绝对权力限制的思想。

存储和处理某些类型的数据的能力，很可能会让一个国家在政治和技术上优于其他国家。超国家数据流动可导致国家主权丧失。[15] 作为网络主权的核心内容，数据主权的提出是世界各国在已经到来的信息时代，应对全球范围内的数据洪流的必然趋势，体现的是互联网、大数据、人工智能等技术崛起带来的新变化，具有重大的意义和价值。从国家的层面来看，数据主权对于国家安全意义重大。从某种程度上来讲，对于数据的保护就是对于国家安全的保护。国家安全是一国生存发展的基石。国家处于安全状态，意味着国家有稳定的社会秩序，人民可以追求和实现所渴望的理想和信仰。没有了国家安全，国家必然会失去稳定的秩序，就更谈不上经济的发展和人民的幸福。从企业层面来讲，数据同样具有重大作用。数据是企业分析客户特征，完善商业模式的强大助力。大数据可以帮助企业分析客户喜好，增加用户黏性，提高成交率，降低经营风险。通过大数据技术，传统企业可以发现需求，及时调整经营方向，预判市场形势。互联网企业更是建立在数据的基础之上，大数据提供的用户画像是互联网企业精准服务的前提。毫不夸张地说，数据已经逐渐成为现代企业成功的关键因素。从个人层面来讲，个人数据则是个人隐私保护的重要内容，个人隐私数据在互联网上形成了完整的数据画像。如一些科学家所言，"大数据比你自己更了解你自己"，这些数据一旦被不当利用，将会对个人隐私造成严重破坏。"隐私应当包括绝对个人隐私和相对个人隐私。绝对个人隐私是纯个人的如人身性数据，相对个人隐私是指

---

[13] [古希腊]亚里士多德：《政治学》，吴寿彭译，商务印书馆1965年版，第129页。
[14] [古罗马]西塞罗：《国家篇：法律篇》，沈叔平、苏力译，商务印书馆1999年版，第11–23页。
[15] Kristina I., *Government Cloud Computing and National Data Sovereignty*, Policy and Internet, Vol. 4：3, p. 40–71 (2012).

由于某种关系产生的隐私,如家庭关系。"[16]

从传统主权推理得到数据主权概念的做法符合数据主权的实际演变过程,也体现了数据主权仍然是一种"主权"的本质,而比较定义能够突出数据主权与相邻概念的区别。因此,以传统主权引申的定义为基础,进行改进之后,可得出以下定义:数据主权,是指在大数据、云计算背景下,一国对本国国境范围内产生和存储的数据及本国国民产生和拥有的跨境数据所拥有的所有权、控制权、管辖权和使用权,是现代国家主权在数据领域的外化,以独立性、自主性和排他性为根本特征,具体体现为对内的最高数据管控权和对外的数据处理权。

(二) 数据主权的特征

1. 时代性

主权概念随着经济社会的发展不断调整、变化,数据主权同样如此。数据主权的兴起与大数据时代的到来是分不开的,具有强烈的时代性特征。其时代性特征意味着数据主权随着大数据时代的到来而产生,伴随大数据时代的存在而一直存在,并随着大数据时代的发展而发展。数据主权的提出是大数据技术高度成熟的必然结果,数据主权的行使也必然受到科技进步的影响。数据主权的发展离不开科技进步,科技发展的程度决定了数据主权的概念、内涵、范围等的拓展程度。技术的创新与成熟是数据主权理论形成和发展起来的基础,也是行使数据主权的必要条件。

2. 相对性

传统主权的相对性体现在,国家主权在其疆域范围内具有至高无上性,但在其疆域外要受到一定的限制,即其至高性不是绝对的。数据主权的相对性不仅限于此,还体现在学界对其概念出现的分歧与其实际的制约因素上。学界分歧自不必多言。在制约因素上,数据主权的实现至少还面临纵、横两方面的制约因素:纵向制约因素是指国家和超国家、亚国家甚至个人之间的数据权力关系,横向制约因素是指一国和其他国家之间的数据权力关系。纵向上,数据具有强烈的流动属性,由于数据跨境流动大量存在,为了使数据更好地流通利用,其绝对性不可避免地会发生一定程度的妥协。横向上,数据主权的实现受制于国家的技术水平、经济实力等因素。发展中国家和发达国家存在的数据鸿沟短期内无法改变,不同国家之间能够实现的数据主权程度差距较大。因此,国家在数据主权方面不能过于追求主权的对内绝对性,应给数据的流通、共享、开发提供一定的便利。

---

[16] 孙志伟:《国际信用体系比较》,中国金融出版社2014年版,第38页。

主权的对内绝对性受到一定程度上的限制。

3. 合作性

数据尤其是电子数据天生带有强烈的流动性和共享性，只有在流动和共享当中的数据才能创造更多的价值。实际上，在全球化的今天，要实现绝对的独立已经越来越不可能，即使当前全球本土保护主义抬头，合作共享也是不可阻挡的世界趋势。与传统主权的保护思路不同，数据主权更适宜从绝对竞争走向一定程度的合作。数据本就具有无形性与流动性，单个国家很难凭借一己之力来实现对数据的绝对控制，将"相对主权理论"作为制度构建的理论指导，加强国际合作，更符合数据领域的实际情况。

二、我国数据主权的保护对策

我国应从以下几方面提供保护数据主权的对策：

第一，尽快制定数据跨境流动的法律。消除数据跨境流动乱象，应对跨境流动带来的挑战，构建相应的法律规制体系是必要的一环。首先，国际社会应构建数据分类分级的相关准则，形成统一标准，并且针对数据设置评估和执法机构。其次，完善我国数据的分级分类制度，以便依据数据性质进行差别规范设计，最大限度地实现数据的流通利用。按照数据的重要程度对其给予不同程度的监管，可提高监管效率。

第二，提倡数据多边主义，消解数据霸权。数据霸权是国与国之间数据资源分配不平等形成的结果，数据霸权主要表现为霸权国核心技术的寡头垄断及限制其他国家平等参与，因此不仅需要从防御的角度防止霸权国家对本国的数据资源、国家安全造成威胁，还需要积极参与协商治理重构数据主权的新局面。只有加强国际合作，推动数据主权共识的达成，才能从根本上减少甚至消除数据霸权。

第三，建立国际数据共治机制。在国际法层面，数据主权带有国际性特征。在大数据时代背景之下，任何国家都无法独善其身，无论是发达国家还是发展中国家都会面临数据主权被侵犯的威胁。由于数据本身具有流动性和无限复制性特征，一国无法对数据实现绝对控制，因此，单靠某个国家是无法解决问题的。各国要本着"求同存异"的原则，积极参与数据安全国际规则的制定，缔结相关的数据安全条约，力求建立各国都能平等参与、兼顾各方利益的国际数据共治机制。

三、数据人身权的保护

立法过程中应重点关注数据人身权的事中、事后救济。GDPR 即采取了行业主导、政府适度约束的理念，在宏观层面上政府调控和制定个人数据保护的基本框架及原则，而市场则从微观层面发挥自我管理的基础功能。与欧盟采用综合性立法不同，美国采用行业自律模式保护私领域的个人数据。美国除了个别领域的联邦特定立法、州立法和普通法以外，民间机构的行业规则、公司内部规章等也是个人数据保护规范。数据由于其特性，在产生、流动、利用过程中会被多方主体拥有和处理，在此过程中，个人处于信息滞后且不足的劣势地位，往往出现个人数据被侵犯的事实难以被获知的情况，且由于企业等主体具有强势地位，依靠私力进行救济十分困难。因而，各国应赋予个人足够的事中、事后救济权利以在末端保护其数据人身权。

就民法角度而言，受保护的权利应当具备人身或财产性质。数据涉及个人行为的留痕，因此数据权利无疑具有人身性，传统上将其作为隐私权进行保护。在大数据环境下，个人数据的财产属性正在不断强化，面对数据主体权利遭受侵害的危机，只有建立健全相关权利救济机制，数据主体权利才能得到真正有效的保障。具体而言，由于我国行业组织地位特殊、对于数据保护尚处探索阶段，因此应该结合国情，利用公权力的优势对数据人身权进行救济，国家公权力在我国具有举足轻重的地位，公权力由于信息优势等特点可以及时、精准地保护个人的数据人身权，使其免受侵害。

数据主体认为自己的合法权益受到侵害，或者行政机关的行政行为违法，有权向有关机关提起复议或者提起行政诉讼，要求对行政机关的行为进行审查。行政机关违法或者不当行为造成公民合法权益受到侵害的，应当赔偿公民的损失。行政诉讼作为解决行政纠纷的主要方式，在未来将发挥巨大作用。在我国的司法实践中，公民的个人数据权遭受侵害并不属于行政诉讼的受案范围，面对现实需求，应扩大原有的受案范围，将个人数据权遭受侵害的情形纳入起诉范围，切实解决数据权行政纠纷，以保障公民的合法权益。

四、数据财产权的保护

数据的财产权与数据的利用及其限制紧密相关，因此数据财产权的保护与数据利用及其限制之间的关系也尤为紧密。数据财产权法律规范应当包含数据基本法和交易规则，需要确定数据权属以及不同主体的数据控制权利的先后顺序，数据交易的基本原则、交易过程、交易主体规则、救济方式。一是应当根据数据主体、数据的不同类型和不同层级划分数据权属，明确数据所有权的边界。二是明确数据交易的核心精神在于追求法益平衡，追求公平和效率的平衡。这种平衡既是充分利用数据和防止滥用数据的平衡，也是充分保障数据安全和降低交易成本的平衡。根据法经济学理论中的霍布斯定理，法律权利在主体间的分配应遵循"建立法律以使私人协议失败造成的损害达到最小"的原则。财产权或所有权的分配应该是符合效率的，私法上的权利应该赋予能够以最大效率执行这些权利的主体。因此，大数据权利边界的划分应主要遵循效率原则，兼顾公平原则。三是需要结合人格权和财产权的保护原则，对于不同性质的数据、不同的交易主体、不同的交易程序等给予不同的保护方法和保护范围。对个体身份等敏感信息，应加强保护，规定严格的匿名化程序和追责措施；对已经去个性化的个体信息，则应采取较弱的保护，赋予数据控制者较多的权利。对侵犯隐私权等人格权的数据交易应提供司法和行政上可行的救济手段，以充分保障所有权的实现。实践中不乏反对数据交易的声音，例如有学者主张个人数据属于人格权范畴，不可以交易，不能也不应该衡量其使用价值和交换价值，一旦将个人数据进行交易就侵犯了信息主体的隐私权。[17] 各国在实践中，对个体数据权利进行保护，往往采取禁令等衡平补偿方式而不是法律赔偿。现有的保护方式主要是从个体权利的角度施行的，但大规模数据处理过程的实际客体往往是整合的个体数据，即群体（group）层面的数据。所以交易中对数据源的保护应该从群体层面着手，这也能减轻数据搜集者和利用者需要承担的告知成本，有利于相关产业的发展。

　　总结上述措施，对个人数据财产权进行保护的理由在于：一是个人数据是一种稀缺资源，蕴含商业价值，是具有有用性、可控性的无形资产，可以像其他财产权客体一样流通交易，也能为权利主体带来财产价值。二是法律体系承认商业秘密和知识产权具有财产权属性，在内在逻辑上应当同等赋予个人数据财产权属性。三是赋予个人数据财产权，是一种最优化的资源配置方式，产权界定是解决信息负外部性内部化的主要手段之一，符合科斯定理。当一种稀缺资源没有产权归属或者产权界定不清晰时，财产权的分配将不是按照产权规则分配而是由强势一方抢占。个人数据也一样，法律没有对其进行产权界定时，将由强势一方攫取。四是有利于权利人提出损害赔偿的诉求，进一步明确侵害人的法律责任，维护权利人对个人数据的保护。五是实践中个人数据同意使用的本质是财产权交易，通过出售个人数据换取商家的服务。在市场交易有成本的情况下，合法权利

---

[17] 龙卫球：《数据新型财产权构建及其体系研究》，载《政法论坛》2017年第4期。

的初始界定会对经济制度的运行效率产生影响。市场交易的前提是有明晰的权属界定，以减少不确定性和风险。在自然状态下，对产权进行阐释会降低交易成本。产权决定谁从贸易中获利更多，这意味着福利的分配。对数据的财产权定义得越好，交易成本就越低。谁拥有对信息的财产权，谁就有能力转移交易中的盈余。[18]

| 引例分析 |

首先，本案中两原告主张享有数据权益的涉案数据均为微信用户的个人身份数据或个人行为数据。该部分数据只是将微信用户提供的信息作了数字化记录后形成的原始数据，并非微信产品所产生的衍生数据。其次，两原告主张数据权益的涉案数据，可以分为两种数据形态：一是单一原始数据个体，二是数据资源整体。网络平台方对于原始数据个体与数据资源整体所享有的是不同的数据权益。但就单一原始数据个体而言，网络平台方只能依其与用户的约定享有原始数据的有限使用权。使用他人控制的单一原始数据只要不违反"合法、必要、征得用户同意"原则，一般不应被认定为侵权行为，数据控制主体亦无赔偿请求权。就数据资源整体而言，因系网络平台方经过长期经营积累聚集而成，且能够给网络平台方带来开发衍生产品获取增值利润和竞争优势的机会，网络平台方应当就此享有竞争权益。如果擅自规模化破坏性使用他人数据资源，构成不正当竞争，数据控制主体有权要求获得赔偿。

思考题

1. 请简述数据权益的概念。
2. 请简述数据权益的特点。
3. 请简述数据权益的类型。
4. 请简述数据权益保护的基础性原则。
5. 请简述数据人身权和财产权的保护规则。
6. 2021年12月，杭州市余杭区人民法院判决了北京微播视界科技有限公司、上海六界信息技术有限公司等不正当竞争纠纷案［（2021）浙0110民初2914号］，原告抖音公司发现被告六界公司开发运营的"小葫芦"产品未经原告许可，长期采取不正当技术手段，非法抓取"抖音"直播平台的用户直播打赏记录、主播打赏收益相关数据，并

---

[18] [德]尼古拉·杰因茨：《金融隐私——征信制度国际比较》，万存知译，中国金融出版社2009年版，第11页。

以付费方式向其网站用户提供。原告认为被告的数据抓取行为突破了原告的数据防护措施，严重损害了抖音用户体验和数据安全，导致抖音流量受损，构成不正当竞争。请问：法院是否应支持原告的诉求，为什么？

第五章　数据合规管理

引例｜某公司爬虫案

广东某公司从 2020 年 12 月开始，安排技术人员编写客户数据采集（爬虫）应用工具，2021 年 11 月 15 日至 12 月 21 日，其多次使用掌握的授权账号、密码登录他人的办公系统，利用爬虫程序窃取该系统内 3275863 条客户信息数据。广东某公司将这些本属于他人商业秘密的客户信息数据，导入自己的办公系统，并分配给自己所控制的销售团队和其他销售团队使用。

思考：对此应如何处理？

第一节　数据合规管理的概念和特点

一、数据合规管理的概念

合规是指企业经营管理行为和员工履职行为符合国家法律法规、监管规定、行业准则、国际条约、规则以及公司章程、相关规章制度等要求。数据合规以数据为要素，强调数据的收集、存储、使用、加工、传输、提供、公开等的数据处理行为需要遵守国家法律法规，遵守相关的监管规定、行业准则、国际条约、规则以及数据处理单位的章程、相关规章制度等。

关于数据合规管理，目前并无统一的定义。管理是通过计划、组织、领导、控制等手段，结合人力、物力、财力、信息、环境、时间等要素，以达到组织目标的过程。[1]《中央企业合规管理办法》第 3 条第 3 项对合规管理进行了规定，是指企业以有效防控合规风险为目的，以提升依法合规经营管理水平为导向，以企业经营管理行为和员工履职行为为对象，开展的包括建立合规制度、完善运行机制、培育合规文化、强化监督问责等有组织、有计划的管理活动。但此处的合

---

[1] 周万里主编：《企业合规讲义》，中国法制出版社 2022 年版，第 30 页。

规管理主体仅限于企业,是企业的"合规管理"。基于数据处理主体的广泛性和数据处理事项的专门性,数据合规管理是指数据处理单位以有效防控数据合规风险为目的,以数据处理行为为对象,开展的包括建立数据合规制度、完善运行机制、培育合规文化、强化监督问责等有组织、有计划的管理活动。

二、数据合规管理的特点

通常语境下,合规管理一般指企业合规管理。与之相比,数据合规管理具有以下特点:

第一,以数据处理行为为对象,具有专门性。在管理领域上,合规管理涉及企业经营管理的方方面面,是一个覆盖全面的系统工程。反垄断、反商业贿赂、生态环保、安全生产、劳动用工、税务管理、数据保护等皆属于其关注的重点领域。数据合规管理是全面合规管理的一个重要部分,遵循全面合规管理的一般原则。同时,数据合规管理并非针对全面的广泛意义上的企业经营管理行为和员工履职行为,而是紧密结合数据处理特点,聚焦数据处理行为,更加具有针对性。

第二,以数据为要素,技术性强。数字经济时代,数据不仅能够带来直接的经济效益,实现数据资产化,也能在数据的收集、加工、分析、挖掘和运用过程中释放出数据生产力,驱动经济发展。[2] 同时,数据这一信息载体涉及算法、程序等,数据合规从技术层面来说具有多方面优势,能够以技术手段促进组织形式与价值创造的分离。如多方安全计算可在非信任主体间数据相互保密的前提下,进行高效融合计算,实现"数据占有权和使用权的分离";通过硬件隔断形成封闭运行环境,兑现更高标准的隐私保护承诺,实现"数据供给和数据保护的分离"等。[3] 这些对制度规范和人员配备都有较强的技术性要求,需要以数据为中心构建合规管理体系,使制度贴合数据技术实际,合规管理人员符合相应的专业技术要求等。

第三,合规风险复杂,影响重大。企业合规风险仅是"企业及其员工在经营管理过程中因违规行为引发法律责任、造成经济或者声誉损失以及其他负面影响的可能性"[4],对于数据合规而言,除了上述风险以外,还可能危害国家主权、安全和发展利益,侵犯社会公共利益和他人合法权益等,不仅事关数据权益维护和个人信息保护,还事关数据监管、国家安全和数据主权,合规风险更加复

---

[2] 张平文、邱泽奇编著:《数据要素五论:信息、权属、价值、安全、交易》,北京大学出版社2022年版,第19页。

[3] 唐林垚:《以技术手段破解数据合规难题》,载《学习时报》2023年8月11日,A3版。

[4] 《中央企业合规管理办法》第3条第2款。

杂多样，影响也更加重大。如数据泄露导致国家秘密被境外敌对势力掌握，危及国家安全。

第四，贯穿数据生命周期，具有全过程性。数据生命周期包括数据采集、数据存储、数据传输、数据处理、数据交换和数据销毁等阶段，任何一个阶段的合规风险未得到有效防控，都可能给整个数据处理带来毁灭性打击。因此需要每一阶段合规和持续合规。合规实践中要从组织机构、制度建设、机制运行、监督保障、合规文化等方面构建和完善合规管理体系，通过"计划—执行—检查—改进"[5]模式，识别和管理与数据处理相关的风险，及时采取补救措施，从而保障数据安全，促进数据开发利用，保护数据处理主体免受法律追责和其他负面影响。

第五，合规管理主体具有广泛性。企业合规管理在实践中以企业为主体，具体由党委（党组）、董事会、经理层、主要负责人、合规委员会、业务及职能部门、合规管理部门以及监察及审计等部门实现其合规管理职能。因数据处理行为可以在多场景下进行，既包括企业经营中的数据处理，也包括政府管理、事业单位运行中的数据处理，所以数据合规管理的主体不局限于企业，还可能是国家机关和法律、法规授权的具有管理公共事务职能的组织等，范围更加广泛，呈现多元化状态。由于数据合规管理通常是一个系统性的组织行为，个人可以是数据收集的来源主体，但通常不涉及数据合规管理。

国家机关在数据合规管理中的职能根据不同的管理权限存在一定差异，如《数据安全法》第五章第37—42条从政务数据运用的目标要求，国家机关收集、使用数据的基本原则，数据安全管理制度，委托他人处理数据，政务数据开放，以及开放目录和平台方面规范了国家机关的数据处理及相关的合规管理职能和权限。并且该法第43条规定法律、法规授权的具有管理公共事务职能的组织为履行法定职责开展数据处理活动，适用政务数据安全与开放相关规定，说明法律、法规授权的具有管理公共事务职能的组织同样也属于数据合规管理的主体。

但是，法律、法规授权的具有管理公共事务职能的组织开展数据处理活动，需要满足三个条件：一是有法律、法规授权。地方性法规授权也是具有管理公共

---

[5] PDCA循环，又称戴明环，原适用于质量管理领域，后被应用于企业管理工作，《合规管理体系 要求及使用指南》将其适用于企业合规管理中。其中P指PLAN, D指DO, C指CHECK, D指ACT, 即策划—实施—检查—处理，策划阶段分析现状找出问题并制定计划，然后实施阶段设计出具体的行动方法、方案采取有效行动，检查阶段确认检查实施方案是否达到目标，处理阶段对已经被证明有成效的措施进行标准化，遗留问题转入下一个PDCA循环。如此周而复始，不断提高。

事务职能的组织开展数据处理活动的依据之一。二是具有管理公共事务职能。无论是社会团体、事业单位还是企业，只要具有管理公共事务职能，就可以成为数据合规管理主体。三是为履行职责开展数据处理活动，即在法律、法规授权范围内实施数据处理行为。[6]

第二节 数据合规管理体系的构建

2023年12月31日，国家数据局等部门发布了《"数据要素×"三年行动计划（2024—2026年）》，指引企业建立完善的合规与确权管理体系。在2024年全国数据工作会议上，数据合规作为我国数据工作领域的首个重点任务被提及。会议强调要制定促进数据合规高效流通和交易的政策、健全数据流通利用的安全治理机制等。

数据合规管理体系是为了确保其各项数据处理行为符合国家法律法规、行业规定以及内部规章制度的要求而建立的一套系统化的管理方法，是"一个框架，该框架集成了必要的结构，政策，流程和程序，以实现所需的合规结果，并采取措施防止、发现和应对不合规情况"[7]。有效的数据合规管理体系对于保障数据处理主体合规治理非常重要。合规管理体系建设是一个系统工程，包括数据合规组织体系、制度建设、运行机制和监督保障等。

一、数据合规管理的组织体系

科学、合理、符合本单位特点的数据合规组织架构是合规体系运行的保障，可以从纵、横两个维度搭建。由于国家机关的组织结构因行政职能的不同而存在一定差异，本书以中央企业为例，梳理其组织体系：

（一）纵向维度的数据合规组织架构

其通常由决策层、管理层、执行层和业务部门四个层次组成，各层级之间协同运作、互相配合。

党委（党组）发挥把方向、管大局、促落实的领导作用。

董事会发挥定战略、作决策、防风险作用。其合规职责包括审议批准数据合

---

[6] 龙卫球主编：《中华人民共和国数据安全法释义》，中国法制出版社2021年版，第151页。
[7] 《合规管理体系 要求及使用指南》附件A.4.4。

规管理基本制度、体系建设方案和年度报告，研究决定合规管理重大事项，推动完善数据合规管理体系并对其有效性进行评价，决定合规管理部门设置及职责等。

经理层发挥谋经营、抓落实、强管理作用。其合规职责包括拟订数据合规管理体系建设方案，经董事会批准后组织实施；拟订数据合规管理基本制度，批准年度计划等，组织制定数据合规管理具体制度；组织应对重大数据合规风险事件；指导监督各部门和所属单位的数据合规管理工作；等等。

业务及职能部门承担数据合规管理主体责任，合规管理部门牵头负责本企业数据合规管理工作。

纪检监察机构和审计、巡视巡察、监督追责等部门依据有关规定，在职权范围内对数据合规要求落实情况进行监督，对违规行为进行调查，按照规定开展责任追究。

其中，企业应当结合实际设立首席合规官，不新增领导岗位和职数，由总法律顾问兼任，对企业主要负责人负责，领导合规管理部门组织开展相关工作，指导所属单位加强包括数据合规在内的全面合规管理。

以上组织架构详见图2-5-1所示：

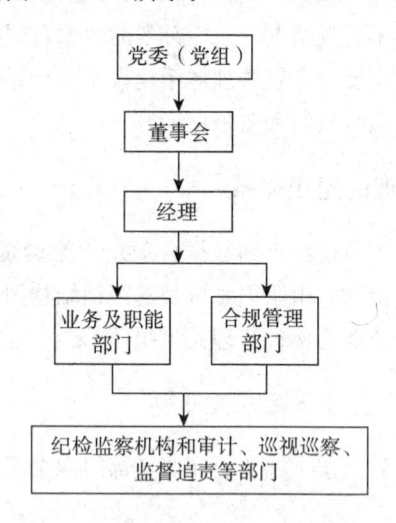

图2-5-1 纵向维度的数据合规组织架构

（二）横向维度的数据合规管理组织架构

该架构主要指承担主体责任的业务及职能部门，和牵头负责的合规管理部门。二者与纪检、巡察监督追责等部门共同构成数据合规"三道防线"。

1. 业务及职能部门

该部门是数据合规的第一责任主体。数据合规与业务紧密相关，具有较强的技术性特征，由业务及职能部门承担主体责任，有助于更加精准地进行风险防控和实施数据保护。其主要职责是建立健全本部门业务合规管理制度和流程，开展数据合规风险识别评估，编制风险清单和应对预案；定期梳理重点岗位合规风险，将合规要求纳入岗位职责；负责本部门经营管理行为的数据合规审查；及时报告数据合规风险，组织或者配合开展应对处置；组织或者配合开展违规问题调查和整改。

在人员配备方面，应当在业务及职能部门设置数据合规管理员，由业务骨干担任，接受合规管理部门业务指导和培训。

2. 合规管理部门

该部门是合规管理工作的牵头负责部门，其在数据合规管理方面的主要职责是组织起草数据合规管理基本制度、具体制度、年度计划和工作报告等；负责数据规章制度、数据协议、重大决策合规审查；组织开展数据合规风险识别、预警和应对处置，根据董事会授权开展数据合规管理体系有效性评价；受理职责范围内的违规举报，提出分类处置意见，组织或者参与对违规行为的调查；组织或者协助业务及职能部门开展数据合规培训，受理咨询，推进合规管理信息化建设。常用模式是直接设置企业合规管理部门，下设数据合规管理部门等专业合规部门。

在人员配备方面，应当配备与经营规模、业务范围、风险水平相适应的专职合规管理人员，加强业务培训，提升专业化水平。

基于重要数据的特殊性，《数据安全法》第27条第2款规定重要数据的处理者应当明确数据安全负责人和管理机构，落实数据安全保护责任。

业务及职能部门、合规管理部门与纪检监察机构和审计、巡视巡察、监督追责等部门在合规管理组织架构中的关系如图2-5-2所示：

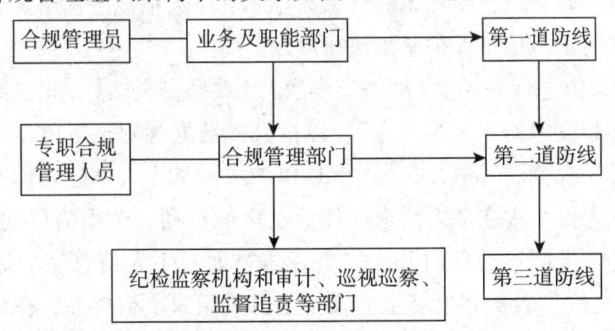

图2-5-2 横向维度的数据合规管理组织架构

此外，横向组织架构还包括法务、风控、审计等多部门的协同关系。

二、数据合规制度建设

数据合规中，完备清晰的制度便于数据处理主体获得具体的标准和指引。制度体系包括外部制度和内部制度两部分，外部制度主要包括法律法规，规章，规范性文件，以及国家及行业标准、规范，国际条约、规则等。对于外部制度，合规管理通常体现为被动的"遵守"，但是，数据处理主体需要通过相关制度梳理来明确需要遵守的外部制度规范，关注制度变化、制度风险识别等确保行为符合现行法律法规制度要求，以及通过积极推动和参与规则制定等使制度更好地为加强数据保护和提升数据效能提供支持和保障。对于内部制度，合规管理通常体现为主动的"制定"，通过"外规内化"使外部制度细化为行为主体具体的行为规则。由于内部制度与数据处理主体自身特点紧密相关，合规实践中不必追求所有的数据合规制度整齐划一。如针对需要大量采集数据的企业，数据收集合规非常重要，而对仅提供技术服务，自身不采集数据，也不留存数据的科技企业，加工、传输等环节的合规管理则更为重要。

（一）数据合规的外部制度

1. 法律法规、规章及监管规定

（1）《民法典》。数据处理行为中所涉及的数据可能涉及个人信息，作为第一部以法典命名的基础性法律，《民法典》立足人格权保护，对个人信息保护进行了具体的规定。第1034条第1款明确规定"自然人的个人信息受法律保护"，第1035、1036、1038条规范了个人信息处理的条件、免责情形和信息处理者的义务，第1037条规定了自然人的个人信息查阅、复制权，提出异议权、请求更正权和请求删除权。第1039条规定了国家机关、承担行政职能的法定机构及其工作人员对履行职责过程中知悉的自然人隐私和个人信息的保密义务。以上规定构成较为完善的个人信息保护基础法律制度。

（2）《个人信息保护法》《网络安全法》《数据安全法》。此三部法律被称为数据合规管理制度中的"三驾马车"，以信息或数据为规范对象，从不同角度对数据合规进行了规范。其中，《个人信息保护法》从个人信息处理规则、个人信息跨境提供规则、个人在个人信息处理活动中的权利、个人信息处理者的义务、履行个人信息保护职责的部门和法律责任等方面对个人信息保护进行了全面规范。《网络安全法》首次将网络空间安全上升到国家主权层面，在个人网络数据保护方面，构建了五个级别的网络安全等级，有利于更好地维护信息系统安全保护；确立了重要数据强制本地存储、数据转移出境审查评估、个人信息保护、个人信息流通等数据处理相关制度。《数据安全法》是我国第一部系统调整数据处理活动的基础性法律。本书将在数据安全保护一章详细介绍。

(3)《电子商务法》《反不正当竞争法》等。这些法律主要侧重于从某个方面对数据合规进行规范，如《电子商务法》对数据处理中滥用用户数据进行"大数据杀熟"行为作出禁止性规定，明确数据处理的合法化要求、数据信息安全的保密要求等。该法第25条规定："有关主管部门依照法律、行政法规的规定要求电子商务经营者提供有关电子商务数据信息的，电子商务经营者应当提供。有关主管部门应当采取必要措施保护电子商务经营者提供的数据信息的安全，并对其中的个人信息、隐私和商业秘密严格保密，不得泄露、出售或者非法向他人提供。"《反不正当竞争法》虽然没有直接涉及数据要素，但是规定利用网络爬虫等获取数据信息谋取利益可能侵犯他人的商业秘密，构成不正当竞争。

(4)《关键信息基础设施安全保护条例》共51条，着眼于重要行业和领域的数据保护，从维护数据的完整性、保密性和可用性方面进行了专门规范。

(5)《数据二十条》以数据产权、数据交易、收益分配、安全治理等为重点，构建了适应数据特征、符合数字经济发展规律、保障国家数据安全、彰显创新引领的数据基础制度。

(6) 其他相关的数据法规、规章、制度等。如《科学数据管理办法》《互联网个人信息安全保护指南》等。

2. 国家标准与行业规范

数据国家标准是指农业、工业、服务业以及社会事业等领域需要统一的数据技术要求，数据合规的外部标准包括国家标准、行业标准、地方标准和团体标准等。典型如《合规管理体系　要求及使用指南》《信息安全技术　数据安全能力成熟度模型》《信息安全技术　个人信息安全影响评估指南》《信息安全技术　个人信息安全规范》《数据安全技术　数据分类分级规则》《信息技术　大数据　术语》《数据管理能力成熟度评估模型》等。

数据行业规范是指对没有国家标准又需要在某个行业范围内统一的技术要求所制定的标准，如《网络安全标准实践指南—移动互联网应用程序（App）个人信息保护常见问题及处置指南》等。具体至不同行业，如汽车行业的《汽车数据安全管理若干规定（试行）》、工业和信息化部《关于加强车联网网络安全和数据安全工作的通知》，金融行业的《金融数据安全数据安全分级指南》《金融数据安全数据生命周期安全规范》《金融数据安全数据安全评估规范》等。

3. 数据跨境可能涉及的国际规则等

数据跨境即出境安全管理，适用我国相关法律，如关键信息基础设施的运营者在我国境内收集和产生的重要数据出境安全管理适用《网络安全法》相关规定。[8] 其他数据处理者在境内运营中收集和产生的重要数据的出境安全管理制度，由国际网信部门会同国务院有关部门制定。出境后，则涉及适用相关国际规则和他国法律的合规问题，如 GDPR 是目前世界上对数据保护较为完善的法律之一，任何数据收集、传输、保留或处理行为涉及欧盟成员国内的个人信息均受该条例的约束。数据跨境传输如涉及欧盟成员国，就涉及对 GDPR 的遵守。

（二）数据合规的内部制度

数据合规的内部制度主要指适合本单位业务特点的内部制度体系。数据处理单位应确定重点合规领域，建立健全层级清晰、逻辑自洽、执行有效的规章制度体系，充分发挥制度效力，防范和应对数据合规风险；通过全局性谋划和整体性推进，实现数据合规管理的全领域、全流程、全级次覆盖；[9] 并通过检查和改进机制不断完善，做到制度持续合规。

1. 数据合规管理办法

其通常以××公司合规管理办法的形式出现，对于以数据要素为主的数据处理单位，可以直接从专项合规的角度，直接制定××公司数据合规管理规定，内容涵盖数据合规管理的组织机构、数据风险识别及评估与处理、运行机制、监督和保障机制等。

2. 数据合规的具体制度

数据处理主体应结合业务范围、数据风险分布等建立规范管用的数据合规管理制度。常见的数据合规制度有以下几种：

（1）数据分类分级保护制度。分类是进行有针对性的科学管理的前提和基础，构建数据分类分级管理制度是数据合规管理制度建设的重要内容之一。

数据处理主体应根据行业规范和业务特性设计数据分类分级体系，对数据分类打标，梳理数据字段对应分类规则并进行调优；根据行业规范和业务特性设计分级体系，梳理数据字段对应分级规则，并对敏感数据识别打标，并根据实际情

---

[8]《网络安全法》第 37 条规定："关键信息基础设施的运营者在中华人民共和国境内运营中收集和产生的个人信息和重要数据应当在境内存储。因业务需要，确需向境外提供的，应当按照国家网信部门会同国务院有关部门制定的办法进行安全评估；法律、行政法规另有规定的，依照其规定。"

[9] 符志民：《筑牢合规管理根基》，载《学习时报》2023 年 9 月 20 日，A2 版。

况对数据等级进行变更维护。数据处理主体应建立初步可视化的数据分类分级清单，形成数据分类分级报表、形成分类分级全景图、分类分级信息管理机制，为数据安全保护做准备。

（2）数据全生命周期管理制度。数据合规贯穿数据全生命周期，相应的合规管理制度也需要实现全面覆盖。数据的收集、存储、使用、加工、传输、提供、公开，直至删除或销毁，均应建立相关的数据处理行为规范制度。以数据安全合规为例，如表2-5-1所示：

表2-5-1　数据安全合规

处理行为	要求
收集	身份验证、数据输入安全校验、数据清洗、日志记录
存储	加密存储、格式控制、分布控制
使用	权限控制、查询频次/查询量级控制、遮蔽显示、行为日志监控、业务安全规则
传输与共享	数据脱敏、传输保护、共享格式限制、共享流程控制、日志记录
销毁	销毁流程及审核、介质操作、日志记录和审计

（3）数据安全事件应急预案制度。数据合规的本质就是对数据风险进行防范和控制，一旦风险未能被有效防范，安全事件已经发生，补救和处置的有效性直接影响危害后果的范围和程度。应急预案是面对突发事件的应急管理、指挥和救援计划，通过应急预案制度提高控制的有效性，对于最大限度地减小损害范围和减轻损害后果非常重要。《个人信息保护法》《数据安全法》《网络安全法》对数据处理主体制定并实施数据安全预案的义务均有规定。数据处理主体应当根据法律法规规定，制定本单位的数据安全事件应急预案制度，建立数据安全事件应急处置工作机制，制定专门的流程和预案，定期开展应急演练，降低数据安全事件发生带来的损失及次生风险等。如根据工业和信息化部2023年发布的《工业和信息化领域数据安全事件应急预案（试行）（征求意见稿）》，工业和信息化领域的数据安全事件应急预案一般包括如下要素（见表2-5-2）：

表2-5-2　工业和信息化领域的数据安全事件应急预案

内容	具体类型	实施方案
监测预警	预警监测和报告	地方行业监管部门、工业和信息化领域数据处理者、数据安全应急支撑机构应当按要求加强数据安全风险监测、研判和上报，分析相关风险发生数据安全事件的可能性及其

续表

内容	具体类型	实施方案
监测预警	预警监测和报告	可能造成的影响。 地方行业监管部门认为可能发生重大及以上数据安全事件的，应当立即上报机制办公室。 工业和信息化领域数据处理者、数据安全应急支撑机构认为可能发生较大及以上数据安全事件的，应当立即向地方行业监管部门报告。
	预警分级	工业和信息化部统筹建立数据安全风险预警机制，根据紧急程度、发展态势、数据规模、关联影响和现实危害等，将数据安全风险预警等级分为四级：由高到低依次用红色、橙色、黄色和蓝色标示，分别对应可能发生特别重大、重大、较大和一般数据安全事件。 行业监管部门及时汇总分析数据安全风险和预警信息，必要时组织数据安全应急支撑机构、专家进行会商谈判，明确预警等级。
	预警发布	认为需要发布红色、橙色预警的，由机制办公室报部网信领导小组同意后统一发布，红色预警同步报国家数据安全工作协调机制；认为需要发布黄色和蓝色预警的，由相关地方行业监管部门在本地区本领域内发布。 发布预警信息时，应当包括预警等级、起始时间、可能的影响范围和造成的危害、警示事项、应采取的防范措施、处置时限要求和发布机关等。
	预警响应	发布黄色和蓝色预警后，地方行业监管部门应当针对即将发生的数据安全事件特点和可能造成的危害，采取下列措施： （1）要求涉及预警信息的数据处理者及时收集、报告有关信息，加强数据安全风险监测； （2）组织数据安全应急支撑机构加强预警信息分析评估与事态跟踪，密切关注事态发展，提出下步工作措施； （3）组织专家加强风险研判及原因、影响等分析，提出应急处置方法和整改措施建议。 发布红色和橙色预警后，机制办公室除采取黄色和蓝色预警响应措施外，还应当对即将发生的数据安全事件特点和可能造成的危害，采取下列措施： （1）要求地方行业监管部门、涉及预警信息的数据处理者等相关单位实行 24 小时值班，相关人员保持通信联络畅通； （2）组织研究制定防范措施和应急工作方案，组织专家会商研提意见，协调各方资源，做好各项准备工作；

续表

内容	具体类型	实施方案
监测预警	预警响应	（3）要求相关数据安全应急支撑机构进入待命状态，针对预警信息研究制定应对方案，检查应急设备、软件工具等使用情况，确保处于良好状态。
	预警调整和解除	机制办公室、地方行业监管部门发布预警后，应当根据事态发展，适时调整预警级别并按照权限重新发布。经研判不可能发生事件或风险已经解除的，应当及时宣布解除预警，并解除已经采取的有关预警响应措施。
事件响应	响应分级	数据安全事件应急响应分为四级：Ⅰ级、Ⅱ级、Ⅲ级、Ⅳ级，分别对应发生特别重大、重大、较大、一般数据安全事件的应急响应。
	事件监测和报告	数据处理者一旦发生数据安全事件，应当立即先行判断，对自判为较大以上事件的，应当立即向地方行业监管部门报告，不得迟报、谎报、瞒报、漏报。 数据安全应急支撑机构应当通过多种途径监测、收集数据安全事件信息，及时向行业监管部门报告。 地方行业监管部门初步研判为特别重大、重大数据安全事件的，应当在发现事件后按照"电话10分钟、书面30分钟"的要求向机制办公室报告。 报告事件研判信息时，应当说明事件发生时间、初步判定的影响范围和危害、已采取的应急处置措施和有关建议。
	先行处置	数据安全事件发生后，数据处理者应当立即启动本单位应急预案，组织本单位应急队伍和工作人员采取应急处置措施，尽最大努力进行数据恢复或追溯，尽可能减少对用户和社会的影响，同时注意保存相关痕迹和证据。
	应急响应	行业监管部门视情组织数据安全应急支撑机构、专家等进行研判，确定事件级别和响应等级，启动应急响应。 Ⅰ级响应根据国家数据安全工作协调机制有关决定或经部网信领导小组批准后启动，由机制办公室统一指挥、协调。Ⅱ级响应由机制办公室决定启动，并负责统一指挥、协调。Ⅲ级、Ⅳ级响应由相关地方行业监管部门按照本地区本领域数据安全事件应急预案决定启动，并负责指挥、协调。
	舆情监测	行业监管部门组织监测公开信息发布渠道，密切关注数据安全事件舆情信息，跟踪掌握事件影响程度和范围。

续表

内容	具体类型	实施方案
事件响应	结束响应	事件的影响和危害得到控制或消除后，Ⅰ级响应应当根据国家数据安全工作协调机制有关决定或经部网信领导小组批准后结束；Ⅱ级响应由机制办公室决定结束，并报部网信领导小组；Ⅲ级、Ⅳ级响应由相关地方行业监管部门决定结束，并报机制办公室。
事后总结	事件总结上报	重大及以上数据安全事件应急工作结束后，涉事数据处理者应当及时调查事件的起因、经过、责任，评估事件造成的影响和损失，总结事件防范和应急处置工作的经验教训，提出处理意见和改进措施，在应急工作结束后10个工作日内形成总结报告，报地方行业监管部门。地方行业监管部门汇总审核后，在应急工作结束后20个工作日内形成报告报送机制办公室。 数据处理者应当每年向本地区地方行业监管部门报告数据安全事件处置情况。 各地方行业监管部门应当于每年12月31日前将本地区本领域年度数据安全事件处置情况报机制办公室。
	事件警示	行业监管部门应及时向社会发布与公众有关的警示信息，引导做好数据安全风险防范。
预防措施	预防保护	数据处理者应当根据有关法律法规和国家、行业标准的规定，建立健全数据安全管理制度，建设数据安全应急技术手段，定期进行数据安全风险评估和自查自纠，及时消除风险隐患。 行业监管部门依法开展数据安全监督检查，指导督促相关单位消除风险隐患。
	应急演练	行业监管部门应当定期组织开展数据安全事件应急演练，提高数据安全事件应对能力。 数据处理者应当积极参与行业监管部门的应急演练，每年组织至少开展一次本单位数据安全事件应急演练，并将应急演练情况上报本地区本领域地方行业监管部门。
	宣传培训	行业监管部门应当组织开展数据安全事件应急相关法律法规、应急预案和基本知识的宣传教育和培训，提高相关单位和社会公众的数据安全意识和防护、应急能力。 工业和信息化领域数据处理者应当面向本单位员工加强数据安全应急宣传教育和培训，鼓励开展各种形式的数据安全应急相关竞赛。

续表

内容	具体类型	实施方案
预防措施	手段建设	工业和信息化部统筹建设工业和信息化领域数据安全监测预警与应急处置相关技术手段，对数据泄露、篡改、非法访问、违规传输、流量异常等安全风险和事件进行监测预警，并及时开展应急处置。 地方行业监管部门建立本地区本领域数据安全监测预警与应急处置能力，组织相关企业开展数据安全风险和事件监测预警工作，及时开展风险和事件应急处置。 数据处理者等单位应当开展数据安全风险和事件监测，积极配合行业监管部门开展数据安全风险监测工作，加强与行业监管部门数据安全监测预警体系进行对接联动，及时排查安全隐患，采取必要的措施防范、处置数据安全风险和事件。
	重大活动期间的预防措施	在国家重大活动期间，行业监管部门组织指导数据处理者、数据安全应急支撑机构等加强数据安全风险监测、威胁研判和事件处置，强化风险防范与应对措施。相关重点部门、重点岗位实行 24 小时值班。
保障措施	落实责任	地方行业监管部门、数据处理者、数据安全应急支撑机构应当建立健全数据安全应急工作体制机制，把责任落实到单位负责人、具体部门、具体岗位和个人。
	奖惩问责	工业和信息化部对数据安全事件应急处置工作中作出突出贡献的集体和个人给予表扬。对不按照规定制定应急预案或组织开展应急演练，迟报、谎报、瞒报和漏报事件重要情况，或在预防、预警和应急工作中存在其他失职、渎职行为的单位或个人，由行业监管部门给予约谈、通报，或依法依规给予行政处罚。
	经费保障	鼓励地方行业监管部门、数据安全应急支撑机构等为数据安全事件应急处置工作提供必要的经费保障。 数据处理者应当安排一定的专项资金，支持本单位数据安全应急队伍建设、手段建设、应急演练、应急培训等工作开展。
	队伍建设	数据处理者应当具备数据安全事件应对能力，重要和核心数据处理者应当建立专门的数据安全应急保障队伍，提升本单位数据安全应急处置能力。
	工作协同	行业监管部门与其他相关部门加强沟通协调，支持相关企业、科研院所、高等学校开展应急技术攻关、产品服务和能力供给，培养数据安全应急技术人才，形成应急响应工作合力。

续表

内容	具体类型	实施方案
保障措施	物资保障	行业监管部门和数据处理者应当加强对数据安全应急装备、工具的储备，及时调整、升级、优化软件硬件工具，不断增强应急技术支撑能力。
	国际合作	工业和信息化部根据职责建立国际合作渠道，必要时通过国际合作应对数据安全事件。鼓励相关企业、科研院所、高校、数据处理者等开展数据安全国际交流与合作。

（4）数据合规风险评估制度。合规管理是一种以风险为基础的管理工作。数据合规管理以有效防控风险为目的，合规风险评估结果有助于合规管理主体为其合规管理设定较为合理的目标，便于其根据所识别的风险点和评定的风险等级进行有针对性的制度纠错和体系化制度构建，以及进行合规有效性评价。[10]《数据安全法》第30条、《个人信息保护法》第55条和《网络安全法》第38条分别对重要数据、特定的个人信息和关键信息基础设施的风险评估进行了明确规定。

数据合规风险评估包括数据风险识别、风险分析和风险评价整个过程，需要业务部门配合开展。数据处理主体通过建立本单位的数据合规风险评估制度，针对不同的数据风险确立不同的评估操作规则和评估方法，各业务流程责任人组织本领域相关人员识别需要进行风险评估的场景，并在流程中落实。

三、数据合规管理运行机制

数据合规管理是一个持续性、周期性工作，完整的数据合规管理包含合规风险识别与评估、合规审查、合规应对及报告、违规行为责任追究、合规绩效考核、合规有效性评价等方面。

1. 数据合规风险识别与评估

数据处理主体应根据合规风险识别与评估制度，进行具体的数据合规风险识别与评估，首先识别数据合规风险，其次对风险进行评估，根据评估结果采取不同的应对措施。具体如图2-5-3所示：

---

[10] 陈瑞华：《企业合规风险评估的基本问题》，载《法学论坛》2024年第4期。

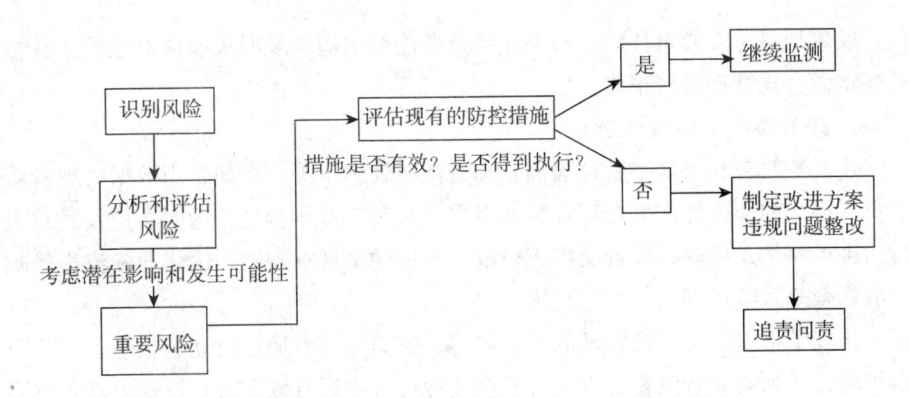

图 2-5-3　数据合规风险识别与评估

借鉴当前中央企业合规实践中的"三张清单",数据合规"三张清单"的内容如表 2-5-3 所示:

表 2-5-3　数据合规"三张清单"

清单	内容
合规风险识别清单	以风险为导向,内容包括数据风险领域、风险行为、影响程度、潜在后果、风险依据、防控措施和对应部门。
岗位合规职责清单	以岗位基本职责为基础,内容包括岗位名称、基本职责、合规风险领域、合规风险点、合规职责等。
流程管控清单	以风险识别清单和岗位合规职责清单为基础,内容包括业务事项、管控节点、控制措施和管控部门等。

2. 合规审查

合规审查是数据处理者为防范数据合规风险,对数据处理行为中所承担的合规义务进行分析和评价并形成文件的过程,以确定数据处理行为是否满足法律法规、监管规定,以及企业承诺等标准。参照《管理体系审核指南》和《合规管理体系　要求及使用指南》,合规审查的过程包括五个阶段:(1)明确审查目标。其目的在于确保数据处理者的数据处理行为的合法合规性。(2)制定审查方案。明确审查的参与部门或人员,并确保这些人员具有相应的能力,如具备数据审查的专业技术能力,和相关的法律专业素养等。(3)实施审查方案。(4)形成审查建议及报告。(5)梳理问题及提出建议。数据处理者对审查中发现的问题进行梳理和总结,并提出相应的完善建议。

3. 合规应对及报告

即便进行了数据合规风险防范,也可能发生数据合规风险或者数据安全事件。发生相关风险或事件后，相关业务及职能部门应当及时采取应对措施，并按照规定向合规管理部门报告。

4. 违规整改及举报机制

违规整改有利于堵塞管理漏洞，提升依法管理水平。例如，当数据处理者对其员工行为的合规性产生合理怀疑或者发现其员工有不合规行为时，应及时对该行为进行评估，采取有效行动措施整改，通过健全规章制度、优化业务流程等减少数据合规风险。

违规举报机制是合规管理的重要内容，数据处理者通过设立举报平台，公布举报电话、邮箱或者信箱等方式对数据处理行为进行有效监督。数据处理者收到举报后，相关部门按照职责权限受理违规举报，并就举报问题进行调查和处理，对造成资产损失或者严重不良后果的，移交责任追究部门；对涉嫌违纪违法的，按照规定移交纪检监察等相关部门或者机构。合规调查包括受理调查、初步调查、调查、调查结论、申诉以及得出最终结论的过程，调查部门应具备中立性，严格遵守合法性原则，严格按程序进行，充分保护各方利益。[11]

5. 违规责任追究

违规不仅可能导致民事责任的承担，也有可能产生行政责任、刑事责任。例如，在民事责任方面，民事赔偿是企业违反法定或约定义务给相对人或第三人造成损失需要承担的赔偿义务；在行政责任方面，企业可能会面临行政罚款、没收违法所得、责令停产停业、吊销营业执照等；在刑事责任方面，若涉嫌刑事犯罪，企业将承担刑事责任。

6. 合规绩效考核

绩效考核是数据合规风险管理的重要组成部分。特别是对于合规文化尚不成熟、长效合规机制还未形成的一些数据处理单位，通过合规绩效考核机制来提升合规执行力就显得尤为重要。数据合规管理者可以制定单独的合规绩效考核机制，也可以将合规考核标准融入总体的绩效管理体系中去。通过有效的合规绩效考核机制，对有重大合规贡献的员工应该给予表彰或奖励。对有合规问题的员工，应该扣除积分或给予相应的惩处。

考核机制可以采取多种形式，如矩阵式、九宫格、计分卡（scored card）等，而且需要制定详细的合规考核标准。考核内容可以包括：（1）是否按时完成或参加所有的合规培训；（2）是否严格执行数据处理者的合规政策和流程；（3）有无任何违反合规的行为；（4）能否积极支持和配合合规职能部门工作；

---

[11] 曹志龙：《企业合规管理操作手册》，中国法制出版社2024年版，第70页。

(5) 是否及时汇报违规行为或合规风险以避免或减少合规风险给数据处理者带来的损失和负面影响等。

7. 合规有效性评价

有效性评价是对企业合规管理体系的运行过程和成果的全面性、符合性、适当性、有效性，进行自我审查、评价、监督和持续改进的价值判断活动。评价方法可以综合采用收集自我评价材料、审阅文档、问卷调查、现场访谈调研、实地查验、穿行测试、抽样测试、模拟运行、对比分析、专题讨论、整改优化、飞行检查等。评价标准参照中华全国工商业联合会办公厅等九部门联合发布的《涉案企业合规建设、评估和审查办法（试行）》第14条，重点包括下列内容：（1）对涉案合规风险的有效识别、控制；（2）对违规违法行为的及时处置；（3）合规管理机构或者管理人员的合理配置；（4）合规管理制度机制建立以及人力物力的充分保障；（5）监测、举报、调查、处理机制及合规绩效评价机制的正常运行；（6）持续整改机制和合规文化已经基本形成。此外，中国企业评价协会制定的《企业合规管理体系有效性评价》也能为合规有效性评价提供标准指引。

第三节　数据合规管理的实施

数据处理行为是数据合规管理的主线。合规管理的实施贯穿整个数据处理过程，包括数据的收集、存储、使用、加工、传输、提供、删除或销毁等数据处理全生命周期的合规管理；需要遵循目的明确、选择同意、最小够用、全程可控、动态控制和权责一致等原则。

一、数据收集阶段的合规管理

数据收集是整个数据处理过程的第一环节，也是推进数据要素化、资产化的重要保障。此阶段不合规，可能导致数据处理的后续环节欠缺合规基础，从而影响数据处理行为的合法合规性。数据收集的主要情形包括数据主体主动填写、选择、上传，或通过智能终端、浏览器、API、SDK等收集，或通过与用户交互或者从第三方间接接受、查询等收集。数据来源通常包括三个方面：个人数据主体的主动提供，源于数据收集主体自动采集以及源于其他第三方如数据供应商、数据处理委托方、共享方或上游合作方等。以数据的来源为划分标准，通常包括三个方面。

（一）数据的来源

1. 个人数据主体主动提供

主动提供的数据内容一般为个人信息，提供方式通常有三种：第一种是传统的问询告知，如门诊问询、柜台业务办理、门店消费等。其基本特点是过程直观可感知、互动性强，但效率较低。第二种是通过电脑、手机客户端或其他终端设备提供，包括通过电脑或手机客户端向数据收集主体提供个人数据信息，如注册微信用户时需要提供头像、姓名或昵称、个人手机号码等。第三种是通过传感设备或其他智能终端向数据收集主体提供个人数据信息，如运动手表等智能穿戴设备对个人身体及运动信息的收集，智能门锁等智能家居对个人生物识别信息、行动踪迹等信息的收集。其特点是方便快捷，利于大规模同时收集，但一旦被泄露或不当使用，危害后果十分严重。

2. 数据收集主体自动采集

数据内容多元，既可能是个人信息，也可能涉及商业秘密，甚至国家秘密。因此，除个人数据主体提供外，大量的数据源于数据收集主体的自动采集。由于数据主体对于自动采集不像传统问询告知那样有较强的直接参与性，直观感受弱，甚至是毫无感知，可能导致数据信息在数据主体不知情或不在意的情况下被收集甚至泄露。因此，数据主体自动采集数据是数据收集合规管理的重点。其通常可以采用以下方式：

（1）埋点。埋点是一种针对用户行为或事件进行捕获、处理和上报的数据采集技术，目的是通过信息捕获或处理，跟踪产品使用情况，为产品和服务优化提供数据支撑。采集通常通过两种方式完成：一种是数据收集主体自行在产品中植入代码进行统计，并具备相应的查询权限；另一种是通过第三方统计工具完成统计，如采用第三方软件开发工具包（Software Development Kit，SDK）[12]完成统计。获取的数据也包括两方面：一种是用户基本信息如年龄、地址等，通过这些信息能够精准定位至特定用户；另一种是用户行为信息，如非特定用户的点击和浏览行为，包括访问次数、访问数量、浏览时长等，通过这些信息可分析用户的行为方式和特点。

（2）交互系统自动生成。交互系统是为用户与企业提供信息交换、服务处理且结果可视的互动平台。用户会员等级、消费积分、消费记录、购物车记录、

---

[12] SDK，一般是一些被软件工程师用于为特定的软件包、软件框架、硬件平台、操作系统等建立应用软件的开发工具的集合。

收藏列表等都属于交互系统自动生成的商业数据。交互数据虽然与用户密切相关，但是非用户自行提供，而是由企业在交互过程中采集或生成。企业对其加以分析运用，能够产生良好的经济效益。

（3）网络爬虫。网络爬虫又称网络蜘蛛、蜘蛛爬虫或网络机器人，本质是一种能够自动获取网页信息并按照制定规则提取相应内容的程序。数据收集主体可以利用网络爬虫技术，设置相应抓取条件，从网上采集企业信用信息，涉诉执行信息、社交软件信息，电商数据信息等，经过数据分析模型的加工处理，形成风险分析，用于公司对产品或服务的风险控制。[13] 爬虫技术作为一种计算机技术在法律上并未被禁止，但是其运用可能因为收集个人信息未经允许而侵犯他人隐私，抓取网页内容时侵犯知识产权，以及产生对网络资源的过多消耗影响网站正常运行等引发法律争议和责任承担，因此相关主体需要严格遵守相关法律法规进行。

3. 第三方提供

数据处理实践中，部分数据处理主体由于从个人数据主体直接获取数据和自行采集数据存在困难，故其所需数据主要源自第三方，如数据供应商、数据处理委托方、共享方或上游合作方。由于第三方提供数据是提供方与被提供方的双方法律行为，合规义务也应全面覆盖，既包括数据提供主体，也包括数据收集主体，不能有所遗漏导致出现合规风险。提供数据的第三方主要有以下几种：

（1）数据供应商。通过合同方式，第三方将相关数据提供给数据处理主体。根据《民法典》第143条的规定，行为人具有相应的民事行为能力，意思表示真实，不违反法律、行政法规的强制性规定，不违背公序良俗的民事法律行为有效。数据处理主体有数据需求，在符合法律、行政法规的强制性规定和公序良俗的条件下，可以通过交易的方式，从其他第三方处取得。进行交易的数据应当是相关法律法规允许交易的数据，如各类机关、企事业单位、社会团体等机构主体的公开登记数据，上市公司对外财务数据，境外企业公开数据，人民法院依法公布的判决、裁定等公开信息。可能构成国家秘密、企业商业秘密的数据，未被自然人公开的个人信息，不属于数据交易的标的。一旦违反，可能因违反相关法律法规承担法律责任。

（2）数据处理委托方。基于数据的业务复杂性，数据处理主体的资格、能力等限制因素，数据处理中的委托处理也较为常见。基于委托关系，数据处理受托方为实现特定处理目的，从数据处理委托方处获得相关数据。如金融行业通常

---

[13] 杨杰主编：《大数据时代企业数据合规之路》，法律出版社2022年版，第41页。

将信用评分和风险评估等委托第三方机构进行，此时第三方评估机构为完成对特定用户的信用评估，从委托处理方获得用户姓名、身份证号、婚姻状况、薪资情况、房产信息、银行流水等多项个人数据。

（3）数据共享方。数据共享通常通过 API 的方式进行。API 是一些预先定义的接口，目的是提供应用程序与开发人员基于某软件或硬件访问一组例程（例程是某个系统对外提供的功能接口或服务的集合）的能力，而又无须访问源代码或理解内部工作机制的细节。通过接入 API，数据处理主体能够便利访问所需数据而无须源代码。

具体实践中，数据共享可能基于 API 权限的享有，如微博通过开放平台向第三方提供调取用户 API 权限的服务，企业根据"开发者协议"取得授权，按双方事先约定的数据需求嵌入不同 API，获取特定数据。数据共享也可能基于企业的关联关系，如同一集团内部的关联主体共享数据等。这种数据共享在实践操作中相关主体需履行告知义务，如"我们可能会向必要的关联方共享信息"等。

（4）上游合作方。数据共享一般发生在具有上下游合作关系的主体之间，下游合作方为更好地完成合作事项，从上游合作方获取相关数据。如电商平台和平台内商家、快递物流企业等。平台内商家获取平台内用户订单信息、联系方式、收件人情况等主要依据电商平台的披露；快递物流企业获取相关信息，主要依据平台内商家的提供。但随着个人信息保护的不断加强，订单加密、联系方式加密等也在不断优化。

（二）合规管理

1. 数据收集前提——经过授权同意

（1）一般授权同意规则。根据《个人信息保护法》第 13 条的规定，个人信息处理者处理个人信息"应当取得个人同意"。数据收集主体不得在征得用户同意前开始收集个人信息或打开收集个人信息的权限。如个人信息的处理目的、处理方式和处理的个人信息种类发生变更的，应当重新取得个人同意。用户明确表示不同意后，其不得收集个人信息或打开收集个人信息的权限；实际收集的个人信息应与声明并经用户同意的收集内容一致；不得通过默认选择等非明示方式征求用户同意。一是收集个人信息前提供可由用户自主作出同意或不同意的选项，不得默认勾选同意，应当确保用户是在充分知情的前提下自愿、明确作出同意。实践中数据收集主体可以通过隐私政策、告知书等形式征得用户同意。告知同意的内容一般应包括数据收集类型、收集目的、收集方式、收集主体及联系方式等。二是征得用户同意前，不得收集个人信息或打开可收集个人信息的权限。

三是用户明确表示不同意收集某类个人信息后，不得以任何形式收集该个人信息或打开该类可收集个人信息的权限。四是收集个人信息的过程需与其隐私政策等所声明的收集使用规则保持一致，不超出所述范围。五是未经用户同意，不得私自更改用户设置的可收集个人信息的权限和收集使用个人信息相关功能的状态，如更新升级后不得将设置的可收集个人信息的权限恢复到默认状态，或将用户已关闭的使用通讯录匹配好友等功能重新打开。

例外情形是：如果数据收集主体可证明收集的个人数据是为订立、履行个人作为一方当事人的合同所必需，或者按照依法制定的劳动规章制度和依法签订的集体合同实施人力资源管理所必需，可免于履行告知同意义务，例如员工的身份证号、银行卡号是个人信息，但是为用人单位与员工签署劳动合同并进行人力资源管理所必需，在此情况下，用人单位无须征得员工同意。

例如，2019年11月，上海市消费者权益保护委员会委托第三方公司对一些手机软件中的 SDK 插件进行了专门的测试，却发现一些 SDK 插件暗藏玄机。它们会读取设备的 IMEI、IMSI、运营商信息、电话号码、短信记录、通讯录、应用安装列表和传感器信息。这些 App 里的 SDK 插件读取用户的隐私信息只是第一步，读取完成后，还会悄悄地将数据传送到指定的服务器存储起来。北京招彩旺旺信息技术有限公司的 SDK 插件，甚至涉嫌通过菜谱、家长帮、动态壁纸等多款软件，窃取用户更加隐私的信息。因为 SDK 插件能够收集用户的短信，以及应用安装信息，一旦用户有网络交易的验证码被获取，极有可能造成严重的经济损失。

（2）敏感个人信息的单独同意与书面同意规则。《个人信息保护法》第28条对敏感个人信息有明确界定，是"一旦泄露或者非法使用，容易导致自然人的人格尊严受到侵害或者人身、财产安全受到危害的个人信息，包括生物识别、宗教信仰、特定身份、医疗健康、金融账户、行踪轨迹等信息，以及不满十四周岁未成年人的个人信息"。其中，敏感个人信息中的个人生物识别信息由于其具有唯一性和不可替代性，敏感度更高，监管要求更加严格。敏感个人信息实行单独同意与书面同意规则，《个人信息保护法》第28—32条和第55条进行了具体规定。敏感个人数据的部分列举[14]如表2-5-4所示：

---

[14] 杨杰主编：《大数据时代企业数据合规之路》，法律出版社2022年版，第51页。

表 2-5-4 敏感个人数据

类别	具体内容
个人财产信息	银行账户、鉴别信息（口令）、存款信息（包括资金数量、支付收款记录等）、房产信息、信贷记录、征信信息、交易和消费记录、流水记录等，以及虚拟货币、虚拟交易、游戏类兑换码等虚拟财产信息。
个人健康生理信息	个人因生病医治等产生的相关记录，如病症、住院志、医嘱单、检验报告、手术及麻醉记录、护理记录、用药记录、药物食物过敏信息、生育信息、以往病史、诊治情况、家族病史、现病史、传染病史等，以及与个人身体健康状况相关的信息等。
个人生物识别信息	个人基因、指纹、声纹、掌纹、耳郭、虹膜、面部识别特征等。
个人身份信息	身份证、军官证、护照、驾驶证、工作证、社保卡、居住证等。
其他信息	性取向、婚史、宗教信仰、未公开的违法犯罪记录、通信记录和内容、通讯录、好友列表、群组列表、行踪轨迹、网页浏览记录、住宿信息精准定位信息等。

对于上述敏感信息的处理遵循以下规则：第一，具有特定的目的和充分的必要性，并采取严格保护措施，方可处理敏感个人信息。第二，数据收集者事前进行个人信息保护影响评估，[15] 并对处理情况进行记录。第三，向个人告知处理敏感个人信息的必要性以及对个人权益的影响，依照法律规定可以不向个人告知的除外。有法规明确规定应当为拒绝提供生物识别数据的个人数据提供主体提供其他可替代方案，[16] 如为不同意录入门禁人脸识别信息的用户提供其他出入方案。第四，取得个人的单独同意；法律、行政法规规定处理敏感个人信息应当取得书面同意的，从其规定。实践中建议以界面弹窗，跳转链接、邮箱推送、纸面文件等方式充分告知，并以强制阅读停留，用户主动点击确认、文件签署上传等方式确保用户在自愿基础上作出单独同意表示，并将相关同意记录存档留痕。第五，处理不满14周岁未成年人个人信息的，应当取得未成年人的父母或者其他监护人的同意。

---

[15]《个人信息保护法》第56条第1款规定："个人信息保护影响评估应当包括下列内容：（一）个人信息的处理目的、处理方式等是否合法、正当、必要；（二）对个人权益的影响及安全风险；（三）所采取的保护措施是否合法、有效并与风险程度相适应。"

[16]《深圳经济特区数据条例》第19条第1款规定："处理生物识别数据的，应当在征得该自然人明示同意时，提供处理其他非生物识别数据的替代方案。但是，处理生物识别数据为处理个人数据目的所必需，且不能为其他个人数据所替代的除外。"

2. 数据收集过程——遵循合法性、必要性原则

（1）合法性。数据合规的基本要件就是遵守法律法规，具体体现在：一是数据收集渠道合法，如不得从非法渠道获取个人信息；二是数据收集行为合法，如不得以欺诈、诱导、误导等方式收集；三是对产品或服务所具有的收集个人信息的功能有向用户告知义务，不得隐瞒。

（2）必要性。必要性原则源于行政法上的比例原则，贯穿于包括数据收集的数据处理全过程。在数据收集中具体体现为"最小必要"，即数据收集应当限于实现处理目的的最小范围，应实现收集频次最小化和权益影响最小化，不得过度收集。以个人数据收集为例，必要性的合规体现在：第一，不得收集与业务功能无关的个人信息，如企业基于网约车服务要求用户提供个人信息，应仅限于提供网约车服务所需的联系方式、位置信息，不应收集用户的通信录好友、手机存储照片等信息；第二，收集个人信息的频次不得超过业务功能实际需求；第三，不得强迫收集用户个人信息；第四，用户可以拒绝收集非必要信息或打开非必要权限。

二、数据存储阶段的合规管理

数据存储不当引发数据泄露，不仅影响存储主体的声誉，而且严重威胁用户的数据安全和隐私安全。因此，数据存储特别是个人信息和重要数据存储，也是数据合规和行政部门数据监管的关键之一。数据存储合规主要体现为存储期限、存储方式和存储地点的合规。

（一）数据存储期限

1. 遵守相关法律规定

根据最小必要原则，《个人信息保护法》第19条规定："除法律、行政法规另有规定外，个人信息的保存期限应当为实现处理目的所必要的最短时间。"但是"最短时间"具体如何确定，不同种类、不同行业存在一定差异，具体如表2-5-5所示：

表2-5-5　不同法律中的"最短时间"

序号	个人信息种类	存储期限	规范名称	关联法条
1	个人信息	最短时间	《个人信息保护法》	第19条规定："除法律、行政法规另有规定外，个人信息的保存期限应当为实现处理目的的所必要的最短时间。"

续表

序号	个人信息种类	存储期限	规范名称	关联法条
2	网络安全的相关网络日志	不少于6个月	《网络安全法》	第21条规定："国家实行网络安全等级保护制度网络运营者应当按照网络安全等级保护制度的要求，履行下列安全保护义务，保障网络免受干扰、破坏或者未经授权的访问，防止网络数据泄露或者被窃取篡改：……（三）采取监测、记录网络运行状态、网络安全事件的技术措施，并按照规定留存相关的网络日志不少于六个月……"
3	客户身份资料和客户交易信息	至少10年	《反洗钱法》	第34条规定："金融机构应当按照规定建立客户身份资料和交易记录保存制度……客户身份资料在业务关系结束后、客户交易信息在交易结束后，应当至少保存十年……"
4	登记、存管和结算的原始凭证及有关文件资料	不少于20年	《证券法》	第137条第2款规定："证券公司应当妥善保存客户开户资料、委托记录、交易记录和内部管理、业务经营有关的各项信息，任何人不得隐匿、伪造、篡改或者毁损。上述信息的保存期限不得少于二十年。"
5	登记数据	不少于20年	《证券投资基金法》	第102条第2款规定："基金份额登记机构应当妥善保存登记数据，并将基金份额持有人名称、身份信息及基金份额明细等数据备份至国务院证券监督管理机构认定的机构。其保存期限自基金账户销户之日起不得少于二十年。"
6	商品和服务信息、交易信息	不少于3年	《电子商务法》	第31条规定："电子商务平台经营者应当记录、保存平台上发布的商品和服务信息、交易信息，并确保信息的完整性、保密性、可用性。商品和服务信息、交易信息保存时间自交易完成之日起不少于三年；法律、行政法规另有规定的，依照其规定。"

续表

序号	个人信息种类	存储期限	规范名称	关联法条
7	与认证相关的信息	电子签名认证证书失效后至少5年	《电子签名法》	第24条规定:"电子认证服务提供者应当妥善保存与认证相关的信息,信息保存期限至少为电子签名认证证书失效后五年。"
8	病历资料	精神障碍患者的病例不少于30年	《精神卫生法》	第47条规定:"医疗机构及其医务人员应当在病历资料中如实记录精神障碍患者的病情、治疗措施、用药情况、实施约束、隔离措施等内容,并如实告知患者或者其监护人……病历资料保存期限不得少于三十年。"
		门诊病例不少于15年,住院病例不少于15年	《医疗机构管理条例实施细则》	第53条规定:"医疗机构的门诊病历的保存期不得少于十五年;住院病历的保存期不得少于三十年。"

2. 列明涉及的数据及存储期限

在遵守有关数据存储的外部规定基础上,采用隐私声明等方式列举其数据收集和使用中可能涉及的个人数据及对应的存储期限。如华为公司的"华为消费者隐私声明"明确声明"只会在达成本声明所述目的所需的期限内保留您的个人信息,除非需要延长保留期或法律允许"。

3. 超过保存期限的数据处理

超过数据保存期限,根据法律规定,数据处理主体应当主动删除或者匿名化处理。如根据《个人信息保护法》第47条第1款第2项的规定:个人信息处理者停止提供产品或者服务,或者保存期限已届满,个人信息处理者应当主动删除个人信息,个人信息处理者未删除的,个人有权请求删除。根据《信息安全技术 个人信息安全规范》第6.1条b项,超出个人信息存储期限后,应对个人信息进行删除或匿名化处理。

特殊情况下,保存期限届满后只能直接删除,不得采取匿名化方式,主要涉及对个人有较大影响的个人不良信息。如《征信业管理条例》第16条第1款规定:"征信机构对个人不良信息的保存期限,自不良行为或者事件终止之日起为5年;超过5年的,应当予以删除。"

(二) 存储方式

数据处理者应当采取足以保障数据安全的存储方式，提高数据存储后防泄露的能力。实践中通常采用加密、去标识化、备份及恢复技术等确保数据存储安全和稳定。

1. 加密存储

数据处理者对于收集的信息应当采取加密措施，以防止数据受到未经授权的访问，造成数据泄露。实践中应当制定相应的存储制度规范并通过运行机制保障落实。

2. 去标识化

去标识化即通过对个人信息采取变形、转换或屏蔽等方式进行处理，使数据使用者在不借助额外信息的情况下无法识别特定自然人。去标识化的目的在于降低数据与个人信息主体之间的关联程度，实现个人信息权益保护与数据价值挖掘的平衡。[17]

3. 备份和恢复措施

数据处理者应当确保有能力采取相应的数据备份和恢复措施，以应对网络病毒、人为删除、黑客入侵等导致数据丢失等情形。如《证券投资基金法》第102条第2款规定："基金份额登记机构应当妥善保存登记数据，并将基金份额持有人名称、身份信息及基金份额明细等数据备份至国务院证券监督管理机构认定的机构……"保存信息的主要设备应当能够确保数据备份的频次和时间间隔，具有本地或异地数据备份功能，或者将备份介质进行场外存放。

4. 分级管理

分级管理也是确保数据安全的有效措施之一。数据处理者根据数据的不同级别，选择与数据安全等级相匹配的存储方式和安全防护方式。如针对敏感个人信息，应当采取加密存储、授权访问等措施；对于提供重要互联网平台服务、用户数量巨大、业务类型复杂的个人信息处理者，要建立健全个人信息保护合规制度体系，并成立主要由外部成员组成的独立机构进行监督。

(三) 存储地点

数据安全不仅关涉企业财产利益和个人信息保护，还可能涉及国家安全和社会公共利益。因此，我国立法确立了重要数据本地化存储制度，目的在于保护数

---

[17] 杨杰主编：《大数据时代企业数据合规之路》，法律出版社2022年版，第208页。

据主体的隐私和维护国家安全。通常情况下，重要数据应当在境内存储；特殊情况确需向境外提供的，应当按照规定进行安全评估，履行相关手续。《网络安全法》第 37 条、《个人信息保护法》第 38—43 条、《数据安全法》第 31 条等对此均进行了规定。

1. 数据出境需要安全评估的情形

关键信息基础设施的运营者在我国境内运营中收集和产生的个人信息和重要数据，因业务需要确需向境外提供的，应当按规定进行安全评估，另有规定的除外。

处理个人信息达到国家网信部门规定数量的个人信息处理者，确需向境外提供的，应当通过国家网信部门组织的安全评估；另有规定的除外。

国家机关处理的个人信息，确需向境外提供的，应当进行安全评估。安全评估可以要求有关部门提供支持与协助。

2. 安全评估的重点

根据《数据出境安全评估办法》第 8 条的规定，数据出境安全评估重点评估数据出境活动可能对国家安全、公共利益、个人或者组织合法权益带来的风险，主要包括以下事项：（1）数据出境的目的、范围、方式等的合法性、正当性、必要性；（2）境外接收方所在国家或者地区的数据安全保护政策法规和网络安全环境对出境数据安全的影响，境外接收方的数据保护水平是否达到中华人民共和国法律、行政法规的规定和强制性国家标准的要求；（3）出境数据的规模、范围、种类、敏感程度，出境中和出境后遭到篡改、破坏、泄露、丢失、转移或者被非法获取、非法利用等的风险；（4）数据安全和个人信息权益是否能够得到充分有效保障；（5）数据处理者与境外接收方拟订立的法律文件中是否充分约定了数据安全保护责任义务；（6）遵守中国法律、行政法规、部门规章情况；（7）国家网信部门认为需要评估的其他事项。

三、数据使用与加工阶段的合规管理

数据使用一般仅包括对数据的直接使用，即在数据处理者合法收集数据后，基于法定或约定对该数据内容进行直接利用。数据加工是指通过对数据的合并、拆分、编辑等形式，开发并取得其潜在价值的过程。数据使用和数据加工通常都不会产生新的数据。但是，一组或多组数据的使用往往比单个或少量数据的使用更有价值，加工后的数据也通常比加工前的数据更具有商业价值。

（一）使用与加工数据时的守法、依约及社会责任承担

合法使用和按照约定使用是数据使用和加工的基本原则。实践中可能存在数据使用和加工中未严格履行法律义务或合同义务的情形，如数据交易平台是从事数据交易中介服务的机构，通过搭建信息化的平台为数据交易中的买卖双方提供中介服务，促进数据的流转交易。《数据安全法》第33条规定："从事数据交易中介服务的机构提供服务，应当要求数据提供方说明数据来源，审核交易双方的身份，并留存审核、交易记录。"并且该法第47条明确规定了不履行义务的法律责任，如未履行相关义务即有承担法律责任的合规风险。

数据使用和加工作为民事法律行为，需要遵守民法典和合同约定，同时基于数据的特殊性，还应遵守《个人信息保护法》《数据安全法》等的专门规定，以及与数据有关的国家标准、行业标准等，遵守商业道德，尊重社会公德，承担社会责任，以维护和增进社会效益。如《数据安全法》第8条规定："开展数据处理活动，应当遵守法律、法规，尊重社会公德和伦理，遵守商业道德和职业道德，诚实守信，履行数据安全保护义务，承担社会责任，不得危害国家安全、公共利益，不得损害个人、组织的合法权益。"合规实践中，数据处理者除了遵守合同约定外，需要详细梳理在使用与加工数据过程中的合规要求和合规义务，避免不了解相关规定导致合规风险。

（二）进行自动化决策时的不合理差别待遇禁止

自动化决策又称算法，根据《个人信息保护法》第73条的规定，其是指通过计算机程序自动分析、评估个人的行为习惯、兴趣爱好或者经济、健康、信用状况等，并进行决策的活动。由于自动化决策是人类通过代码设置、数据运算与机器自动化判断进行决策的一套机制，这一过程中既有人类决策，也有机器的自动化判断，[18]因此其并非价值中立。实践中自动化决策在推动商业发展的同时，也可能带来一定危害。如算法黑箱可能挑战人类决策的知情权与自主决策权，威胁个体的隐私和自由形成"信息茧房"，导致歧视与偏见，产生"大数据杀熟"等行为，有必要进行法律规制。

1. 决策公开透明

数据处理者进行自动化决策时，应当向外界公开数据处理规则，明示处理的目的、方式和范围。合规实践中，自动化决策虽然可能涉及数据处理者的知识产

---

[18] 丁晓东：《论算法的法律规制》，载《中国社会科学》2020年第12期。

权或商业秘密，但是公开决策的处理规则等并不影响数据处理者对其知识产权或商业秘密的保护，而且是确保信息主体有效行使知情同意权的重要保障。《个人信息保护法》第7条规定："处理个人信息应当遵循公开、透明原则，公开个人信息处理规则，明示处理的目的、方式和范围。"因此，按相关规定向行政机关报备和向社会公众披露既是履行提高算法透明度义务的行为，也是保证决策结果公平、公正的前提。如中国人民银行、中国银行保险监督委员会等四部门联合发布的《关于规范金融机构资产管理业务的指导意见》明确规定，金融机构运用人工智能技术开展资产管理业务应当遵守投资者适当性、投资范围、信息披露、风险隔离等一般性规定，应当向金融监督管理部门报备人工智能模型的主要参数以及资产配置的主要逻辑。

2. 结果公平公正

自动化决策不能有不合理的差别待遇。"大数据杀熟"是数字时代出现的一种侵犯消费者利益的行为，基本特征是通过信息技术分析消费者的消费偏好、消费习惯、消费意愿、收入水平等信息，将相同的产品或者服务以不同的价格提供给不同的消费者。[19] 针对此种行为，《个人信息保护法》第24条第1款规定，自动化决策"不得对个人在交易价格等交易条件上实行不合理的差别待遇"。2020年7月20日文化和旅游部部务会议审议通过的《在线旅游经营服务管理暂行规定》第15条规定："在线旅游经营者不得滥用大数据分析等技术手段，基于旅游者消费记录、旅游偏好等设置不公平的交易条件，侵犯旅游者合法权益。"

3. 个性化展示限制

数据处理者通过自动化决策向个人进行信息推送、商业营销，应同时提供不针对其个人特征的选项，或者向个人提供便捷的拒绝方式。根据《信息安全技术 个人信息安全规范》第3.16条，个性化展示是基于特定个人信息主体的网络浏览历史、兴趣爱好、消费记录和习惯等个人信息，向该个人信息主体展示信息内容、提供商品或服务的搜索结果等活动。个性化展示的前提是分析个人的相关信息，即"画像"[20]。自动化决策、个性化展示、画像三者的关系是：自动化决策分析个人相关信息，为特定个人"画像"，然后基于"画像"向个人信息

---

[19] 江必新、郭锋主编：《〈中华人民共和国个人信息保护法〉条文理解与适用》，人民法院出版社2021年版，第232页。

[20] GDPR将"画像"定义为任何形式的针对个人数据的自动处理，用于评估或预测自然人的某些方面，特别是分析或预测工作表现、经济状况、健康状况、个人偏好、兴趣爱好、可靠性、行为表现、位置或行踪等。

主体进行与其适配的信息推送、商业营销。对数据处理者而言，由于信息推送和商业营销"精准投送"，交易成功率大大增加，而对于个人信息主体而言，只能被动接受数据处理者愿意让他看到的信息而非全部信息，长此以往，形成"信息茧房"，个人自主自由选择的权利受到限制。因此《个人信息保护法》第 24 条第 2 款规定，数据处理者"应当同时提供不针对其个人特征的选项，或者向个人提供便捷的拒绝方式"。《电子商务法》第 18 条第 1 款也进行了类似的规定。[21]

4. 对个人权益有重大影响决定的说明义务

基于数据处理的技术性和专业性，立法赋予数据处理者以说明义务。进行数据处理前数据处理者应当以简洁、通俗易懂的方式告知数据主体，但是由于自动化决策涉及商业秘密或知识产权，告知可能对自身竞争力产生影响。关于如何在数据处理者的信息保护与数据主体的个人权益维护间取得平衡，《个人信息保护法》第 24 条第 3 款通过"作出对个人权益有重大影响的决定"进行了明确，即数据处理者对于自动化决策作出的"非对个人权益有重大影响的决定"，不负有说明义务。至于哪些属于"对个人权益有重大影响的决定"，立法并未明确，实践中可从两方面加以判断：一是该决定改变了个人的法律上的权利、义务和责任关系，比如拒绝订立合同或撤销合同等；二是该决定使个人的经济地位、社会地位等状况发生了改变。[22]

四、数据传输与提供阶段的合规管理

数据传输是将数据从一个节点传输至另一个节点的过程，包括境内传输和跨境传输。[23] 数据提供通常是指数据处理者将相关数据向其他数据处理者传输的过程，涉及数据的委托处理、共享、转让、公开披露等，可以视为复杂场景下的数据传输。数据传输合规主要侧重数据处理者在传输过程中的合规义务，数据提供因为多是双方行为，涉及数据提供者与数据接受者双方的义务。

（一）安全保障

数据传输阶段是数据安全事件频发的阶段，数据处理者应当采取技术措施保

---

[21]《电子商务法》第 18 条第 1 款规定："电子商务经营者根据消费者的兴趣爱好、消费习惯等特征向其提供商品或者服务的搜索结果的，应当同时向该消费者提供不针对其个人特征的选项，尊重和平等保护消费者合法权益。"

[22] 程啸：《个人信息保护法理解与适用》，中国法制出版社 2021 年版，第 232 页。

[23] 跨境传输在本书第八章有专门论述，在此不赘述。

障数据传输过程中的数据安全。例如，采取加密传输以帮助数据在不可信或安全性较低的网络中传输，防止数据泄露、被窃取和遭到篡改。[24] 又如，提供安全稳定的传输通道以防范数据不能正常传输。

数据对外提供情况的准确记录及妥善储存，有助于内部核查监督，也有助于外部监管核查，便于在发生数据合规风险时进行情况核实和责任划分。如根据《信息安全技术　个人信息安全规范》第 9.2 条 e 款，个人信息共享、转让应当"准确记录和存储个人信息的共享、转让情况，包括共享、转让的日期、规模、目的，以及数据接收方基本情况等"。

对数据接收者应当持续监督，以便及时掌握数据接收者关于数据处理的相关动态，及时根据不同动态采取相应措施。如根据《信息安全技术　个人信息安全规范》第 9.1 条 f 款，"个人信息控制者得知或者发现受委托者未按照委托要求处理个人信息，或未能有效履行个人信息安全保护责任的，应立即要求受托者停止相关行为，且采取或要求受委托者采取有效补救措施（如更改口令、回收权限、断开网络连接等）控制或消除个人信息面临的安全风险。必要时个人信息控制者应终止与受委托者的业务关系，并要求受委托者及时删除从个人信息控制者获得的个人信息"。根据《数据安全法》第 40 条的规定，国家机关委托他人建设、维护电子政务系统，存储、加工政务数据：一是合同应当经过严格的批准程序，属于要式法律行为；二是国家机关作为委托方，应当监督受托方履行相应的数据安全保护义务；三是作为受托方，应当依照法定或者约定履行数据安全保护义务，不得擅自留存、使用、泄露或者向他人提供政务数据。

（二）告知——同意规则

《个人信息保护法》第 9 条规定，个人信息处理者应当对其个人信息处理活动负责，并采取必要措施保障所处理的个人信息的安全。数据传输和数据提供是数据处理行为，数据处理者获取个人信息，负有向数据主体告知的义务；一般需要取得个人的同意方可实施。[25] 具体包括三方面：其一，不涉及第三人的传输，

---

[24] 刘隽良、王月兵、覃锦端等编著：《数据安全实践指南》，机械工业出版社 2022 年版，第 103 页。

[25] 根据《个人信息保护法》第 13 条的规定，例外情形有六项："……（二）为订立、履行个人作为一方当事人的合同所必需，或者按照依法制定的劳动规章制度和依法签订的集体合同实施人力资源管理所必需；（三）为履行法定职责或者法定义务所必需；（四）为应对突发公共卫生事件，或者紧急情况下为保护自然人的生命健康和财产安全所必需；（五）为公共利益实施新闻报道、舆论监督等行为，在合理的范围内处理个人信息；（六）依照本法规定在合理的范围内处理个人自行公开或者其他已经合法公开的个人信息；（七）法律、行政法规规定的其他情形。"

需要个人同意。其二，向其他数据处理者提供自己处理的个人信息的，应当向个人告知接收方的名称或者姓名、联系方式、处理目的、处理方式和个人信息的种类，并取得个人的单独同意。接收方应当在上述处理目的、处理方式和个人信息的种类等范围内处理个人信息。接收方变更原先的处理目的、处理方式的，应当依照法律规定重新取得个人同意。[26] 其三，数据处理者因合并、分立、解散、被宣告破产等原因需要转移个人信息的，应当向个人告知接收方的名称或者姓名和联系方式。接收方应当继续履行个人信息处理者的义务。

五、数据公开阶段的合规管理

数据公开是指在符合法律法规和安全要求的前提下，将数据以可获取、可利用的方式向社会开放，供公众和企业等主体使用和再利用。《数据安全法》第五章专章规定了"政务数据安全与开放"，实践中公开的数据范围除了政务数据，还扩展至公共数据，即所有受政府委托或受到公共财政支持所产生的数据，或是在提供公共服务过程中产生的数据[27]。非公共数据的公开虽然数量相对较少，但也在一定范围内存在。数据的公开能够充分发挥数据效能，降低企业数据资产化成本，为经济增长注入发展新动能。但数据的公开也面临隐私安全、行政安全、经济安全、国家安全等方面风险和挑战，特别是政务信息涵盖诸多关键内容，一旦在公开环节遭窃取、篡改或不当利用，国家安全将受到威胁。[28] 数据公开的合规管理是确保数据在合法、安全、有序的环境中流通和利用的关键环节。

（一）数据公开的规范性

1. 有序推动公共数据开放

根据中共中央办公厅、国务院办公厅《关于加快公共数据资源开发利用的意见》，健全公共数据开放政策体系，明确公共数据开放的权责和范围，在维护国家数据安全、保护个人信息和商业秘密前提下，依法依规有序开放公共数据。完善公共数据开放平台，编制公布开放目录并动态更新，优先开放与民生紧密相关、社会需求迫切的数据，鼓励建立公共数据开放需求受理反馈机制，提高开放数据的完整性、准确性、及时性和机器可读性。

---

[26] 参见《个人信息保护法》第 23 条。
[27] 夏义堃：《数字环境下公共数据的内涵、边界与划分原则分析》，载《中国图书馆学报》2024 年第 2 期。
[28] 马连刚等：《政务信息公开数据安全问题浅析》，载《自然资源信息化》2024 年第 5 期。

2. 严格遵循法定标准和流程

根据《数据安全法》第41条规定，国家机关应当遵循公正、公平、便民的原则，按照规定及时、准确地公开政务数据。根据该法第42条规定，国家制定政务数据开放目录，构建统一规范、互联互通、安全可控的政务数据开放平台。《政府信息公开条例》规定了政府信息公开的主体、范围和方式等。数据公开应当严格遵守相关法律法规和标准要求，如数据的开放要求、开放目录、平台系统、评价要求等，确保及时性和准确性，提高数据公开的质效。具体实践中可根据数据的具体类型，制定数据公开的具体范围和流程，对数据公开进行精细化管理。例如，北京市丰台区围绕公共数据公开，组织专家开展公共数据开放需求评估，研究数据开放的安全性，论证应用方案可行性，将数据分为主动公开、依申请公开和不予公开三类。其中依申请公开的申请方式，明确当面提交、邮寄寄送、邮箱申请等。[29] 又如，在数据公开中，规范去隐私化、去敏感化数据处理流程，健全数据销毁和遗忘机制。

(二) 数据公开的安全性

1. 严格遵守数据安全保护的相关法律法规

数据的公开需在确保不危害国家安全、公共利益和个人隐私的前提下进行。数据公开需严格遵守《数据安全法》《个人信息保护法》等法律法规，涉及重要数据和敏感个人信息时，严格遵循数据分类分级保护制度，并落实数据隐私保护和脱敏处理机制。数据脱敏中，要尽量做到准确细致甄别，但不能无限扩大数据脱敏范围，导致对数据质量和使用效率产生较大影响，脱敏成本过高。

2. 完善数据公开的安全保障措施

这些措施包括：一是对拟公开的数据进行精细化脱敏处理。如通过数据匿名化技术使公开数据无法追溯；二是在数据公开阶段，针对数据公开平台可能遭受非授权访问、非受控访问、撞库攻击、数据爬取等风险，采取技术措施，在第三方输入时，确认客户端的合法性，以降低数据遭受攻击的可能性；三是当数据不具有公开价值时通过数据销毁技术将数据彻底清除。

3. 强化数据公开的合规监管

通过政府部门在数据安全和隐私保护方面相互协同、相互监督，提高数据泄露的惩治成本，规范数据流通合规审查和伦理审视。

---

[29] 原梓峰、付善元、李丹月等：《丰台推进公共数据有序开放 助力公共数据与企业数据融合发展》，载《丰台时报》2024年12月11日，第6版。

六、数据删除与销毁阶段的合规管理

（一）数据删除与销毁的情形

数据合规贯穿数据全生命周期，自然也包括最后一个环节"消灭"，具体是"删除"还是"销毁"，实践中存在一定混用现象。从技术层面来看，数据删除是数据处理者根据法定义务、业务需求等多种因素选择不再对外公开特定数据，不是数据安全业务流程的必备环节。数据销毁的直接目的是避免第三人通过数据复原、存储介质窃取等方式重新复原业已销毁的数据，通常被视为数据安全业务流程的最后环节。在立法层面，《个人信息保护法》第21、47、49条规定了数据删除权，2022年工业和信息化部发布的《工业和信息化领域数据安全管理办法（试行）》，首次提出"数据销毁"的概念。但是我国现行立法规定了自然人有请求信息处理者删除个人信息的权利，但这并不等于承认数据生命周期的最后环节是"删除"，因为"删除权"是"信息处理的合法性与必要性基础丧失"的必然结果，而"数据销毁"才是"数据归于消灭"的处理流程末端。[30] 因此，尽管立法在表达上有所差异，带来的法律效果有一定差别，但是从数据生命周期规律看，数据销毁是最终阶段。

根据《个人信息保护法》第47条的规定，存在以下情形，个人信息处理者应当主动删除个人信息；个人信息处理者未删除的，个人有权请求删除：（1）处理目的已实现、无法实现或者为实现处理目的不再必要；（2）个人信息处理者停止提供产品或者服务，或者保存期限已届满；（3）个人撤回同意；（4）个人信息处理者违反法律、行政法规或者违反约定处理个人信息；（5）法律、行政法规规定的其他情形。

法律、行政法规规定的保存期限未届满，或者删除个人信息从技术上难以实现的，个人信息处理者应当停止除存储和采取必要的安全保护措施之外的处理。

数据处理者应当建立数据存储冗余管理策略，定期对存储数据进行盘点，对于实现处理目的不再必要的数据，应当及时删除或进行匿名化处理。同时，如果数据处理者无法保障暂时不使用的重要数据和个人信息处于安全状态，也应当采取适当的数据销毁范式降低数据泄露或非法复原风险。

---

[30] 赵精武：《从保密到安全：数据销毁义务的理论逻辑与制度建构》，载《交大法学》2022年第2期。

（二）数据删除与销毁的合规要求

参照工业和信息化部 2022 年 12 月 8 日发布的《工业和信息化领域数据安全管理办法（试行）》第 20 条和深圳市 2023 年 9 月 11 日发布的《深圳市企业数据合规指引》第 62 条，数据管理主体的数据删除与销毁的合规要求包括：

第一，企业应建立数据删除和销毁的操作规程和管理制度，明确删除和销毁的对象、规则、权限、流程和技术等要求，确保被销毁的数据不可恢复，并对相关活动进行记录和留存。个人、组织按照法律规定、合同约定等请求销毁数据的，数据处理者应当销毁相应数据。

第二，企业对数据存储设备和介质进行报废处理的，应当事先采取格式化、重复删除、介质消磁等方式删除其中存储的数据，并采取物理毁损等方式对介质进行彻底销毁。

第三，数据处理者销毁重要数据和核心数据后，不得以任何理由、任何方式进行恢复，引起备案内容发生变化的，应当履行备案变更手续。

第四节　数据合规管理监督

一、数据合规管理的外部监督

针对数据合规管理，外部监督机构多元，监督职责各有侧重。

（一）网信部门

网信部门是指国家互联网信息办公室和地方互联网信息办公室。根据 2014 年国务院发布《关于授权国家互联网信息办公室负责互联网信息内容管理工作的通知》，国家互联网信息办公室负责"全国互联网信息内容管理工作"，在各行政区域设有地方互联网信息办公室。

在职权划分方面，《网络安全法》《数据安全法》《个人信息保护法》赋予国家网信部门在网络安全、数据安全和个人信息保护方面的统筹协调地位和相关监督管理职能，具体见表 2-5-6：

表2-5-6 国家网信部门职责

《网络安全法》第8条	《个人信息保护法》第60条	《数据安全法》第6条第4款
国家网信部门负责统筹协调网络安全工作和相关监督管理工作。	国家网信部门负责统筹协调个人信息保护工作和相关监督管理工作。	国家网信部门依照该法和有关法律、行政法规的规定，负责统筹协调网络数据安全和相关监管工作。

在监管实施方面，网信部门具有独立实施检查调查、约谈处罚等监管措施的权力，根据2023年6月1日施行的《网信部门行政执法程序规定》，网信部门的行政执法权贯穿立案、调查取证、听证、行政处罚决定和送达、执行等环节。如根据该规定第23条，网信部门在立案前，可以采取询问、勘验、检查、检测、检验、鉴定、调取相关材料等措施，不得限制调查对象的人身、财产权利。根据该规定第38条，网信部门对当事人作出行政处罚决定前，可以根据有关规定对其实施约谈，谈话结束后制作执法约笔录。

（二）工信部门

在数据合规监管方面，工信部门承担数据安全制度构建和数据监管实施双重职责：制度构建方面着眼工业和信息化领域数据安全保护的紧迫性，加快构建相关行业的数据安全制度体系。如起草《工业和信息化领域数据安全管理办法（试行）（征求意见稿）》，就行业数据分类分级、重要数据保护、风险通报、申诉处理、应急管理、检测评估等基础制度进行了规范，并先后于2021年9月30日、2022年2月10日两次征求意见。2022年12月工业和信息化部印发《工业和信息化领域数据安全管理办法（试行）》。根据该办法第4条：工业和信息化部负责督促指导各省、自治区、直辖市及计划单列市、新疆生产建设兵团工业和信息化主管部门；各省、自治区、直辖市通信管理局和无线电管理机构（以下统称地方行业监管部门）开展数据安全监管，对工业和信息化领域的数据处理活动和安全保护进行监督管理。地方行业监管部门分别负责对本地区工业、电信、无线电数据处理者的数据处理活动和安全保护进行监督管理。

工业和信息化部及地方行业监管部门统称行业监管部门，按照有关法律、行政法规，依法配合有关部门开展的数据安全监管相关工作。

在监管实施方面，工业和信息化部及各通信管理局针对互联网个人信息保护及数据安全监管的措施主要包括检测检查，下发整改通知书、通报曝光以及组织下架等。如 2024 年 3 月 14 日，工业和信息化部信息通信管理局发布第 37 批《关于侵害用户权益行为的 APP（SDK）通报》对"摇一摇"乱跳转等 62 款存在侵害用户权益行为的 APP 及 SDK 进行了通报，要求其按有关规定进行整改。

（三）公安机关、国家安全机关

根据《数据安全法》第 6 条第 3 款的规定，公安机关、国家安全机关等依照有关法律、行政法规的规定，在各自职责范围内承担数据安全监管职责。

1. 公安机关

公安机关的数据监督管理主要侧重于网络用户的个人信息安全与计算机信息系统安全。如根据《个人信息保护法》第 64 条第 2 款的规定，履行个人信息保护职责的部门在履行职责中，发现违法处理个人信息涉嫌犯罪的，应当及时移送公安机关依法处理。《刑法》规定了侵犯公民个人信息罪，非法侵入计算机信息系统罪，非法获取计算机信息系统数据、非法控制计算机信息系统罪，提供侵入、非法控制计算机信息系统程序、工具罪，破坏计算机信息系统罪等。再如根据《人民警察法》第 6 条第 12 项，公安机关的人民警察按照职责分工，依法履行监督管理计算机信息系统的安全保护职责。除此之外，《网络安全法》第 8 条、《计算机信息系统安全保护条例》第 17 条[31]对公安机关的数据监管职责进行了规范。

2. 国家安全机关

数据安全关涉国家安全，《国家安全法》第 25 条规定："国家建设网络与信息安全保障体系，提升网络与信息安全保护能力，加强网络和信息技术的创新研究和开发应用，实现网络和信息核心技术、关键基础设施和重要领域信息系统及数据的安全可控；加强网络管理，防范、制止和依法惩治网络攻击、网络入侵、网络窃密、散布违法有害信息等网络违法犯罪行为，维护国家网络空间主权、安全和发展利益。"根据该法第 42 条第 1 款，国家安全机关、公安机关依法收集涉及国家安全的情报信息，在国家安全工作中依法行使侦查、拘留、预审和执行逮捕以及法律规定的其他职权。数据监管如果涉及国家安全，国家安全机构有权依法收集相关情报信息，依法行使侦查、拘留、预审和执行逮捕以及法律规定的其

---

[31]《网络安全法》第 8 条规定："……国务院电信主管部门、公安部门和其他有关机关依照本法和有关法律、行政法规的规定，在各自职责范围内负责网络安全保护和监督管理工作……"《计算机信息系统安全保护条例》第 17 条规定："公安机关对计算机信息系统安全保护工作行使下列监督权：（一）监督、检查、指导计算机信息系统安全保护工作；（二）查处危害计算机信息系统安全的违法犯罪案件；（三）履行计算机信息系统安全保护工作的其他监督职责。"

他职权。

监管实施方面，公安机关与国家安全机关各有侧重，国家安全机关的职责履行主要针对数据安全涉及国家安全的情形，公安机关的职责履行侧重对个人信息保护和计算机信息系统安全保障，包括刑事侦查和行政处罚。

（四）其他行业主管部门

交通、金融、自然资源、卫生健康、教育、科技等主管部门，承担本行业、本领域的数据安全监管职责。

国资委对中央企业的包括数据合规在内的合规管理负有监督问责职责。根据《中央企业合规管理办法》第37条，中央企业因合规管理不到位引发违规行为的，国资委可以约谈相关企业并责成整改；造成损失或者不良影响的，国资委根据相关规定开展责任追究。

二、数据合规管理的内部监督

（一）合规审查监督

一般而言，为确保其所制定的合规风险管理体系得以有效运行，数据合规管理主体会对其制定的数据合规规范以及合规程序的有效性进行监督及审计，对本单位的各个层级、各个部门及环节采取适当措施以保证数据合规规范及程序得到遵守，确保降低影响合规目的实现而可能面临的风险。因此，数据处理者应当将合规审查作为必经程序嵌入流程，重大的数据决策事项的合规审查意见应当由首席合规官签字，就合规性提出明确意见。业务及职能部门、合规管理部门依据职责权限完善审查标准、流程和重点等，定期对审查情况开展后评估，通过持续的动态监督确保数据处理行为合规。

（二）合规举报监督

合规举报监督是指受理举报的部门对员工举报的线索，依照合规管理制度进行调查处理。数据合规管理主体应当提供安全可靠的举报渠道如违规举报平台，举报电话邮箱或者信箱，并为举报者提供有效的保护，以帮助不合规行为能够通过举报监督机制得到及时发现。相关部门按照职责权限受理违规举报，并就举报问题进行调查和处理，对造成数据泄露或者严重不良后果的，移交责任追究部门；对涉嫌违纪违法的，按照规定移交纪检监察等相关部门或者机构。

数据合规管理主体应当对举报人的身份和举报事项严格保密，对举报属实的举报人可以给予适当奖励。任何单位和个人不得以任何形式对举报人进行打击报复。合规实践中，数据合规管理主体可以聘请独立的第三方服务商为其提供"在线举报平台"的建设、管理和维护服务，以确保举报者能够安全和匿名地提供信息。在举报者在线提交举报信息后，关于该举报的举报信息报告将会被立即送至合规部门，且不允许在违背举报者意愿的前提下对信息来源进行追踪。

引例分析

本案的核心问题是对爬虫技术的使用是否合规，即数据收集的合规问题。数据收集主体采用网络爬虫方式获取数据，能够获得相应利益，但是也可能因为收集个人信息未经允许而侵犯他人隐私、抓取网页内容时侵犯知识产权，以及产生对网络资源的过多消耗影响网站正常运行等引发法律争议和责任承担。虽然爬虫技术本身具有中立性，但是，爬虫技术应用并非中立的，应当具有正当性，并有序开展，不可妨碍公平竞争、危害用户数据安全。爬虫技术运用的正当性判断，一般需考虑爬虫技术运用的目的和行为本身是否正当等要素。

本案中，广东某公司未经允许，登录他人 OA 系统，窃取客户信息，其所窃取的用户数据不仅是经营者的竞争资源，也具有个人隐私属性；该公司的目的是供自己公司的销售团队和其他销售团队使用；手段上是采取了无视他人访问控制的方式窃取数据。符合《反不正当竞争法》第 9 条第 1 款"以盗窃、贿赂、欺诈、胁迫、电子侵入或者其他不正当手段获取权利人的商业秘密"的规定。2024 年 6 月 18 日，广州市番禺区市场监督管理局依据《反不正当竞争法》第 21 条之规定，对广东某公司没收违法所得 2178. 87832 万元、罚款 400 万元，共计罚没款 2578. 88 万元。这也是 2024 年以来，监管层面对化妆品行业开出的"最大罚单"。

思考题

1. 请简述数据合规的特点。
2. 请简述数据收集中的数据来源。
3. 请简述数据合规管理体系建设应当关注的要素。
4. 请简述数据合规管理的具体内容。
5. 请简述数据合规管理的监督主体及具体职责。

第六章　数据安全保护

引例｜离职公司员工下载前公司万份简历出售获刑案

　　于某与孙某此前在北京某人力资源公司任职，该公司职员均使用某通信软件办公，软件内含有公司的个人简历资源库。2022年5月末，于某离职，公司将其通信软件账户注销。为寻找新工作，于某开始准备个人简历，他想参考相关简历信息，便向前同事孙某借用其通信软件账户。孙某未曾多想，便将账号密码告诉了于某。

　　登录孙某账号后，于某见资源库内个人简历可任意下载，便滋生了转卖个人信息获利的想法。随后，于某利用孙某通信软件账号，从公司招聘系统内下载了13000份包含个人信息的简历。受害公司通过后台日志监测到有人在非工作时间、非工区IP大量下载个人简历信息，遂报案，后于某被公安机关查获。于某向公安机关供述，2022年6月29日至7月15日，他以查看、学习简历内容为由，借用前同事孙某办公软件账号，从公司人才库里下载了大量简历，这些简历中包含姓名、身份证号、工作履历、教育背景、家庭住址、电话等个人隐私信息，此后他通过将部分简历出售给他人的方式，非法获利16400元。

　　思考： 法院应如何判决？

第一节　数据安全的概念和重要性

　　随着新一轮科技革命和产业变革深入发展，数据作为关键生产要素的价值日益凸显，同时由于数据安全是国家总体安全观的重要组成部分，需要坚持把安全贯穿数据要素价值创造和实现全过程，严守数据安全底线。

一、数据安全的概念

　　数据技术发展引发全球范围内的技术、产业和安全变革，关系国家安全、社会稳定、经济发展等诸多方面。数据安全至关重要。安全是一种没有危险、不受威胁的客观状态。根据国家标准《信息安全技术 数据安全能力成熟度模型》的规定,数据安全是通过管理和技术措施,确保数据有效保护和合规使用的状态。《数据安全法》第3条第3款规定:"数据安全,是指通过采取必要措施,确保数据处于有效保护和合法利用的状态,以及具备保障持续安全状态的能力。"由此可知,数据安全包括行为和法律效果两方面,不仅要确保数据得到有效保护和合规使用或者合法利用,而且要保障这种客观状态一直持续。数据安全是包括"有效保护"、"合法利用"和"保障持续安全状态的能力"三个方面要素的动态安全,基本逻辑是"行为+效果"。[1]

(一)行为

数据安全不是一个"无为而治"的结果,而是要通过一定的行为来实现,即"采取必要措施","必要措施"从宏观上涉及制度、技术、监督以及跨境协作等,从微观上看涉及技术措施和其他必要措施等,具体方式根据不同的数据安全环境有所区别。如《电子商务法》第42条规定:"知识产权权利人认为其知识产权受到侵害的,有权通知电子商务平台经营者采取删除、屏蔽、断开链接、终止交易和服务等必要措施……"再如根据《数据安全法》第33条,从事数据交易中介服务的机构提供服务,应当要求数据提供方说明数据来源,审核交易双方的身份,并留存审核、交易记录。

(二)法律效果

法律效果即数据安全应当达到的状态。具体体现为两方面:
1. 对数据的有效保护和合法利用的状态

数据得到有效保护是数据安全状态的基本标准,也是评价数据安全状态的具体评价标准;强调通过必要措施确保数据的保密性、可用性和完整性。如通过人员控制保护数据不被无关人员泄露等。

对数据合法利用旨在强调通过数据利用实现数据的价值功能,但是利用必须合法,符合数据安全法、个人信息保护等方面的法律法规。且数据有效保护优于合法利用,因为只有在数据得到有效保护的状态下,方可进一步考虑数据的合法利用问题。

---

[1] 龙卫球主编:《中华人民共和国数据安全法释义》,中国法制出版社2021年版,第8、9页。

2. 保障持续安全状态的能力

数据安全是数据基础制度构建和发展的前提，数据安全保障体系建设中，安全贯穿数据供给、流通、使用全过程。[2] 数据安全不是一时之功，而是需要持续进行，涵盖数据全生命周期。数字化时代，数据安全的威胁来源和攻击手段不断变化，数据安全风险遍布各个场景和各个阶段，每一个数据处理场景和环节都应当保障安全状态。

数据安全是一种状态，要保障这种状态，需要紧扣"数据"这一客体，立足数据全生命周期，以制度、技术、监督管理和跨境协作等为支撑，以实现数据的合法利用和有效保护。保障数据安全的流程如图2-6-1所示：

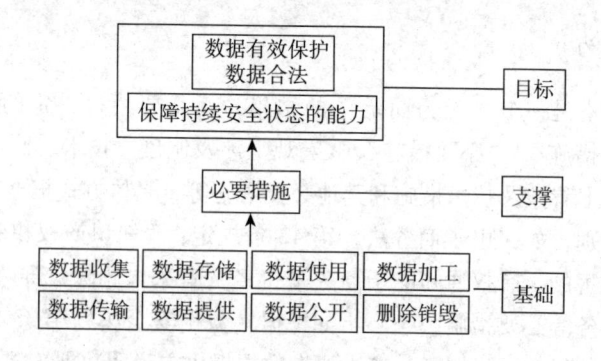

图2-6-1 保障数据安全的流程

二、数据安全的重要意义

数据安全的重要意义表现在以下几个方面：

1. 数据安全是国家安全在数据治理层面的具体表现。2014年4月15日，中央国家安全委员会第一次全体会议首次提出"总体国家安全观"，指出"构建集政治安全、国土安全、军事安全、经济安全、文化安全、社会安全、科技安全、信息安全、生态安全、资源安全、核安全等于一体的国家安全体系"，强调要"既重视传统安全又重视非传统安全"。在总体国家安全观的指导下，《国家安全法》第25条首次明确规定"实现网络和信息核心技术、关键基础设施和重要领

---

[2]《数据二十条》规定："一、总体要求……完善治理体系，保障安全发展。统筹发展和安全，贯彻总体国家安全观，强化数据安全保障体系建设，把安全贯穿数据供给、流通、使用全过程，划定监管底线和红线。加强数据分类分级管理，把该管的管住、该放的放开，积极有效防范和化解各种数据风险，形成政府监管与市场自律、法治与行业自治协同、国内与国际统筹的数据要素治理结构。"

域信息系统及数据的安全可控"。《网络安全法》进一步定义了"网络数据",提出"维护网络数据的完整性、保密性和可用性""鼓励开发网络数据安全保护和利用技术""防止网络数据泄露"等要求。与《网络安全法》的"数据"侧重"依托网络环境处理"相比,《数据安全法》的"数据"侧重"任何以电子或者其他方式对信息的记录"涵盖面更加广泛,是"总体安全观"在数据治理层面的具体体现。

2. 数据安全是维护人民群众合法权益的客观需要。数字经济为人民群众生产生活提供便利,个人信息是数据的重要内容之一。数据处理主体多元,不同主体的数据处理能力、合规管理能力存在差异,导致忽视数据安全保护、利用数据侵害人民群众合法权益现象多发。强化数据安全,有助于规范数据处理活动,在充分发挥数据效益的同时保障人民群众合法权益,让人民群众在数字化发展中获得幸福感和安全感。

3. 数据安全有助于促进数字经济健康发展。当前,以数据为新生产要素的数字经济蓬勃发展,数据竞争成为国际竞争的重要领域。无论何时,安全是发展的前提和基础,在规范数据活动的同时,确保数据处于被有效保护和合法利用的状态,有助于促进数据依法合理有效利用,充分发挥数据的基础资源作用和创新引擎作用,加快形成以创新为主要引领和支撑的数字经济,更好地服务我国经济社会发展。[3]

第二节　数据安全的保护措施和方法

数据安全保护是一个系统工程,需要以组织为单位、以数据为中心、以数据生命周期为要素。关于数据安全的保护措施,《数据安全法》第 3 条第 3 款提出采取"必要措施"。在实践中,数据处理者为保护数据安全所采取的具体措施通常可分为三类:物理安全措施、技术安全措施和组织性安全措施。

一、数据安全的保护措施

(一)数据安全的物理保护措施

该措施主要是通过对承载数据处理系统的物品、网络、场所等进行物理隔离

---

[3]《数据安全法:护航数据安全　助力数字经济发展》,载中国人大网,http://www.npc.gov.cn/npc/c2/c30834/202106/t20210610_311894.html。

以达到保障数据安全之功能。如采取场所控制、锁具、保险箱和保险库隔离;外部警戒;传感器和警铃预警;等等。由于数据安全贯穿数据生命全周期,数据又具有无形性等特点,物理安全措施在数据安全保护中所起到的作用已十分有限。

(二) 数据安全的技术保护措施

该措施是保护数据安全采取的主要措施,是指数据处理者所采取的确保处理活动合法并保护数据安全的技术方法或技术手段,旨在确保系统可用性、控制对系统和信息的访问、对寻求访问的人员进行身份验证、保护通过系统传输和存储在系统上的信息的完整性,并在特定情形下确保机密性。《数据安全法》第27条明确开展数据处理活动应当依照法律、法规的规定,采取"相应的技术措施和其他必要措施"。常见的技术措施如防火墙、入侵检测软件、访问控制软件、防病毒软件、密码、PIN码、智能卡、生物识别令牌和加密过程等。由于数据具体技术性特点,保护数据安全所采取的技术措施也在实时更迭、不断变化,但无论如何变化,其外在的表现形式多元,和内在的符合比例原则的特点不变。

第一,技术措施的种类具有多元性。基本的保护数据安全的技术措施有访问控制、加密、多重身份认证(multifactor authentication)等。[4] 根据《网络安全法》第21条和《个人信息保护法》第51条,具体的技术措施包括防范计算机病毒和网络攻击、网络侵入等危害网络安全行为的技术措施,监测、记录网络运行状态、网络安全事件的技术措施,数据分类、重要数据备份和加密、数据去标识化、访问控制、多重身份认证等安全技术措施。

第二,技术措施的采取应当具有"相应性"。在确定如何确保数据的安全方面,应当符合比例原则。如需要考虑用于实现目标的手段是否与目标的重要性相对应以及是否有必要实现目标。[5] 应根据技术措施是否合理可能实现其目标来评估安全措施的使用,以及在一项技术措施涉及多方利益时,权衡评估其对值得保护合法利益的影响,并根据所追求目标的重要性来确定后果是否合理。防止因技术扩张产生对数据主体合法权益的侵犯。如《个人信息保护法》第6条第1款明确规定处理个人信息应当具有明确、合理的目的,并应当与处理目的直接相关,采取对个人权益影响最小的方式。

---

[4] Tridimas, The General Principles of EULaw139 (2ded., OUP2009).
[5] Tridimas, The General Principles of EULaw139 (2ded., OUP2009).

(三) 数据安全的组织性保护措施

该措施包括管理程序，约束、操作程序，问责程序，政策和补充行政控制，以防止未经授权的访问并提供计算资源和数据的可接受保护级别。[6] 在我国立法上体现为除了技术措施之外的对于保护数据安全属于必要的措施。

1. 外部组织性措施保障

《数据安全法》第5~6条明确了数据安全的组织领导、责任主体和部门分工。

（1）数据安全的组织领导。根据《数据安全法》第5条的规定[7]，负责国家数据安全的组织领导机构是中央国家安全领导机构，具体指中国共产党中央国家安全委员会。这一制度安排与《网络安全法》第8条[8]所规定的由"国家网信部门负责统筹协调网络安全工作和相关监督管理工作"和《个人信息保护法》第60条[9]"国家网信部门负责统筹协调个人信息保护工作和相关监督管理工作"的制度安排有所不同，源于两方面原因：一是数据安全对于国家安全具有重要作用。设置更高层级的组织领导机构，有利于多部门协同安排，便于高效开展工作。二是《数据安全法》针对的客体——"数据"的范围更加广泛。《网络安全法》的适用范围是"建设、运营、维护和使用网络，以及网络安全的监督管理"。其核心是网络安全，与其相关的数据为网络数据，而数据安全法的客体是"数据"，既包括网络数据，也包括非网络数据。如将组织领导机构局限于网信部门，可能导致部分数据或主体无法被纳入监管范围，上升至中央国家安全领导机构，既与总体国家安全观下的国家安全组织领导保持一致，也有利于克服部门职能局限，更好发挥决策和统筹协调功能。

中央国家安全领导机构的数据安全组织领导职责具体体现在四个方面：一是

---

[6] Thomas Smedinghoff, An Overview of Data Security Legal Requirements for All Business Sectors, at 8, October 8, https：//ssrn.com/abstract=2671323 or http：//dx.doi.org/10.2139/ssrn.2671323, accessed time Dec.30, 2022.

[7] 《数据安全法》第5条规定："中央国家安全领导机构负责国家数据安全工作的决策和议事协调，研究制定、指导实施国家数据安全战略和有关重大方针政策，统筹协调国家数据安全的重大事项和重要工作，建立国家数据安全工作协调机制。"

[8] 《网络安全法》第8条第1款规定："国家网信部门负责统筹协调网络安全工作和相关监督管理工作。国务院电信主管部门、公安部门和其他有关机关依照本法和有关法律、行政法规的规定，在各自职责范围内负责网络安全保护和监督管理工作。"

[9] 《个人信息保护法》第60条第1款规定："国家网信部门负责统筹协调个人信息保护工作和相关监督管理工作。国务院有关部门依照本法和有关法律、行政法规的规定，在各自职责范围内负责个人信息保护和监督管理工作。"

负责国家数据安全工作的决策和议事协调；二是研究制定、指导实施国家数据安全战略和有关重大方针政策；三是统筹协调国家数据安全的重大事项和重要工作；四是建立国家数据安全工作协调机制。

(2) 数据安全的责任主体和部门分工。其指地区和部门层面对数据安全的责任划分。根据《数据安全法》第6条的规定，[10] 其可划分为两个层次：

第一层次是本地区、本部门对在工作中收集和产生的数据的安全保护和安全监管责任；体现了中央统一组织领导机制下，地区和部门的数据安全责任机制。各地区、各部门对数据及数据安全保护主要通过规范和执行两方面实现：规范层面主要是通过制定法规、地方政府规章及规范性文件等建立数据安全保障体系，完善安全预警、安全处置等机制，如浙江省通过制定《浙江省数字经济促进条例》（2022年）和细化方案等细化目标、分解任务、增强针对性和可操作性。执行层面主要是通过明确责任人、人财物力保障，加强监管检查监督等切实将数据安全保护和监管落到实处。

第二层次是主管部门的具体数据安全监管职责划分。包括涉及数据安全的重要领域、对国家安全承担主体责任的部门和可以承担数据安全协调职能的部门三个方面：

一是工业、电信、交通、金融、自然资源、卫生健康、教育、科技等主管部门承担本行业、本领域数据安全监管职责。此为不完全列举，核心是围绕事关国计民生的重要行业或领域的主管部门的数据安全监管职责进行明确，便于各司其职，更好履行相关职责。

二是公安机关、国家安全机关等依照《数据安全法》和有关法律、行政法规的规定，在各自职责范围内承担数据安全监管职责。公安机关和国家安全机关在履行数据安全职责时面向所有个人和组织。如《国家安全法》第42条第1款规定："国家安全机关、公安机关依法搜集涉及国家安全的情报信息，在国家安全工作中依法行使侦查、拘留、预审和执行逮捕以及法律规定的其他职权。"第52条第1款规定："国家安全机关、公安机关、有关军事机关根据职责分工，依法搜集涉及国家安全的情报信息。"

三是国家网信部门依照《数据安全法》和有关法律、行政法规的规定，负

---

[10]《数据安全法》第6条规定："各地区、各部门对本地区、本部门工作中收集和产生的数据及数据安全负责。工业、电信、交通、金融、自然资源、卫生健康、教育、科技等主管部门承担本行业、本领域数据安全监管职责。公安机关、国家安全机关等依照本法和有关法律、行政法规的规定，在各自职责范围内承担数据安全监管职责。国家网信部门依照本法和有关法律、行政法规的规定，负责统筹协调网络数据安全和相关监管工作。"

责统筹协调网络数据安全和相关监管工作。其与《网络安全法》和《个人信息保护法》相关内容保持一致。以上组织结构如图2-6-2所示：

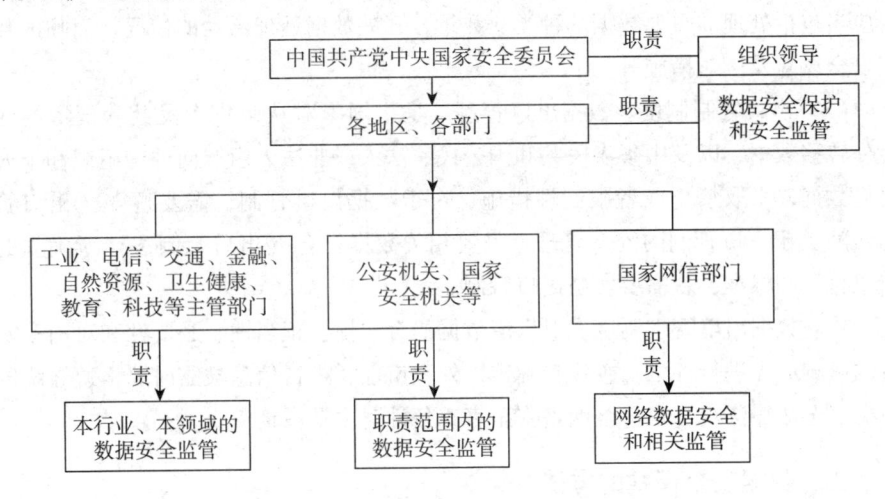

图2-6-2 主管部门的数据安全职责划分

2. 内部组织性措施保障

数据安全贯穿数据全生命周期，任何一个阶段的安全风险防范不到位、补救不及时或处置不力，都可能导致整体的数据安全遭到破坏。因此，必须从体系的角度，在组织内部建立健全数据安全合规体系，保障数据安全；主要包括数据处理者为履行数据安全保护义务而对于数据处理的内部程序、权限分工与工作流程进行的设计，制定并组织实施数据安全事件的应急预案等。[11]《数据安全法》第四章"数据保护义务"对此进行了较为完整的规范。

（1）建立健全全流程数据安全管理制度，组织开展数据安全教育培训，采取相应的技术措施和其他必要措施，保障数据安全。利用互联网等信息网络开展数据处理活动，应当在网络安全等级保护制度的基础上，履行上述数据安全保护义务。

（2）重要数据的处理者应当明确数据安全负责人和管理机构，落实数据安全保护责任。

（3）强化数据安全工作流程。加强风险监测，发现数据安全缺陷、漏洞等风险时，应当立即采取补救措施；发生数据安全事件时，应当立即采取处置措施，按照规定及时告知用户并向有关主管部门报告。

---

[11] 程啸：《论数据安全保护义务》，载《比较法研究》2023年第2期。

（4）重要数据的风险评估制度。重要数据的处理者应当按照规定对其数据处理活动定期开展风险评估，并向有关主管部门报送风险评估报告。风险评估报告应当包括处理的重要数据的种类、数量，开展数据处理活动的情况，面临的数据安全风险及应对措施等。

（5）出口管制制度。数据出口管制，是指国家对从中华人民共和国境内向境外转移数据，以及中华人民共和国公民、法人或非法人组织向外国组织和个人提供数据，采取禁止或者限制性措施。对于数据出口管制，需要遵守《出口管制法》关于出口管制的统一管理。只要相关数据符合《出口管制法》所确立的清单目录和标准，就需要实施出口管制。

建立数据出境管理制度，对出境数据的合法性、正当性、必要性和对国家安全的影响应先进行评估。企业在确定国外上市前，进行信息披露时严格遵守我国数据安全法律法规，在符合网络安全审查条件时主动申请审查。

二、数据安全保护的方法

数据安全保护以组织为单位，数据生命周期为要素，贯穿数据收集、数据存储、数据使用与加工、数据传输、数据交换和数据销毁全过程。按照《数据安全法》关于数据安全保护的规定，和参考《信息安全技术 数据安全能力成熟度模型》的数据生命周期安全过程域描述，建构完善系统的数据全生命周期安全保护机制，除了组织建设，每一阶段的制度建设及运行、技术保障必不可少。[12]

（一）数据收集

数据收集是数据安全生命周期的第一个过程，是对数据来源安全的管理，也是后续生命周期安全工作能够正常落实的基础。

1. 制度建设和运行

数据收集安全应当明确：（1）数据收集原则、收集流程和方法；（2）数据收集的渠道及外部数据源，并对外部数据源的合法性进行确认；（3）数据收集的范围、数量和频度，确保不收集、提供与服务无关的个人信息和重要数据，不违反自动化收集的相关禁止性规定；（4）数据收集的风险评估流程，针对收集

---

[12] 数据安全保护中的组织要求包括岗位设置和相匹配的人员能力，根据具体数据处理阶段的任务要求即可确定，本书不再赘述；制度建设和运行及相关技术工具保障每一阶段各有侧重，予以专门列举。

的数据源、频度、渠道、方式、数据范围和类型进行风险评估；（5）在数据收集过程中，个人信息和重要数据的知悉范围和需要采取的控制措施，确保收集过程中的个人信息和重要数据不泄露。

此外，应当制定数据源管理制度对采集的数据源进行鉴别和记录，通过数据质量管理来保障数据的准确性、一致性和完整性。

2. 技术工具保障

相关系统应具备详细的日志记录功能，确保在数据采集和授权过程中记录的完整性；技术工具应保证数据采集过程中个人信息和重要数据不被泄露。

数据源鉴别及记录方面，技术工具应能够对产生数据的数据源进行身份鉴别和记录，以防止数据仿冒和数据伪造；能够对关键追溯数据进行备份，并采取技术手段对追溯数据进行安全保护。数据质量管理方面，技术工具能够对关键数据进行质量管理和监控，发现异常能够及时报警或更正。

（二）数据存储

数据存储涉及存储介质安全、逻辑存储安全、数据备份与删除等问题。其中，存储介质主要包括终端设备和网络，合规管理在于提供有效的技术和管理手段，防范在对存储介质进行访问和使用情形下，因对介质不当使用而引发数据泄露风险。逻辑存储合规指基于组织内部的业务特征和数据存储安全要求，建立针对数据逻辑存储及存储容器等的有效安全控制机制。数据备份与恢复则是通过定期执行的数据备份和恢复，实现对存储数据的冗余管理，保护数据的可用性。

1. 制度建设和运行

（1）关于数据存储介质，应当从以下几个方面着手：一是明确存储介质访问和使用的安全规范，建立使用存储介质的审批和记录流程；二是明确购买或获取存储介质的流程，要求通过可信渠道获取存储介质，并针对各类存储介质建立格式化规程；三是建立存储介质资产标识，明确存储介质所存储的数据；四是对存储介质进行常规检查和随机检查，确保存储介质的使用符合制度要求。

（2）关于数据逻辑存储，应当从以下几个方面着手：一是明确数据逻辑存储管理安全规范，明确各类数据存储系统的数据存储要求，以实现对不同数据类型、不同数据容量、不同业务需求和不同数据用户的存储安全管理；二是内部的数据存储系统在上线前应遵循统一的配置要求以进行有效的安全配置，所使用的外部数据存储系统也应进行有效的安全配置；三是明确数据逻辑存储隔离授权与操作要求，确保数据存储系统具备多用户数据存储安全隔离能力。

（3）关于数据备份与删除，应当从以下几个方面着手：一是明确数据备份和恢复的操作规程，定义数据备份和恢复的范围、频率、工具、过程、日志记录、数据保存时长等；二是明确数据备份和恢复的定期检查和更新工作程序，包括数据副本的更新频率和保存期限等；三是建立数据生命周期各阶段数据归档的操作流程，明确归档数据的加密要求和安全管控措施；四是明确数据存储时效性管理规程，数据分享、存储、使用和删除的有效期，到期后对数据的处理流程，以及过期存储数据的安全管理要求；五是过期存储数据的安全保护机制，对于超出有效期的存储数据，具备再次获取数据控制者授权的能力。

2. 技术工具保障

（1）数据存储介质。一是能够通过技术工具对存储介质的性能进行监控，包括使用历史、性能指标、错误或损坏情况，对超过安全阈值的存储介质进行预警；二是能够通过技术工具对存储介质的访问和使用行为进行记录和审计。

（2）数据逻辑存储。一是为数据存储系统配置扫描工具，定期对主要数据存储系统的安全配置进行扫描以保证其符合安全基线要求；二是利用技术工具监测逻辑存储系统的数据使用规范性，确保数据存储符合组织的关安全要求；三是技术工具具备对个人信息、重要数据等敏感数据的加密存储能力。

（3）数据的备份和恢复。一是具有数据备份和恢复的统一技术工具，保证相关工作能自动执行；二是确保存储空间能够被归档和备份数据有效利用，同时这些数据能够被安全存储和安全访问；三是采取必要的技术措施定期查验备份和归档数据的完整性和可用性；四是建立过期存储数据及其备份数据被彻底删除或匿名化的方法和机制，且能够验证数据已被完全删除、无法恢复或无法识别到个人；五是通过风险提示和技术手段避免出现非过期数据的误删除，确保在一定时间误删除的数据可以手动恢复；六是确保存储架构具备数据存储跨机柜或跨机房容错部署的能力。

（三）数据使用与加工

数据立法中的数据处理与数据安全能力成熟度模型（Data Security Capability Maturity Model，DSMM）中的数据处理的含义并不一致，《数据安全法》中的数据处理是一个整体概念，包括数据的收集、存储、使用、加工、传输、提供、公开等，DSMM 中的数据处理仅指在组织内部对数据进行计算、分析和可视化等操作的过程，是一种狭义的数据处理。由于 DSMM 中的数据处理与《数据安全法》数据处理中的"使用、加工"基本一致，在方法上，数据使用与加工可以参照 DSMM 中有关数据处理的相关规定。

此阶段对数据的接触和使用最为广泛，也是安全风险的高发区域。该阶段包括五个过程域：数据脱敏、数据分析、数据正当使用、数据处理环境安全和数据导入导出安全。其中，数据脱敏需要根据相关法律法规和标准的要求以及业务需求，按照敏感数据的脱敏需求和规则，对敏感数据进行脱敏处理，从而保证数据可用性和安全性的平衡。数据分析要求在数据分析过程中采取适当的安全控制措施，以防止在数据挖掘和分析过程中泄露有价值的信息和个人隐私。数据的正当使用是基于国家相关法律法规对数据分析和利用的要求，建立数据使用过程的责任机制和评估机制，以保护国家秘密、商业秘密和个人隐私，防止数据资源被用于不正当目的。数据处理环境安全是指为组织内部的数据处理环境建立安全保护机制，提供统一的数据计算和开发平台，确保在数据处理的过程中有完整的安全控制和技术支持。数据导入导出安全强调在数据导入与导出过程中对数据安全性进行管理，以防止对数据的可用性和完整性造成危害，和降低可能产生的数据泄露风险。

1. 制度建设及运行

（1）数据脱敏。一是明确组织的数据脱敏规范，明确数据脱敏的规则、脱敏方法和使用限制等；二是明确需要脱敏处理的应用场景、脱敏处理流程，以及所涉及部门及人员的职责分工。如在数据权限的申请阶段，相关人员应评估使用真实数据的必要性，以及确定该场景下适用的数据脱敏规则及方法。

（2）数据分析。一是明确数据处理和分析中的安全规范，覆盖构建数据仓库、建模、分析、挖掘、展现等方面的安全需求，明确个人信息保护、数据获取方式、访问接口、授权机制、分析逻辑安全、分析结果安全等内容；二是明确数据分析安全审核流程，对数据分析的数据源、数据分析需求、分析逻辑进行审核，以确保数据分析目的和分析操作等具有正当性；三是采取必要的监控审计措施，确保实际进行的分析操作及分析结果的使用与声明一致，从而整体保证数据分析的预期不会超过相关分析团队对数据进行操作的权限范围；四是明确数据分析结果的输出和使用的安全审核、合规评估和授权流程，以防范数据分析结果不合规输出造成安全风险。

（3）数据正当使用。一是明确数据使用的评估制度，在使用所有个人信息和重要数据之前，应先进行安全影响评估，只有在满足国家合规要求后才能使用。数据的使用应避免精准定位到特定个人，避免评价信用、资产和健康等敏感数据，不得超出收集数据时所声明的目的和范围。二是明确数据使用正当性的制度，保证数据的使用在声明的目的和范围之内。

（4）数据处理环境安全。一是明确数据处理安全环境的安全管理要求，数据处理环境的设计、开发、运行维护阶段均应制定相应的安全控制措施；二是能够基于数据处理环境建立分布式处理安全要求，对外部服务组件注册使用审核、分布式处理节点可信连接认证、节点和用户安全属性周期性确认、数据文件标识和用户鉴权、数据副本节点更新检测及防止数据泄露等提出安全要求和控制要求；三是能够明确适合数据处理环境的数据加密解密处理要求和密钥管理要求。

（5）数据导入导出安全。一是根据数据分类分级要求建立符合业务规则的数据导入导出安全策略；二是明确数据导入导出安全评估和授权审批流程，以评估安全风险和进行具体的导入导出授权审批；三是针对采取存储介质导出数据情形建立标识规范，明确存储介质的命名规则、标识属性等信息，并定期验证导出数据的完整性和可用性。

2. 技术工具保障

（1）数据脱敏。一是提供统一的数据脱敏工具，实现数据脱敏工具与数据权限管理系统的联动，以及数据使用前的静态脱敏；二是提供面向不同数据类型的脱敏方案，可基于场景需求自定义脱敏规则；三是数据脱敏后能够保留原始数据格式和特定属性，满足开发与测试需求；四是对数据脱敏处理过程相应的操作进行记录，以满足数据脱敏处理安全审计要求。

（2）数据分析。一是进行个人信息数据分析时，应采用多种技术手段降低数据分析过程中的隐私泄露风险，如差分隐私保护、K匿名（K – anonymity，一种衡量数据发布安全性的标准）等；二是记录并保存数据处理与分析过程中对个人信息、重要数据等敏感数据的操作行为；三是提供统一组织的数据处理和分析系统，并能够呈现数据处理前后数据间的映射关系。

（3）数据正当使用。相关主体应依据合规要求建立相应强度的访问控制机制，限定用户的可访问数据范围。

（4）数据处理环境安全。一是使数据处理系统与数据权限管理系统实现联动；二是使不同的租户在该系统中的数据、系统功能、会话、调度和运营环境等资源实现隔离控制；三是有数据处理日志管理工具记录用户在数据处理系统上的加工操作，提供数据在系统上加工计算的关联关系。

（5）数据导入导出安全。一是记录并定期审计组织内部的数据导入导出行为，以确保操作未超出授权范围；二是对数据导入导出的终端设备、用户或服务组件执行有效的访问控制以确保被授权数据的真实合法性；三是完成导入导出后，应当删除数据导入导出通道缓存的数据间，以确保导入导出过程涉及的数据不会被恢复。

（四）数据传输

数据传输是通过网络传输将数据从一个实体传输到另一个实体的过程。由于数据在网络传输的过程中可能存在诸如泄露、窃取、篡改等安全风险，因此数据传输的重点是防范传输过程中的数据安全风险，具体包括数据传输加密和网络可用性两方面。传输加密确保数据在传输过程不被泄露，网络可用性保障数据传输过程流畅顺利。

1. 制度建设及运行

（1）数据传输加密管理。我国应明确数据传输安全管理规范，明确数据传输安全要求（如传输通道加密、数据内容加密、签名加密、身份鉴别、数据传输接口安全等），并确定需要对数据进行传输加密的场景；明确对数据传输安全策略变更进行审核的技术方案。

（2）网络可用性管理。我国应当制定网络可用性管理指标，包括可用性的概率数值、故障时间或故障频率、统计业务单位等，及建立网络服务配置方案和宕机替代方案等。

2. 技术工具保障

（1）数据传输加密。其是包括对传输的完整性进行检测，并具备数据容错或恢复的技术工具；也对通道安全配置、密码算法配置、密钥管理等保护措施进行审核和监督的技术工具。

（2）网络可用性管理。是其包括对关键的网络传输链路、网络设备节点进行冗余建设的技术工具；也包括负载均衡、防入侵攻击、数据防泄露检测与防护的相关设备。

（五）数据提供与公开

数据提供与公开与数据交换密不可分。数据交换最初是计算机领域名词，通常指在多个数据终端设备之间，为任意两个终端设备建立数据通信临时互联通路的过程。DMSS 将其作为数据生命周期的一个阶段，指组织与组织或个人进行数据交换的安全，对于保障数据自由流动、实现数据价值等有重要意义。其具体包含数据共享安全、数据公开安全和数据接口安全，其中数据共享安全是指通过业务系统和产品对外部组织提供数据，或者通过合作方式与合作伙伴交换数据时，执行的安全风险控制。数据公开安全是指对外公开数据时，要对公开数据的格式、适用范围、发布者与使用者的权利和义务执行的安全风险控制，以实现数据公开过程的合规与安全可控。数据接口安全为对外数据接口调用过程中的安全风险控制。

1. 制度建设及运行

（1）数据共享安全。我国应当明确共享原则和安全规范、内容范围和管控措施，以及所涉及机构或部门中相关用户的职责和权限；明确数据提供者与共享数据使用者的数据安全责任和安全防护能力要求；明确数据共享审计规则、审计日志管理和审计记录要求，为安全事件处置、应急响应和事后调查提供帮助；使用外部的软件开发包、组件或源码前应进行安全评估，获取的数据应符合组织的数据安全要求。

（2）数据公开安全。我国应当明确数据公开发布的审核制度，严格审核数据发布的合规性要求并定期审查确保持续合规；应当建立数据公开事件应急处理流程。

（3）数据接口安全。我国应当明确数据接口安全控制策略，明确规定使用数据接口的安全限制和安全控制，如实践中可采用身份鉴别、访问控制、授权策略、签名、时间戳、安全协议等方式；明确数据接口安全要求，包括接口名称、接口参数等；与数据接口调用方签署合作协议，明确数据的使用目的、供应方式、数据安全责任等。

2. 技术工具保障

（1）数据共享安全。一是确保个人信息在委托处理、共享、转让等对外场景中的安全合规性，如采用数据加密、安全通道、共享交换区域等方式；二是对共享数据及数据共享过程进行监控审计，共享的数据应符合共享业务需求且没有超出数据共享使用的授权范围；三是明确共享数据的格式规范，可提供机器可读的格式规范。

（2）数据公开安全。技术工具要求建立数据发布系统，能够实现公开数据登记、用户注册等发布数据和发布组件的验证。建立数据安全防御体系，通过综合使用应用代码混淆、cookie混淆、数据传输混淆等手段，有效降低数据公开的安全风险；通过 API 安全全景视图、安全攻击检测视图直观监视 API 安全情况；通过人机识别+行为分析的工具对抗、保护用户账号安全的防撞库保障数据安全需求。

（3）数据接口安全。一是具备对接口不安全输入参数进行限制或过滤的能力，为接口提供处理异常问题的能力；二是具备数据接口访问的审计能力，能为数据安全审计提供可配置的数据服务接口；三是能够对跨安全域间的数据接口调用采用安全通道、加密传输、时间戳等安全措施。

（六）数据销毁

数据销毁即通过相应的手段操作，使数据彻底删除且无法通过任何手段恢复。虽然《数据安全法》中关于数据处理的规定并未列明数据销毁，但是数据销毁是数据生命周期的最后一个阶段，立法规定数据处理包括"数据的收集、存储、使用、加工、传输、提供、公开等"。这是一个不完全列举，数据销毁可以蕴含于"等"中。这一过程既包括对数据本身的逻辑销毁，也包括对存储介质的物理销毁。其中，数据本身的销毁是指通过建立针对数据的删除和净化机制，实现有效销毁。存储介质的物理销毁是通过建立对存储介质安全销毁的规程和技术手段，实现对存储介质的销毁。

1. 制度建设及运行

（1）数据销毁。数据处理者应当分类分级建立数据销毁策略和管理制度，明确数据销毁的场景、销毁对象销毁方式和销毁要求；建立规范的数据销毁流程和审批机制，设置相关的监督角色，监督操作过程，并对审批和销毁过程进行记录和控制；按国家相关法律和标准销毁个人信息、重要数据等敏感数据。

（2）存储介质销毁。数据处理者应当明确存储介质销毁处理的策略、管理制度和机制，明确销毁对象和流程；根据存储介质存储内容的重要性，明确不同类别存储介质的销毁方法；明确对存储介质销毁的监控机制，确保对所要销毁的存储介质实施登记、审批、交接等销毁过程，并进行监控。

2. 技术工具

（1）数据销毁。数据处理者应当针对网络存储数据建立硬销毁和软销毁的数据销毁方法和技术，如采用基于安全策略、分布式算法等网络数据分布式存储的销毁策略和机制；配置必要的数据销毁技术手段与管控措施，确保以不可逆的方式销毁敏感数据及其副本内容。

（2）存储介质销毁。该种销毁包括提供统一的存储介质销毁工具如物理销毁、消磁设备等，以便实现对各类介质的有效销毁，以及能够针对闪存盘、硬盘、磁带、光盘等存储介质数据建立硬销毁的数据销毁方法和技术等。

第三节 数据泄露的应对和处理

随着数字经济的飞速发展，数据泄露的风险不断加剧。由于网络攻击日益复杂、安全专业知识有限等，检测数据泄露需要一定时间，因此造成的损害也不断加剧。根据 IBM Security 2021 年 7 月 28 日公布的《2021 年数据泄露成本报告》，2021 年检测和遏制数据泄露的平均时间为 287 天。数据泄露的实质在于无法对数据的安全性和隐秘性进行有效控制，从而使数据个体丧失了对其自身身份建构自主性和完整性的支配。[13]《网络安全法》第 42 条、《民法典》第 1038 条、《数据安全法》第 29 条、《个人信息保护法》第 57 条对此均进行了一定的规定，但是较为散乱。数据泄露的应对和处理不应局限于安全事件发生后的事后救济，而是要将关口前移，构建事前、事中和事后的完善应对机制。

一、数据泄露及其危害

我国立法并未明确界定数据泄露的概念。GDPR 第 4 条第 12 款将个人数据泄露定位为：违反安全所导致的意外的或非法的销毁、丢失、篡改，未经授权的披露或取得被传输、存储或以其他方式处理的个人数据。[14] 结合《个人信息保护法》第 57 条将个人信息泄露、篡改、丢失并列，《网络安全法》第 42 条将泄露、篡改和毁损并列的立法表述，以及个人信息和数据之间的关系，本书认为，数据泄露是指数据处理者违反安全措施导致他人未经授权取得或知悉数据内容的各种情况。

数据泄露的原因多元，有学者将其分为系统故障、人为失误和恶意攻击三种。[15] 具体而言，从主观方面看，既可能基于数据处理者违反安全保障义务如错误适用数据库导致数据泄露、员工使用社交媒体导致数据泄露、报废设备泄露隐私数据等，也可能基于第三方数据侵权如黑客侵袭窃取数据、竞争对手采用爬虫技术获取资料等，还可能基于个人数据防护意识缺失和隐私保护机制不完善导致个人隐私被侵犯。从客观方面看，数据安全治理对数据基础设施和数据脱敏技术提出较高要求，而技术支撑能力不足也可能成为数据泄露的直接原因。[16]

数据泄露造成的危害主要有以下几方面：其一，相关数据主体财产遭受损失；其二，相关数据主体的人格利益遭受损害；其三，企业声誉毁损；其四，国家安全、社会公共安全遭受损害等。

---

[13] 辜凌云：《论数据泄露通知义务的制度构造》，载《科技与法律（中英文）》2023 年第 3 期。
[14] 江必新、郭锋主编：《〈中华人民共和国个人信息保护法〉条文理解与适用》，人民法院出版社 2021 年版，第 512 页。
[15] 程啸：《个人信息保护法理解与适用》，中国法制出版社 2021 年版，第 435 页。
[16] 王龙：《政府数据安全风险治理的机理逻辑与优化策略》，载《科学学研究》2024 年 7 月 9 日网络首发，http：//doi. org/10. 16192/j. cnki. 1003 - 2053. 20240705. 001。

二、数据泄露的防范

（一）数据分类分级保护

数据分类是指将相同属性或特征的数据进行集合并形成不同的数据类别，[17]是数据分级的前置步骤。数据分级是指根据数据在经济社会发展中的重要程度，以及一旦遭到篡改、破坏、泄露或者非法获取、非法利用，对国家安全、公共利益或者个人、组织合法权益造成的危害程度，对其进行安全等级划分，便于根据不同的安全等级采取相匹配的保护措施，以提升安全保护效果和效率。《数据安全法》第21条对分类分级保护进行了明确规定。2024年10月1日起正式实施的国家标准《数据安全技术　数据分类分级规则》为数据分类分级管理工作的落地执行提供了重要指导。

1. 数据分类

数据一般按照先行业领域、再业务属性的思路进行分类。如按照行业领域，可将数据分为工业数据、电信数据、金融数据、能源数据、交通运输数据、自然资源数据、卫生健康数据、教育数据、科学数据等。各行业各领域主管（监管）部门根据本行业本领域业务数据，对本行业领域数据进行细化分类。如以业务领域为分类标准，按照业务范围、业务种类或业务功能等进行细化分类。

相关主体可以根据数据管理和使用需求，结合已有的数据分类基础，灵活选择业务属性将数据细化分类。具体步骤包括：（1）按照行业领域主管（监管）部门职责，明确本行业本领域管理的数据范围；（2）对本行业本领域业务进行细化分类；（3）选择合适的业务属性，对关键业务的数据进行细化分类；（4）梳理分析各关键业务的数据分类结果，根据行业领域数据管理和使用需求，确定行业领域数据分类规则。如钢铁数据可分为用户数据、业务数据、经营管理数据、系统运维数据等，业务数据可细分为研发设计数据、控制信息、工艺参数等。因此，研发设计数据类别标识为"工业数据—原材料数据—钢铁数据—业务数据—研发设计数据"[18]。

2. 数据分级

作为数据安全领域的基础性法律，《数据安全法》对分类分级的规定较为宏观，仅规定了国家核心数据，对于重要数据，明确由国家数据安全工作协调机制

---

[17] 张平主编：《中华人民共和国数据安全法理解适用与案例解读》，中国法制出版社2021年版，第71页。

[18] 《数据安全技术　数据分类分级规则》第5.2条。

统筹协调有关部门制度重要数据目录,加强保护。各地区、各部门按照分类分级保护制度,确定重要数据具体目录,进行重点保护。

一般数据、重要数据、国家核心数据,三者的关系是包含与被包含,和重要性不断增加的关系。如图2-6-3所示:

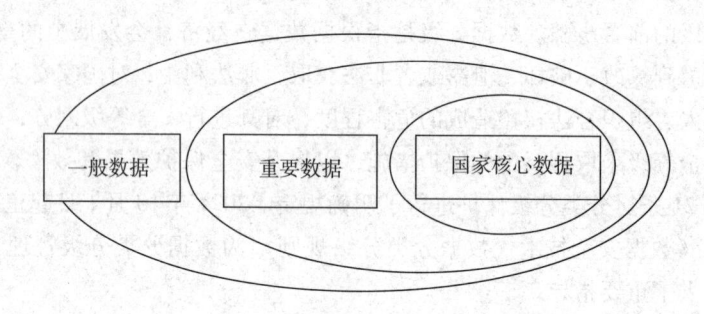

图2-6-3 一般数据、重要数据、国家核心数据关系

(1)国家核心数据,是指关系国家安全、国民经济命脉、重要民生、重大公共利益等的数据,我国对国家核心数据实行更加严格的管理制度。

(2)重要数据,是指对特定领域、特定群体、特定区域达到一定精度和规模的,一旦被泄露或篡改、毁损,可能直接危害国家安全、经济运行、社会稳定、公共健康和安全的数据;通常包括相关组织、机构和个人在境内收集、产生的不涉及国家秘密,但与国家安全、经济发展以及公共利益密切相关的数据。[19]

(3)一般数据,即重要数据以外的其他数据。

国家核心数据、重要数据、一般数据的级别确定规则[20]如表2-6-1所示:

表2-6-1 国家核心数据、重要数据、一般数据的级别确定规则

影响对象	影响程度		
	特别严重危害	严重危害	一般危害
国家安全	国家核心数据	国家核心数据	重要数据
经济运行	国家核心数据	重要数据	一般数据
社会秩序	国家核心数据	重要数据	一般数据

---

[19] 《数据安全技术 数据分类分级规则》第3.2条。
[20] 《数据安全技术 数据分类分级规则》第6.5条。

续表

影响对象	影响程度		
	特别严重危害	严重危害	一般危害
公共利益	国家核心数据	重要数据	一般数据
组织权益、个人权益	一般数据	一般数据	一般数据

注：如果影响大规模的个人或组织权益，可能不只影响个人权益或组织权益，还会对国家安全、经济运行、社会秩序或公共利益造成影响。

针对网络安全，《网络安全法》第21条规定了网络安全等级保护。《信息安全技术 网络安全等级保护定级指南》进行了具体的网络安全等级保护定级。根据等级保护对象在国家安全、经济建设、社会生活中的重要程度，以及一旦遭到破坏，丧失功能或数据被篡改、泄露、丢失、毁损后，对国家安全，社会秩序，公共利益以及公民、法人和其他组织的合法权益的侵害程度等因素，可将安全保护等级分为五级，该指南对不同侵害后果的三种侵害程度进行了描述。[21]但由于各行业定级对象所处的信息种类和系统服务的特点不同，受到破坏后的侵害结果、侵害程度的计算方法也可能存在差异，实践中往往需要通过细化规范来进一步明确，如《广播电视网络安全等级保护定级指南》、《教育行业信息系统安全等级保护定级工作指南（试行）》等。

第一级，等级保护对象遭到破坏后，会对相关公民、法人和其他组织的合法权益造成一般损害，但不危害国家安全、社会秩序和公共利益；第二级，等级保护对象遭到破坏后，会对相关公民、法人和其他组织的合法权益造成严重损害或特别严重损害，或者对社会秩序和公共秩序造成危害，但不危害国家安全；第三级，等级保护对象遭到破坏后，会对社会秩序和公共秩序造成严重危害，或者对国家安全造成危害；第四级，等级保护对象遭到破坏后，会对社会秩序和公共秩序造成特别严重危害，或者对国家安全造成严重危害；第五级，等级保护对象遭到破坏后，会对国家安全造成特别严重危害。

定级要素与安全保护等级的关系如表2-6-2所示：

---

[21]《信息安全技术 网络安全等级保护定级指南》第6.3.2条规定："一般损害：工作职能受到局部影响，业务能力有所降低但不影响主要功能的执行，出现较轻的法律问题，较低的财产损失，有限的社会不良影响，对其他组织和个人造成较低损害；严重损害：工作职能受到严重影响，业务能力显著下降且严重影响主要功能执行，出现较严重的法律问题，较高的财产损失，较大范围的社会不良影响，对其他组织和个人造成较高损害；特别严重损害：工作职能受到特别严重影响或丧失行使能力，业务能力严重下降且或功能无法执行，出现极其严重的法律问题，极高的财产损失，大范围的社会不良影响，对其他组织和个人造成非常高损害。"

表 2-6-2　定级要素与安全保护等级的关系

受侵害的客体	对客体的侵害程度		
	一般损害	严重损害	特别严重损害
公民、法人和其他组织的合法权益	第一级	第二级	第二级
社会秩序、公共利益	第二级	第三级	第四级
国家安全	第三级	第四级	第五级

资料来源：《信息安全技术　网络安全等级保护定级指南》（GB/T 22240—2020）表1。

相关主体应针对不同的数据安全等级，采取不同的安全保护措施。如根据公安部印发的《贯彻落实网络安全等级保护制度和关键信息基础设施安全保护制度的指导意见》第二部分，网络运营者应依据有关标准规范，对已定级备案网络的安全性进行检测评估，查找可能存在的网络安全问题和隐患。第三级以上网络运营者应委托符合国家有关规定的等级测评机构，每年开展一次网络等级测评，并及时将等级测评报告提交受理备案的公安机关和行业主管部门。

3. 数据处理者的数据分类分级流程

根据《数据安全技术数据分类分级规则》第 7.2 条，数据处理者进行数据分类分级时，应当在遵循国家和行业领域数据分类分级要求的基础上，参考以下步骤：（1）数据资产梳理，即对数据资产进行全面梳理，确定待分类分级的数据资产及其所属的行业领域；（2）制定内部规则，即按照行业领域数据分类分级标准规范，结合数据处理者自身数据特点，制定符合自身特点的数据分类分级细则；（3）实施数据分类，对数据进行分类，并对公共数据、个人信息等特殊类别数据进行专门识别和分类；（4）实施数据分级；（5）审核上报目录，即对数据分类分级结果进行审核，形成数据分类分级清单、重要数据和核心数据目录，并对数据进行分类分级标识，按有关程序报送目录；（6）动态更新管理，即根据数据的重要程度和可能造成的危害程度变化，对数据分类分级规则、重要数据和核心数据目录、数据分类分级清单和标识进行动态更新管理。

（二）数据安全风险评估

数字经济发展日新月异，相应的数据安全威胁也与日俱增，数据泄露方式不断推陈出新，如果数据处理主体的安全防护水平没有相应提高，又未能形成定期进行安全评估和漏洞检查机制，不能及时发现安全风险，数据泄露的概率就会增加。针对数据泄露风险，相关主体需要建立一整套严密规范的监测预警机制，建立高效的数据安全风险评估、报告、信息共享、监测预警制度,将风险消灭在初始阶段,有效应对数据安全威胁。

1. 重要数据风险评估制度

重要数据与国家安全、经济发展以及公共利益密切相关,一旦泄露可能直接影响国家安全、社会稳定等。重要数据风险评估制度要求数据处理者加强对重要数据的安全防范意识,发现潜在风险并及时采取适当措施消除或者降低风险隐患,保障重要数据安全。根据《数据安全法》第30条的规定,重要数据的处理者应当按照规定对其数据处理活动定期开展风险评估,并向有关主管部门报送风险评估报告。风险评估报告应当包括处理的重要数据的种类、数量,开展数据处理活动的情况,面临的数据安全风险及其应对措施等。具体包括以下几点:

(1) 评估主体为数据处理者,既包括涉及重要数据的私权主体,也包括涉及重要数据的公权力主体。私权主体通常需要遵循企业合规的相关要求,公权力主体在企业合规要求的基础上,还应当遵守政务数据的相关规定,落实数据安全责任,保障政务数据安全;可以自行评估,也可以委托符合要求的第三方评估机构展开评估。

(2) 评估对象为重要数据,即首先梳理业务活动中涉及的数据,对其进行分级分类,重要数据必须进行风险评估。

(3) 评估内容包括重要数据的种类、数量,开展数据处理活动的情况,面临的数据安全风险及其应对措施。如根据工业和信息化部《工业和信息化领域数据安全风险评估实施细则(试行)》第5条规定,重要数据和核心数据处理者按照国家法律法规、行业监管部门有关规定以及评估标准,对数据处理活动的目的和方式、业务场景、安全保障措施、风险影响等要素,开展数据安全风险评估,重点评估以下内容:一是数据处理目的、方式、范围是否合法、正当、必要;二是数据安全管理制度、流程策略的制定和落实情况;三是数据安全组织架构、岗位配备和职责履行情况;四是数据安全技术防护能力建设及应用情况;五是数据处理活动相关人员是否熟悉数据安全相关政策法规、是否具备数据安全知识技能、是否接受数据安全相关教育培训等情况;六是发生数据遭到篡改、破坏、泄露、丢失或者被非法获取、非法利用等安全事件,对国家安全、公共利益的影响范围、程度等风险;七是涉及数据提供、委托处理、转移的,数据获取方或受托方的安全保障能力、责任义务约束和履行情况;八是涉及国家法律法规中规定需要申报的数据出境安全评估情形,履行数据出境安全评估要求情况。已通过国家有关部门组织的数据出境安全评估且在有效期内的,实际数据出境的规模、范围、种类、敏感程度等要素与申报事项的符合情况。

（4）风险评估定期进行。风险评估是常态化的监管机制，常态运行可及时发现风险，避免利益受损。其具体期限要求因不同行业可能存在差异，数据处理主体应当及时关注本行业关于重要数据风险评估的强制性要求，做到安全风险评估合规。如根据《网络安全法》第38条，关键信息基础设施的运营者应当自行或者委托网络安全服务机构对其网络的安全性和可能存在的风险每年至少进行一次检测评估。《工业和信息化领域数据安全风险评估实施细则（试行）》第6条除了规定每年完成至少一次数据安全风险评估外，还规定评估的有效期为1年，且在有效期内出现新增跨主体提供、委托处理、转移核心数据，重要数据、核心数据安全状态发生变化对数据安全造成不利影响，发生涉及重要数据、核心数据的安全事件等情形的，数据处理者应当及时对发生变化及其影响的部分开展数据安全风险评估。

（5）报送对象为有关主管部门，具体指本地区行业监管部门，其收到后，将评估结果报送工业和信息化部。中央企业将梳理汇总的企业集团本部、所属公司的评估报告报送工业和信息化部。

2. 重要数据以外的其他数据安全风险评估

重要数据以外的其他数据，也可能面临安全风险。《中央企业合规管理办法》第20条规定："中央企业应当建立合规风险识别评估预警机制，全面梳理经营管理活动中的合规风险，建立并定期更新合规风险数据库，对风险发生的可能性、影响程度、潜在后果等进行分析，对典型性、普遍性或者可能产生严重后果的风险及时预警。"数据处理者在进行包括数据安全风险在内的风险识别之后，通过风险评估，可对典型性、普遍性或者可能产生严重后果的数据安全风险及时预警，在发现数据安全缺陷、漏洞等风险时，应及时采取补救措施。具体的风险评估办法可参照重要数据风险评估制度。

（三）数据脱敏

数据的可复制性和非竞争性特点使数据使用和数据共享的范围迅速扩大，但在使用和共享中，也存在数据泄露的安全隐患。既要实现数据共享的高效运转，也要确保敏感数据信息不被泄露，对数据进行脱敏处理是较好的应对方案之一。相关主体通过匿名化和去标识化等技术手段对某些敏感数据进行变形，在尽可能保留数据可用性价值的前提下，实现对用户敏感数据的最大化保护，可控制数据信息泄露风险。即便数据资料被泄露，他人也难以推测出敏感信息的具体内容。对此，《个人信息保护法》《网络安全法》《信息安全技术　个人信息安全规范》均进行了相应规范。

1. 匿名化

《个人信息保护法》第 73 条第 4 项规定，匿名化是指个人信息经过处理无法识别特定自然人且不能被复原的过程。其核心要点有三个：一是技术处理，即采用一个技术手段或措施；二是无法识别或关联，即无法将数据信息关联至特定主体；三是无法复原，即具有不可恢复性。经过匿名化的数据，不再属于个人信息范畴，不必受《个人信息保护法》规范。

关于匿名化如何适用，目前尚无相关规范，新加坡于 2022 年 3 月 31 日发布的《基础匿名化指南》[22] 提出的五步指引能够提供一定的借鉴。

（1）识别数据。将所控制数据划分为直接标识符、间接标识符与目标变量。

（2）对数据进行标识化。删除数据中的所有直接标识符，或为直接标识符分配唯一假名，以假名替换直接标识符。

（3）应用匿名化技术。对数据中的间接标识符应用匿名化技术，可采用技术如删除数据行或数据属性、增加干扰因素修改原数据等。

（4）评估匿名化效果。评估、计算匿名数据面临重新识别的风险，并重复第三步和第四步，直到达到最佳数据匿名化效果。

（5）管理数据重新识别与披露风险。采取数据加密、访问权限控制等技术、流程控制措施与签署数据处理协议等第三方管理措施，管理数据使用中的重新识别与披露风险。

2. 去标识化

《个人信息保护法》第 73 条第 3 项规定，去标识化指个人信息经过处理，使其在不借助额外信息的情况下无法识别特定自然人的过程。去标识化建立在个体基础之上，采用假名、加密、哈希函数等技术手段代替对个人信息的标识。与匿名化的"无法识别与关联"相比，去标识化在借助其他额外信息后能够产生识别特定自然人的效果。因此，数据去标识化后仍属于个人信息，要受到《个人信息保护法》的约束。实践中其通常作为个人信息保护的安全技术措施使用，如在个人信息收集后，采取技术措施和一定的管理方法，将可用于恢复识别个人信息的数据和去标识后的数据信息分开存储，以提升存储安全，防范数据泄露。

有关去标识化适用，《信息安全技术 个人信息安全规范》规定了确定目标、识别标识、处理标识和验证审批四个步骤。

（1）确定目标，包括确定去标识化对象、建立去标识化目标和制定相关的工作计划。

---

[22] 李旻：《中国企业数据合规应用及交易指引》，法律出版社 2023 年版，第 41 页。

（2）识别标识，识别标识符的方法具体包括查表识别法、规则判定法和人工分析法。一是查表识别法指预先建立元数据表格，存储标识符信息，在识别标识数据时，将待识别数据的各个属性名称或字段名称，逐个与元数据表中的记录进行比对，以此识别出标识数据。二是规则判定法是指通过建立软件程序，分析数据集规律，从中自动发现标识数据。三是人工分析法是通过人工发现和确定数据集中的直接标识符和准标识符。

（3）处理标识，分为预处理、选择模型技术、实施去标识化三个阶段。一是预处理是正式实施去标识化前的准备过程。二是选择模型技术是指根据数据的类型和业务特性，考虑去标识化的影响，在可接受的重标识风险范围内满足数据有用性的最低要求前提下，选择合适的去标识化模型和技术。三是实施去标识化即根据选定的去标识化模型和技术，对数据集实施去标识化。

（4）验证审批，包括对个人信息安全、数据有用性的验证以及对去标识化工作的审批。一是验证个人信息安全。通过对去标识化数据的验证以确保其符合个人信息安全方面的要求，包括检查已生成的数据文件，评估去标识化软件及参数配置，进行入侵者测试等。通过组织风险评估工作大大简化对去标识化数据的个人信息安全验证工作。二是验证数据有用性。由于去标识化降低了数据的可用性，因此需要确保去标识化后的数据仍然是可用的。三是去标识化工作的审批。在完成上述验证工作后，管理层应当就去标识化的相关工作进行审批。

（四）数据加密和访问控制

数据加密和访问控制均为防范数据泄露，防止攻击者窃取、篡改数据信息，保护敏感数据的技术方法。其中，数据加密是对数据通过密码技术进行加密，使之以密文的形式存在，外部无法识别，从而达到信息隐蔽效果。但是数据加密仅能对抗外部人员的入侵，对企业内部人员的泄密却无能为力。访问控制是对内部人员分别设置不同的访问权限，并将访问记录纳入安全审计范围，达到控制数据泄露的目的。访问控制技术是防止非法侵入数据库系统的第一道防线，能够拦截和识别非法下载用户数据信息等相关窃取数据的行为。数据加密是防止数据泄露的第二道防线，即便数据被泄露，由于采取了加密措施，外部也无法识别、应用，危害后果大大降低。在美国医疗数据泄露案中，美国安瑟姆公司没有做好访问控制这一防护措施，让黑客入侵了医疗信息系统，用户的医疗数据流入外部，同时第二道防线数据加密也不牢固，最终导致用户的敏感信息被不法之徒轻易地获取和利用。[23]

三、数据泄露的处置

(一) 风险处置义务

风险处置义务即开展数据处理活动时应采取的风险补救及安全事件处置义务。其中，风险补救对象是尚未产生实际危害的风险，安全事件处置对象是已经切实发生的安全事件。《民法典》第 1038 条、《数据安全法》第 29 条、《网络安全法》第 22、25、42 条、《个人信息保护法》第 57 条均有相关规定。

1. 风险补救

数据处理中出现数据安全缺陷或漏洞极为常见。以个人信息为例，数据处理者在采集、分析、储存、使用个人信息的过程中缺乏技术保护或保护不足，可能导致数据泄露，危害用户的财产和隐私安全等。数据信息的交易泛滥也可能导致数据被泄露。

(1) 采取补救措施的情形。综合《民法典》《数据安全法》《网络安全法》《个人信息保护法》相关规定，发生以下风险情形，应当立即采取补救措施：一是发生或可能发生个人信息泄露、篡改、丢失的；二是发现数据安全缺陷、漏洞等风险时；三是发现网络产品、服务存在安全缺陷、漏洞等风险时。

(2) 采取补救措施的时间及内容。立法明确采取补救措施的目的就在于防止损失的进一步扩大。由于数据泄露的风险已经出现，如不及时补救，将可能造成损害；且数据处理者作为直接控制者，也有条件开展最直接、具体、高效的补救措施。因此，立法明确采取补救措施的时间是"立即"。

关于补救措施的具体内容，立法并未明确列举。实践中应当根据风险的类型有针对性地采取。如遭遇黑客攻击危险，应立即修复安全系统；内部工作人员有泄露数据迹象，应当立即取消该工作人员的访问权限等。采取补救措施的同时，还应当立即对缺陷和泄露可能产生的损害进行风险评估，监管机构亦可采用第三方机构介入评估风险，以此形成自评估与第三方评估结合相方式对风险进行有效认知，以利于有效防控。

2. 安全事件处置

与《民法典》《网络安全法》《个人信息保护法》仅规定了补救措施不同，《数据安全法》第 29 条将数据安全风险补救和数据安全事件处置并列进行规范，

---

[23] 李明鲁：《从美国医疗数据泄露案谈信息安全的保护》，载《中国检察官》2017 年第 8 期。

在规定了数据安全风险的补救义务后，进一步明确"发生数据安全事件时，应当立即采取处置措施"，体现了从风险补救到安全事件处置的"防范—处置"思路。

（1）处置原则。采取处置措施应当遵循比例原则，与数据安全事件可能造成的社会危害的性质、程度和范围相适应；有多种措施可供选择的，应当选择有利于最大程度地保护公民、法人和其他组织权益的措施。

（2）处置主体和处置内容。安全事件发生后的处置主体包括两方面：一是有关主管部门。《数据安全法》第23条规定："国家建立数据安全应急处置机制。发生数据安全事件，有关主管部门应当依法启动应急预案，采取相应的应急处置措施，防止危害扩大，消除安全隐患，并及时向社会发布与公众有关的警示信息。"二是数据处理者。《数据安全法》第29条规定："……发生数据安全事件时，应当立即采取处置措施，按照规定及时告知用户并向有关主管部门报告。"

由于数据安全事件多种多样，具体的处置内容立法不宜进行具体规定。实践中根据不同数据安全事件，按照比例原则采取相对应的处置措施。

（二）数据泄露通知义务

数据泄露的通知义务是指在数据安全事件发生后，数据处理者将数据泄露的相关情况、采取的补救措施和个人可以采取的减轻危害措施等及时告知相关利益主体和报告主管部门的义务。数据泄露无论是源于数据处理者行为还是第三者行为，一旦公开，都可能对数据处理者的声誉造成不利影响。因此，实践中许多企业在数据泄露发生后选择封锁消息，不及时告知甚至隐瞒真相，导致数据信息权利人的权益处于险境。将数据处理者对数据泄露等安全事件的通知义务确立为法定义务，既是对数据安全的补救，能够最大限度减轻数据泄露引发的损害，也能够倒逼数据处理者提高自身的数据安全保障能力，防控数据泄露风险。

数据安全保障义务是数据处理者的基础义务，在发生或可能发生数据泄露等数据安全事件时，数据处理者负有通知的义务，其强制性具有双重规范来源，不仅源于数据安全事件发生后应当给予安全挽救的第一性义务履行的强制性，更源于对被泄露数据的相关利益主体私权利行使的保障，[24] 是对其知情权、决定权的保护。通知义务的履行有助于相关利益主体提高安全防范意识，防止数据泄露的危害进一步扩大。《网络安全法》第42条、《民法典》第1038条、《数据安全

---

[24] 辜凌云：《论数据泄露通知义务的制度构造》，载《科技与法律（中英文）》2023年第3期。

法》第 29 条和《个人信息法》第 57 条对数据处理者的通知义务均进行了明确。

1. 通知义务的触发条件

对此,《数据安全法》和《民法典》、《个人信息保护法》、《网络安全法》的规定略有不同,如《数据安全法》并未明确列举"数据泄露",而是用"数据安全事件"概括表达,且通知义务的触发条件为"发生数据安全事件时",该法第 29 条规定:"……发生数据安全事件时,应当立即采取处置措施,按照规定及时告知用户并向有关主管部门报告。"《民法典》第 1038 条第 2 款和《个人信息保护法》第 57 条第 1 款,均明确规定了"个人信息泄露"情形,且规定通知义务的触发条件是"发生或可能发生个人信息泄露、篡改、丢失的";《网络安全法》第 42 条第 2 款规定的触发条件是"在发生或者可能发生个人信息泄露、毁损、丢失的情形时",在表述上除了"毁损"不同于"篡改"外,基本一致。从体系解释理解,可以认为触发条件分为两种情形:

(1) 个人信息泄露"已经发生或可能发生"。个人信息作为对相关利益主体影响巨大的一种特殊的数据,其通知义务的触发既包括"已经发生",也包括"可能发生",当然,这种"可能发生"需要满足有证据支持的高度盖然性,不能任意扩大。

(2) 除了个人信息以外的其他数据泄露"已经发生"。除了个人信息,仍然存在大量的包括数据泄露在内的数据安全事件,基于行为指引的明确性,采取"已经发生"的触发条件。对于可能发生的数据安全事件,从风险的角度看,将其归属于事中控制,由数据处理者采取补救措施进行防控。

2. 通知主体和通知对象

(1) 通知主体。数据泄露的通知主体为数据处理者,在数据法律关系中:从民事角度看,数据处理者负有安全保障义务,当数据泄露可能发生或者已经实际发生,基础法律关系转化为救济法律关系,数据处理者的救济义务除了"立即采取处置措施",还包括"及时告知用户";从行政角度看,数据处理者进行数据处理行为,受到监管部门的监管。当其出现数据泄露情形时,向监管部门报告也是其行政义务之一。

(2) 通知对象。通知对象具体包括两个:一是受数据泄露影响的相关利益主体,如个人或用户,通知方式为"告知";二是负有监管和保护职责的有关主管部门,通知方式为"报告"。

3. 通知内容

通知内容主要包括数据泄露的相关情况,如所泄露的数据种类、泄露的可能原因以及下一步计划采取的措施等。根据《个人信息保护法》第 57 条第 1 款,通知包括以下事项：(1) 发生或者可能发生个人信息泄露、篡改、丢失的信息种类、原因和可能造成的危害；(2) 个人信息处理者采取的补救措施和个人可以采取的减轻危害的措施；(3) 个人信息处理者的联系方式。

4. 通知的例外

通知的例外主要针对个人信息泄露中的向个人通知的义务。通知义务的设置前提在于减少损害，如果数据处理者的处置行为能够有效避免数据信息泄露、篡改、丢失造成危害，可以不通知个人。此外，经过匿名化处理的个人信息不属于《个人信息保护法》第4条所规范的个人信息，数据处理者不负有通知义务。

| 引例分析 |

本案涉及三个问题：一是于某的行为是否构成个人信息侵权。公司简历资源库中的简历包含了应聘者的姓名、身份证号、工作履历、教育背景、家庭住址、电话等个人隐私信息，属于法定的个人信息，受法律保护，任何组织、个人不得侵害。于某是离职人员，不具有访问受害公司简历资源库的资格，其非法获取大量包含个人信息的简历，侵害了信息主体的个人信息权益，构成个人信息侵权。本案中由于于某的行为侵害了不特定多数人的个人信息权益，损害了社会公共利益，检察院提起刑事附带民事公益诉讼。

二是于某的行为是否构成侵犯公民个人信息罪。于某违法下载受害公司简历资源库中的简历达13000份，构成最高人民法院、最高人民检察院《关于办理侵犯公民个人信息刑事案件适用法律若干问题的解释》第5条中规定的"情节严重"，于某非法获取简历并出售牟利，侵害了个人信息主体的人身、财产安全权益，构成侵害公民个人信息罪。北京市顺义区人民法院判决于某犯侵犯公民个人信息罪，判处拘役6个月缓刑8个月，并处罚金人民币17000元，没收违法所得；附带民事公益诉讼判决被告于某在国家级新闻媒体上公开赔礼道歉，赔偿公民个人信息损失人民币16400元。

三是北京某人力资源公司对此次数据泄露有无责任。根据《个人信息保护法》第51条的规定，个人信息处理者应当根据个人信息的处理目的、处理方式、个人信息的种类以及对个人权益的影响、可能存在的安全风险等，采取下列措施确保个人信息处理活动符合法律、行政法规的规定，并防止未经授权的访问以及个人信息泄露、篡改、丢失：(1) 制定内部管理制度和操作规程；(2) 对个人信息实行分类管理；(3) 采取相应的加密、去标识化等安全技术措施；(4) 合理确定个人信息处理的操作权限，并定期对从业人员进行安全教育和培训；

（5）制定并组织实施个人信息安全事件应急预案；（6）法律、行政法规规定的其他措施。北京某人力资源公司作为个人信息处理者，内部管理制度和操作规程执行不严格，从业人员的数据安全合规意识不强，导致具有数据管理权限的孙某随意将办公软件账号借给已离职的于某，进而造成个人信息泄露的后果。需要通过数据合规管理，完善数据安全管理制度、严格数据处理规程、加强数据处理人员的数据安全意识，以保障数据安全。

思考题

1. 请简述数据安全的基本内容。
2. 请简述数据安全风险的防范措施。
3. 请简述数据分级分类保护制度的内容。
4. 请简述数据安全风险评估制度的内容。
5. 请简述《数据安全法》对重要数据的风险评估的规定。
6. 请简述数据泄露通知义务的实施条件。

第七章　数据交易与利用

引例 | 北京微梦创科网络技术有限公司诉广州简亦迅信息科技有限公司等不正当竞争纠纷案

微梦公司是新浪微博的经营者，广州简亦迅信息科技有限公司（以下简称简亦迅公司）及其深圳分公司是 iDataAPI 网站经营者。iDataAPI 网站用户可通过网站提供的 API 获取大量新浪微博数据，不仅可获取微博网页上公开的数据，还可获取在微博网页上不展示的数据，其中包括需要付费才能完整阅读的"V+会员文章"的数据。截至 2019 年 5 月 29 日，用户总调用次数超过 21.79 亿次。微梦公司指控简亦迅公司采用恶意技术手段，非法调用微博服务器向用户端传输数据的 API，抓取了大量新浪微博后台数据予以存储和对外售卖，请求法院判令简亦迅公司停止不正当竞争行为、刊登声明消除影响、赔偿经济损失 2000 万元以及合理支出费用 50 万元。

思考：法院应如何判决？

该案系全国首例非法调用服务器 API 获取数据予以交易转卖的案件，且作出了数据竞争纠纷最高判赔数额。数据是数字经济高质量发展的"石油"，是加快打造新质生产力的重要基础资源。数据要素价值发挥的关键在于有序流通，除了数据交易所等正规渠道，市场主体未经许可通过 API 等网络技术来大量获取他人数据的技术门槛低、数据规模大、行为隐蔽性强、安全风险隐患多，后续的数据交易也衍生数据黑灰产业链条，严重威胁个人信息安全和企业、商业数据安全。该案体现了人民法院加强数据权益保护、规范数据要素流通以及引导数据交易"开正门、堵偏门"的鲜明司法态度，促进数据生产供给与流通利用，为完善数据交易制度提供了司法实践样本。

数据是一种非竞争性资源，这意味着一个市场参与者使用数据的同时其他市场参与者可使用同样的数据。然而，数据也是一种独占性资源，通常可以对数据施加限制从而排除对数据的自动获取。事实上，欧盟委员会在《打造欧洲数据经济》中指出，由于收集或持有数据的企业主要在内部使用而不与其他市场参与者分享数据，数据交易较为有限。在自愿数据共享的场景中可能存在的风险是数据持有者具有更强的议价能力，从而给要求获取数据的其他主体施加高额交易成本，甚至令人望而却步。

数据作为信息的一种表现形式，是社会活动的"副产品"，其本身并非一经产生便身负超然利益或可单独创造价值。个体的、零散的原始数据往往并不具有直接的使用价值，无法满足经济的实际需要，数据交易的规范政策在很大程度上取决于所涉及的数据类型。但并非所有数据都能够成为数据交易的标的。数据交易的促成需要数据处理者对数据资源进行主动干预，对其形成有效控制。在符合需求者的条件并满足其要求时，数据才能有效释放交易价值。

数据交易中原始数据单独产生价值的情况有限，通过处理原始数据创建的衍生数据以及由各种数据源组成的聚合数据集具有巨大经济潜力。数据要素市场化目的在于激励社会将不可用、不好用的数据变成可用和可重用的数据。数据进入市场通过有效配置实现经济价值的加持，完成从价值潜在到价值创造的形态演进。联合国国际贸易法委员会第53届会议文件明确指出，数据是一种商品。

第一节　数据交易的概念和类型

数据交易是指以合规数据、数据产品为交易对象的，发生在数据供需双方之间的买卖。在此过程中，交易的不是原始数据，而是在相关主体通过合法手段获取原始数据的基础上，采用一定算法，经过深度分析过滤、提炼整合及脱敏处理后形成的具有交换价值和技术可行性的衍生数据。

在全国首笔空间数据交易中，北京市测绘设计研究院以其自主获取的中轴线局部空间数据为基础，经过数据资产登记、数据质量评价、数据资产价值评估等程序，形成相关数据产品，通过北京国际大数据交易所交易平台交易给北京河图联合创新科技有限公司。经交易后的数据则被开发成互动产品，借助AR等技术为公众提供中轴线虚实融合与沉浸式体验。数据权利的明确为数据交易市场提供了合法的参与者，形成了不同的数据交易商业模式，数据定价则为数据市场提供了交易的基础条件，加上数据买卖的合同设计，一起构成了数据市场交易的核心内容。

数据是开展金融业务的关键要素，对于金融风控和营销领域具有非常重要的作用，因此数据产品在金融业的应用相较于其他行业更为广泛和密集，银行、保险公司、证券公司、部分互联网企业是目前最主要的金融数据应用方。在数据产品类型上，征信类数据产品是金融业最为主要的交易产品，包括个人征信类数据产品与企业征信类数据产品，其中个人征信类数据产品交易规模占所有金融数据交易规模近26.0%。除了金融领域，互联网行业是第二大数据应用行业，其数据交易市场规模占比约为24.0%；通信行业数据交易规模占比约9.0%；制造工业、政务及医疗健康行业数据交易情况相当，占整体市场6.0%—7.0%；余者分布在其他行业，如文旅业、农业等。所以数据科学是一个不断增长的算法工具集合，它可以让我们通过使用统计学、数学和统计数据可视化技术来理解过去的数据，预测未来的数据。[1]

数据交易在早期主要依赖政府，而现在，数据交易已经由政府指导类（如数据交易所）、数据服务商类（如第三方数据服务的机构，如聚合数据、数据堂、天元数据等）、大型金融及互联网企业多方主体共同参与，实现多元共建发展。总体来看，中国数据资源供给端在主体、类型、市场和需求等方面呈现出不断发展和丰富的趋势。但数据交易快速发展，也面临挑战。近年来，我国数字经济快速发展，数字基础设施全球领先，数字技术和产业体系日臻完善，为更好发挥数据要素作用奠定了坚实基础。但与此同时，也存在场景释放不够、数据供给不足、流通机制不畅等问题。

一、数据交易的市场结构及参与者

（一）数据交易的市场结构

根据数据形态的转变方式，我们可以将数据产业价值链划分为三阶段：第一，原始数据资源化阶段涉及价值链上的授权和采集环节，对应着一级市场，即数据授权市场。原始数据是无序的、未经处理的素材，本身使用价值极低，甚至没有使用价值，因此必须通过原始数据资源化，将其转变为具有使用价值的数据资源，才能使其具备参与社会生产经营活动的前提条件。数据授权是为了从源头上确保数据来源、流通、应用的合法性，保障数据主体的权益和隐私，规范数据流通和应用的权限范围，降低数据的负外部性。数据采集往往紧随数据授权而进行，采集后的数据具有了一定的使用价值，可以作为数据资源。一般只有原始数据才需要采集，其他形态的数据不需要采集，而是直接通过数据资源市场进行交易，根据生产或消费需求进行分析或加工。因此，数据授权市场主要解决的是原

---

[1] 李扬、李舰编著：《数据科学概论》，中国人民大学出版社2021年版，第1—2页。

始数据授权和数据资源流通等问题。第二，数据资源要素化阶段涉及价值链上的归集、存储、加工以及资源或要素交易环节，对应着二级市场，即数据交易市场。原始数据资源化阶段尽管解决了数据权属问题，以及部分的隐私和安全问题，但并未解决数据无法在市场上高效、大规模流通和交易的问题。因此，数据资源往往要经过要素化环节，才能满足数据市场化交易的要求。经过一系列标准化处理，以电子方式记录的数据要素已经具备参与社会生产经营活动的条件，能够产生经济效益，并且易于进行大规模交易。因此，数据二级市场也可以称为数据交易市场，是主要为数据要素提供大规模流通交易的场所。在二级市场中，数据首先是以数据要素的形式出现，其次才是以处理程度还不够的数据资源形式出现。第三，数据要素产品化阶段涉及价值链上的生产以及产品或服务交易环节，对应着三级市场，即数据产品或服务市场。数据产品或服务市场是提供数据产品和数据服务的场所。

未来，数据产品或服务会涉及海量的应用场景，与之相适应的数据交易形式也将不断发生演变。数据的一级、二级、三级市场可以类比金融市场。金融市场中的一级市场主要是首次公开发行（IPO）市场，让股票可以进行后续交易；而数据的一级市场主要是数据授权市场，即可以让数据进行后续交易的场所，它解决了从0到1的问题。金融市场中的二级市场是指对上市后的股票进行买卖交易的场所；而数据的二级市场是指对授权后的数据进行买卖交易的场所，它解决了从1到n的问题。金融市场中的三级市场是指基于股票等的金融衍生品市场；数据的三级市场是指基于隐私计算等多种方案的数据价值交易市场，它解决了从n到无穷的问题。建立多层次数据交易市场有着重要的意义。目前，数据的一级、二级市场中只交易原始数据和数据产品，缺少大规模标准化的数据交易，难以满足日益丰富的场景需求，在一定程度上影响了数据价值的发挥。因此，需要构建多层次数据市场，打通数据产业链各个环节，丰富交易内容，促进数据资源、数据要素、数据产品的流通配置。

（二）数据交易的参与者

与数据生成阶段、加工阶段和消费阶段相对应，数据交易市场包括三类参与者，即数据拥有者、数据消费者和数据经纪人。数据拥有者是拥有数据并愿意将其数据货币化的人，例如拥有关于自己的社交、财务、位置、健康数据的个人，以及收集有关用户数据的公司；数据消费者是寻求外部数据以改进他们的决策、产品设计、服务和客户管理的人或组织，例如广告商、软件开发商、零售商、制造商、电信服务提供商；数据经纪人是一个中介，从数据所有者那里获取数据，整合后开放,然后将数据出售给数据消费者,并从数据交易中获利。如新闻稿和情况简报等,当其内容被转换为"结构化形式",则被称为"数据"。[2]

二、数据交易的类型

(一)单边数据提供商模式与双边交易平台模式

根据互联网上数据产品公司的分析,并以数据交易实体的角色为依据,数据交易模式可以分为"单边数据提供商模式"和"双边交易平台模式"。

1. 单边数据提供商模式。此类模式下的卖方有数据产品提供者和数据服务提供者两种类型。数据产品提供者将其持有的数据卖给数据消费者,如万得、国泰安数据库,将整理好的数据库打包供消费者下载使用。数据服务提供者则将其持有的数据整合为可以向买方提供的服务,典型的例子是提供人脸识别服务的Clearview AI。[3] 该公司将其从公开互联网等渠道收集的人脸照片整合为人脸识别服务,提供给执法机构等客户。单边数据提供商模式可以分为买方市场和卖方市场,其中一方在定价中具有主导优势,而另一方则相对弱势。以卖方市场为例,卖方可以根据买方竞争的程度来选择定价方法。在这种情况下,卖方可以通过限制竞争、控制供应量和提高价格等手段来实现垄断地位。

2. 双边交易平台模式。双边交易市场有两种类型,一是依赖数据中介机构的集中式双边市场,二是买卖双方直接交易的分散式双边市场。前者产生的原因在于,数据中介机构拥有较强的数据采集和分析能力,可以提供整合程度更高、数据质量更好、种类更丰富的数据产品和服务。以数据堂为例,它拥有1000余家合作伙伴,遍及50多个国家和地区,装备专业采集设备和加密工具。客户提出需求后,数据堂能够为其量身定制采集方案并确保数据的安全。这种更市场化、门槛较低的交易模式调动了供需双方的积极性,促进了数据的汇聚和再利用。分散式数据交易平台不依赖中介机构,具有去中心化的特点。卖家可以在数据交易平台上联系潜在的买家,之后由数据交易平台管理他们之间数据交易的流程。大部分的数据交易平台上可以交易各种类型的数据,如我国贵阳大数据交易所、北京国际大数据交易所等。但也有少数数据交易平台专注于汽车、能源等某些行业和物联网传感器数据等特定类型数据。如美国公司 Terbine 专门为物联网传感器数据提供数据交易平台。

---

[2] 朱宝丽:《数据产权界定:多维视角与体系建构》,载《法学论坛》2019年第5期。
[3] 这是一家成立于2016年的人脸识别初创公司,其产品主要为人脸识别与检索。

（二）场内集中交易模式、场外分布式交易模式与场外数据平台交易模式

根据场内场外的空间分类，多样化的数据交易模式包括三种不同的交易方式。第一种是场内集中交易模式，即通过数据交易所、交易中心等平台进行数据的集中交易。这里的"场内"指的不仅仅是数据交易所，还包括由政府主导、可监管和可追溯的集中交易平台。第二种是场外分布式交易模式，即数据在集中交易平台之外进行分散交易。这种模式下，数据交易可以在不受特定平台限制的情况下进行，增加了灵活性和自主性。第三种是场外数据平台交易模式，即通过数据平台进行多方数据交易。在政府监管下，大型 ICT 企业（Information and Communication Techndegy，信息通信企业）主导搭建数据平台，该平台可集成多个数据主体，实现联合交易和计算。通过采用隐私计算等技术手段，数据平台可以实现大规模的联合计算，生成相应的数据产品或服务。

三种数据交易模式中，场内集中交易模式的关键是政府，其需要由政府主导来提供公共数据与关键数据。大数据基于海量数据组成的数据集合，依靠云计算的数据处理与应用模式，通过对数据的整合共享、交叉复用，形成智力资源和知识服务能力。[4] 场外分布式交易模式的关键在于大型企业，其需要各行各业的数据要素与数据产品广泛参与市场交易。场外数据平台交易模式的关键在于第三方平台，其需要由第三方平台来牵头搭建交易空间，构建数据要素与数据产品的多行业、集成化平台。那么基于数据市场层级和交易模式两个维度，我们可以建立并完善以下几个具体的数据交易模式：在一级市场可以建立场外分布式交易模式；在二级市场可以同时建立三种交易模式，包括场外分布式交易模式、交易中心模式和数据平台模式。其中，数据平台模式是一种集成模式，能够提高数据的综合利用效率，为数据产品或服务的创新带来新的可能性。在三级市场中，同样可以建立场外分布式交易模式、交易中心模式和数据平台模式。这种多层次、多样化交易模式的建立可以满足不同数据主体的需求，促进数据的广泛交易和共享。

接下来，我们将介绍一些典型的数据交易模式实践案例，以帮助读者理解本章所提出的数据市场体系。

数据交易所一般是由政府牵头、多方参与建设的一个场内交易场所。这里介绍两个代表性的案例——贵阳大数据交易所和北京国际大数据交易所，它们分别

---

[4] 方志军主编：《数据科学与大数据技术导论》，华中科技大学出版社 2019 年版，第 1-2 页。

对应着不同的数据市场层级。贵阳大数据交易所是全国第一家大数据交易所，于2015年4月正式挂牌运营，初期交易粗加工的原始数据，后改为交易定制化数据产品。贵阳大数据交易所交易的数据类型包括金融、医疗、海关、能源、社交、法院、交通、通信、物流、气象、地理等30余类。截至2022年年底，贵阳大数据交易所累计入驻数据商400余家，上架产品600余个，年度交易额已达3.59亿元。[5] 由于数据交易中存在数据权属界定不清、要素流转无序、有效的定价机制缺失等问题，贵阳大数据交易所的发展一度并不顺利。

北京国际大数据交易所于2021年3月成立。与贵阳大数据交易所初期主要交易粗加工的数据不同，北京国际大数据交易所一开始就将交易重心放在数据产品和服务上。其主推的数据产品类型包括四类，即数据服务、API数据、数据包和数据报告。作为国内首家基于"数据可用不可见，用途可控可计量"的新型数据交易所，北京国际大数据交易所在技术层面上采用了隐私计算、区块链等创新手段，以解决数据交易中存在的主要问题，即数据所有权、使用权和隐私权的分离。截至2022年9月，北京国际大数据交易所吸引了数据交易参与主体333家，入驻平台及引入各类数据产品1200余个，产生数据交易合约近1800个，数据交易调用超过7.7亿笔。当前，数据交易所模式面临的一个主要困境是，数据交易参与者的数量太少，交易的激励不足。数据交易所未来更多地需要由政府来主导，出售公共数据及其衍生产品和服务，从而保持竞争力。

韩国MyData。[6] 韩国MyData相关服务于2022年1月5日全面上线。顾名思义，MyData模式以个人为中心，旨在实现"我的数据我做主"。MyData的核心思想是个人可以管理、控制自己的信息，可让相关信息根据个人的意愿来使用，并积极能动地将相关信息应用于信用管理、资产管理、健康管理等个人生活的一系列流程，以保障个人的信息主权。通过MyData，个人可以一次性地确认和获得分散在各机构和企业中的自己的信息，包括银行、保险、电力、交通、购物、亲属、政务、App等的数据。帮助用户实现这些需求的是一个关键的中介——MyData运营商，它能够收集分散的个人信用信息，为用户提供一站式查询等服务。用户想要查看自己某方面的数据，就可以向MyData运营商提出要求，然后MyData运营商会替用户把相关数据从拥有该数据的企业那里要来，并帮助用户汇总并整合这些数据。这种商业模式可以总结为以用户为中心，信息源根据

---

[5] https：//baijiabao.baidu.com/s? id =1744496390252082006&wfr =spider&for =pc.

[6] MyData是一种基于数据托管的个人数据开发利用新范式，韩国政府对其运营商采用牌照监管，监管机构是韩国金融委员会和个人信息保护委员会。

客户要求传输数据，由 MyData 运营商整合数据并为用户提供服务的模式。

截至 2022 年 12 月，大约有 600 家信息提供商和 53 家公司获得作为 MyData 运营商的许可，它们主要包括韩国大型银行、大型信用卡机构、其他金融机构以及金融科技企业。尽管 MyData 运营商数量不少，但市场结构依然呈现出寡头特征。四大科技公司（Toss、Naver Financial、Kakao Pay 和 Banksalad）控制着超过 70% 的韩国 MyData 市场份额。目前，MyData 模式的盈利方式还处于向用户提供服务并收取费用的初级阶段。用户使用 MyData 运营商提供的服务进行个人信息的查看、管理、授权时，需缴纳次费、月费或个性化服务费。虽然这一模式未来很有商业潜力，但是 MyData 的理想发展方向更具想象力，具体包括三阶段：第一阶段是提供免费的数据查询和存储服务，开展利用用户数据生成用户画像等业务；第二阶段是大模型分析，MyData 运营商的用户数据若要发挥价值，可以通过人工智能大模型进行分析，从而生产出数据产品并售卖给用户；第三阶段是数据入股和投资分成，可以在用户的授权下利用用户的数据资产进行投资，获得的收益与用户共享。上述设想实际上与数据三级市场的逻辑相符。

（三）数据交易机制与数据转移模式

根据数据市场交易的不同方式，从数据提供者和数据购买者的交易形式以及数据交易后数据的转移模式，数据处理可分为以下两种。

第一，数据交易机制。数据交易主要采用直接交易机制和拍卖机制两种方式。对于排他性较弱、潜在买家众多的数据产品，卖家通常采取直接交易方式以保底价格定价并设计产品菜单供消费者自主选择。单边交易、集中式双边交易和数据管理系统等也多采用直接交易方法。如果数据产品具有较强的排他性，可以采用拍卖机制进行定价。拍卖机制遵循公开、公平、公正原则，具有快速和批量的特点，可以激励代理人披露真实估值，从而提高交易效率。目前已有许多研究探讨了双边拍卖、反向拍卖和 VGG 拍卖[7]等多种拍卖类型。选定何种拍卖机制需要考虑买方和卖方的相对市场力量、是否有中介机构充当拍卖商、定价原则等因素。我国的贵阳大数据交易所、华中大数据交易所、上海数据交易所等多家数据交易平台都采用拍卖机制。

第二，数据转移模式。数据转移通常涉及三种模式。第一种是托管交易模式，每个数据所有者将其数据存储在数据交易中心的数据库中，并通过数据交易

---

[7] VGG 拍卖模式是广义第二价格拍卖（Generalized Secord Price Auction, GSP）的一种变体，其核心思想是按照广告位的最高出价者获得广告位，但计费标准为次高出价者的出价。

中心与数据购买者进行交互与交易。在此模式下，数据所有者对于交易过程中的对象、数量等内容没有任何决定权，而其权益完全取决于数据交易中心的信用。第二种是聚合交易模式，在该模式下，数据交易中心通过 API 链接数据所有者，数据所有者无须将其数据事先存储至数据交易中心，而是由其自行管理。当数据购买者有需要购买数据时，数据拥有者可以通过数据交易中心与其进行实时交互，并将信息返回给数据购买者。虽然表面上看来，数据在聚合交易模式下被数据所有者控制，但仔细分析 API 数据获取机制后会发现，采用聚合交易模式的数据交易中心具有保留交易数据的能力和机会。因此，随着交易的不断进行和数据的积累，一个数据聚合中心逐渐变成了一个数据托管中心。第三种是基于区块链技术的数据转移模式，利用了区块链的不变性、防篡改性、可追溯性以及智能合约的可编程性，实现去中心化，降低传统的数据交易模式的安全风险。这种基于区块链的数据转移方案，包括验证数据的可用性时使用相似的学习方法，建立数据购买者和数据所有者间的挑战响应机制。

第二节　数据交易的原则和规则

　　作为商事化的数据流转关系，数据交易法律关系具有显著的商事法律特征，从而区别于数据信息领域的基础民事法律关系以及行政管理关系，这进一步体现在数据交易所恪守的商法原则之中。数据交易的基本原则是贯彻数据交易过程的始终、所有数据交易都应当遵循的根本准则。

　　申言之，数据交易的基本原则应当为数据交易所固有的，对数据交易起到整体统领作用，具有普遍法律约束力的一般规则。数据交易的基本原则应当具有一定的稳定性，但并不排除随着数字经济的快速发展和数据交易模式的日新月异，数据交易的基本原则发生相应调整变化的可能。同时，在数据交易法律体系尚不完善的现状下，数据交易的基本原则还可以起到填补漏洞的作用，可约束和引导数据交易主体有序进行数据交易活动。故而，数据交易基本原则的择取工作应当慎之又慎，遵循那些既植根于普通商事交易规律又体现数据交易独特性的规则。为此，数据交易的基本原则应充分尊重商事法律制度的价值理念，并围绕商事法律的基本原则规定具体规则。

　　然而，当前数据法律规范体系尚未充分认识到商事数据交易的特殊性，数据立法往往采取混合型立法模式，这可能导致民事、行政法律原则影响商事理念的充分实现。

一、数据交易的原则

以《个人信息保护法》为例，该法是个人数据信息权益规范体系的核心，也是构建数据交易商事法律体系的基础。该法中同时兼具了民事、行政法律关系的规则与原则。例如，个人信息权益保护规则发轫于民法体系中的隐私权，往往从人格利益角度出发；而其中关于个人信息保护负责人、合规审计、重要互联网平台责任等规则属于典型的行政监管规范。人格利益保护、国家行政管理等固然是信息法律规范所应实现的制度目标，但部分非商事原则有可能对数据交易的商事活动造成障碍。例如，由个人隐私权益中的自主决定的价值理念推导出数据信息利用的用户同意原则，如果无条件将该原则在任何商事场景下适用将会对数据交易乃至数字经济的发展造成障碍。

（一）数据交易的一般商事原则

数据交易作为商事化的数据流转模式，当然具有营利性这一商事法律关系的本质特征。在营利性之外，商事法律原则的体系结构和规范内容在学界虽然尚无统一共识，但从商事法律的机制出发，仍可对商事交易普遍遵循的价值理念进行原则概括，并形成商事法律关系普遍遵循的一般商事交易原则，这当然适用于数据交易。

数据交易的一般商事交易原则主要包括数据自由流通原则和数据公平交易原则。数据自由流通原则衍生自商事法律原则中的意思自治原则。数据交易首先是数据流转的机制，这与传统财产的交易流通同质。意思自治是私法的基本理念。民法上的意思自治原则是对个人自由的强调，即个人得依个人意思处理个人事务，不受非法干涉，并通过对非法干涉的排除和矫正为个人自由创造空间。相比之下，商事法律原则中的意思自治原则更强调对商事交易本身的保障和促进，这体现为通过尊重当事人的商事契约自由，发挥其主观能动性，从而促进交易简便迅捷。

商法诞生于商事行为实践中的习惯规则，商事习惯不但能够作为成文法规则的补充，而且也是成文法内容的重要来源。商事习惯的根源在于商事主体的自治性，作为高度自治的主体，商事主体的自主性是经济人化的一种体现。在商事实践中，商事主体对于交易内容的自由安排能够自发满足经济效率的要求，并以营利性为指导，拓展可供交易的财产范围，同时发展便捷化的交易工具和交易方式。在这种意义上，商法规则尊重商事交易习惯就是尊重商事主体的自治性和自主性，也是尊重市场规则在资源分配上的支配地位和自发效率。这一点在数据流通领域更为凸显。在数字经济环境的迭代发展过程中，虽然数据信息财产化规则、交易规则尚需完善，但市场中已经存在大量的交易实践，对数据信息财产的应用价值进行了深度开发。

技术进步和市场实践往往先于法律规范的制定，从商事主体的自治实践中诞生的交易内容和规则正是充分利用数据信息使用价值和交换价值的体现，因此，商事法律规则不应对数据交易内容进行不必要限制，而是应该满足市场主体对于资源分配和利用的自主需求。商事交易中的公平交易原则分为形式公平和实质公平，民法以追求形式公平为原则，以追求实质公平为例外。出于对当事人意思自治的尊重，商事交易的形式公平即程序公平，由交易双方地位的平等性所保障。

实质公平则寻求对商事交易的经济实质进行评价，即存在对于交易结果公平的审查判断。鉴于此，从商事交易公平原则的内容看，数据交易的公平原则同样体现为交易过程公平和交易结果（对价）公平两方面。其中，数据交易的过程公平在微观上是指进行具体数据交易双方身份具有公平性，而在宏观上表现为市场竞争的充分性。当前，数字经济中急速涌现了大型企业、垄断平台的反竞争现象，消费者、中小经营者在与此类主体进行数据交易时，由于经济和技术条件的巨大差距将丧失平等交易的可能。如何纠正此类扭曲的交易环境是商事交易规则所必需解决的问题。同时，在交易条件和交易对价的结果判断中存在主观等值标准和客观等值标准，主观等值标准由于其依赖个体化的判断，因而与自治原则相连，而客观等值标准依赖较为明确的标准，因而更侧重给付与对待给付之间的公平性。数据交易中对于数据信息财产进行合理定价既存在技术问题，也存在法律争议。只有通过竞争充分、信息透明的商事财产交易机制，才能保证具体数据交易的定价公平与合理。

（二）数据交易的特殊商事原则

与传统商品或服务交易相比，数据交易存在特殊之处。交易方式和交易标的的特殊性要求数据交易在一般商事交易原则之外还应遵循特殊商事交易原则，主要包括数据自由流通原则、数据公平交易原则、数据交易透明原则和数据交易安全原则。其中，数据交易透明原则是保证数据信息财产具有可交易性的必要条件。数据交易的标的是无形的"数字财产"，既包括作为生产要素的数据信息，也包括对数据信息进行加工处理后形成的数字产品，并以后者为主。换言之，数据交易的核心目的并不在于实现任何有形载体的转移，而在于向数据需求方提供无形的"信息"，并授予需求方在特定的场合或交易中使用该信息的权利。实践中可以借助数据可视化技术达到转移数据的目的，该技术是数据的可视表现形式以及交互技术的总称，简言之，是将数据转换成几何图形表示的技术。它能够直观展现数据，提供自然的人机交互能力。[8] 然而，由于数据具有可复制性和使用上的非竞争性，如何实现对于交易标的的有效控制和转移依然是数据交易的难题。

1. 数据自由流通原则

数据自由流通原则首先要解决的是数据作为财产的可交易性，即交易标的的商事自由化。作为生产要素，数据信息的自由流通意味着对数据资源的重新分配，通过财产的流转实现物尽其用，促进数据使用价值的彰显。市场在资源配置中应该起到决定性作用，数据自由流通原则在商事领域的核心理念是实现数据要素的商品化和市场化，即合理降低对于数据信息流转的制度束缚，建立快捷、便利的数据流通渠道，并扩大数据"互联互通"的市场维度。数据自由流通原则要求破除对数据要素的不当束缚，允许数据财产化、商品化，并进入市场交易。交易自由的商事理念是数据要素市场化的规范基础。自商事法律制度发轫以来，契约自由基本理念逐步扩张，渐渐破除了传统制度对于人身与物的限制，实现财产赋权，允许劳动力、财产自由地进入市场交易。在数字经济时代，何种数据信息能够被赋予商品属性进入市场交易，需要数据自由流通原则与其他权益保护规范进行平衡。以人格权益保护规范为例进行说明。若想实现数据要素的自由流通，必须遵守人格权益保护规范所要求的知情同意、信息匿名化等限制条件，只有满足了这些限制条件，才能实现数据要素的商品化。

2. 数据公平交易原则

公平交易原则是各类商事交易普遍遵循的一般商事原则，同意思自治在数据交易领域衍生出的数据自由流通原则一样，抽象的交易公平能够和数据交易的商事背景相结合，阐发出数据交易的程序公平和数据交易的结果（对价）公平的具体内涵。从规范体系结构上看，公平交易原则是对自由交易原则的发展与限制。数据交易是经济、社会和科技高度发展的产物，虽然具有财产交易的形式，但商业实践中的真实场景和一般财产交易并不相同。一般财产交易假定了交易双方主体具有抽象平等性，基于意思自治，只要参与交易主体的意思真实、自由，合意过程、对价结果即具有法律上的公平性。但是，这种抽象平等下的"交换正义"在复杂的商事数据交易中并不成立。数据信息的生产和商品化具有资本密集、技术密集的特点，市场的主要供给者一般是大型、超大型甚至具有垄断地位的企业，担任数据交易中介的平台也是特大型技术企业，拥有一般市场主体所

---

[8] 覃雄派、陈跃国、杜小勇编著：《数据科学概论》，中国人民大学出版社2018年版，第271页。

不具有资金和技术优势。因此，商事数据交易的双方主体时常处于实质上的不平等状态，部分交易主体在交易过程的选择、交易对价的确定中具有显著的优势。

3. 数据交易透明原则

数据交易透明原则是指当事人在数据交易中应当恪守诚信，向交易对方披露与交易相关的信息。合法守约义务要求信息控制主体不得违反双方约定之目的收集、使用信息，体现了使用限制的基本要求。[9] 数据交易透明原则源于诚实信用原则。该原则要求交易当事人言而有信、诚实不欺，在行使自身权利时兼顾他人利益，避免不合理地导致他人不利益。传统合同法理论认为，合同当事人所承担的义务应当以合同约定为限，合同约定之外当事人无任何牵连。然而，随着各类商事交易活动的深入，法学理论逐渐认识到，双方当事人在合同订立前形成了特殊的信赖关系，基于诚实信用原则的要求，当事人在合同成立前、合同履行中乃至合同履行后应当善尽通知、协助、保密等附随义务，而不得对他方当事人造成损害。具体到数据交易当中，信息不对称属于常态，拥有信息控制优势的一方很可能侵害弱势方的利益，而公开信息将有助于缓解双方的不平等。从这一角度出发，数据交易透明原则是对数据交易公平原则的进一步延伸。因此，数据交易当事人应向对方当事人披露数据交易的相关情况。根据 GDPR 规定，数据透明"要求数据控制者向公众或数据主体提供的任何信息都应简明扼要、易于获取且易于理解，并应使用清晰明了的语言，此外，在适当情况下还应进行可视化"。

4. 数据交易安全原则

数据交易安全原则不仅关注数据自身的安全，还关注数据交易对外部安全秩序的影响。该原则要求当事人在数据交易的全过程中保障数据信息的安全，防止数据交易对国家利益、社会公共利益与他人合法权益造成损害。"法不禁止即自由"是私法领域长期奉行的理念，但数据信息承载着不同主体的利益，数据信息的交易可能造成不同主体之间的利益冲突。因此，即便数据提供方取得数据信息的行为具有合法性，其后续交易数据信息的行为也可能因危及国家利益、社会公共利益或他人合法权益而得到法律的否定性评价。商事交易的自由同样需要尊重其他社会利益的共同发展，从而获得市场主体、公共主体对于商事活动和数字经济模式的信任，数据交易的商事伦理和商业道德对于数据交易安全所提出的基本要求，亦是数字经济得以良性发展的前提条件。

---

[9] 梁泽宇：《个人信息保护中目的限制原则的解释与适用》，载《比较法研究》2018 年第 5 期。

二、数据交易的规则

单就数据流通的规则而言，主要涉及三个方面：一是数据流通行为的规范，二是数据流通行为的监管，三是数据交易的机制。

（一）数据流通行为的规范

任何的数据流通都是一种契约行为，涉及数据提供人与数据接受人（使用人）有关数据流通和使用的权利、义务和责任，这需要法律规范。其在法律性质上属于合同法或行为规范，而不属于监管法。

数据流通行为规范涉及的法律问题主要是：

1. 数据的可流通性

数据提供人提供的数据必须是可以流通的数据。可以流通的数据是不侵犯他人的权利，又不违反法律禁止性规定的数据。数据可能涉及个人的隐私利益，甚至其他企业的商业秘密，对于侵犯他人隐私权、商业秘密的数据，因侵害他人权益，所以不具有可流通性，否则会引发共同侵权责任。有些数据可能涉及国家秘密，危害国家安全和利益，法律应当明确禁止流通。如果是市场化数据交易还需要进行去身份处理，去除直接识别个人的身份信息，确保数据来源合法和数据清洁。只有来源合法的清洁数据才能进入数据交易。数据清洁包括数据权利无瑕疵，且不包含可直接识别个人的身份信息。数据可流通性规范应采取负面清单方式，排除不能流通的数据，其余数据则为可流通的数据。而且，负面清单也只能原则性规定，不可能细致到具体数据，因为数据流通方式不同，侵犯个人权益的风险也就不同，需要当事人根据具体情形进行判断。

2. 数据提供人的义务

数据提供人除了确保数据可流通外，还需要确保流通数据的安全，尽到安全保障义务。数据提供人要确保数据存储和传输的安全，确保接受人使用行为的正当和合法，确保流通行为的可控、可追溯，一旦出现安全和违法责任，即可以追溯。

3. 数据接受人的义务

数据接受人应当依据合同约定的用途、范围、频次或期限使用数据，尊重数据上存在的合法权利。数据接受人对违法使用数据的不利后果承担法律责任。

（二）数据流通行为的监管

在大数据成为社会基础资源的情形下，数据的流通也将成为社会必然现象。

由于数据不仅关涉个人利益，也关涉国家利益，所以数据流通无论是否属于交易，都肯定要纳入国家的监管范畴。数据流通监管主要包括以下几方面：

1. 数据流通的安全要求

数据流通尤其是数据交易，使数据被滥用的可能性增大，使数据承载的合法利益受到侵害的风险增加，因此，确保数据流通（尤其是交易）的安全成为对数据交易监管的重要理由，也成为数据流通监管的重要内容。确保个人信息的质量与安全，对保护信息主体的权益至关重要。[10] 虽然数据流通可能造成数据安全风险，但不能因为存在这样的风险而禁止交易，唯一的办法是根据不同类型的数据、不同的数据流通形式、不同的应用场景等因素来评估风险，防范风险。因此，数据流通主体尤其是数据交易服务机构应当建立数据流通风险评估机制、数据交易风险预警机制等来防范数据流通可能带来的安全风险。

例如，数据保护影响评估是 GDPR 建立的一项旨在防范数据处理风险的制度。依据其第 35 条的规定，当某处理行为可能使自然人的权利和自由处于高风险时，控制者应当在处理前完成一份关于数据处理对个人数据保护的影响评估。虽然该条例没有明确规定，但是"流通"就是可能使自然人的权利和自由处于高风险的处理行为。因此，我们可以借鉴欧盟的这一做法，在我国数据流通领域推行数据保护影响评估，这既可以加强数据流通者的合规意识，防范数据流通风险，同时也可以在数据流通制度规则方面与国际接轨。数据隐私安全风险评估制度要求数据流通的主体应当具有良好的信息安全和隐私安全管理机制，应当在从事数据流通前对数据保护的影响进行评估，只有达到隐私安全和信息安全标准的数据才能进入流通。此外，数据隐私安全风险评估（测评机制）应当由具有相应能力的机构提供。数据交易平台应当建立数据交易全风险预警机制，对可能侵犯个人隐私、商业秘密、国家安全等的特定数据流通行为进行检测评估，及时终止有可能大规模侵犯和危害国家安全的数据交易行为，并向国家数据流通主管部门报告。

2. 跨境数据流通监管

相比境内的数据流通，跨境数据流通可能造成更大的风险。从保护个人角度来说，在国际商务往来中需要向国外主体提供数据的情况下，数据提供方应当确认数据接受人所在国具有有效的个人数据保护法律制度和数据处理的安全保障机制，以确保个人隐私和其他权益受到有效保护。此外，数据接受人应当保证该国

---

[10] 盛小平、郭道胜：《科学数据开放共享中的数据安全治理研究》，载《图书情报工作》2020 年第 22 期。

和其本人能够提供适当的保障措施，并提供数据权利人能够获得有效救济的证明文件。跨境数据流通中不仅需要对个人的利益进行保护，同时也需要充分考虑其可能对国家安全造成的威胁。流通数据的种类不同，其可能对国家安全造成的威胁也有所不同，因此，国家应对数据的跨境流通实行分级分类监管，以确保数据主权和国家安全。

3. 数据交易市场监管

对于分散的数据流通行为，存在监管难度，因此，除了涉及安全问题和跨境流通外，我们不主张对于分散的数据流通行为进行监管。但是，数据交易多采取集中交易机制，通过数据交易服务机构（数据交易中心或公司）设立的数据交易平台，实现数据交易。在这种情形下，不仅是因为一种公开的市场集中行为需要监管，而且数据交易服务机构也使数据交易监管具有可操作性（实现可行性）。基于此，可以采取合作监管模式：通过数据交易平台来管理数据交易，通过对数据交易平台的监督，来实现对数据交易的监管。我国已经设立了不少为数据交易提供服务的机构，如贵阳大数据交易所、华中大数据交易所、长江大数据交易所、东湖大数据交易中心、上海数据交易所等。这些机构建立了数据交易平台，为数据交易提供服务。国家应当鼓励和支持这些数据交易平台的设立和运营，但也不能允许数据交易平台无序发展。

为了实现通过对数据交易平台的监管来监管数据交易的目标，需要对数据交易平台的设立资质和运营规范进行必要的监督，以确保这些数据交易服务机构能够具有服务数据交易的能力，保证数据交易的合规和安全。在监管模式下，政府监管的主要对象是数据交易服务机构，其通过服务机构自治管理和履行必要职责，来实现监管。平台自治管理是风险防范的第一道防线，政府首先要鼓励数据交易平台根据各交易平台的定位和数据交易类型发展出各自的制度规则和安全保障体系，在对数据交易提供服务的同时，实施基本的安全管理。

与此同时，政府应当对数据交易平台进行监督管理，审查和纠正平台自治中可能出现的违法行为或风险漏洞。政府可以适当整合信息产业、市场监督管理等部门的部分职能，建构该专门管理机构。[11] 数据交易平台的自治管理是数据交易监管的基础。数据交易平台作为数据交易服务的提供者，是数据交易安全基础设施的搭建者，也是数据交易最直接的管理者，但数据交易平台本身属于经营主体，因而其管理属于自律管理。数据交易平台应当制定数据交易规则、建立合理

---

[11] 张新宝：《从隐私到个人信息：利益再衡量的理论与制度安排》，载《中国法学》2015 年第 3 期。

的流程和安全管理制度，对平台上进行的数据交易的合法性和安全性实施必要的管理。此外，数据交易平台应当与入驻平台的会员签署数据交易服务协议，确立双方之间权利和义务关系，明确数据交易应当遵循的交易规则和制度。

4. 打击非法数据流通行为

首先，只有合法取得的数据才能进入流通领域，要禁止一切不法取得的数据流通；其次，为了确保国家对数据交易行为的有效监管，只有经过国家批准才能开设相应的数据交易平台，开展数据交易行为，禁止非法设立的数据交易平台的数据交易行为。与此同时，各信息主管部门应当设立举报热线，接受社会投诉，对侵害公民隐私、危害人身和财产安全的数据买卖行为予以行政制裁，对构成犯罪的移送公安和检察机关，打击一切盗卖个人身份信息的行为。

综上所述，数据交易的监管宜采取政府与交易中心合作治理的基本模式，以数据交易中心为纽带，通过对数据交易中心的监管实现对数据交易的监管。在该模式下，需明确数据交易平台的自治管理义务，强化平台自治管理能力。对于具体的交易行为，数据交易平台应指导运用规范的数据流通协议，引导数据提供方与数据接受方开展规范的数据交易；同时，数据交易平台通过数据流通协议明确各方的权利义务，确保流通数据安全，保障个人及国家利益。此外，在经济全球化环境下，应充分关注跨境数据流通。跨国企业的经营活动以及跨境贸易的开展均可能涉及跨境数据流通，跨境数据流通对个人和国家利益所带来的威胁较大，因而应对外国个人数据保护水平进行评估，采取分级分类制度。与此同时，应严厉打击非法数据流通行为，净化数据流通环境。

（三）数据交易的机制

近年来，我国陆续出台了《人类遗传资源管理条例》《数据安全法》《个人信息保护法》等法律法规，以应对这些潜在的风险。信息安全领域的法律体系不断完善，也为真实世界数据利用提出了更高的合规要求。关于数据交易，《个人信息保护法》第10条规定不得非法买卖、提供或者公开他人个人信息。有学者认为，此条款中的"非法"并非指买卖个人数据行为本身"非法"，"非法"是对买卖的限定，是与"合法"买卖相对而言的，亦即不禁止基于告知同意等规则的合法的个人数据买卖行为。《人类遗传资源管理条例》第10条第1款规定禁止买卖人类遗传资源，但为科研行为依法提供或者使用人类遗传资源数据不视为买卖。此外，在《数据出境安全评估办法》出台实施后，涉及重要数据、个人信息的真实世界数据出境已有合规基础和交易路径。对于向境外提供重要数据等情形法规规定数据处理者应当自评估后通过省级网信部门向国家互联网信息办公室申报数据出境安全评估情况。

从真实世界数据交易的关键要素来看，数据交易的机制主要为：

1. 数据产权结构性分置制度

《数据二十条》提出探索数据产权结构性分置制度，包括数据资源持有权、数据加工使用权、数据产品经营权等。有学者认为数据所有权是指依法对数据资产所享有的占有、处分权利，包括（不限于）转让权、修改更正权、被遗忘权、知情同意权、可携带权等。使用权是指对数据进行各种形式的利用的权利，如进行二次清洗加工等。收益权是指对数据资产获取经济利益的权利。在传统交易场景下，通常先明晰产权，后进行交易。但在界定数据产权方面各国面临很大挑战。实际而言，各国都没有采取传统先明晰产权、再发展交易的模式。不同学者曾基于不同角度分析，提出众多数据产权概念，包括数据资产权与数据经营权、大数据有限排他权、数据生产者权、数据控制者权等。有研究人员提出，应适度理解"界权"，建构性的法律界权不应被既有概念形式、体系过度束缚，特别是不应误以为可以甚至必须先找到数据在所有权规范体系中的"定位"，不能指望"体系化""一揽子"的界权方案能够做到毕其功于一役。

2. 数据交易平台机制

目前，我国已建立了多家大型的数据交易所，这些交易所提供了数据交易平台和大数据分析、挖掘、处理等服务。大数据交易所集聚了丰富的数据资源，涵盖了社会、经济、金融、医疗和教育等多个领域的数据，但在探索数据收集、处理和交易的过程中也发现了一些新的问题和挑战。例如，数据权利不明确，对于数据的权利属性、权利主体和权利内容缺乏清晰的定义等。此外，在数据采集、传输和存储过程中容易出现问题导致数据安全得不到保障。除了地方大数据交易平台外，产业界也出现了对于来自移动设备的真实世界数据开展交易的平台雏形。以"区动体育"平台为例，当用户使用划船机等运动设备进行运动时，用户的运动强度、心率等数据会被自动收集。依据公众的健康信息价值级别，平台将颁发适当的通证作为激励。用户得以利用这些通证来交易，也可在与该平台合作的商业伙伴处消费，例如，用户购买增值服务或者运动器材可使用通证冲抵现金，让通证在多样化的消费场合发挥效用。平台会将用户的健康运动数据导入人工智能数据研究机构。一方面，经由数据分析后产生的健康运动建议会反馈给用户；另一方面，平台可以基于数据分析结果与高校、保险公司、健康管理公司等展开合作。

3. 定价机制

真实世界数据交易的定价机制尚没有形成成熟的规则。通常而言，定价问题受到交易对象、供求是否充足、数据排他性、是否信息不对称等因素影响。在一个供需相对稀少的市场里,由于交易的双方都能够对价格产生影响,所以主导价格的因素不再是供需,而是供需双方的议价能力。当待交易的数据排他性不强时,数据价值由数据供应方的最低价格确定,即数据的固定费用和可变费用的总和,再乘以供应方希望从交易中获得的利润比例和折旧系数。如果待交易的数据具有标杆性质,即数据一旦被某方获取使用,将极大地降低其对其他可能使用者的价值,或者在数据被多方获取后对所有获取者的价值都将下降,这种情况下数据的价格可由拍卖决定。

4. 数据交易模式

在现阶段,根据数据交易机构的实际操作,可以从中发现两种主流的交易模式,同时也是数据交易机构发展的两大关键策略:一种是数据撮合交易模式,也常被人们称为"数据市场",这种模式近似于传统的集市。在这种交易模式下,数据交易机构主要是把稍做处理的基础数据作为交易对象,并不会对数据进行深度的信息挖掘分析,只是将已经收集和整合好的数据资源直接进行销售。在数据交易所或数据交易中心初期的发展过程中,绝大多数的数据交易所或数据交易中心都将这种交易模式作为主要发展路线。这种交易模式遇到的问题是,交易方往往通过数据交易所接触到一些客户,而实际的交易过程则绕过数据交易所或数据交易中心,由买卖双方自行处理。另一种是数据增值服务模式。

在这个模式中,数据交易的组织不只是把买方和卖方连接起来,还会根据用户多样化的需求对大数据原始资源进行清洗、分析、建模、可视化等操作,从而打造出定制化的数据产品,并供给需求方。相比之下,数据增值服务模式具有两个优势:首先,数据增值服务机构能够替代客户从大数据中提取密度低但价值高的数据,为其节省成本;其次,提供数据增值服务的服务商需要确保数据的合法性,从而降低数据需求方的法律风险。在当前一些法律法规尚不完备的情况下,通过与数据增值服务提供商签订合同或协议,数据需求方能够有效规避困扰数据交易的数据隐私保护等问题,从而使数据交易市场得以有效运行。

5. 数据交易相关技术

分布式数据分析技术可用于处理大量的真实世界数据,并促进数据的共享或交易。其优势在于研究人员可以将来自不同医疗机构和实验室的数据进行汇总和分析,仅交换汇总数据或匿名数据,而无须泄露患者个人隐私信息。这些非个人数据在参与站点本地生成,然后使用 F. 20 分析[12]等方法在不同站点合并。然

---

[12] 站点合并中某类分析方法的编号,通常涉及干扰管理、资源优化或性能评估。

而，这种数据共享方法也存在一些局限性，例如，由于数据是匿名化的，往往无法剔除重复数据；执行亚组分析的可能性有限；等等。使用区块链技术可以使数据交易更加安全可靠。区块链技术的特质包括防篡改、可溯源和去中心化等，这使其在各类数据交易情境中具有广泛应用潜力。与传统中心化数据存储方式相比，基于区块链技术的数据共享平台不受节点故障的限制，因此数据丢失的风险降低。同时也可以确保发生在平台内的所有交易行为都是防篡改和可追踪的，这进一步提升了数据享平台的可靠性和安全性，有望为医学研究和临床实践提供更好的数据基础。

6. 数据信托方式

数据信托是促进数据交易的一种数据资产管理方式，在数据信托体系中包括委托人和受托人。委托人既可能是信息数据的直接生产者，也可能是公众、政府部门、社会团体等信息的直接所有者或实际控制者。因时间、能力、技术条件限制等，委托人可将所掌握的全部信息资源和（或）部分信息权利委托给满足资质要求的受托方。受托方扮演着信息的加工"生产服务商"的角色。通过数据汇聚、数据挖掘，受托人提高了数据的使用价值，能够进一步增强与其他主体议价的谈判能力，可代表受益人更好地执行决策，包括确定交易对象，是否交易数据，如何开放、共享和交易数据等，数据信托在国外医疗机构中已有所应用。例如，INSIGHT 公司[13]作为数据信托咨询委员会被委托负责管理英国 Moorfields 眼科医院以及伯明翰大学医院的数据，INSIGHT 公司通过对用户访问请求的审核，保证患者和公众的利益得到维护。在传统的数据权力模型中，由于数据主体和数据控制者显著不对等，往往无法完全行使数据主体的权利，导致在数据驱动的时代对个人数据的保护和利用难以达到平衡。数据信托模式有望打破这一困局，其将数据主体定义为委托方，将数据控制者定义为托管方，并通过市场化策略找到保护和利用个人数据的平衡点。这种模式不仅尊重数据控制者的需求，增强了他们在处理数据中的责任，保障了数据主体和数据控制者的合法权益，也尊重了每个参与者的自主权和利益。

---

[13] INSIGHT 是一家信息技术的硬件、软件和服务产品的全球性的供应商，主要是向企业和公共部门机构供应。

第三节 数据的合理利用和限制

数据基础制度建设事关国家发展和安全大局，应维护国家数据安全，保护个人信息和商业秘密，促进数据高效流通使用、赋能实体经济，统筹推进数据产权、流通交易、收益分配、安全治理，加快构建数据基础制度体系。

个人是创造数据的重要主体，大量数据具有个人信息、个人隐私等人格属性。当前数据要素相关制度、技术、立法不完善，隐私泄露事件多发，导致个人不愿共享、流通数据，或提供虚假数据，影响数据价值的释放。平衡数据主体权益保护与数据应用发展，需要推进数据基础制度建设，加强数据处理技术保障，完善相关数据要素立法监督，充分释放数据要素价值，促进数据高效流通使用。数据的合理利用主要应从以下几方面入手：

第一，完善数据产权制度。根据《数据二十条》提出的数据产权"三权分置"方案，建立数据资源持有权、数据加工使用权、数据产品经营权等分置的产权运行机制，逐步完善数据分级分类确权授权使用，为保护个人数据主体权益提供基础性制度保障。

第二，规范数据流转相关制度。在数据收集环节，数据收集主体应切实落实"告知同意"制度，披露数据处理范围、方式和目的，不应涉及非法采购和非法爬取。在数据流通使用环节，相关主体要坚持遵循目的限制原则，在超越数据使用目的时，要主动进行知情通知并取得同意，保证使用数据目的兼容。在数据监管环节，鼓励数字行业和主管机关共同协商、监管数据安全，强化分行业和跨行业协同监管，建立数字行业自律组织，出台数字行业数据管理协议，压实企业数据安全管理责任。设立专门的跨境数据保护机构，依托现有国际组织及其制度开展积极合作，加强与其他国家的调查合作与司法协助，完善中国跨国企业合规自律。[14]

第三，健全数据要素收益分配制度。发挥政府的引导作用，开展"数据财政"试点工作，探索收益分配与再分配制度，推动数据要素收益向数据价值创造者倾斜。同时，要防止资本在数据领域无序扩张形成垄断，建立体现效率、促进公平的数据要素收益分配制度。

---

[14] 齐爱民：《拯救信息社会中的人格：个人信息保护法总论》，北京大学出版社2009年版，第286页。

一、数据的合理利用

（一）以国家安全为合理利用基本原则

《数据安全法》维护国家主权、安全和发展利益，该法第 21 条明确规定了数据分类分级保护机制，这是我国数字治理的典型特征。数据交易不能脱离法律的限制，在现有数据类型化的基础之上，数据交易法律制度应当明晰数据交易范围，包括绝对禁止和相对禁止交易的数据类型。核心数据是绝对禁止交易的数据类型，其具有明显的国家主权属性，关系国家安全、国民经济命脉、重要民生以及重大公共利益等，反映了国家的核心利益。例如，有关国防科技等核心数据，一旦泄露，可能严重危害国家安全。我国对国家核心数据实行更加严格的管理制度，将其纳入禁止交易的负面清单。相对禁止交易的数据类型包括重要数据和个人数据等。我国立法对重要数据概念的外延还有待进一步明晰，数据交易供需主体应当对重要数据交易行为更为谨慎。根据《网络安全法》和《数据安全法》的规定，公共通信和信息服务、能源、交通、水利等领域属于关键信息基础设施领域，相关运营者在我国境内运营中收集和产生的重要数据应在境内存储，向境外传输需要申报并进行安全评估。数据出境安全评估是我国首创的制度，符合要求的数据处理者需要向境外提供重要数据和个人数据时必须进行申报，由国家网信部门进行安全审核。

在取得个人数据主体和数据交易提供方知情同意的前提下，可以按照市场交易规则进行个人数据交易。数字经济时代，个人数据可能是数据交易的未来。个人数据具有可让与性，这意味着个人数据主体有权决定自己的个人数据的利用方式，应当允许个人数据主体将个人数据作为商品进行流转并获得财产性权益。个人数据主体参与了数据交易的一级市场，有权签订有关合同，属于个人意思自治的范围。数据处理者往往向个人数据主体提供报酬或者折扣以取得个人数据主体的授权。如电子商务平台用户自愿使用个人数据注册会员以此来换取商品折扣。再如，植入式和可穿戴芯片的使用也在数据市场中产生用户自愿创建和交换的个人数据列表。因此，如何防止"一次同意，终生后悔"是个人数据保护的重中之重。数据交易供需主体应遵循个人数据保护法律的要求，确保交易数据的合法性。数字经济发展的社会大背景下，既要鼓励数据的开发、利用和共享，以促进数据产业的发展，也要提高对个人信息的保护关注度，在法律法规层面上，完善保护规则。[15]

合法性基础判断不仅建立在个人数据主体的知情同意以及授权之上，还涉及使用目的和使用行为是否符合法律规定等因素。一方面，作为交易标的的数据应合法取得，符合数据来源合法的要求；另一方面，数据所载的信息应在法律允许的范围之内，符合数据内容合法的要求。换言之，数据交易制度应同时满足个人数据主体的权益保护需求和信息共享的社会需求。个人数据交易风险保护机制是解决数据交易合法性问题的关键路径，只有同时满足个人数据主体权益保护和信息共享的需求，才能降低个人"有限理性"的消极影响，才能提高数据的利用效率。

首先，个人数据安全风险保护应以场景化为基本进路。场景完整性理论将个人数据保护与特定场景联系起来。个人数据安全风险的高低被证明在很大程度上依赖于场景元素，包括但不限于个人数据的使用手段和目的等。个人数据安全风险保护规则设计应采用基于数据处理场景和处理目的的综合考量方法。我国《个人信息保护法》也体现了此种风险保护方法，第55、56条引入数据保护影响评估制度，为敏感个人数据处理、个人数据自动化决策等对个人权益有重大影响的个人数据处理活动设计影响评估条款。在数据交易场景中，敏感个人数据的可交易性判定应当充分考虑敏感个人信息处理的损害风险程度。

其次，匿名化法律标准的完善是个人数据交易风险保护机制中的重要环节。《个人信息保护法》第4条第1款规定个人信息不包括匿名化处理后的信息，该规定成为数据交易的关键前提和制度指引。个人数据进行有效的匿名化处理之后，将在一定程度上减少个人数据与身份的关联性，达到无法合理识别个人从而降低交易风险的效果。我国的匿名化标准尚需在《个人信息保护法》的基础之上进一步明确。相对的个人信息匿名化标准是更为合理的法律标准，"合理可能的不可识别"应被纳入法律认可的匿名化效果范围，建立动态化去标识机制。同时，数据处理者需承担定期评估风险义务并受到合同约束。此外，不同类型的数据之间的转化，应结合关联程度、重要程度、敏感程度以及特定处理场景对数据交易范围作出判断，在最大限度上保障个人数据主体的基本权益和数据交易市场的安全、有序。

（二）以明确数据权属为前提

数据的合理利用建立在明确数据权属的必要性上。目前，大数据已经成为各

---

[15] 王利明：《人格权重大疑难问题研究》，法律出版社2019年版，第671页。

国重要的生产资料和核心资源。相关数据资源一旦进入市场流通领域，必然会出现对数据权利的再分配。如果没有相应的分配机制，就会出现各种利益纠纷。一旦发生利益纠纷，将对数据资源的保护、开发和利用产生很大的负面影响，直至威胁国家利益。因此，明确数据权属是十分必要的。

1. 数据资源的有效开发和利用

（1）数据表现为资源。在社会实践中，数据能够被人类开发和利用、满足人类生产生活的需要，同时具有使用价值和价值。

（2）数据资源具有动态属性。从历史的角度来看，资源的范围和类型随着人类发展能力的变化而变化。因此，随着数据处理技术的发展，无法处理的原始数据经过处理后可能具有满足人类需求的价值。

（3）数据是国家的重要战略资源。例如，数据已被美国、中国等国家列为国家重要战略资源。

2. 数据相关主体的利益协调

在数据资源应用过程中，关于利益协调主要有两个层次：

（1）个人之间的利益协调。数据资源的应用涉及多个主体，包括数据主体、使用主体、处理主体等。这些主体的利益不能协调，就会导致一些主体退出，最终失去相应的社会价值。

（2）个人利益与社会利益的协调。它是指个人利益与社会利益的平衡机制。在实现个人利益最大化的同时，社会利益不能为负。在数据应用和开发过程中，既要追求个人利益的最大化，又要保证社会利益的最大化。

3. 激励数据应用开发技术创新的需要

知识与技术的创新是经济发展的核心。目前，数据开发利用过程中出现了个人数据安全、国家主权安全、企业数据纠纷等问题，基本上都是权利归属不清造成的。例如，数据开发利用过程中的纠纷，在司法层面往往依据《民法典》《知识产权法》《反不正当竞争法》来解决。但是，由于上述法律制度有其特定的立法目标和保护对象，因此无法实现数据纠纷裁决的公平正义。最终，绝大多数企业只能通过协商途径来解决。这极大地影响了企业在数据开发和技术研发方面的投入和相应的积极性。因此，只有确定数据权利的归属，才能保护和激发数据资源生产者和开发者的积极性与创造性。

二、数据利用的限制

数据依据其来源可分为商户（非个人主体）数据、个人信息数据；依据公开程度，可分为公开数据和非公开数据。按行为规制的思路构建数据公平利用制度，需要针对不同类型的数据分别设计利用规则。

（一）商户数据的利用应以市场自治与竞争公平为限

对于商业（非个人主体）用户数据的利用，应在尊重私法自治与市场调节的基础上，适用竞争法规范。商业主体对数据的价值通常有足够的认知，可以作出较为理性的决策。例如，在某商家与某中小互联网企业的合作中，商家会充分考虑数据的价值，就销售数据供谁使用、是否可以共享数据等问题，与作为数据控制者的互联网企业进行协商谈判。如果商家在谈判的过程中未能充分考虑数据的价值，那可能是因为相关数据的价值不大，没有必要予以考虑，也可能是因为商家缺乏商业意识，没有认识到数据的价值。但是，无论何种情形，都无须干预商家的选择，而应由商家为自己的决策负责。

在不存在市场支配力量的背景下，数据公平利用的良好秩序通常能够自发形成。数据企业会愿意就数据的利用问题进行协商谈判，并根据数据的价值为商家提供相应的对价。如果数据企业无视商家的合理诉求，商家完全可以与其他数据企业合作。由于数据具有非竞争性和非排他性，数据企业有动力共享数据，甚至会与商家免费共享某些数据。实践中，不少平台都会向平台中的商家免费提供销售数据、公众号的运行数据，或者向商家开放其 API。数据企业向尽可能多的合作者开放其数据生态系统，既能帮助合作商家盈利，也有利于数据企业自身的发展。通过数据开放与共享，数据企业可以帮助其下游商家更好地了解经营情况，也可以吸引更多合作伙伴入驻和停留，形成具有规模效应的数据生态。在经济学理论中，企业采取的这类策略也被称为"互补效率内部化"。

当然，数据市场离不开竞争法的监管。但是，无论适用反不正当竞争法，还是适用反垄断法，监管都应是事后的行为监管。在此意义上，"欧盟数据法提案"所建构的数据公平利用制度显然并不合理。该提案并未对个人信息数据与商家数据作出区分，不仅主张赋予商业用户数据访问与利用权，还对数据持有者、数据接收者分别施加了各种义务。此外，该提案还对企业间的数据共享合同、涉及中小微企业的各类数据合同进行了限制，规定在合同条款中、合同履行期间或合同终止后的合理期限内，数据企业限制中小微企业访问与利用权的条款，属于"单方面强加给微型、小型或中型企业的不公平合同条款"。这类规定将严重损害数据市场的公平与效率。一旦将数据访问与利用权上升为不可放弃、不可交易的法定权利，数据企业为确保其行为合规，就不得不采取更多措施、花费更多成本。同时，数据企业之间基于自愿原则和互惠原则的数据合作，也可能被认定为违法。

（二）个人数据的利用应以追求实现治理公平为限

对于来源于个人的数据，应从"个人—数据企业""个人集合—数据企业"两个维度设计相关规则。在"个人—数据企业"维度，个人与数据企业在信息获取与认知决策方面处于不平等状态，不能期望基于个人信息所有权的市场交易方案能够实现数据公平利用。可以考虑引入信息信义义务原则，构建以维护个体利益为核心的信息处理者责任制度。信息信义义务不同于一般信义义务，也与财产法领域的信托存在巨大差异。信息信义义务成立的逻辑前提，是信息个体与信息处理者在信息能力上不平等。

为此，信息信义义务强调的不是个人的意思自治或信息自决权，而是信息处理者应谨慎处理个人信息并承担勤勉义务。在各国的个人信息保护理论与制度实践中，信息信义义务获得了广泛的认可，对美国《数据隐私和保护法》和我国立法都产生过重大影响。以往学界在探讨信息信义义务时，强调的是信息处理者应对个体负有保护责任，以确保个人在授权后免受各类侵害。从信息信义义务原则的理论前提和价值取向来看，该义务也可以扩展应用到个人信息的公平利用维度。在信息信义义务原则下，应在一定程度上允许数据企业收集个人信息，但必须严格审查企业对于个人信息的处理是否有益于个人，以保证个人能够更多分享数据利用活动所带来的福利。

第一种方案是为公众参与数据治理提供途径和便利。奥斯特罗姆提出，对于知识等具有公共属性的资源，应通过集体自治来实现资源的共享和公平利用，而不宜将资源的所有权赋予任何一方主体。数据资源的共享与利用，可以借鉴此种模式。只不过，由公众直接参与数据治理，可能无法发挥理想效果。个体所享有的数据权益往往都是微型权益，且绝大部分公众对于直接参与数据治理可能并无兴趣。2012 年，Facebook 曾经邀请其用户针对其数据治理与隐私政策进行投票，但拥有 10 亿多用户的 Facebook 最终只收到了 50 多万张投票。事实上，以集体投票的方式开展数据治理，难以得到绝大多数用户的响应，却有可能吸引少数具有极端偏好的用户参加，导致投票结果仅能反映少数用户的利益需求。因此，公众间接参与数据治理的模式相对而言更加可行，未来可以考虑在数据企业的决策层中引入一定比例的、代表普通用户利益的专业人员，以强化企业数据治理的代表性与公共性。

第二种方案是数据公共信托。胡克指出，个人信息汇聚所产生的丰富的收益"流向了那些最能利用这些信息集合的公司"，造成了"隐私侵害、经济剥削、结构性不平等"等问题；仅仅通过个体对自身信息的控制，或者仅仅通过对数据企业的治理，难以有效解决数据公平利用问题，而引入公共信托理论，可以对数据进行更为公平和有效的管理。在数据公共信托中，数据企业对数据拥有部分控制权，可以进入数据市场从事交易等商业活动，但数据的所有权和最终管理权为国家所有，国家应对数据滥用等行为进行管理，确保数据得到有效利用。公共信托最初应用在自然资源管理领域，如今也在诸多数据治理场景中发挥作用。例如，美国纽约强制要求"优步"和"来福车"等共享出行公司向纽约市公共机构披露接送乘客的具体时间、起始地、目的地、行程里程、行程费用明细、具体路线等运营数据。这些数据将被纽约公共机构用于解决道路拥堵、乘车安全、红绿灯设置等关系到公众利益的问题。西班牙的巴塞罗那创建了一个名为"我们决定"的平台。该市要求收集和利用个人定位数据的服务公司将其数据共享给"我们决定"平台，以建立"新型区域性数据公地，让人们有权收集和分享数据，以应对区域性问题"。

（三）公开数据的利用应以公平利用原则为限

网络平台不仅具有公开性，还具有互联互通的特征。任何人只要接通了互联网，就等于默认进入了一个公共领域，在这个公共领域中，数据或信息具有一定的公有物特征。对于这类公开数据，在适用上文建构的利用规则之余，还需额外设计有针对性的制度方案。

首先，应避免在公开数据之上设置排他性权利，同时需要克减平台企业对公开数据的控制权。为私人所控制但向公众开放的资源，即使是有形财产，私人也不应享有绝对的控制权。例如，商场内的开放商铺不得歧视特定的消费群体，不得阻止某些顾客进入商铺消费。对于具有非排他性与非竞争性的公开数据，数据企业的控制权更应受到限制，因为对于公开数据的常规访问，并不会妨碍数据价值的实现。控制公开数据的企业，虽然不能主张对位于公有领域的数据享有类似财产权的权利，但可以在后台对数据进行保护，如通过设置机器人协议来防止某些恶意爬虫行为。

其次，在技术可行的条件下，应当赋予平台内商家以数据访问与利用权。不过，此种数据访问与利用权与"欧盟数据法提案"中的数据访问与利用权有所不同。对于网络平台上的公开数据，商家本来就可以无障碍地访问与利用，这相当于商家已经在事实上拥有了数据访问与利用权。在制度层面明确赋予商家此类权利，并不需要平台企业开发额外技术或承担额外成本，却能有利于平台企业连接更多商家，打造更具规模与更有活力的数据生态系统。需要讨论的是，平台可能出于竞争目的与商家签订协议，阻止平台内商家将数据迁移到与其有竞争关系的平台上。

再次，有必要确保个人信息携带权的落地实施。目前，《个人信息保护法》第45条第3款规定了个人信息携带权（转移权），指出"个人请求将个人信息转移至其指定的个人信息处理者，符合国家网信部门规定条件的，个人信息处理者应当提供转移的途径"。与商家对平台数据的访问与利用类似，个人访问其位于公开网络平台上的数据，不会给平台带来额外负担。但是，与商家的数据访问与利用权相比，个人信息携带权的赋权程度更高。个人信息是社会交往、社会治理的工具，也是数字经济时代的资源。[16] 个人不但可以访问与利用其个人信息，而且有权要求第三方平台接收其信息，并且平台无法通过用户协议排除此种权利。即使个人违反用户协议，平台也无权向个体追究违约责任。原因在于，商家可以就其数据的利用问题与平台进行协商，而个人往往不具有与平台协商谈判的能力。保障平台上个人用户的个人信息携带权，能在一定程度上矫正个人与平台在信息利用能力上的不平等，促进数据公平利用。

最后，应确立反思性、动态性的数据治理机制，为实现数据收益的分配公平奠定基础。关于如何实现数据收益的公平分配，《数据二十条》提出了原则性意见，包括但不限于充分发挥市场在资源配置中的决定性作用，健全数据要素由市场评价贡献、按贡献决定报酬机制；建立健全更加合理的市场评价机制，促进劳动者的贡献和劳动报酬相匹配；推动数据要素收益向数据价值和使用价值的创造者合理倾斜。

| 引例分析 |

深圳市中级人民法院一审判决简亦迅公司刊登声明消除影响、赔偿微梦公司经济损失2000万元及维权合理费用27.27万元。广东省高级人民法院二审认为，微梦公司对依法依规持有的微博数据享有自主管控、合法利用并获取经济利益的权益，简亦迅公司采用欺骗性技术手段抓取其本无权调用的后台数据，并予以存储、售卖，有违公平、诚信原则和商业道德，扰乱了数据市场竞争秩序，严重损害了微梦公司和消费者的合法权益，构成不正当竞争。综合简亦迅公司实施被诉行为持续时间长、调用微博数据规模巨大、损害后果严重等因素，一审判赔数额合法合理，遂维持原判。[17]

---

[16] 高富平：《个人信息使用的合法性基础——数据上利益分析视角》，载《比较法研究》2019年第2期。

[17] 广东省高级人民法院民事判决书，（2022）粤民终4541号。

思考题

1. 请简述数据交易的概念及数据市场交易参与者的类型。
2. 请简述数据交易的类型。
3. 请简述数据交易的原则。
4. 请简述数据合理使用的限制。
5. 光某公司与三某公司同为摩托车生产、出口企业。2019年4月17日，三某公司与第三方数据公司订立合同，约定购买摩托车出口量前十位的企业数据。第三方数据公司向其提供了含光某公司在内的多家摩托车企业每次出口报关详情信息，包括出口目的地、规格型号、排量、美元单价、美元总价、申报数量等21项具体项目。被告三某公司接收上述信息后，认可第三方数据公司的交付行为，同时向第三方披露、使用了光某公司的上述信息。光某公司向法院起诉，主张三某公司非法获取并使用其商业秘密，请求判令三某公司立即停止侵权，并赔偿光某公司经济损失300万元。

请思考法院应如何进行判决？

第八章　数据跨境流动

引例 | 左某诉爱利琴商务咨询（上海）有限公司、雅高股份有限公司个人信息保护纠纷案

雅高公司为一家注册地在法国的跨国酒店管理集团。2021年，原告左某通过雅高公司的关联公司爱利琴公司运营的公众号"雅高A佳"，购买了该集团运营的酒店的会员卡。2022年，左某通过雅高公司的App"ACCOR ALL"预订了位于缅甸的某酒店，在预订过程中提交了姓名、国籍、电话号码、电子邮箱地址、银行卡号等个人信息，并勾选了"ACCOR ALL" App的《客户个人数据保护章程》。事后，左某发现，根据该章程，其个人信息将被共享至全球多个地区和接收方，但并未明确具体主体和地域范围，且未提供撤回授权或行使相关权利的便捷渠道。左某认为上述安排已侵害其个人信息权益，遂诉至法院，请求判令爱利琴公司、雅高公司提供接收方信息、删除个人信息、公开赔礼道歉并赔偿经济损失。

思考：法院应如何判决？

在数字经济蓬勃发展与全球化深入推进的时代背景下，数据跨境流动已成为国际经济交往的核心要素与关键环节。作为数字经济时代的基础性战略资源，数据的跨境流动在促进国际经贸合作、优化全球资源配置的同时，也衍生出数据安全、隐私保护、主权冲突等一系列法律与治理问题。基于此，系统梳理数据跨境流动的概念内涵，剖析其基本特征，不仅有助于构建数据跨境流动法律规制的理论框架，更是为完善相关法律制度、平衡多元价值诉求提供重要学理支撑与实践指引。

数据跨境流动是推动新一轮全球化浪潮的内在动力，也是数字贸易优势的主

要来源之一。[1] 数据跨境流动不仅促进了全球信息的共享和交流，还推动了国际贸易和投资的增长。数据跨境流动有利于激励创新、提高生产力，是发展新质生产力的重要引擎。[2] 例如，数据跨境流动为企业提供了更广阔的市场和更多的商业机会，促进了跨境电子商务的蓬勃发展。此外，数据跨境流动还在医疗、教育、科研等领域发挥着重要作用，促进了全球知识和技术的传播。然而，数据跨境流动也带来了诸多风险和挑战，数据隐私和安全问题尤为突出。不同国家和地区对数据保护的制度规定存在差异，导致数据在跨境流动过程中容易出现隐私泄露和数据滥用的风险。同时，数据主权问题也引发了广泛关注。部分国家通过数据本地化政策来保护本国的数据主权，也在一定程度上限制了数据的自由流动和国际合作。

第一节 数据跨境流动的概念和特点

一、数据跨境流动中的基本概念

数据跨境这个概念最早出现在 1980 年，由一份国际文件 Guidelines on the protection of Privacy Trans border Flows of Personal Data 提出，其含义为"个人数据的移动跨越了国家边界"，并称数据跨境流动"将国家置于危险境地"。[3] 数据跨境流动的本质就是数据跨越国境进行移动和流转，意指在一国内生成的电子化信息记录被他国境内的私主体和公权力机关读取、存储、使用和加工。[4]

国际上对"数据跨境流动"并没有统一界定，从国际组织及其他国家对数据跨境流动的管理规定与制度来看，数据跨境流动一般界定为跨越国界对存储在计算机中机器可读的数据进行处理、存储和检索，一般有两类理解：一是数据跨越国界（流出和流入）的传输与处理；二是数据虽然没有跨越国家，但能够被第三国的主体访问。[5] 作为范本的是被美国废止的《跨太平洋伙伴关系协定》

---

[1] 高疆、盛斌：《跨境数据流动与数字贸易：国内监管与国际规则》，载《国际经贸探索》2024 年第 6 期。
[2] 杨松、汪宓：《数据跨境流动国际规则的困境及应对》，载《社会科学辑刊》2025 年第 3 期。
[3] 胡海波、耿骜：《数据跨境流动治理研究：溯源、脉络与动向》，载《情报理论与实践》2023 年第 7 期。
[4] 张莉：《数据安全与数据治理》，人民邮电出版社 2020 年版，第 134－135 页。
[5] 胡海波、耿骜：《数据跨境流动治理研究：溯源、脉络与动向》，载《情报理论与实践》2023 年第 7 期。

中对"数据跨境流动"作出的定义，这个定义成为各国谈判过程中引用最多的定义，即"通过电子方式跨境传输信息"。

各国法律也没有对"数据跨境"作出明确的法律定义。举例来说，GDPR 限制了"向第三国或国际组织传输个人数据"的行为，而"第三国"是指欧盟成员国和欧洲经济区国家（不包括挪威、冰岛、列支敦士登）以外的国家，这些国家已经通过了实施 GDPR 的国内法律；日本《个人信息保护法》中则规定了"向国外的第三方提供个人数据"的限制；新加坡《个人数据保护法》规定数据跨境流动是指数据被流转到新加坡以外的地域。而大部分法律法规均没有详细解释或规定什么是"跨境数据流动"或"数据出境"。

虽然国际社会对"数据出境"的界定不尽相同，但综合各方表述，不难发现"数据出境"蕴含着三个核心元素：一是出境的数据是个人数据或存储在计算机中的电子数据；二是出境的样态为任何一次或连续性的传输活动；三是出境的方式既可以是主动出境，即数据从一国传输到另一国，也可以是被动出境，即境内数据被境外主体访问、查询和下载。[6]

数据跨境流动的特点主要包括以下几个方面：第一，数据跨境流动具有高度的复杂性和多样性。不同国家和地区对数据保护和隐私的法律法规存在显著差异，这使得数据跨境流动需要遵循多种法律框架和合规要求。例如，GDPR 对数据跨境流动提出了严格的要求，而美国则相对宽松，但在涉及关键技术和安全领域时也采取数据保护主义措施。第二，数据跨境流动涉及数据主权和国家安全问题。数据主权是国家对其境内数据的控制权和管理权。随着数据成为国家重要的战略资源，许多国家采取数据本地化措施来保护其数据主权，防止数据外流对国家安全造成威胁。从当前数据跨境流动立法来看，反映数据主权壁垒的数据安全保护要求包括个人信息保护、数据安全保护、数据隐私协议、国家安全保护四个方面。[7] 第三，数据跨境流动还面临隐私风险、管理风险和战略风险等多重挑战。随着全球化和数字经济的发展，跨境数据流动带来的隐私泄露、数据滥用和网络安全问题日益突出。为了应对这些风险，各国需要加强对数据流动的规范，促进国家间的合作与共识。

数据跨境流动中的相关术语可作如下解释（见表 2-8-1）：

---

[6] 陈斌彬、王斌楠：《数据主权视阈下我国数据出境的法律规制及完善》，载《华侨大学学报（哲学社会科学版）》2024 年第 2 期。

[7] 姚天、王宇：《数据主权视阈下的数据跨境流动及中国因应》，载《国际商务（对外经济贸易大学学报）》2025 年第 2 期。

表 2-8-1 数据跨境流动中的术语

术语名称	术语含义
数据主权	数据主权是指国家对其境内数据的控制权和管理权，包括对数据的存储、处理、传输等方面的法律和政策规定，旨在保护国家安全和利益
数据隐私	数据隐私涉及保护个人数据不被未经授权的访问、使用或披露，各国在数据隐私保护方面有不同的法律和标准，尤其是在跨境数据流动中，如何平衡数据隐私与数据自由流动成为一个重要议题
数据本地化	数据本地化是指要求数据在特定国家或地区内存储和处理的政策，这种政策通常是为了保护国家安全、数据隐私以及促进本地经济发展
数据安全	数据安全涉及保护数据免受各种威胁，包括网络攻击、数据泄露和未经授权的访问，数据跨境流动增加了数据安全的复杂性，因为数据在传输过程中可能面临不同的法律和技术环境
数据治理	数据治理是指对数据的管理和控制，包括数据质量、数据安全、数据隐私等方面的政策和实践，有效的数据治理是确保数据跨境流动安全和合规的关键

以上这些术语共同构成了数据跨境流动的基本概念和特点，反映了在全球化背景下，数据治理和保护所面临的复杂挑战。

二、数据跨境流动的特点

（一）复杂性

数据跨境流动的复杂性主要体现在法律、技术和管理等多个方面。首先，在法律层面上，不同国家和地区对数据跨境流动的法律规定存在显著差异，这导致了数据流动过程中需要遵循多重法律框架，增加了合规难度。GDPR 对数据跨境流动有严格的规定，而美国则采取相对宽松的政策，这种法律环境的差异使得跨境数据流动面临复杂的法律挑战。在技术层面，数据跨境流动涉及数据的存储、传输和处理等多个环节，每个环节都需要确保数据的安全性和完整性，特别是对于非结构化数据的处理。其次，深度学习先进技术的应用虽然提高了数据处理的效率，但也增加了技术实现的复杂性。在管理方面，跨境数据流动需要协调多个利益相关者，包括政府、企业和用户等。各方在数据主权、数据保护和数据利用等方面的利益诉求不同，增加了管理的复杂性。例如，发达国家和发展中国家在数据本地化和数据主权方面的立场不同，导致了跨境数据流动政策的分歧。同时，国家间缺乏统一的监管框架和合作机制，也使得跨境数据流动的管理更加复杂。

总之，数据跨境流动的复杂性不仅体现在法律、技术和管理学多重挑战上，还涉及各国在数据主权和数据保护方面的不同立场和政策，这些因素共同构成了数据跨境流动的复杂性。

（二）全球性

数据跨境流动在全球范围内具有显著的影响力。在当前的数字化浪潮中，数据作为新时代的基石资源，对推动全球经济社会的发展起到了至关重要的作用。[8] 在国际关系层面，数据跨境流动的治理成为各国博弈的新领域。发达国家和发展中国家在数据主权和数据安全方面的立场往往存在显著差异，这种差异可能引发国家间的法律冲突和政策摩擦，不仅影响跨境数据流动的效率，还可能对全球数字经济的协调发展产生负面影响。在经济发展层面，数据跨境流动为企业提供了更广阔的市场和更多的商业机会。通过跨境数据流动，企业可以更有效地进行全球资源配置，提升运营效率和竞争力。然而，数据跨境流动也带来了数据安全和隐私保护的风险，要求各国在制定相关政策时平衡数据自由流动与安全保护之间的关系。

可见，数据跨境流动的全球性不仅体现在其对国际贸易和投资的促进作用上，还反映在各国政策和法律框架的协调与冲突中。如何在保障数据安全的同时促进数据的自由流动，成为全球治理的重要议题。

（三）动态性

数据跨境流动的动态性体现了其在全球化背景下的不断变化和发展。随着数字经济的迅猛发展，数据跨境流动的规模和频率显著增加，带来了诸多挑战和机遇。数据跨境流动的动态性反映在其法律和监管环境的不断变化上。不同国家和地区对数据流动的法律规定和政策措施不断调整，以应对新兴的技术和安全威胁。数据跨境流动的动态性还体现在技术手段的不断创新上。深度学习和机器学习等先进技术被广泛应用于数据分类和风险评估，提升了数据管理的效率和准确性。此外，数据跨境流动的动态性也受到国际合作和竞争的影响。各国在制定数据流动规则时，不仅要考虑自身的安全和利益，还需协调国家间的合作，以促进数据的自由、安全和有序流动。

---

[8] 王鹏：《探索数据的力量：数字经济时代的领航之旅》，载中国日报网，https：//column.chinadaily.com.cn/a/202404/01/WS660a57eaa3109f7860dd7ced.html。

三、总结

数据跨境流动作为数字经济时代的重要组成部分，涉及多方面的法律和政策问题，包括数据主权、数据安全、隐私保护等。这些问题不仅影响国家间的数据流通，还对国际投资和贸易产生深远影响。数据跨境流动的治理还需要平衡数据保护与数据自由流动之间的关系。不同国家和地区在数据保护和数据流动方面采取了不同的策略，例如 GDPR 和美国的自由数据流动政策。这些策略的差异导致了全球数据治理的复杂性和多样性。

在实际操作中，数据跨境流动的监管模式也各不相同。例如，中国在数据跨境流动方面采取了数据本地化措施，以维护国家数据主权和安全。此外，国家间的数据流动还面临着法律碎片化和管辖权冲突等问题，这些问题需要通过加强国际合作和制定统一的国际规则来解决。

第二节　数据跨境流动法律规制

一、规范数据跨境流动的意义

大数据时代，数据已经成为重要的生产要素，数字产业日益成为推动经济发展的重要行业，数字贸易日益增多。据联合国《2017 年世界投资报告》显示，全球 100 强数字化跨国企业 41% 的资产和 73% 的销售额都在海外。[9] 数据中隐含着个人隐私、社会秩序等人与社会的基因和密码，同时还隐藏着国家秘密，关涉个人隐私、社会秩序和国家安全。[10] 因此，必须制定数据跨境流动制度，保护个人隐私、网络空间安全，推动国家经济发展，促进数据规范跨境流动。

（一）维护国家安全

近年来，数字经济活动中的国家安全问题泛化，已突破国家主权与规制权基础上的防御性功能，异化为遏制新兴经济体崛起的进攻性手段。[11] 数据的跨境流动背后不仅涉及个人隐私的保护，更涉及国家数字产业经济的竞争力、国家的

---

[9] 石静霞、张舵：《跨境数据流动规制的国家安全问题》，载《广西社会科学》2018 年第 8 期。
[10] 刘明奎：《数据安全视野下中国数据跨境流动的稳慎因应》，载《北方论丛》2022 年第 6 期。
[11] 彭阳：《国际经济治理中的国家安全泛化：法理剖析与中国应对》，载《国际法研究》2022 年第 5 期。

关键信息基础设施的安全等。国家安全应当是数据跨境流动的底线，各国也积极制定政策以防范数据跨境流动带来的国家安全问题。

美国国防部发布的《国防部数据战略》指出，战略的核心目标之一就是通过构建访问控制和最严格的安全标准来保护国防部数据安全，以实现数据推动作用下的联合全域作战，构筑国家安全保护屏障；英国发布的《国家数据战略》通过搭建国家层面的数据安全治理方案，为建设促进增长和可信赖的数据机制提供指导方向，以保障国家安全；欧盟委员会相继发布的《欧洲数据战略》及其配套法案《数据治理法案》提案，力求在欧盟层面建立统一的数据治理框架，以保障数据安全。[12]

(二) 保护个人隐私

个人隐私保护是法律上一直关注的问题，我国作为人口大国，个人数据的数量巨大。2018 年，我国数据总量为 7.6ZB，占全球数据总量的 23.4%；预计将以 30% 的年均增速，在 2025 年达到 48.6ZB，占到全球数据总量的 27.8%，届时我国将超越美国成为全球最大的数据国。[13] 与此同时，个人数据跨境流动也日益呈增长趋势，个人数据和隐私安全问题具有独特的时代挑战性。一方面，个人数据的无形性意味着它具有无限复制并在全球范围内避开物理障碍、自由流动的潜能；另一方面，当前全球已有超过一半人口接触互联网，未来这一覆盖面会以更快的速度扩张，互联网已成为政治、经济、社会等各领域交互的中枢神经，并将时刻记录个人所留下的"数据脚印"，而联机数据分析技术不断成熟，使个人保存在不同信息系统中的"数据脚印"都能通过整合和彼此印证，再现一个人生活的轨迹和全景，使个人隐私无所遁形，产生一种"数据监控"的后果，严重危害个人隐私安全。[14] 制定数据跨境流动规则，严格管控个人数据跨境流动，对个人数据保护具有重要意义。

(三) 促进经济发展

当前，新一轮科技革命和产业变革突飞猛进，以数据为关键生产要素、数字服务为核心、数字订购与交付为主要特征的数字贸易蓬勃兴起，已成为国际贸易发展的新趋势和经济的新增长点，并带动全球产业链、供应链、价值链加速整合

---

[12] 赛迪智库网络安全研究所：《数据安全治理白皮书》2021 年，第 10 页。
[13] 刘绍新：《全球化背景下的个人数据跨境流动》，载《中国金融》2019 年第 28 期。
[14] 陈红娜：《数字贸易中的跨境数据流动问题研究》，载《发展研究》2019 年第 4 期。

优化,大幅降低贸易成本,为全球经济恢复增长注入新动能。[15] 2022年,中国电信、计算机和信息服务贸易规模约为1209.6亿美元,同比增长3.3%。其中,出口规模达829.2亿美元,同比增长7.7%。[16] 中国信息通信研究院数据显示,2022年中国云计算市场规模为4550亿元,较2020年增长40.9%,国际市场份额和全球覆盖范围逐步扩大。不同国家之间的不同数据跨境流动规则会引发冲突,如果数据流入国与数据流出国对数据跨境流动所规定的条件与要求不对等则可能阻碍数据进行跨境流动,由此会引发贸易摩擦。制定数据跨境流动规则,有利于数据发挥最大的经济效益,促进经济发展。

二、数据跨境流动规制面临的困境

(一)数据跨境流动规制的"碎片化"趋势

全球数据跨境流动规则呈现碎片化特征,即不同国家或地区之间关于跨境数据治理的政策法规各成体系、无法兼容,各国的价值理念、技术水平等也深刻的影响着数据跨境规则碎片化特征的形成。有学者认为,出现碎片化的原因在于数字资本主义与数字社会主义之间的较量导致全球数字治理主体难以调和。[17] 也有学者认为,数据跨境规则碎片化主要是数字经济发展水平存在差异、监管目标的多样化、数字技术的政治化、数字保护主义的影响、数据管辖权的扩张。[18]

由于各国经济实力存在显著差异,加之在经济基础上形成的数据价值认知分歧、互联网技术发展水平不均,世界各国在数据跨境流动领域构建了差异化的法律规制体系。一方面,各国基于自身数据安全与发展需求,制定了不同的数据出境规则,部分国家通过限制数据流向特定境外主体或地区,维护本国数据主权;另一方面,国内法规则与区域协定框架下的数据跨境流动规范,以及区域协定成员国与第三方国家之间的法律制度,在数据分类、合规程序、监管标准等方面缺乏协调,导致规则间存在明显的不兼容性。此外,出于维护国家安全、保护公民隐私等主权性考量,部分国家直接禁止特定类型数据出境。上述多重因素叠加,使得全球数据跨境流动规则呈现碎片化特征,严重阻碍数据跨境流动体系的国际兼容性与互操作性。

---

[15] 中华人民共和国商务部:《中国数字贸易发展报告(2022)》,第1页。
[16] 中华人民共和国商务部:《中国数字贸易发展报告(2022)》,第16页。
[17] 王硕:《全球数字治理碎片化的表现、成因与应对》,载《人文杂志》2023年第8期。
[18] 黄家星:《国际数字贸易规则碎片化:现状、成因及应对》,载《太平洋学报》2022年第4期。

（二）数据自由流动与数据安全间存在矛盾

数据自由流动和数据安全之间存在一定冲突，数据自由流动和价值广泛释放的过程常伴随着数据安全和隐私保护问题。[19] 从国家安全视角来看，各国基于本国数据资源、数字技术和国家安全的考虑，在跨境数据流动治理理念、价值诉求、制度规范等方面呈现多样性。治理策略的多样性，加之各国不同的本地化政策和复杂的法律环境，导致跨境数据流动的监管套利行为日益增多。这不仅增加了数据泄露和滥用的风险，还可能对国家主权构成严重威胁。此外，数字技术的进步催生了全球地缘政治竞争形式的深刻变革，重塑了国家安全环境。数字技术发展的南北差异不仅限制了发展中国家利用数据资源推动经济社会发展的能力，还对发展中国家的国家安全和利益构成了潜在威胁。从经济社会发展视角来看，当前数字平台企业掌握着庞大的用户数据、先进的算法与技术，对产业链、价值链具有重要影响，在全球经济活动中的地位日益凸显。在跨境数据流动的过程中，平台企业往往面对不同国家和地区法律、监管和技术标准的差异，这些差异使数据在流动过程中承受很大风险。[20] 从隐私保护视角来看，数据跨境流动增加了数据泄露的风险。个人数据在跨境传输过程中，可能会被不法分子截获、窃取或篡改。特别是在数据传输路径复杂、涉及多个国家和地区的情况下，数据的安全性更难以保障。数据跨境流动还可能导致数据的非法使用和滥用。跨国企业在全球范围内收集、传输和处理个人数据，可能会面临不同国家和地区的法律冲突和监管要求。这些企业在满足各国数据保护法规的同时，可能会非法使用或滥用数据以获取商业利益。例如，一些企业可能会在未经用户同意的情况下，将个人数据用于商业营销或数据分析，侵犯用户的隐私权。

（三）数据跨境流动治理合作难以达成

全球跨境数据流动治理中存在的分歧与冲突在本质上折射出数字经济竞争与国际政治博弈交织并存的时代特征。从经济维度来看，跨境数据流动已深度嵌入产业竞争链条，成为企业获取竞争优势的关键要素。数据的自由跨境流动，能够助力企业实现全球范围内的资源优化配置，提升生产效率与经济效益；然而，各国数字基础设施建设水平参差不齐、数字产业发展差距显著，数据在全球范围内

---

[19] 夏杰长、张雅俊：《数字贸易中跨境数据流动的规制困境与优化路径》，载《经济纵横》2024年第4期。

[20] 卫志民、杨梦、向晖蓉：《跨境数据流动治理：理论逻辑、潜在风险与规制路径》，载《行政管理改革》2025年第2期。

的非均衡流动态势加剧，不仅扭曲了国际市场要素配置机制，也阻碍了全球数字经济的协同发展。从政治维度看，跨境数据流动正悄然改写国家主权的内涵与外延。数据天然具有突破地理边界的特性，其跨境传输过程可能弱化传统基于领土范围界定的主权行使方式，冲击主权国家在数据管理、安全维护等领域的权威性，进而引发各国对数据主权归属、管辖权划分等核心问题的持续争论。

三、全球数据跨境流动规制现状

（一）欧盟

1. 规制思路

欧盟以构建单一数字市场为战略目标，"外严内松"地建立数据规制体系。其数据跨境流动规制的主要思路为：一是以维护个人基本权利为重点。欧盟《基本权利宪章》第 8 条赋予每个人保护其个人数据的基本权利，强调对个人数据的保护并重申对成员国监管机构的监管。二是以制定一体化数据治理制度框架为手段。致力于制定并强化一体化的数据治理框架，试图在欧盟构建统一标准的跨境数据流动规制模式，提升数字经济效率。三是以扩大国际话语权为趋势。欧盟对在数据方面领导和支持国际合作，制定全球标准作出很多努力。只有一国的国内数据保护制度得到欧盟认可，欧盟公民的个人数据才被允许流入该国。[21]

2. 规制框架

2018 年生效的 GDPR 是欧盟保护数据的典型法案，该法案影响了全球数据立法，是欧盟具有自身特征、具有国际影响力的立法之一。其主要目标是消除成员国数据保护规则的差异性，并在"欧洲数据自由流动倡议"框架下消除非个人数据在储存和处理方面的地域限制，推动欧盟范围内的数据资源自由流动。作为机制保障，欧盟成立了数据保护委员会并设置相关协调机制。GDPR 深刻体现了欧盟跨境数据流动的充分保护与限制流动模式。其中"充分性"认定条款是其立法的特色，并给许多国家立法提供了经验借鉴。"充分性"认定是指经过欧盟"充分性"认定的国家或者国际组织，即能对数据提供充分或对等保护且经欧盟认可的数据输入国及国际组织，欧盟会将其列入白色清单内，个人数据便可以自由地在欧盟和列入白色清单内的国家进行自由流动。欧盟的"充分水平保护"标准衡量主要包含数据输入国的立法和法律实施情况及数据主体的权利救济保护；是否设定独立、有效的保证规制实施的监管机构；是否积极履行国际条

---

[21] 李爱君、王艺：《数据出境法学原理与实务》，法律出版社 2023 年版，第 99 页。

约等赋予的国际义务、责任。[22] 通过"充分性认定",确定数据跨境自由流动白名单国家,从而扩大欧盟数据保护立法的全球影响力。

在 GDPR 生效实施后,2018 年 10 月 4 日,欧洲议会投票通过了《非个人数据自由流动条例》,旨在促进欧盟境内非个人数据自由流动,消除欧盟成员国数据本地化的限制。该条例的主要内容包括:明确指出"非个人数据"的内涵;确保非个人数据的跨境自由流动;确保数据在欧盟境内可因监管目的而被跨境使用;鼓励制定云服务行为准则。

(二)美国

1. 规制思路

美国主张以维护数字竞争优势和强化"长臂管辖"为主旨,构建数据跨境监管框架,其思路可以概括为在有限例外的原则下促进数据高效自由地流动。其中,"有限"是指有限的公共政策目标,美国积极推进有利于自身的跨境数据流动规则,在倡导数据自由流动的同时,也对关键领域数据出境施加限制措施。[23] 美国主张跨境数据自由流动的重要原因之一是美国在数字经济和数字贸易上具有很强的竞争优势,充分的跨境数据流动能够使美国利益最大化。近年来,美国在贸易谈判中将"跨境数据自由流动"纳入协议条款,以期打破其他国家的数据出境流动壁垒,尽可能吸收全球数据自由流动带来的数字红利,巩固其霸主地位;[24] 倡导建设无障碍数据流动圈,通过双边和多边机制达成其数据流动的制度安排;以反腐败、反洗钱、反恐怖主义、维护国家安全为由实施跨境执法,旨在全球范围内获取数据。

2. 规制框架

美国 1977 年《国际紧急经济权力法》和 1979 年《出口管理法》是美国出口管制的基础文件,《出口管制条例》则是具体执行《出口管理法》的文件。《出口管制条例》管辖的"物项"包括货物、软件和技术,其中技术的范围非常广泛,包括产品发展、制造和使用所必需的具体信息;"出口"是指管辖物项从美国实际运输或传输。对于电子通信服务和远程计算服务来说,如果《出口管制条例》管辖数据的原始权益人利用云服务进行数据存储或者邮件服务,当该

---

[22] 蔡昕言:《全球数据跨境流动国际法规制现状、问题及解决》,载《争议解决》2024 年第 10 期。

[23] 李爱君、王艺:《数据出境法学原理与实务》,法律出版社 2023 年版,第 85 页。

[24] 孙方江:《跨境数据流动:数字经济下的全球博弈与中国选择》,载《西南金融》2021 年第 1 期。

服务器位于美国境外时,从使用者到该服务器的任何数据传输都将构成出口。

美国政府在 1997 年制定的《全球电子商务政策框架》确立了一套有关跨境数据流动治理的全球准则。在这份文件中,美国明确了政府在一系列与电子商务有关的重要问题上的立场,并且为有关的国际谈判制定了路线图。文件还特别指出为了确保世界各国的不同政策不会阻碍数据跨境流动,美国将会与其主要贸易伙伴展开谈判,以构建解决隐私问题的产业发展方案,并就私人数据处理形成客户满意的市场驱动机制。[25]

2018 年 3 月,美国议会通过《澄清域外合法使用数据法案》。该法案秉承"谁拥有数据谁就拥有数据控制权"原则,打破了以往"服务器标准",而是实施"数据控制者标准",允许政府跨境调取数据。这使数据主权可以超出传统范畴界定,从物理上的空间边界延伸至技术上的控制边界,即以数据的实际技术控制者为效力对象划定主权的效力边界。[26] 2019 年 10 月 3 日,美国与英国就执法部门电子数据跨境获取达成协议,对《澄清域外合法使用数据法案》作了重要补充。根据该协议,在恐怖主义犯罪、儿童色情和其他网络犯罪情形下,特别是在涉及美国的死刑案件和英国的言论自由案件时,两个执法部门可在数据保护法的限制范围内,直接向有关实体跨境调取电子证据数据,而非通过主管部门调取。[27]

(三) 日本与韩国

日本在数据出境监管方面坚持数据主体同意原则,对数据出境的限制条件较少,只对涉及国家安全的敏感或关键数据进行监管。在数据隐私保护方面,日本对《个人信息保护法》予以修订并将于 2023 年 4 月 1 日起正式施行。此次修法为日本对《个人信息保护法》的第三次修改,将该法从 88 条扩充为 185 条。日本《个人信息保护法》《行政机关个人信息保护法》《独立行政法人等个人信息保护法》三法合一,化零为整,地方公共团体的《个人信息保护条例》也将由整合后的《个人信息保护法》进行规定,管辖机构统一为个人信息保护委员会。该法明确了个人信息保护的基本方针,并对个人信息处理者的一般义务、假名加工信息处理者及匿名加工信息处理者的义务进行了界定,还细化了国家和地方公

---

[25] 张生:《美国跨境数据流动的国际法规制路径与中国的因应》,载《经贸法律评论》2019 年第 4 期。
[26] 李爱君、王艺:《数据出境法学原理与实务》,法律出版社 2023 年版,第 86 页。
[27] 何渊主编:《数据法学》,北京大学出版社 2020 年版,第 173 页。

共团体在个人信息保护层面的具体职责和措施。[28] 在日本《个人信息保护法》修订后，日本个人信息保护委员会发布了《个人信息保护法合规指南》，以帮助企业尽早适应《个人信息保护法》修订带来的一系列变化。

日本对于数据出境的政策重点可概括为：一方面，积极推动跨境数据自由流动，参与跨太平洋伙伴关系协定、亚太经济合作组织及其跨境隐私保护规则等数据规则体系。另一方面，积极对接 GDPR 框架，制定相关补充规则以弥合与欧盟在跨境数据流动及数据保护规则方面的差异。[29]

韩国近几年来高度重视数字经济，大力促进 5G 网络建设、人工智能、智能医疗设施等领域发展。在政策推动下，韩国已具备成熟的数据保护法律体系，主要包括《个人信息保护法》《信用信息使用和保护法》《信息通信网络的促进利用与信息保护法》，称为"数据三法"。其中，《信用信息使用和保护法》主要规范信用信息公司的数据处理行为；《信息通信网络的促进利用与信息保护法》主要规范信息通信服务提供者的数据处理行为；《个人信息保护法》在 2011 年出台后经历了多次修订，最新一次的修订于 2023 年 2 月 27 日通过，此次修订直接影响个人信息的收集和使用情况，包括跨境传输、数据处理者的数据转移、数据可携带权和自动化决策等。

（四）中国

中国在全球数据跨境流动治理中，逐步建立起以《数据安全法》《网络安全法》《个人信息保护法》为核心的法律体系，形成了较为系统的数据出境管理机制。《网络安全法》首次设立了我国跨境数据流动管理的顶层制度，明确了关键信息基础设施的个人信息和重要数据应当遵守的四个基本条件，即原则上本地存储、因业务需要、确需向境外提供、安全评估。[30] 这一法律条款为我国跨境数据流动管理奠定了基础，并在《个人信息保护法》《数据安全法》中得到了进一步完善。《数据安全法》确立了数据分级分类管理原则，对重要数据和核心数据提出更高的安全保护要求。对于涉及国家安全、经济命脉、重要民生等领域的数据，法律要求企业在数据出境前必须进行安全评估，确保数据流动不会危及国家利益和公共安全。《个人信息保护法》则进一步细化了个人信息跨境流动的合规要求。企业在办理个人信息出境时，需履行告知义务，获得个人的单独同意，并

---

[28] 朱晓娟主编：《数据合规实务指引》，法律出版社 2024 年版，第 51 页。
[29] 李爱君、王艺：《数据出境法学原理与实务》，法律出版社 2023 年版，第 89 页。
[30] 刘耀华：《我国跨境数据流动管理制度概论——兼析〈网络安全法〉第 37 条的制度构建及意义》，载《"一带一路"法律研究》2021 年第 2 期。

通过安全评估、标准合同、认证等多元化机制以实现合规。标准合同机制为企业提供了合规路径，通过与境外接收方签署标准合同，明确双方在数据保护、权利救济等方面的责任和义务，从而降低合规成本，提升数据流动的可操作性。国家互联网信息办公室公布的《数据出境安全评估办法》进一步阐述了《网络安全法》《数据安全法》《个人信息保护法》中有关数据出境安全评估的适用对象、数据跨境流动程序等问题。[31] 2024年3月，国家互联网信息办公室公布《促进和规范数据跨境流动规定》，该规定主要对下列内容进行了规定：一是明确重要数据出境安全评估申报标准；二是明确免予申报数据出境安全评估、订立个人信息出境标准合同、通过个人信息保护认证的数据出境活动条件；三是设立自由贸易试验区负面清单制度；四是调整应当申报数据出境安全评估、订立个人信息出境标准合同、通过个人信息保护认证的数据出境活动条件；五是延长数据出境安全评估结果有效期，增加数据处理者可以申请延长评估结果有效期的规定。[32]

此外，我国还在探索数据跨境流动安全管理协同机制，构建了以组织协同机制、法制协同机制和资源协同机制为核心的三维模型，并提出了从知识共享、技术实力、文化环境三方面保障数据跨境流动安全管理协同机制运行的措施。在国际合作方面，我国积极参与《区域全面经济伙伴关系协定》的制定，推动数据跨境自由流动，同时强调数据的安全流动，设置了"合法的公共政策目标"和"基本安全利益"例外条款作为限制数据跨境自由流动的依据。这一举措不仅提升了我国在国际数据治理中的话语权，也为我国数字经济的发展提供了保障。

第三节　数据跨境流动规制路径的完善

数据作为新型生产要素，其跨境流动不仅促进了数字创新和经济效率的提升，还在社会福祉的增进方面发挥了关键作用。然而，数据跨境流动的频繁发生，使得各国在数据治理方面面临新的挑战。不同国家和地区基于各自的经济、政治和社会背景，采取了不同的数据跨境流动规则，形成了多样化的监管模式。面对数据跨境流动量的指数级增长，现有法律法规在可操作性方面仍存在不足。如何应对数据跨境流动风险、平衡数据流动的自由与安全，成为亟待解决的

---

[31] 马光：《FTA数据跨境流动规制的三种例外选择适用》，载《政法论坛》2021年第5期。
[32] 《〈促进和规范数据跨境流动规定〉答记者问》，载中国网信网，https://www.cac.gov.cn/2024-03/22/c_1712776611649184.htm。

问题。

一、应对数据跨境流动风险的策略

（一）法律应对策略

在数据跨境流动的背景下，法律应对策略的制定至关重要。以下从法律框架、监管机制和国际合作三个方面探讨应对数据跨境流动风险的法律措施。

1. 法律框架的完善

首先，完善数据跨境流动的法律框架是应对风险的基础。我国已经初步建立了以《网络安全法》《数据安全法》《个人信息保护法》为核心的数据安全法律体系，但在具体实施中仍存在一些问题。例如，现行法律对数据分类分级管理的规定较为原则，缺乏具体的操作细则。因此，有必要进一步细化数据分类分级制度，明确不同类型数据的保护要求和跨境流动条件，以提高法律的可操作性和执行力。其次，针对金融数据、个人数据等敏感数据，应制定专门的法律法规，明确其跨境流动的特殊要求。例如，金融数据因其高度敏感性和专业性，需要在现有法律框架基础上，增加对金融数据跨境流动的特别规定，确保金融数据在跨境流动中的安全性和合规性。

2. 监管机制的强化

在监管机制方面，应建立专门的数据跨境流动监管机构，负责数据跨境流动的审批、监控和评估工作。现有的监管机构职能分散，导致监管效率低下和责任不清。通过设立专门机构，可以集中资源和力量，提高监管的专业性和有效性。此外，监管机制应包括事前审批、事中监控和事后评估三个环节。事前审批主要是对数据跨境流动的合法性和安全性进行审查，确保数据出境符合国家法律法规和安全标准。事中监控则是通过技术手段和管理措施，对数据跨境流动过程进行实时监控，及时发现和处理潜在风险。事后评估则是对数据跨境流动的实际效果和风险进行评估，总结经验教训，完善监管措施。

3. 国际合作的推进

数据跨境流动涉及多个国家和地区，国际合作是应对数据跨境流动风险的重要途径。我国应积极参与国际数据治理规则的制定，推动形成统一的国际数据跨境流动规则，减少各国之间的法律冲突和监管差异。在国际合作中，可以借鉴欧盟和美国的经验，推动建立区域性数据跨境流动机制。例如，借鉴GDPR和亚太经济合作组织的《跨境隐私规则体系》，制定符合我国国情的区域性数据跨境流动规则，促进数据在区域内的自由流动和安全保护。同时，应加强与其他国家和地区的数据保护合作，签订双边或多边数据保护协议，建立数据保护互认机制，确保跨境数据流动的安全性和合法性。通过国际合作，可以共同应对数据跨境流动带来的风险，促进全球数字经济的健康发展。

（二）技术应对策略

在数据跨境流动过程中，技术手段的应用至关重要。以下将从数据加密、数据脱敏、区块链技术、人工智能技术和跨境数据传输协议等方面探讨技术应对策略。

1. 数据加密

数据加密是保障数据在跨境传输过程中安全性的重要手段。通过对数据进行加密处理，可以有效防止数据在传输过程中被非法截取和篡改。加密技术包括对称加密和非对称加密，对称加密算法如 AES（高级加密标准）适用于大数据量的加密，而非对称加密算法如 RSA（Rivest – Shamir – Adleman）则适用于小数据量的加密和密钥交换。加密技术的应用可以确保数据在传输过程中的机密性和完整性，从而降低数据泄露的风险。[33]

2. 数据脱敏

数据脱敏技术通过对敏感数据进行处理，使其在不影响使用价值的前提下，去除或隐藏敏感信息。常见的数据脱敏方法包括数据掩码、数据扰动和数据泛化等。数据掩码通过替换敏感信息中的部分字符，使其无法识别原始信息；数据扰动通过添加噪声或随机值，改变数据的部分内容；数据泛化则通过将具体数据抽象为更高层次的概念，减少数据的敏感性。数据脱敏技术在跨境数据流动中应用广泛，能够有效降低数据泄露和滥用的风险。

3. 区块链技术

区块链技术以其去中心化、不可篡改和可追溯的特点，为数据跨境流动提供了新的解决方案。通过区块链技术，可以实现数据的分布式存储和管理，确保数据在跨境传输过程中的安全性和透明度。区块链技术还可以通过智能合约，实现数据流动的自动化管理和合规性检查，确保数据在跨境流动中的合法性和合规性。此外，区块链技术还可以通过多方共识机制，确保数据在跨境流动中的一致性和可靠性。[34]

---

[33] 来小鹏、郭子訸：《金融数据跨境流动的法律风险量化分析与规制建议》，载《金融监管研究》2024年第4期。

[34] 黎伟、刘海军：《全球数字贸易规则制定：主要内容、风险挑战与中国应对》，载《贵州省党校学报》2023年第5期。

4. 人工智能技术

人工智能技术在数据跨境流动中的应用主要体现在数据安全监控和风险预警方面。通过机器学习和深度学习算法，可以对数据流动过程中的异常行为进行实时监控和分析，及时发现潜在的安全威胁和风险。人工智能技术还可以通过大数据分析，对数据跨境流动的历史数据进行挖掘和建模，预测未来可能出现的安全风险，并提出相应的应对策略。此外，人工智能技术还可以通过自然语言处理和图像识别等技术，对跨境数据流动中的非结构化数据进行处理和分析，提高数据的利用价值和安全性。

5. 跨境数据传输协议

跨境数据传输协议是保障数据在跨境流动过程中安全和合规的重要手段。常见的跨境数据传输协议包括 HTTPS（超文本传输安全协议）、FTPS（文件传输协议安全扩展）和 SFTP（安全文件传输协议）等。这些协议通过加密传输和身份验证，确保数据在跨境传输过程中的机密性和完整性。此外，跨境数据传输协议还可以通过数字签名和证书机制，确保数据的来源和目的地的合法性和可信度，从而降低数据在跨境流动中的安全风险。

二、数据跨境流动规制之协调性重塑

（一）提高数据跨境流动规则的兼容性

受经济实力悬殊、价值观念分歧等因素影响，各国在跨境数据规制领域作出差异化战略选择，这使得构建全球统一的跨境数据治理体系面临重重障碍。然而，为充分释放数据要素价值，保障数据在全球范围内安全有序流动，同时确保各国平等共享数字经济红利，亟须各国树立科学合理的数据跨境流动治理理念，即在坚守国家主权安全底线的前提下，最大限度地推动数据自由跨境流动。

在制度构建层面，各国应当注重国际法与国内法的有机衔接，通过完善国内立法提升规则兼容性，减少因法律差异导致的跨境数据流动壁垒。同时，各主权国家与区域组织应秉持合作共赢理念，积极拓展国际协作空间。通过签订区域协定等方式，将部分治理权限让渡给具有广泛代表性与中立立场的国际组织。这些国际组织可通过系统梳理成员国数据流动政策，深入研究数据技术应用、个人隐私保护、信息安全保障等核心议题，制定兼具普适性与原则性的数据跨境流动框架，确立全球数据治理的基础性标准，从而增强多边治理模式的适用性与有效性，推动形成协同高效的全球数据跨境流动治理格局。

（二）完善相关法律法规，平衡自由流动与数据安全诉求

各国目前主要是通过单边法规、双边或者区域性贸易协定的方式来促进数据在更大范围内安全流动，但是单边法规主要是主权国家根据本国国情制定，不具有普适性，应逐步完善数字贸易规则，将双边及区域贸易协定中的可靠方案吸纳到多边谈判中，并且积极听取广大发展中国家的意见，综合考量各国共同关切，建立数据跨境流动框架协议，促进数据跨境有效流动。近年来，新加坡成为签署数字贸易协定的支持者。新加坡与澳大利亚、英国、韩国、欧盟等签署数字伙伴关系协定，瞄准新兴领域的数字经济规则建设。新加坡数字贸易协定不仅有传统议题，还涉及新兴前沿领域，如人工智能、数字身份和5G及6G等议题，特别是积极推出数字经济时代的人工智能规则。数字贸易专门协定的灵活性可为数字经济协定的创新规则提供发展空间。由此可见，缔结自由贸易协定或专门数字贸易协定的方式，已成为推动数据跨境流动规则建立的重要方法。

（三）完善数据要素基础制度，打破数据流动壁垒

完善数据要素基础制度与交易体系是打破数据流动壁垒、发展数字经济的重要举措。[35] 跨境数据流动仅是构建全球数据价值链的必要条件，若要激活数据要素价值潜能，必须以数据要素价值化为实现路径，逐步推进数据要素的资源化、资产化、资本化，建设数据要素全国统一大市场。[36] 一是推动数据产权确权、促进数据交易机制完善。利用互联网、区块链等技术手段对数据要素产权进行分割与确定，保障各供给主体的合法权益；通过制定科学合理的数据交易标准、构建数据交易平台、完善数据交易市场等手段，实现数据要素的自由流动。二是完善数据分类分级制度。数据分类分级制度在数据安全领域是一项核心的基础性制度，具有重要作用。数据主体在实施数据分级分类制度时，应遵循以下步骤：首先，在进行数据分类分级时，实质上是一个数据资产盘点的过程，数据主体在数据识别和梳理的基础上整合自己的数据资源，维护自己的数据安全。其次，在此基础上，数据主体可以构建或调整自己的数据安全体系或数据管理体系。例如，就安全角度而言，数据分类分级完成后，可以根据不同类别、等级的数据制定在不同场景下的安全策略，也可以根据数据的类别和级别，划分、确定

---

[35] 夏杰长、张雅俊：《数字贸易中跨境数据流动的规制困境与优化路径》，载《经济纵横》2024年第4期。

[36] 马涛、刘秉源：《跨境数据流动、数据要素价值化与全球数字贸易治理》，载《国际经济评论》2024年第2期。

或调整相关人员的管理权限。

三、总结

数据跨境流动在数字经济时代的重要性日益凸显，但其带来的风险也不容忽视。数据跨境流动的法律风险主要集中在数据安全、隐私保护和企业合规等方面。数据安全风险包括数据泄露、数据滥用和数据损毁等问题，这些问题不仅威胁到个人隐私和企业利益，还可能危及国家安全。[37] 在隐私保护方面，个人数据在跨境流动过程中容易受到不同国家法律体系的冲突影响，导致隐私保护标准不一，增加了数据泄露的风险。在企业合规方面，企业在进行数据跨境流动时，需遵守不同国家和地区的法律法规，合规成本和风险显著增加。

针对上述风险，应提高数据跨境流动规则的兼容性，加强数据分类分级管理，明确不同类型数据的保护要求，确保数据在跨境流动过程中的安全性。同时，应完善数据要素基础制度，打破数据流动壁垒。此外，还需加强国际合作，推动数据跨境流动的国际规则制定，争取在国际数据治理中获得更多的话语权。

| 引例分析 |

广州互联网法院于2023年9月8日作出（2022）粤0192民初6486号民事判决：（1）雅高股份有限公司于判决发生法律效力之日起15日内，向左某致书面赔礼道歉；（2）爱利琴商务咨询（上海）有限公司、雅高股份有限公司于判决发生法律效力之日起15日内删除左某在爱利琴商务咨询（上海）有限公司、雅高股份有限公司及相关个人信息接收方处的全部个人信息，并出具相关凭据；（3）雅高股份有限公司于判决发生法律效力之日起10日内赔偿左某财产损失人民币20000元（含合理开支）；（4）驳回左某的其他诉讼请求。宣判后，雅高公司提起上诉。广州市中级人民法院于2024年6月28日作出（2023）粤01民终33217号民事判决，维持一审判决第1项、第3项、第4项，撤销一审判决第2项（被告已自动履行）。

裁判要旨：App提供个人数据保护章程不符合《个人信息保护法》第7条和第17条规定的公开、透明原则和告知规则的，用户点击勾选该个人数据保护章程不产生"个人同意"的法律效力。未取得个人同意，且超出"履行合同所必需"范围向境外提供个人信息的行为，构成对个人信息权益的侵害。

---

[37] 池海江、沈励、李洁瑜：《跨境数据流动的法律风险与治理建议》，载《数字法治》2024年第2期。

思考题

1. 请简述数据跨境流动的含义及具体特点。
2. 请简述规范数据跨境流动的意义。
3. 请简述数据跨境流动面临的困境包括哪些方面？请深入分析。
4. 应对数据跨境流动风险的规制路径有哪些方面？请展开分析。

第九章　数据法律责任

引例 | **罗某 1、罗某 2 非法获取计算机信息系统数据、非法获取公民个人信息案**

2011 年，罗某 1 在某通信发展有限公司担任语音客服期间，在该公司的 11 台电脑上安装了域名解析软件（俗称"花生壳"，可显示计算机地址）、多用户系统软件（远程控制计算机）、键盘记录软件（俗称"灰鸽子"，可盗取账号和密码）。2014 年 4 月 4 日至 5 月 7 日，罗某 1 通过上述三种软件远程控制某通信发展有限公司的电脑，盗取电脑系统内的某宝客服账号及密码，查询并提取了某宝网络有限公司的订单数据（包含买家姓名、手机号码、送货地址等个人信息）9 万组以上，通过 QQ 贩卖给龙某等人，获利共计人民币 207944 元。2014 年 4 月 16 日至 5 月 7 日，罗某 1 将其通过软件非法获取某宝网络有限公司的订单数据并出售获利一事告诉其姐姐罗某 2，并让罗某 2 帮其一起贩卖某宝网络有限公司的订单数据。后罗某 2 负责用该 QQ 联系"买家"，将"买家"购买数据的要求提供给罗某 1，由罗某 1 用上述手段获取数据后再交由罗某 2 发给"买家"。其间，二人共获利人民币 179639 元，罗某 2 分得人民币 37171.13 元。

思考：法院应如何判决？

第一节　数据法律责任的概念和特点

一、数据法律责任的概念

法律责任是贯穿于法的运行全过程的重要问题，是法的约束力和强制力的直接体现。法律责任是指由于责任主体违反法定或约定的义务，或者因为法律的特殊规定，而必须承担的具有直接强制性的特定义务。[1] 同样地，数据法律责任

---

[1]《法理学》（第 2 版），人民出版社 2020 年版，第 159 – 161 页。

是指责任主体违反法定或约定的义务，或者因为法律的特殊规定，而必须承担的具有直接强制性的特定义务。

按照承担责任的主体的不同，可以把数据法律责任分为自然人责任、法人责任与国家责任。自然人是最常见、最普遍的法律责任主体。自然人可以成为刑事法律责任、行政法律责任以及民事法律责任的主体。法人也是常见的法律责任主体。法人不仅可以成为民事法律责任和行政法律责任的主体，也可以成为刑事法律责任主体。国家在某些法律关系中可以成为法律责任的主体。例如，在国内法律关系中，国家可以成为国家赔偿的责任主体；在国际法律关系中，国家可以成为国际法上的责任主体。

按照法律责任性质的不同，可以把数据法律责任分为民事责任、行政责任、刑事责任三种。《个人信息保护法》第七章即规定了侵害个人信息的民事侵权责任、行政责任以及刑事责任。民事责任是民事主体因违反法律规定或合同约定而依法承担的法律责任。典型的如民事数据侵权行为，是非自然人或法人等基于过错违反法定或约定的义务侵害数据，致使数据权人遭受损害，致害人应该承担民事责任的行为。《个人信息保护法》第69条第1款规定了民事侵权责任，即处理个人信息侵害个人信息权益造成损害，个人信息处理者不能证明自己没有过错的，应当承担损害赔偿等侵权责任。行政责任是行为人因违反行政法的规定而应当承担的法律责任。行政责任既包括行政主体及其工作人员在行政管理中因违法失职、滥用职权或执法不当而产生的行政法律责任，也包括公民、法人等行政相对人违反行政法的规定而产生的行政责任。如我国《个人信息保护法》第66条规定了行政责任：违反《个人信息保护法》规定处理个人信息，或者处理个人信息未履行该法规定的个人信息保护义务的，由履行个人信息保护职责的部门责令改正，给予警告，没收违法所得，对违法处理个人信息的应用程序，责令暂停或者终止提供服务；拒不改正的，并处100万元以下罚款；对直接负责的主管人员和其他直接责任人员处1万元以上10万元以下罚款。有前述规定的违法行为，情节严重的，由省级以上履行个人信息保护职责的部门责令改正，没收违法所得，并处5000万元以下或者上一年度营业额5%以下罚款，并可以责令暂停相关业务或者停业整顿、通报有关主管部门、吊销相关业务许可或者营业执照；对直接负责的主管人员和其他直接责任人员处10万元以上100万元以下罚款，并可以决定禁止其在一定期限内担任相关企业的董事、监事、高级管理人员和个人信息保护负责人。刑事责任是行为人因实施刑法所禁止的犯罪行为而应当承担的法律责任。如我国《个人信息保护法》第71条规定了刑事责任：对于违反《个人信息保护法》规定，构成违反治安管理行为的，依法给予治安管理处罚；构成犯罪的,依法追究刑事责任。

数据法律责任的设定,在于追究法律责任,保障相关主体的合法权利,维护法律所调整的数据关系。对于违反法律、侵害权利的行为,法律给予否定性评价,进行惩罚和教育,同时也达到预防违法行为的目的。同时通过救济和恢复,救济被违法行为人侵害的合法权利,恢复被违法行为人破坏的数据关系和社会秩序。[2]

二、数据法律责任的特点

数据法律责任作为法律责任的一种,具有法律责任的共通性,也具有自身的独特性。

(一) 数据法律责任设置的法定性

数据法律责任是法律明确规定的,体现为法律规范的否定性后果。法律责任及其承担方式是由法律规定的,民事责任承担方式包括赔偿、返还原物等,行政责任承担方式包括拘留、罚款等,刑事责任承担方式包括有期徒刑、无期徒刑等。如我国《个人信息保护法》第七章即规定了侵害个人信息的民事侵权责任、行政责任、刑事责任及具体责任承担方式。

(二) 数据法律责任承担的国家强制性

数据法律责任的承担由国家强制力保证,由有关国家机关依法定职权和程序采取直接强制手段来追究责任。当出现数据违法行为时,通过人民法院的强制执行督促当事人承担民事赔偿责任;国家通过采取如罚款、拘留、刑事处罚等相应的强制措施进行制裁,以国家强制力保障数据法律规范的实施。

(三) 数据法律责任追究的跨国性

由于网络不受地域限制,往往具有跨国性,数据侵害或者违法行为也具有跨国性的特征。实施数据侵害或违法行为的主体往往通过技术手段实施数据侵害行为,比如入侵他人信息系统、设置小型文本文件(Cookies)跟踪技术、使用病毒技术等实施数据违法活动。数据违法活动利用网上跟踪技术非法收集数据的行为完全突破了空间和地域限制。和传统的法律责任追究相比,对数据违法活动的责任追究不仅涉及本地域内的责任追究,而且也涉及对跨国性的数据侵害行为进

---

[2] 舒国滢主编:《法理学导论》,北京大学出版社2019年版,第161–162页。

行责任追究。这种责任追究惩罚了跨国性的数据侵害行为，保障了相关权利主体的合法权益和数据安全，维护了数据安全和网络秩序。

第二节 数据法律责任的构成要件和归责原则

一、数据法律责任的构成要件

数据法律责任的构成要件，是行为人承担法律责任必须具备的基本条件，也是国家机关认定和追究行为人的数据法律责任时必须考虑的基本因素。尽管不同类型的法律责任的构成要件有所不同，但从总体上说，数据法律责任的构成要件通常包括责任主体、侵害行为、损害结果、主观过错四个方面。其一，责任主体。数据法律责任主体是指因违反法定或约定的事由而承担法律责任的人，包括自然人、法人和其他社会组织，特殊情形下，国家也是数据法律责任的承担主体。其二，侵害行为。在数据法律责任的构成中，数据侵害行为居于重要地位，是数据法律责任的核心构成要素。数据侵害行为包括作为和不作为两类。作为是当法律或合同禁止行为人作出一定行为时，行为人违反法律规定或合同约定作出了该种行为。不作为是当法律或合同要求行为人作出一定行为时，行为人拒不作出该种行为。其三，损害结果。损害结果是指数据侵害行为对他人的合法权益或社会利益所造成的损失和伤害。损害结果的表现形式多样，包括人身损害、财产损失等。其四，主观过错。主观过错是指行为人实施数据侵害行为时的主观心理状态。主观过错包括故意和过失两类。故意是明知自己的行为会发生损害他人、危害社会的结果，希望或者放任这种结果发生的心理状态。过失是应当预见自己的行为可能发生损害他人、危害社会的结果，因为疏忽大意而没有预见，或者已经预见但轻信能够避免，以致发生这种结果的心理状态。

数据法律责任的构成要件一般包括上述四方面，同时根据不同类型的数据侵权行为，其具体内容略有不同。

（一）民事数据侵权行为的法律责任

民事数据侵权行为的法律责任，是指行为人基于过错违反法定或约定的义务，实施数据侵权行为，致使他人受到损失而应该承担的民事法律责任。数据侵权行为发生后，在侵害人与受害人之间就产生了特定的权利义务关系，受害人有权要求侵权人承担民事责任。民事数据侵权行为法律责任基于数据民事法律关系产生，区别于基于数据侵权行为而形成的行政责任或刑事责任，是由于违反数据活动中的民事义务，侵害他人人身利益、财产利益以及其他合法利益而应承担的民事法律后果，其目的在于填补数据权利人所受的损害。

民事数据侵权行为的法律责任的构成要件包括：

第一，存在民事数据侵权行为。民事数据侵权行为，是侵犯他人数据权，依法应承担民事责任的违法行为。我国《民法典》《个人信息保护法》等法律法规规定个人信息受法律保护。民事数据侵权行为是行为人违反法律规定利用特定技术获取、使用他人数据的行为。行为人违反关于保护个人信息合法权益等相关法律规定，具有违法性，损害了个人合法权益，甚至可能违反社会公德，损害了社会公共利益。

第二，发生损害后果。发生损害后果是行为人的行为对他人的财产、人身造成侵害，使其财产现实地减少或灭失，或使其人身利益受到不利影响的客观事实。数据记录的信息丰富多样，包括知识产权类数据、个人信息类数据、网络原生数据等。数据承载着精神利益与财产利益，具有保护的价值基础和必要性，数据权益系数据法的保护对象。数据侵权行为必然损害数据法律关系权利人的精神利益或者财产利益以及其他合法权益。

第三，民事数据侵权行为与损害后果之间具有因果关系。因果关系一般是指客观现象之间引起和被引起的关系。民事数据侵权行为法律责任的承担要求民事数据侵权行为与损害后果之间存在因果关系。如果权益被侵害与损害之间不存在因果关系，则就超出因果关系的损害，行为人一般不需要承担赔偿责任。对因果关系的认定应坚持因果关系的联系性、客观性、必然性、时间顺序性以及表现形式的多样性，实事求是地分析、认定不法侵害行为与损害后果之间的因果关系，保障当事人的合法权益。

第四，存在主观过错。过错是行为人决定实施某行为时的一种主观心理状态。通常行为人只有在主观上对自己的行为及所致损害确有过错时，才负有向受害人赔偿的义务，进而承担民事责任。民事数据侵权法律责任的承担要求行为人在实施数据侵权行为时主观上具有过错。比如行为人明知实施的数据活动会损害他人权益而希望或者放任该损害后果发生，或者行为人在数据活动中负有相应的注意义务却未尽到必要的注意义务而导致他人受到损害。

(二) 行政数据侵害行为的法律责任

所谓行政数据侵害行为，是指行政机关和法律、法规授权的组织及其工作人员在行使国家行政职权过程中，侵害公民、法人和其他组织数据权益的违法行为。行政数据侵害行为违反了行政法的规定，侵害了权利人的权利，应该承担法律责任。

行政数据侵害行为的法律责任的构成要件包括：

第一，存在行政数据侵害行为。行为人的行为构成行政违法，这是承担行政法律责任的必备前提条件。行政数据侵害行为侵害了公民、法人和其他组织数据权益，具有违法性。无论是否造成实质的损害结果，违法行为均是对行政相对方正当数据权益的侵犯，具有违法性。[3] 在行政法领域，只要行政机关实施了行政数据侵权行为，就应承担责任，无论其是否有过错。行政机关具体行政行为的违法性属于客观违法性，不考虑其主观上是否具有过错。只要数据权益受到损害是由违法行使职权造成，就产生赔偿责任。合法的职权行为造成的损害，虽不会引发行政数据侵权赔偿责任，但是可能导致补偿责任。

第二，行政数据侵害行为的主体是行政机关及其工作人员。行政数据侵害行为的主体是行政机关及其工作人员，具体包括行使行政职权的各级政府、政府所属部门和机构及其工作人员，法律、法规授权行使行政管理职权的社会组织和受行政机关委托进行行政管理的组织或个人，以及自愿协助公务的人员。

第三，行政数据侵害行为是相关数据法律规范或行政法律规范明确规定要承担责任的行为。当行为人实施了违反相关数据法律规范和行政法律规范的行为，在情节、后果上达到一定的程度，就会被追究相应的行政法律责任。对应予追究行政法律责任的违法行为以及追究行政法律责任的形式，如行政处罚、行政处分，法律、法规有明确规定的，有权的国家机关只能采用法定责任形式，追究行政违法者的行政法律责任。[4] 如《个人信息保护法》第66条规定，违反《个人信息保护法》规定处理个人信息，或者处理个人信息未履行该法规定的个人信息保护义务的，由履行个人信息保护职责的部门责令改正，给予警告，没收违法所得，责令暂停或者终止提供服务等行政责任。

第四，行为人具有行政法律责任能力。行为人具有行政法律责任能力，是承担行政法律责任的重要条件。所谓行政法律责任能力，是指行政违法的行为人，在法律上具有以自己名义承担行政法律责任的实际能力和资格。行政数据侵权行为的行为人应具有相应的行政法律责任能力。如果行为人不具有行政法律责任能力，即使其行为违反了行政法等相关法律规范，也不能被追究或者承担行政法律责任。在认定行为人是否具有行政法律责任能力时，对不同对象有着不同要求。

---

[3] 齐爱民：《数据法原理》，高等教育出版社2022年版，第218页。
[4] 罗豪才、湛中乐主编：《行政法学》，北京大学出版社2016年版，第347-348页。

对于行政主体、监督行政主体、法人、非法人组织以及行政公务人员，认定其责任能力没有特殊要求，只要其依法成立或者依法进入国家行政机关任职即可；而对于行政相对人中的公民，认定其具有责任能力，则必须要求其达到法定责任年龄，有正常的智力甚至生理状态，否则，即使其实施了违反行政法律规范的行为，也不得追究其行政法律责任。比如《行政处罚法》第30条对行政相对人中公民的行政法律责任能力作出法律规定：不满14周岁的人有违法行为的，不予行政处罚。

(三) 数据犯罪的刑事责任

所谓数据犯罪，是指通过侵入计算机信息系统或者采用其他技术手段，破坏、获取或者非法利用该计算机信息系统中存储、处理或者传输的数据，情节严重，应该承担刑事责任的行为。数据犯罪是行为人针对数据实施的犯罪，包括针对数据系统实施的犯罪和针对数据本身实施的犯罪两大类。数据犯罪侵害的核心法益是数据秩序。数据犯罪刑事责任是指犯罪人因实施数据犯罪行为而应当承担的刑法规定的法律责任。数据侵害行为的严重性达到危害社会的程度，危害到由刑法保护的法益，应承担刑事责任。

数据犯罪可以分为以下四种基本类型：(1) 针对数据本身实施的犯罪。数据犯罪主要是指行为人针对数据本身实施的犯罪。该类犯罪的目的不在于破坏数据的储存或者传输系统，而在于直接对数据进行破坏，包括非法获取数据罪，破坏数据系统罪，编造、故意传播虚假数据罪，个人信息犯罪，以及数据财产犯罪五类。(2) 针对数据系统实施的犯罪。该类犯罪的目的在于入侵或者破坏数据系统的正常功能，包括非法侵入数据系统罪，非法控制数据系统罪，提供侵入、非法控制数据系统程序、工具罪，以及破坏数据系统罪四类。(3) 为数据犯罪提供帮助的犯罪，如帮助信息网络犯罪活动罪。(4) 以数据为工具的犯罪，如非法利用信息网络罪等。《刑法》规定：一切危害国家主权、领土完整和安全，分裂国家、颠覆人民民主专政的政权和推翻社会主义制度，破坏社会秩序和经济秩序，侵犯国有财产或者劳动群众集体所有的财产，侵犯公民私人所有的财产，侵犯公民的人身权利、民主权利和其他权利，以及其他危害社会的行为，依照法律应当受刑罚处罚的，都是犯罪；但是情节显著轻微危害不大的，不认为是犯罪。行为人侵害数据权，包括数据主权、个人信息权、数据财产权、知情权等达到危害社会程度的，均可构成数据犯罪，并应承担刑事责任。[5]

---

[5] 齐爱民：《数据法原理》，高等教育出版社2022年版，第224-225页。

行为人实施数据犯罪行为，须承担刑事责任。其构成要件一般包括犯罪主体、犯罪主观方面、犯罪客体和犯罪客观方面。

1. 犯罪主体

犯罪主体是构成犯罪的必备条件之一。根据我国《刑法》的规定和相关理论，犯罪主体是指实施危害社会的行为并依法应当负刑事责任的自然人和单位。数据犯罪主体是指实施侵害数据权的行为，依法应当承担刑事责任的自然人或单位。自然人可以成为数据犯罪的主体，而单位只可以成为我国刑法规定的部分犯罪的主体，因而《刑法》分则对自然人犯罪主体，除特殊主体外，不作专门规定，对单位犯罪主体则专门予以明确规定。[6] 比如非法利用信息网络罪的犯罪主体，既可以自然人，也可以是自然人。根据我国《刑法》相关规定，单位犯非法利用信息网络罪的，对单位判处罚金，并对其直接负责的主管人员和其他直接责任人员，处3年以下有期徒刑或者拘役，并处或者单处罚金。

2. 犯罪主观方面

犯罪主观方面，是指行为人对其实施的行为所必然或可能引起的危害社会的结果所持的心理态度。犯罪主观方面包括罪过（犯罪故意和犯罪过失）、犯罪目的和犯罪动机等因素。数据犯罪主观方面是指犯罪主体对自己侵害数据的行为及其危害结果所持的心理态度。数据犯罪主观方面包括故意和过失，是一切犯罪构成都必须具备的要件。有些罪的犯罪构成还要求有特定的犯罪目的或动机。我国刑法规定，故意犯罪，应当负刑事责任；过失犯罪，法律有规定的才负刑事责任。比如非法侵入数据系统罪，侵入行为是故意行为，过失进入国家重要的计算机信息系统的，不构成犯罪。

3. 犯罪客体

犯罪客体，是指刑法所保护而为犯罪所侵犯的社会主义社会关系。[7] 任何一种犯罪都必然侵犯刑法所保护的社会关系，否则，就不具备严重的社会危害性，缺乏犯罪的本质特征。[8] 数据犯罪客体，是指由刑法保护而被犯罪侵犯的数据关系。数据犯罪对象为数据和数据系统。数据犯罪对象是侵害行为的指向对象。数据是数据犯罪的直接对象，不仅包括个人信息，还包括数据财产、政府信息和公共数据。数据系统，包括计算机信息系统以及一切可以进行数据活动的系统，比如数据存储设备、智能手机、可穿戴设备等。比如最高人民法院、最高人

---

[6]《刑法学》（上册·总论）（第2版），高等教育出版社2023年版，第148页。
[7] 高铭暄、马克昌主编：《刑法学》，北京大学出版社2022年版，第48页。
[8]《刑法学》（上册·总论）（第2版），高等教育出版社2023年版，第112页。

民检察院《关于办理危害计算机信息系统安全刑事案件应用法律若干问题的解释》规定，计算机信息系统是指具备自动处理数据功能的系统，包括计算机网络设备、通信设备、自动化控制设备等。因此，数据犯罪包括直接针对数据的犯罪和直接针对数据系统的犯罪两大类别。

4. 犯罪客观方面

犯罪客观方面，是指刑法规定的，说明行为侵犯了刑法所保护的社会关系，成立犯罪所必须具备的客观事实特征。犯罪客观方面包括危害行为、危害结果以及犯罪的时间、地点、方法等。在犯罪客观方面的要件中：危害行为是一切犯罪的构成要件，危害结果是大多数犯罪的构成要件，犯罪的时间、地点、方法是一部分犯罪的构成要件。[9] 数据犯罪客观方面是指数据犯罪活动的客观外在表现形式，包括危害行为和危害结果。数据犯罪构成是判断罪与非罪、此罪与彼罪的依据。数据犯罪方式围绕数据、数据系统以及数据安全实施。数据犯罪方式指的是犯罪行为的外在表现方式，也可称犯罪形态或犯罪形式。就数据犯罪而言，犯罪方式可以分为五种类型：一是破坏数据，表现为非法拦截、篡改和删除数据；二是非法获取数据，表现为对数据的截取、窃取和监控；三是非法使用数据，表现为超出法律的规定和合同的约定对数据进行使用；四是将数据作为犯罪工具实施犯罪；五是危害数据安全，表现为攻击、入侵或者破坏数据系统的正常功能。数据犯罪后果为对数据和数据系统产生危害，具体表现为破坏数据和数据系统、侵害数据权及侵害数据秩序。[10]

（四）侵害数据主权的国际法责任

国际法是不同国家在国际交往中应该遵守的法律规范，是以国家为主体制定的公法体系。国际不法数据行为又称"国际数据侵权行为"，是指责任国违反国际法义务，对他国数据利益构成危害或造成损失的国家数据行为。责任国非法攫取或者拦截、篡改他国数据的行为与《联合国宪章》的宗旨背道而驰，这种行为严重侵犯主权国家的数据安全，破坏了国家主权和数据主权原则。联合国于 2001 年提出了《国家对国际不法行为的责任条款草案》，提倡任何一国侵犯其他国家的不法行为都应该受到国际法律的制裁。虽然该草案目前仍未成为正式法律文件因而不具有真正的约束力，但联合国为了保护各国的主权和尊严作出的努力却得到了大部分成员国的支持和肯定。

---

[9]《刑法学》（上册·总论）（第 2 版），高等教育出版社 2023 年版，第 120 页。
[10] 齐爱民：《数据法原理》，高等教育出版社 2022 年版，第 224 - 225 页。

联合国《国家对国际不法行为的责任条款草案》第 2 条规定了国际不法行为的构成要件，具体包括：

第一，必须是国家数据行为。国家数据行为是一种由国家发起、国家主导的数据行为。一方面，国际不法数据行为必须是可归因于国家的数据行为，自然人或者商业组织单独所犯的国际性质的罪行（如非法利用信息网络数据罪等）不能视为国际不法数据行为。另一方面，国家为本国个人行为承担责任的行为，也被视为国家行为。比如个人因国家职务行为实施的数据行为，其后果最终归属于国家，其行为属于国家行为。责任国实施的非法收集、拦截或者篡改他国数据的行为，都是没有履行国际法义务的行为。责任国对其国际不法数据行为应承担国际法上的国家责任。

第二，必须是违法数据行为。违法数据行为是指责任国违反国际法上的义务实施的数据行为。国际不法数据行为必须是违反国际法义务的行为。如一国侵犯他国数据主权，滥用技术优势非法攫取其他国家数据的行为，即为违法数据行为。该种违法数据行为，侵犯了其他国家的主权尊严，侵犯了其对自己领土内事务的管辖权。根据国家主权原则，任何国家对本国领土内的一切事务均可以主张主权并具有绝对的排他权。

二、数据法律责任的归责原则

（一）民事数据侵权行为的法律责任的归责原则

1. 民事数据侵权行为的法律责任的归责原则

民法侵权责任的归责原则，是关于侵权责任"归责"的基本规则，即行为人因为何种事由被要求承担责任。归责原则不仅确立了归责的依据，而且确定了不同的责任构成要件、免责事由，因此，在侵权责任法中居于核心地位。我国《民法典》第 1165 规定[11]了过错责任和过错推定责任原则。过错责任原则在侵权损害赔偿责任的归责原则中处于主导和统帅地位，过错推定责任原则、严格责任原则是对过错责任原则的补充。

民事数据侵权行为属于一般侵权行为，因此应该适用过错责任原则（包含过错推定责任原则）。过错责任，是指将过错作为归责条件，并且将过错作为确定责任范围的重要依据。根据过错责任原则，过错是让侵权人承担损害赔偿责任的唯一归责事由，任何人只有在过错造成他人损害时，才需要承担侵权责任；无

---

[11]《民法典》第 1165 条规定："行为人因过错侵害他人民事权益造成损害的，应当承担侵权责任。依照法律规定推定行为人有过错，其不能证明自己没有过错的，应当承担侵权责任。"

过错即无责任，一个人即便客观上确实造成了他人损害，但因为其没有过错，所以也无须为此承担赔偿责任，除非法律有不同的规定。如德国 BDSG 规定了"非公务机关"数据侵权行为适用过错归责原则。

民事数据侵权行为也适用过错推定责任原则。过错推定责任原则是过错责任原则的一部分。所谓过错推定责任原则，是指在行为人不能证明没有过错的情况下，推定其有过错，并应承担民事责任的归责原则。凡适用过错推定责任原则的场合，行为人必须就其无过错进行举证，举证不能的，则推定其有过错并应承担责任。民事主体从事数据行为是否承担法律责任，应该采过错推定责任原则：行为人不能证明自己无过错的，则法律推定其存在过错；能证明自己确无过错的，可以免于承担民事责任（但行政补偿不可免除）。[12]

2. 民事数据侵权行为法律责任的免责事由

民事数据侵权行为法律责任也存在免责事由，又称法定免责事由，在各国或地区的数据法律中都有相应的体现。我国《民法典》第 1036 条规定了处理个人信息的三种免责事由，包括：（1）在自然人或者其监护人同意的范围内合理实施的行为；（2）合理处理该自然人自行公开的或者其他已经合法公开的信息，但是该自然人明确拒绝或者处理该信息侵害其重大利益的除外；（3）为维护公共利益或者自然人合法权益，合理实施的其他行为。处理个人信息，如果出现上述三种情形之一，行为人不承担民事责任。

（二）行政数据侵权赔偿责任的归责原则

行政责任的归责原则是从民事责任的归责原则中演绎而来的。民事侵权行为的归责原则主要有过错责任原则、过错推定原则、无过错责任原则和公平责任原则。但行政主体作为公法人，其与私法人、自然人等存在不同，所以在归责原则的运用上也应当有所区分。结合民事责任中的归责原则和学者对行政责任的归责原则的研究，大致可将行政责任之归责原则概括为过错责任原则、违法责任原则和危险归责原则三大原则。

依据过错责任的观点，行政主体及行政公务人员只有存在主观上的过错时才承担行政责任。但是行政主体属于法人，与自然人必然有所不同，过错责任原则并不能单独作为行政主体承担行政责任的归责原则，一般可以作为行政公务人员承担行政责任的法理依据，即该原则可以作为行政公务人员承担内部行政责任的理由，主要适用于行政公务人员的行政追偿责任、行政合同行为的侵权责任、滥

---

[12] 齐爱民：《数据法原理》，高等教育出版社 2022 年版，第 221 页。

用职权的行政责任和公有公共设施致损引起的国家赔偿。对于行政公务人员的数据违法行为的内部追责，适用该原则。违法责任原则是以职务行为违法为归责的根本标准，而不问其是否有过错，不考虑行为人的主观状态。从我国的行政法律规范看，违法责任原则是确认行政主体承担行政责任的归责原则。如《行政诉讼法》中的合法性审查原则就是违法责任原则的体现。《国家赔偿法》第 2 条规定，"国家机关和国家机关工作人员行使职权，有本法规定的侵犯公民、法人和其他组织合法权益的情形，造成损害的，受害人有依照本法取得国家赔偿的权利"。只要行政机关实施了行政数据侵权行为，就应承担责任，无论其是否有过错。行政机关具体行政行为的违法性属于客观违法性，不考虑其主观上是否具有过错。只要数据权益的损害是由违法行使职权造成的，就产生赔偿责任。危险责任原则在民法学意义上，又被称为"高度危险活动责任"和"异常危险活动责任"，在性质上属于无过错责任中的一种特殊形式。在我国，危险责任原则主要适用于公有公共设施致人损害引起的行政责任。[13]

（三）数据犯罪刑事责任的归责原则

数据犯罪主观方面包括罪过（犯罪故意和犯罪过失）、犯罪目的和犯罪动机等因素。我国刑法规定，故意犯罪，应当负刑事责任；过失犯罪，法律有规定的才负刑事责任。数据犯罪刑事责任遵循罪责自负原则。根据罪责自负原则，刑罚只及于犯罪者本人，任何人不因他人的犯罪行为而受处罚。[14]

但是刑事责任的追究应考虑主体的刑事责任能力，即行为人承担刑事责任必须具备的刑法意义上辨认和控制自己行为的能力。我国刑法通说认为，不具备刑事责任能力的人实施危害社会的行为，不构成犯罪，不能被追究刑事责任。对于自然人而言，只要达到一定的年龄，生理和智力发育正常，就被认为具备了刑法意义上辨认和控制的能力，从而具有刑事责任能力。根据我国《刑法》的规定：已满 16 周岁的人为完全刑事责任能力人，应当负刑事责任；已满 14 周岁不满 16 周岁的人，对故意杀人、故意伤害致人重伤或者死亡、强奸、抢劫、贩卖毒品、放火、爆炸、投放危险物质等犯罪，应当负刑事责任；已满 12 周岁不满 14 周岁的人，犯故意杀人、故意伤害罪，致人死亡或者以特别残忍手段致人重伤造成严重残疾，经最高人民检察院核准追诉的，应当负刑事责任；不满 12 周岁的人为无刑事责任能力人，对于实施的任何危害社会的行为，都不负刑事责任。

---

[13] 江国华编著：《中国行政法（总论）》，武汉大学出版社 2012 年版，第 429-433 页。
[14] 《刑法学》（上册·总论）（第 2 版），高等教育出版社 2023 年版，第 79 页。

一般地说，不满12周岁的人尚处于幼年时期，还不具备辨认和控制自己行为的能力，即不具备责任能力。因而法律规定，对不满12周岁的人所实施的危害社会的行为，一概不追究刑事责任。[15] 我国《刑法》第18条规定：精神病人在不能辨认或者不能控制自己行为的时候造成危害结果，经法定程序鉴定确认的，不负刑事责任，但是应当责令他的家属或者监护人严加看管和医疗；在必要的时候，由政府强制医疗。间歇性的精神病人在精神正常的时候犯罪，应当负刑事责任。尚未完全丧失辨认或者控制自己行为能力的精神病人犯罪的，应当负刑事责任，但是可以从轻或者减轻处罚。醉酒的人犯罪，应当负刑事责任。上述规定同样适用于数据犯罪。

第三节 数据法律责任的形式和承担方式

一、数据法律责任的形式

根据承担责任的不同形式，数据法律责任可分为民事责任、行政责任、刑事责任等。

（一）民事责任

民事责任是指民事主体违反民事义务依法应承担的民事法律后果。例如，违约责任是违反合同约定而应当承担的责任，侵权责任是侵害他人权益而应当承担的赔偿等责任。数据民事责任是数据法律关系主体违反相关义务依法应承担的赔偿等民事法律后果。

作为一种法律责任，数据民事责任除具有法律责任的一般特征外，还有以下特征：

第一，数据民事责任是违反数据民事义务的法律后果。数据民事义务具有法律上的约束力，这种约束力体现为义务人不履行义务而承担民事责任的法律现象。因此，只有当数据法律关系主体违反数据民事义务致使他人的合法民事权益受到侵害时，才能产生民事责任。违反民事义务是承担民事责任的前提，承担民事责任是违反民事义务的结果。

第二，数据民事责任具有补偿性。在数据法律关系中，数据民事责任的主要

---

[15] 高铭暄、马克昌主编：《刑法学》，北京大学出版社2022年版，第84-85页。

功能就是通过强制义务主体履行义务，使权利主体的权利恢复到被侵害前的状态，补偿受害人所受到的损失，使失衡的关系得以恢复到应有的平等状态。数据民事责任强调赔偿范围与违反义务造成的损害后果相适应。

第三，数据民事责任具有强制性。与刑事责任和行政责任由国家机关主动追究不同，在数据法律关系主体违反数据民事义务时，是否追究民事责任一般取决于权利人的意愿，即所谓的"不告不理"；违反数据民事义务的当事人也可以主动承担数据民事责任。当权利人主张权利，而违反义务的当事人不能自觉承担数据民事责任时，国家机关可以通过法定程序强制义务人承担。在这种情况下，公权力干预通常表现为对义务人人身自由或财产权利的限制或剥夺。须注意的是，数据民事责任具有一定程度的任意性。数据民事责任的任意性体现在，受害人可免除行为人应承担的民事责任，可以与行为人通过协商的方式确定数据民事责任的承担。

第四，数据民事责任承担方式以财产责任为主。所谓承担方式，是指法律强制民事主体承担民事责任的具体措施。实践中，赔偿损失是《民法典》第179条第1款规定的11种责任方式中最常用的一种。[16] 数据民事责任以财产责任为主，非财产责任为辅，因而具有财产性。具体而言，数据民事责任的承担方式除了赔偿损失，还包括恢复名誉、赔礼道歉、消除影响等非财产责任的承担方式。

（二）行政责任

行政法律责任是指行政法律关系的主体，由于违反行政法的规定而应承担的法律后果。行政法律责任并不是仅指行政主体因其行政活动违法而承担的法律责任，还包括行政相对人在行政管理过程中，由于不履行行政法上的义务，依法承担的法律责任。数据行政责任，是行为人实施数据行政侵害行为而应承担的法律后果，具有下列基本特征：

第一，数据行政法律责任主体的特定性。数据行政法律责任主体，必须是行政法律关系主体及参与行政法律关系的国家公务员。承担行政法律责任的主体，既可以是国家行政主体及其执行行政公务的工作人员，也可以是作为行政相对人的公民、法人或者其他组织。数据行政责任不仅包括与行政职权和行政职责紧密联系的行政主体的法律责任，还包括行政管理相对人的法律责任。

第二，数据行政法律责任后果的唯一性。数据行政法律责任，是数据行政法律关系主体违反数据行政法律规范所引起的法律后果。数据行政法律责任的后果

---

[16]《民法学》（上册·总论）（第2版），高等教育出版社2022年版，第116页。

以行政法律义务为基础，没有行政法律义务，也就没有行政法律责任。由于数据行政责任是数据行政法律关系主体不履行法定职责和义务，违反数据行政法律规范所引起的法律后果，所以涉数据相关行政法律规范所规定的职责和义务的方式及内容，是追究行政责任的根据。[17]

第三，数据行政法律责任追究机关的多样化。由于数据行政法律责任多样，分别针对行政主体、行政公务人员、行政相对人甚至一些法律监督主体，因此数据行政法律责任的追究机关也各异。行政相对人直接由行政主体以行政程序来追究责任，而行政主体、行政公务人员等则由权力机关，司法机关，上级行政机关，行政复议机关，专门的审计、监察机关等机关追究责任。[18] 追究法律责任的程序也是多样化的，有权力机关的特别监督程序、行政机关的行政程序、司法机关的司法程序等。[19]

（三）刑事责任

刑事责任是指行为人因实施刑法所禁止的犯罪行为而应当承担的法律责任。数据刑事责任是指行为人因实施刑法所规定的数据犯罪行为而应当承担的法律责任。在所有法律责任中，刑事责任涉及剥夺行为人的人身自由甚至生命权，是最严厉的法律责任。[20] 刑事责任作为法律责任的一种，除具有法律责任的一般性质外，还具有自身的特征：

第一，数据刑事责任的强制性。法律责任是行为人违法而依法向国家承担强制性义务的标准。刑事责任是一种由犯罪行为所引起的法律效应，是一种强制犯罪人向国家承担的法律责任。数据法律责任也是如此。

第二，数据刑事责任的严厉性。在所有法律责任中，刑事责任是最为严厉的一种，这主要表现在其承担方式上。刑罚是承担刑事责任的最基本方式，而刑罚是国家强制方法中最严厉的方法，它不仅可以剥夺犯罪人的财产权，限制或剥夺犯罪人的人身自由，甚至还可以剥夺犯罪人的生命。这些刑罚同样适用于数据犯罪，因此，数据刑事责任是一种性质最为严重、否定评价最为强烈、制裁后果最为严厉的法律责任。

第三，数据刑事责任的专属性。刑事责任是一种严格的个人责任，只能由实施犯罪行为的个人和单位承担。任何情况下，刑事责任均不得将刑事责任转嫁给

---

[17]《法理学》，人民出版社2020年版，第336页。
[18] 郑传坤主编：《行政法学》，法律出版社2007年版，第282-283页。
[19] 王学辉主编：《行政法学》（第三次修订），中国检察出版社2007年版，第277-278页。
[20]《法理学》，人民出版社2020年版，第165-166页。

他人或由他人代为承担。刑事责任是一种只能由犯罪人承担的法律责任。根据我国刑法的规定，任何刑事责任只能由犯罪人本人承担，不得株连未参与犯罪的任何人。[21] 数据刑事责任承担也遵循责任自负的原则。

（四）国际法责任

国际责任也称国际法律责任，是指国际责任主体对其国际不法行为或损害行为所应承担的法律后果。从国际责任的定义可以看出，一般具有以下特征：

第一，数据国际法律责任的主体。国际法主体是国际权利的享有者和国际义务的承担者，因而，国际法主体必然是国际责任的承担者。国家、国际组织、民族解放组织等国际法主体都具有承担国际责任的资格，这是被国际责任的理论与实践一致认可的。因此，数据国际法律责任的主体和国际法的主体是相同的。

第二，承担数据国际法律责任的原因。传统国际法主张实施国际不法行为是承担国际责任的唯一原因。所谓国际不法行为，是指在国际责任制度中，国家违背其国际义务的任何行为，而无论该义务是由双边、多边或国际公约，或者是由国际习惯所确立的一项义务。在现代，各国又确定了国际法不加禁止行为所产生的损害性后果的国际责任，以赔偿为主要责任形式。联合国于2001年提出了RSIWA，提倡任何一国侵犯其他国家的不法行为都应该受到国际法律的制裁。国际不法数据行为侵犯了其他国家的主权尊严。责任国对其国际不法数据行为应承担国际法上的国家责任。

第三，数据国际责任的性质。国际责任不同于国内法上的民事责任和刑事责任，而是自成一类的、具有强制性的法律责任。[22] 国际责任的实质就是一种法律后果。这种法律后果包含两方面的内容，一方面包括受害者享有的权利，另一方面包括责任方应承担的义务。国际法律责任的任务就是要确定国际不当行为或损害行为所产生的法律后果。虽然法律责任具有强制执行的性质，但在实践中，即使国际责任已经分清，并且确定了责任范围，能否得到执行还是一个问题。承担国际法律责任还需依靠有关国家的自觉履行。[23]

---

[21] 马长生、余松龄主编：《刑法学》，湖南大学出版社2001年版，第170－172页。
[22] 《国际公法学》，高等教育出版社2018年版，第345－346页。
[23] 王虎华主编：《国际公法》，浙江大学出版社2007年版，第160－162页。

二、数据法律责任的承担方式

(一) 民事数据侵权法律责任的承担方式

侵权责任成立后需要解决的问题是，侵权人如何承担侵权责任。法律上对侵权责任承担方式的规定，应以最有效地消除侵权行为对被侵权人造成的不利影响为宗旨。侵权责任的承担形式是指行为人因实施侵权行为而应依法承担的具体民事责任方式。我国《民法典》规定的民事主体就其侵权行为应承担的法律责任主要有：(1) 停止侵害；(2) 排除妨碍；(3) 消除危险；(4) 返还财产；(5) 恢复原状；(6) 赔偿损失；(7) 消除影响、恢复名誉；(8) 赔礼道歉。上述承担侵权责任的方式，可以单独适用，也可以合并适用。[24] 数据侵权行为民事责任承担，也采用同样的责任形式。

停止侵害指民事主体尚未实施或者正在实施数据侵害行为并未终结的，权利人有权请求民事主体停止实施侵害行为。停止侵害的实质是要求民事主体停止实施数据侵害行为，及时制止数据侵权行为的发生和延续，防止扩大损害后果。

排除妨碍指权利人行使其数据权利受到他人不法阻碍或妨害时，有权要求侵权人排除妨害以保障数据权利的正常行使。排除妨碍既适用于侵害财产权的情况，也适用于侵害人身权的情况。数据权人提出此项请求后，无论侵权人的妨碍有无过错均应立即排除对受害人数据权利行使的妨碍。侵权人不排除的，受害人可依法向人民法院提起排除妨碍之诉。

消除危险指消除对数据权人人身、财产造成损害的危险来源的民事责任。危险具有造成人身或财产损害的可能性。当存在非法侵入信息系统的危险或者数据泄露的危险时，危险制造者有责任消除上述危险。

返还财产的责任形式主要为返还数据。所谓返还数据，是指民事主体在没有合法依据获取权利人数据的情形下，权利人有权请求民事主体返还数据或者销毁数据。返还的情况往往针对民事主体以及相对人将储存数据的介质一并带走的情形，而销毁则针对相对人仍保有数据的情形。

恢复原状指权利人的数据、介质或者数据系统被他人非法侵害损坏时，如果能够补救，则数据权利人有权要求加害人通过技术恢复数据原来的状态。恢复原状重在将数据恢复到被侵害前的圆满状态。

赔偿损失指侵权行为人以支付金钱的方式弥补受害方因数据侵权行为所遭受

---

[24] 程啸：《侵权责任法》(第 3 版)，法律出版社 2021 年版，第 745-746 页。

的财产或者利益损失的一种责任形式。侵权行为人实施侵权行为的，在承担停止侵害或者排除妨害等责任之后，对给对方造成的财产损失和精神损害，应当予以赔偿。损害赔偿的根本目的就是救济损害，无损害则无赔偿。

消除影响、恢复名誉指相对人有权请求实施非法数据行为侵害相对人姓名权、肖像权、名誉权、荣誉权等人身权的民事主体通过口头或者书面形式恢复其被损害的名誉等人格利益。[25]

赔礼道歉指由侵权人以口头方式或者书面方式向受害人承认错误、表示歉意的责任承担方式。民事数据侵权行为给受害人造成精神损害的，如不法数据行为侵害名誉权、肖像权、隐私权、个人信息权等精神性人格权，一般适用赔礼道歉的责任承担方式。侵害数据财产权一般不适用赔礼道歉的法律责任。

（二）行政数据侵权法律责任的承担方式

行政主体承担行政责任的具体方式有：（1）责令作出检查、通报批评。这是一种惩戒性的行政法律责任，通过责令检查或通报批评，对作出数据违法或不当行政行为的行政主体起一种警戒的作用。（2）赔礼道歉、承认错误。赔礼道歉、承认错误能使受损害者在精神上得到安慰，表明行政主体对自己的数据违法行为的否定和反省，可以采取口头形式，也可以采取书面形式。这是行政主体所承担的一种较轻微的补救性行政责任。（3）恢复名誉、消除影响。该责任的履行通常以能弥补相对人名誉受损害的程度和影响范围为限。（4）返还权益。当行政主体违法剥夺相对一方的权益时，其承担的法律责任通常是返还该权益。（5）恢复原状。当行政主体的违法或不当行为给相对方的财产带来改变其原有状态的损害时，行政主体要承担恢复原状的补救性法律责任。（6）停止违法行为。这是行为上的惩戒性法律责任。如果数据违法行政行为在持续的状态中，法律责任的追究机关有权责令行政主体停止该违法行政行为。（7）责令履行职责。这是行政主体不履行或拖延履行职务而须承担的一种法律责任。（8）撤销违法的行政行为。对于行政主体的数据违法行政行为，行政主体或有权的机关应予以撤销，行政主体要承担数据违法行为被撤销的法律后果。（9）纠正不当的行政行为。纠正不当的数据行政行为是对行政主体自由裁量权进行控制的法律责任方式。行政机关对滥用自由裁量权的不当行政行为要负法律责任，纠正不当的行政行为通常由行政主体自己作出，或由上级行政机关、行政复议机关以及司法机关予以变更。（10）赔偿损失。赔偿损失是一种补救性的行政责任。行政主体的数

---

[25] 齐爱民：《数据法原理》，高等教育出版社2022年版，第222-223页。

据行政违法行为造成相对方人身损害的，应依法赔偿损失；造成财产上的损害，如果不能返还财产和恢复原状，也应依法赔偿损失。[26] 比如行政机关及其工作人员实施了非法泄露受害人个人信息、违法使用数据造成受害人身体伤害或者死亡等数据侵权行为的，应向受害人承担赔偿责任。[27]

(三) 数据犯罪的刑事责任的承担方式

数据犯罪的刑罚是指数据犯罪刑事责任的承担。刑罚是由国家最高立法机关在《刑法》中确定的，由法院对犯罪分子适用并由专门机构执行的最为严厉的国家强制措施。我国《刑法》根据犯罪人实施的犯罪行为及其情节设置了不同的主刑和附加刑。主刑包括限制或剥夺自由的刑罚以及剥夺生命的刑罚，附加刑主要表现为剥夺财产或者资格的刑罚。

主刑是对行为人适用的主要刑罚，只能独立适用，不能附加适用，对犯罪分子只能判一种主刑。主刑分为管制、拘役、有期徒刑、无期徒刑和死刑。

附加刑是既可以独立适用又可以附加适用的刑罚。附加刑分为罚金、剥夺政治权利、没收财产。对在我国境内犯罪的外国人，可以独立或者附加适用驱除出境。[28]

在适用这些刑罚追究犯罪人的刑事责任时必须注意，刑事责任的程度是决定具体刑罚轻重的标准，尤其是我国刑法往往针对同一罪名的不同犯罪情况设置了几种主刑或者对剥夺自由的刑期规定了一定幅度供审判机关具体裁量，因此在对犯罪人适用刑罚时应当力求所适用的刑罚与犯罪人刑事责任程度相协调。

(四) 侵害数据主权的国际法责任的承担方式

国际不法数据行为应该被及时制止并受到国际法的惩治。根据联合国《国家对国际不法行为的责任条款草案》的精神，实施国际不法数据行为的国家应该承担如下国际法律责任：

1. 停止侵害。实施国际不法数据行为的国家，应该无条件立即停止实施不法数据行为。联合国《国家对国际不法行为的责任条款草案》第 30 条明文规定，国际不法数据行为的责任国有义务：(1) 在从事一项持续性的不法行为时，停止该行为；(2) 在必要情况下，提供不重复该行为的适当承诺和保证。被侵

---

[26] 罗豪才、湛中乐主编：《行政法学》，北京大学出版社 2016 年版，第 354-355 页。
[27] 齐爱民：《数据法原理》，高等教育出版社 2022 年版，第 220 页。
[28] 齐爱民：《数据法原理》，高等教育出版社 2022 年版，第 226 页。

犯国有权要求责任国立刻制止该不法数据行为，并承诺不会重复此不法行为。

2. 正式道歉。受害国有权要求责任国就国际不法数据行为给受害国造成的名誉损害正式道歉并恢复名誉。联合国《国家对国际不法行为的责任条款草案》第37条明文规定责任国可采取承认不法行为、表示遗憾、正式道歉或另一种合适的方式，就其国际不法数据行为作出声明，向受害国真诚道歉，并恢复受害国名誉。

3. 恢复原状。责任国对其国际不法数据行为造成的破坏负有恢复原状的义务。实施国际不法数据行为的国家，应该无条件立即停止不法数据行为。所谓恢复原状，是指责任国使被破坏的数据系统或者数据恢复到实施不法数据行为以前的状况。联合国《国家对国际不法行为的责任条款草案》第35条明文规定了国际法上"恢复原状"的条件：（1）恢复原状是可行的，并非实际上不能实现的；（2）责任国恢复原状和进行赔偿所付出的成本应该基本相当，不能完全不成比例。如果责任国恢复原状付出的成本与进行赔偿相比是完全不成比例的，则可以放弃恢复原状而选择赔偿。

4. 赔偿损失。根据联合国《国家对国际不法行为的责任条款草案》第31条的规定，责任国有义务对国际不法行为所造成的损害进行充分赔偿。此处的损害包括一国国际不法行为造成的任何损害，包括物质损害和精神损害。如果责任国实施国际不法数据行为对他国造成物质或者精神损害，受害国可对责任国提出赔偿一切损失的要求。而且，赔偿损害不能替代其他法律后果的承担。[29]

引例分析

罗某1、罗某2违反国家规定，由罗某1利用职务之便，在所就职的公司电脑上安装软件远程控制普通计算机信息系统，非法获取该计算机信息系统中存储的某宝公司订单数据，继而进行转卖，违法所得共计人民币207944元，符合最高人民法院、最高人民检察院《关于办理危害计算机信息系统安全刑事案件应用法律若干问题的解释》第1条第2款第1项规定的情形，应当认定为《刑法》第285条第2款规定的"情节特别严重"，其行为均已构成非法获取计算机信息系统数据罪。龙某通过向罗某1、罗某2等人购买某宝订单数据的形式非法获取公民个人信息，违法所得共计人民29335元，应当认定为《刑法》第253条之一第1款所规定的"情节严重"，其行为已构成非法获取公民个人信息罪。罗某2

---

[29] 齐爱民：《数据法原理》，高等教育出版社2022年版，第216–217页。

在共同犯罪中起辅助作用,系从犯,予以减轻处罚。罗某1、罗某2、龙某自愿认罪,且罗某1、罗某2已退还全部赃款,均酌情予以从轻处罚。根据罗某2的犯罪情节和悔罪表现,适用缓刑没有再犯罪的危险,且对其所居住的社区也没有重大不良影响,故依法对其适用缓刑。综上所述,罗某1犯非法获取计算机信息系统数据罪,判处有期徒刑3年6个月,并处罚金人民币2万元;罗某2犯非法获取计算机信息系统数据罪,判处有期徒刑2年,缓刑3年,并处罚金人民币1万元;龙某犯非法获取公民个人信息罪,判处有期徒刑1年,并处罚金人民币1万元;对罗某1、罗某2的违法所得人民币207944元予以没收,上缴国库;对龙某的违法所得予以追缴。[30]

思考题

1. 请简述数据法律责任的特点。
2. 请简述民事数据侵权责任的构成要件。
3. 请简述行政数据侵权责任的构成要件。
4. 请简述数据犯罪刑事责任的归责原则。
5. 请简述侵害数据主权的国际法责任的承担方式。

---

[30] 杭州市西湖区人民法院刑事判决书,(2014)杭西刑初字第859号。

第十章 数据法律救济

引例 上海市浦东新区人民检察院诉张某侵犯公民个人信息刑事附带民事公益诉讼案

2021年7月下旬,张某通过网络技术手段非法侵入某软件公司计算机信息系统,获取该公司系统内客户订单信息6万余条。客户订单信息中包含消费者姓名、手机、住址、交易记录等信息。之后,张某将上述个人信息出售给他人,并在暗网获利人民币38760元。因客户交易信息泄露,某软件公司被第三方交易平台索赔,部分客户接到诈骗电话,众多消费者面临诈骗风险,公共利益处于持续受损状态。

思考: 作为消费者,应当如何保护自己的权益?检察机关是否可以对张某提起公益诉讼?

第一节 数据法律救济的概念和内容

随着大数据、人工智能和云计算等新兴技术的快速发展,数据已成为推动社会进步和经济增长的核心资源。在数据驱动的社会中,个人信息、商业数据及公共数据的广泛流通和利用,极大地提升了数据价值的实现空间。信息技术的迅猛发展使得数据隐私和数据保护成为全球关注的焦点。然而,数据的广泛采集、存储与共享也带来了数据权利保护的新挑战,尤其是在数据滥用、隐私泄露、数据垄断等问题日益突出的背景下,数据主体的合法权益面临多重风险。数据法律救济机制作为维护数据权利、平衡各方利益、促进数据合理流通的重要保障,对其进行研究具有重要的理论价值和现实意义。

数据法律救济不仅涉及对数据隐私权的司法保护,还包括对数据泄漏风险的事前防范和事中控制。在欧洲,数据保护法律体系较为完善,尤其是GDPR的实施,为数据主体提供了多种法律救济途径,包括行政投诉和司法诉讼。相比之下,中国的数据保护法律体系尚在发展中,面临诸多挑战和不足。例如,现行法律对数据隐私权的保护力度不够,缺乏专门的立法和有效的执行机制。数据法律救济不仅是保护数据隐私权的必要手段,也是维护社会公共利益的重要保障。通过对数据法律救济的深入研究,可以为构建完善的数据保护法律体系提供理论支持和实践指导,从而更好地应对信息时代的数据安全挑战。

一、数据法律救济的概念与内涵

(一)数据法律救济概念界定

数据法律救济是指在数据权利受到侵害或数据相关法律义务未被履行时,受害主体通过法律途径寻求权利恢复、损害赔偿、行为纠正或其他合法利益保护的制度性安排。其核心在于为数据主体、数据控制者及相关利益方提供有效的权利救济渠道,以应对数据处理、流通、共享、滥用等环节中可能出现的法律风险与权益损害。现代数据法律救济不仅涵盖传统的司法救济手段,如诉讼、仲裁、行政复议等,还包括新兴的数据专门救济机制,如数据保护机构的申诉、集体诉讼、行为纠正令、强制数据共享等措施。

数据法律救济的界定往往突出表现在以下方面:第一,救济对象的特殊性。数据法律救济所针对的对象为数据权利,包括个人信息保护权、数据访问权、数据更正权、数据删除权等,以及数据控制者的合法权益。第二,救济方式的多元性。除传统司法途径外,现代数据法律救济强调行政机关、行业协会与社会公众多元参与,体现出程序灵活、响应高效的特点。第三,救济目标的复合性。数据法律救济不仅追求对个体权利的恢复,更关注数据生态的公平、透明与可持续发展,强调对数据滥用、垄断、歧视等系统性风险的防范与矫正。第四,救济机制的动态性。随着数据技术与法律环境的演进,数据法律救济机制不断创新,如引入元同意模型、行为性和结构性救济措施,以适应跨境数据流动、算法决策等新型场景。

(二)数据法律救济概念界定的必要性

在数据驱动社会快速发展的背景下,数据法律救济的概念界定具有重要的理论和实践意义。数据作为新型资源,其权属、流通和利用过程中产生的法律纠纷日益复杂,涉及个人隐私、数据安全、财产权利等多重利益主体。若缺乏对数据法律救济的清晰界定,理论研究将难以形成统一的分析框架,导致学界对相关权利边界、救济路径及适用条件的理解存在分歧,进而影响数据法治体系的完善。

司法实践中，数据相关纠纷的救济需求不断增长。无论是个人数据权利受到侵害，还是企业因数据流通产生利益冲突，均需要明确的法律救济机制加以规范和保障。若概念模糊，司法机关在适用法律、认定权利和裁量救济措施时将面临较大不确定性，容易导致裁判标准不一，损害司法公信力和权利救济的实效性。数据法律救济的界定还直接关系到数据治理政策的制定与实施。政策制定者需在数据流通与保护之间寻求平衡，合理配置各方权利与义务，推动数据产业健康发展。只有在概念明确的基础上，才能科学设计救济手段，确保数据主体、数据控制者及相关利益方的合法权益得到有效保护。

（三）数据法律救济概念的演变

数据法律救济的传统理解源于一般法律救济的理论框架，其核心在于通过司法或行政手段，为权利受到侵害的主体提供补偿、恢复或纠正的途径。在传统法律体系中，救济机制主要包括诉讼、仲裁、调解等方式，强调对权利损害的直接修复与责任追究。这些机制通常建立在明确的权利归属、侵权事实认定以及损害后果可量化的基础之上，适用于财产、合同、人格权等领域。与此同时，数据法律救济也正面临着前所未有的挑战。数据权属问题导致传统救济手段在数据侵权案件中难以实现对数据权利主体的有效保护。例如，数据泄露、滥用与非法交易等问题往往涉及多方主体和跨境流动，传统的司法救济路径在时效性和执行力上均存在局限。[1]

在应对这些挑战的过程中，数据法律救济的内涵逐步演变。一方面，救济方式从单一的司法救济扩展到行政、技术和行业自律等多元化路径，强调预防性和系统性保护。另一方面，数据法律救济更加关注对数据主体权利的整体维护，包括知情权、同意权、访问权和删除权等，推动了救济机制的创新与完善。这种演变不仅反映了数据时代权利保护需求的变化，也为构建适应数字社会的新型法律救济体系奠定了基础。

---

[1] M. Tzanou, Plixavra Vogiatzoglou, *In Search of Legal Certainty Regarding "Effective Redress" in International Data Transfers: Unpacking the Conceptual Complexities and Clarifying the Substantive Requirements*, SSRN Electronic Journal, 2023, p. 1–19.

二、数据法律救济的法理依据——数据权利理论与侵权责任理论

（一）数据权利理论

数据作为新型权利客体，其法律属性和权利类型正逐步成为数据法律救济理论研究的核心议题。数据本身具有非物质性、可复制性和可流通性等特征，这些特性决定了数据权利与传统财产权、人格权等存在本质区别。数据权利的客体并非单一的物理实体，而是信息集合体，具有高度的动态性和可变性。数据的价值不仅体现在其本身，还体现在其被加工、挖掘和利用过程中所产生的附加价值。

数据权利的类型主要包括数据所有权、数据控制权、数据使用权和数据收益权等。数据所有权强调对数据的最终归属和处分权，数据控制权则侧重对数据的收集、处理和流转过程中的决策权。数据使用权体现为对数据进行访问、分析和再利用的权利，而数据收益权则关注数据利用所产生的经济利益归属。此外，随着数据在社会经济活动中的广泛应用，数据主体的权利保护也日益受到重视，尤其是在个人信息保护、数据隐私和数据安全等方面。

数据权利的保护机制需兼顾数据流通与利用的效率以及权利主体的合法权益。现有法律体系在数据权利界定、权利归属和权利救济方面仍存在诸多挑战。例如，数据权利的多元主体性导致权利归属复杂，数据的可复制性和易传播性增加了权利侵害的风险。为此，法律救济机制不仅要明确数据权利的类型和边界，还需建立有效的权利主张和救济路径，确保数据主体在遭受权利侵害时能够获得及时、有效的法律保护。

（二）侵权责任理论

侵权责任理论在数据法律救济体系中具有基础性地位。数据侵权行为的构成要件主要包括违法行为、损害结果、因果关系和主观过错。首先，违法行为表现为未经授权的数据收集、处理、使用或披露，侵犯了数据主体的合法权益，尤其是个人隐私权和数据控制权。其次，损害结果不仅涵盖经济损失，还包括人格权受损、隐私泄露等非财产性损害。最后，因果关系要求数据侵权行为与损害结果之间存在直接或间接的联系，只有在能够证明侵权行为导致了实际损害时，才可追究侵权责任。此外，主观过错包括故意和过失两种情形，部分情况下法律亦规定无过错责任以强化数据保护。

归责原则方面，数据侵权责任的归责方式呈现多元化趋势。传统上，过错责

任原则适用于大多数数据侵权案件，即权利人需证明侵权人存在主观过错。但在特定领域，如对于数据处理主体对敏感数据的保护义务，法律逐步引入无过错责任或推定过错责任，降低受害人举证难度，强化数据主体保护。此外，部分国家和地区的数据保护法规还规定了举证责任倒置机制，要求数据控制者证明其已尽到合理的数据保护义务，否则应承担相应责任。

在侵权责任的承担方式上，数据侵权责任不仅限于赔偿损失，还包括停止侵害、恢复原状、消除影响、赔礼道歉等多种形式。赔偿范围涵盖直接经济损失、合理支出以及精神损害抚慰金。对于大规模数据泄露事件，集体诉讼和公益诉讼成为重要的法律救济途径，强化了对数据主体的集体保护。同时，数据侵权责任的承担还涉及与行政责任、刑事责任的衔接，形成多层次的法律救济体系。

三、数据法律救济的实现方式

（一）行政救济

行政救济是指通过行政手段保护数据主体的合法权益。行政救济主要包括向监督机构投诉和通过行政诉讼解决争议。

数据主体向相关监督机构提出投诉。这些监督机构通常负责监督和管理数据保护法规的实施。例如，在欧盟，数据主体可以向数据保护监督机构提出投诉，要求其调查和处理数据保护违规行为。监督机构在接到投诉后，会进行调查，并有权采取相应的行政措施，如责令数据控制者或处理者改正违规行为、罚款等。这种途径不仅可以迅速解决数据保护问题，还能起到震慑作用，防止类似事件的再次发生。数据主体还可以通过行政诉讼寻求救济。当数据主体认为其数据保护权利受到侵害且监督机构的处理结果不满意时，可以向法院提起行政诉讼，要求司法审查监督机构作出决定或直接对数据控制者或处理者提起诉讼。行政救济还包括行政复议和行政调解等方式。行政复议是指数据主体对行政机关的具体行政行为不服，向上一级行政机关申请复议，请求重新审查该行政行为的合法性和适当性。行政调解则是通过行政机关的调解，促使数据主体与数据控制者或处理者达成和解协议，从而解决争议。

总体而言，行政救济作为数据法律救济的重要组成部分，通过监督机构的投诉处理、行政诉讼、行政复议和行政调解等多种途径，为数据主体提供了多层次、多渠道的保护机制，有效保障了数据主体的合法权益。

（二）司法救济

司法救济是指通过司法程序保障数据主体的合法权益。数据主体在其个人数据、隐私权受到侵害时，可以选择通过司法途径寻求救济。司法救济的主要形式包括提起诉讼、申请司法审查和寻求法院判决等。

数据主体可以针对数据控制者或处理者提起民事诉讼，要求停止侵害、恢复原状、赔偿损失等。这种诉讼通常基于侵权责任法的规定，数据主体需要提供证据证明其隐私权受到了侵害，并且该侵害行为直接导致了损害结果。在诉讼过程中，法院将审查数据控制者或处理者的行为是否合法，并根据具体情况作出判决。数据主体还可以通过行政诉讼途径寻求救济。当数据主体认为行政机关在数据处理过程中存在违法行为时，可以向法院提起行政诉讼，要求撤销或变更行政决定。[2] 例如，在行政机关未能依法保护数据主体隐私权的情况下，数据主体可以请求法院对该行政行为进行审查，并作出相应的司法决定。

数据主体可以通过申请司法审查的方式，要求法院对数据处理行为的合法性进行审查，并根据审查结果采取相应的法律措施。司法审查是一种重要的法律监督机制，旨在确保行政机关和数据处理者的行为符合法律规定。

在司法救济过程中，法院的判决具有强制执行力，能够有效保障数据主体的合法权益。法院可以根据具体情况，责令数据控制者或处理者采取纠正措施，停止侵害行为，并对数据主体进行赔偿。此外，法院还可以通过发布禁令等方式，预防进一步的侵害行为，确保数据主体的隐私权得到充分保护。

（三）社会救济

在数据法律救济的途径中，社会救济作为一种重要的补充手段，能够有效地弥补法律体系在数据保护方面的不足。社会救济主要通过公众参与、非政府组织（NGO）的介入以及媒体监督等方式实现。

首先，公众参与是社会救济的重要组成部分。公众可以通过举报、投诉等方式，揭露和抵制侵犯数据隐私的行为。这种方式不仅能够提高社会对数据隐私问题的关注度，还能促使相关机构采取行动，保护数据主体的合法权益。其次，非政府组织在数据法律救济中发挥着不可或缺的作用。NGO 通常具备专业的法律知识和丰富的实践经验，能够为数据主体提供法律咨询和援助。最后，NGO 还可以通过提起公益诉讼，推动相关法律法规的完善和执行，从而在更大范围内保护数据隐私权。[3]

---

[2] Xhemazie Ibraimi, *Extraordinary Legal Remedies in the Administrative Conflict*, Journal of Law, Policy and Globalization, 2019, p. 3.

[3] 曹义孙、徐航：《中国制定"反就业歧视法"问题分析》，载《首都师范大学学报（社会科学版）》2015 年第 4 期。

媒体监督也是社会救济的重要途径之一。媒体通过报道数据隐私侵权事件，引起社会的广泛关注和讨论，进而施加舆论压力，促使相关企业和机构改进数据保护措施。同时，媒体的监督报道还可以揭示法律体系中的漏洞，推动立法和执法部门进行改革。[4]

（四）技术救济

技术救济能够有效地保护数据主体的合法权益。技术救济主要通过技术手段来预防、控制和纠正数据隐私权的侵害，从而实现对数据主体的保护。

技术救济可以通过数据加密和匿名化技术来保护数据隐私权。数据加密技术能够确保数据在传输和存储过程中的安全性，防止未经授权的访问和泄露。而匿名化技术则通过去除或掩盖数据中的个人标识信息，使数据无法直接关联到特定个人，从而降低数据泄露的风险。技术救济还包括数据访问控制和权限管理。通过严格的访问控制机制，可以确保只有授权人员才能访问和处理特定数据，防止数据被滥用或非法访问。权限管理则通过细化权限设置，确保数据处理活动符合最小权限原则，减少数据泄露的可能性。

技术救济涉及数据泄露检测和响应机制。通过部署数据泄露检测系统，可以实时监控数据使用情况，及时发现和应对潜在的数据泄露事件。这些系统通常采用机器学习和大数据分析技术，能够快速识别异常行为并采取相应的补救措施，减少数据泄露对数据主体造成的损害。同时，技术救济还包括数据备份和恢复机制。通过定期备份数据，可以在数据丢失或损坏时迅速恢复，确保数据的完整性和可用性。

第二节　数据法律救济的程序和规则

数据法律救济制度的构建，根植于数字时代数据权益保护的现实需求。近年来，高频爆发的数据泄露事件（如某社交平台 5000 万用户数据泄露案、某医疗平台患者信息批量外流事件）与隐私侵权纠纷，暴露出传统隐私权保护模式的滞后性——其以"事后救济"为核心的被动响应机制，难以应对数据侵权"技术隐蔽性强、损害扩散速度快、证据易灭失"的特性。数据主体在面对个人信

---

[4] 林龙：《论我国城市供水污染事件法律应对的不足与完善——以"兰州供水苯超标事件"为例》，载《华北电力大学学报（社会科学版）》2015 年第 6 期。

息被过度收集、算法歧视等新型侵权时，常陷入"举证难、救济慢、成本高"的困境，凸显现有法律框架在权利保障程序上的结构性缺陷。

在此背景下，深入研究数据法律救济的程序与规则，尤其是行政救济与司法救济的协同机制，具有鲜明的现实针对性。

一、数据法律救济中行政救济的具体程序和规则

（一）申请流程

1. 明确受理机关

数据主体在寻求行政救济时，需依据侵权行为性质与监管职责分工，确定适格的受理机关。依据《个人信息保护法》第60条，国家网信部门负责统筹协调个人信息保护工作和相关监督管理工作，各地区、各部门依据自身职责负责本地区、本领域的个人信息保护和监督管理工作。例如，若数据侵权涉及互联网平台的个人信息收集行为，数据主体可向网信部门投诉；若为金融机构的数据滥用问题，可向银保监会及其派出机构反映。在跨境数据流动场景下，若数据主体认为个人信息被违规传输至境外，可依据《数据出境安全评估办法》第4条，向省级网信部门提交投诉材料，由其初步审查后上报国家网信部门。

2. 提交申请材料

数据主体应准备详实的申请材料，以支撑投诉主张。一般需提供：

（1）投诉申请书：应明确阐述投诉事由，包括侵权行为发生时间、地点、具体经过等，精准描述自身权益受侵害情况，并清晰表明期望获得的救济方式，如要求停止侵权、删除数据、赔礼道歉等。

（2）身份证明材料：个人数据主体需提供身份证复印件等有效身份证件，以证明自身身份；法人或其他组织则需提交营业执照副本、法定代表人身份证明书等材料。

（3）侵权证据材料：这是申请材料的关键部分。数据主体可收集如数据处理者发送的侵权通知、相关数据使用记录截图、通信记录（邮件、短信等）等作为证据。在某电商平台未经同意共享用户购买记录的案例中，用户提交了平台发送的包含个人敏感购买信息的第三方推广邮件截图，以及与平台客服沟通要求删除该信息但遭拒绝的聊天记录，以此证明侵权行为存在。对于电子数据证据，根据最高人民法院《关于民事诉讼证据的若干规定》第15条的规定，在提供证据原件的基础上建议进行公证保全或采用符合技术标准的区块链存证，以增强证据的真实性与完整性。

(4)其他辅助材料：若存在与侵权行为相关的合同、协议等，也应一并提交，用以辅助说明数据主体与数据处理者之间的权利义务关系。如在数据服务合同纠纷中，用户提交合同中关于数据保密条款的约定，以证明数据处理者违反合同约定泄露其个人信息。

（二）时限要求

数据行政救济的具体程序和规则中，时限要求是确保救济程序高效、公正的重要环节。数据救济的时限要求同样涵盖申请期限和处理期限两个核心方面。

申请期限是指数据主体提出行政救济申请的时间限制。根据数据保护相关法律，数据主体需在知道或应当知道其数据权益被侵害后的特定时间内提出救济申请。《个人信息保护法》未直接规定数据主体提出行政救济申请的期限。根据第60条和第65条，履行个人信息保护职责的部门（如国家网信部门）负责处理投诉举报，但未设定具体时限。实践中，司法机关和监管部门可参照《民法典》第188条规定的3年诉讼时效，要求数据主体在合理期限内主张权利。这一期限的设定符合《个人信息保护法》第9条关于"采取必要措施保障所处理的个人信息安全"的要求。旨在确保救济程序的及时性，防止因数据易篡改、易灭失的特性导致关键证据流失（固定证据）。例如，若数据泄露后未及时投诉，可能因日志覆盖或系统更新导致关键证据无法恢复。

处理期限是指监管机构或数据处理者在收到救济请求后须在规定时间内完成处理的时间限制。例如，数据处理者收到数据主体行权请求（如查阅、复制、删除）后，需在一定时限内作出响应。根据《信访工作条例》第22、34条，监管部门收到投诉后应在15日内转送有权处理机关，受理后60日内办结，复杂情况可延长30日。但相关内容如涉及个人信息侵权，如果涉及刑事犯罪，则需优先适用《刑事诉讼法》的侦查期限规定。处理期限的设定不仅有助于提高行政效率，更能防止数据侵权损害持续扩大（如泄露信息在暗网持续传播），切实保障数据主体权益。

（三）证据提交

在数据救济的行政程序中，证据提交的时限与规则具有显著特殊性，需严格遵循法律规范并兼顾数据特性。

1. 证据种类与形式法定化

依据《行政诉讼法》第33条，数据救济中的证据主要包括：（1）书证：数据处理协议、隐私政策文本、监管通知等书面文件。（2）电子数据：系统操作日志、数据流转记录、访问权限清单等数字痕迹。（3）鉴定意见：由具备资质的机构出具的网络安全评估报告、数据泄露溯源分析等。（4）当事人陈述：数据主体侵权陈述书、处理者合规说明等。

2. 证据提交时限的双轨制

（1）数据主体。数据主体应在提出救济申请时或行政机关指定的合理期限内提交初步证据，如侵权页面截图、行权被拒记录等，这符合行政救济中对证据提交的一般要求。并且法院通常会参照《行政诉讼法》相关规定，给予弱势方必要宽限期，以保障数据主体的合法权益。

（2）数据处理者。依据《个人信息保护法》第 69 条规定的过错推定原则，处理者收到举证通知后需在合理期限内提交核心证据，包括数据处理合法性基础证明、安全措施实施记录、行权请求响应轨迹等，这有助于落实处理者的责任，符合法律要求。同时，关于逾期后果，根据最高人民法院《关于行政诉讼证据若干问题的规定》第 7 条第 1 款规定，原告或者第三人应当在开庭审理前或者人民法院指定的交换证据之日提供证据。因正当事由申请延期提供证据的，经人民法院准许，可以在法庭调查中提供。逾期提供证据的，视为放弃举证权利。这也是为了督促数据处理者及时履行举证义务。

二、数据法律救济中司法救济的具体程序和规则

（一）申请流程

司法救济的启动需严格遵循《民事诉讼法》《个人信息保护法》等规定的程序要件，具体流程如下：

1. 起诉书的法定要素

依据《民事诉讼法》的规定，起诉书应当载明：原告与被告基本信息（含数据控制者/处理者名称）、明确的诉讼请求（如停止侵害、删除数据、赔偿损失）、数据侵权事实与理由（需具体到时间、行为方式、损害后果）、管辖权依据（依最高人民法院《关于适用〈中华人民共和国民事诉讼法〉的解释》第 25 条的规定，侵权结果发生地法院可管辖）。

2. 提交方式的二元机制

线下提交，即向管辖法院立案庭递交纸质起诉状及副本；在线提交：通过人民法院在线服务平台或电子诉讼系统提交。

3. 诉讼费用的计算与缴纳

根据《诉讼费用交纳办法》第 13 条的规定：财产案件按标的额阶梯计费

（如10万元以下收2.5%）；非财产案件每件交纳50—100元（如单纯请求停止数据处理行为）；符合《个人信息保护法》第70条的公益诉讼可申请缓减免。

4. 立案审查的实质标准

法院需在7日内审查（《民事诉讼法》第126条）。

（二）时限要求

司法程序中的时限设计旨在平衡救济效率与程序公正（见表2-10-1）：

表2-10-1 数据司法救济程序中的时限要求

时限类型	法律依据	具体规定	特殊规则
起诉期限	《行政诉讼法》第46条（行政案件）、《民法典》第188条（民事侵权）	行政诉讼：自知道行政行为起6个月内；民事诉讼：自权利受损起3年内	行政诉讼最长保护期20年（不动产等）；民事持续侵权可从行为结束起算
举证时限	最高人民法院《关于民事诉讼证据的若干规定》第51条	一审普通程序≥15日；提供新证据的二审普通程序≥10日；简易程序≤15日	
审理期限	《民事诉讼法》第152条	普通程序6个月	有特殊情况可延长6个月
上诉期限	《民事诉讼法》第171条	判决书15日；裁定书10日	

（三）证据提交

1. 证据形式的合法性要件

依据最高人民法院《关于民事诉讼证据的若干规定》第21条、第23条：

（1）书证：人民法院调查收集的书证，可以是原件，也可以是经核对无误的副本或者复制件。是副本或者复制件的，应当在调查笔录中说明来源和取证情况。

（2）电子数据：人民法院调查收集视听资料、电子数据，应当要求被调查人提供原始载体。提供原始载体确有困难的，可以提供复制件。提供复制件的，人民法院应当在调查笔录中说明其来源和制作经过。

2. 证据能力的审查维度

法院应重点审查以下内容（见图2-10-1）：

第十章 数据法律救济 249

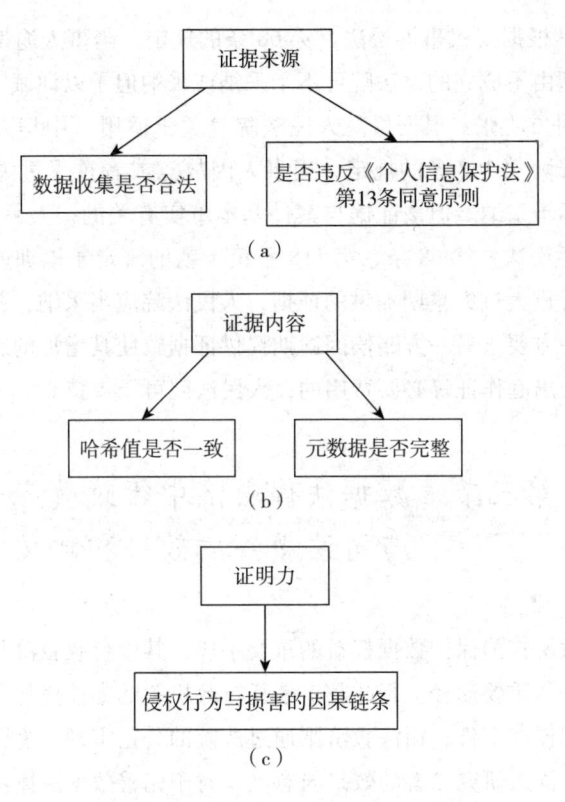

```
                    证据来源
                   ╱        ╲
          数据收集是否合法    是否违反《个人信息保护法》
                           第13条同意原则
                        (a)

                    证据内容
                   ╱        ╲
          哈希值是否一致    元数据是否完整
                        (b)

                    证明力
                      │
          侵权行为与损害的因果链条
                        (c)
```

图 2-10-1 证据能力的审查内容

3. 质证程序的特别规则

（1）技术事实查明：启动专家辅助人出庭。司法实践中，根据最高人民法院《关于民事诉讼证据的若干规定》第 83 条的规定：当事人依照《民事诉讼法》第 79 条和最高人民法院《关于适用〈中华人民共和国民事诉讼法〉的解释》第 122 条的规定，申请有专门知识的人出庭的，申请书中应当载明有专门知识的人的基本情况和申请的目的。人民法院准许当事人申请的，应当通知双方当事人。

（2）涉密证据处理：依申请采取措施。根据《民事诉讼法》第 71、137 条的规定：证据应当在法庭上出示，并由当事人互相质证。对涉及国家秘密、商业秘密和个人隐私的证据应当保密，需要在法庭出示的，不得在公开开庭时出示。人民法院审理民事案件，除涉及国家秘密、个人隐私或者法律另有规定的以外，应当公开进行。离婚案件、涉及商业秘密的案件，当事人申请不公开审理的，可以不公开审理。

4. 证据失权后果

无正当理由逾期举证，会产生以下后果：

（1）罚款：根据《民事诉讼法》第68条的规定，当事人逾期提供证据且拒不说明理由或理由不成立的，法院可不予采纳或采纳但予以训诫、罚款。

（2）采纳对方主张：根据最高人民法院《关于适用〈中华人民共和国民事诉讼法〉的解释》第102条的规定，当事人因故意或者重大过失逾期提供的证据，人民法院不予采纳。但该证据与案件基本事实有关的，人民法院应当采纳，并依照《民事诉讼法》第68条、第118条第1款的规定予以训诫、罚款。当事人非因故意或者重大过失逾期提供的证据，人民法院应当采纳，并对当事人予以训诫。当事人一方要求另一方赔偿因逾期提供证据致使其增加的交通、住宿、就餐、误工、证人出庭作证等必要费用的，人民法院可予支持。

第三节 数据法律救济中行政救济与司法救济的效果和意义

数据法律救济作为保护数据权益的重要手段，其中行政救济与司法救济是保障数据主体权益的重要途径。行政救济依托行政机关的专业优势和监管权力，能够快速介入数据侵权事件；司法救济则通过法院的公正审判，为数据主体提供最终的权利救济。深入研究二者的效果与意义，对于完善数据法律救济体系、保护数据主体权益具有重要的理论与实践价值。

一、行政救济的效果与意义

（一）行政救济的效果

1. 高效纠正违法行政行为

行政救济在效率性方面表现突出。与司法程序相比，行政救济程序通常更为简便、周期更短，有助于及时解决数据纠纷，降低当事人的时间和经济成本，尤其在数据流动性强、纠纷处理需求迫切的背景下，行政救济能够快速响应社会和市场的变化需求。监督机构在处理投诉时，通常会采取多种调查手段，包括但不限于现场检查、书面调查和面谈等方式。调查的目的是确认是否存在数据侵权行为，并评估其严重程度。在调查过程中，监督机构有权要求相关数据控制者或处理者提供必要的文件和证据，以便全面了解情况。

行政救济还具有明显的预防性优势。行政机关在履行监管职责过程中，能够通过日常监督、行政指导和预警机制，及时发现和纠正潜在的数据合规风险，从源头上减少纠纷的发生。这种前置性和主动性有助于维护数据治理秩序，提升数据安全与合规水平。同时，行政救济在信息公开、政策宣传和公众参与方面具有制度优势，提升社会对数据权利保护的认知，增强数据主体的权利意识。行政机关通过设立便捷的申诉渠道和多元化的救济方式，降低了权利救济的门槛，提高了数据权利保护的可及性。

2. 专业性优势保障监管精准性

行政机关在数据监管领域具有专业性优势，其工作人员熟悉相关行业规则和技术标准。在处理数据侵权案件时，能够运用专业知识快速准确地判断数据处理行为的合法性。如工业和信息化部门在对通信企业的数据安全监管中，能够依据专业技术手段检测企业的数据存储、传输等环节是否符合安全标准，从而精准地责令企业整改违法违规行为，有效维护数据安全秩序。

（二）行政救济的意义

1. 维护数据主体合法权益的前置保障

行政救济为数据主体提供了便捷的维权途径，使其在权益受损时能够首先寻求行政机关的救济。通过行政复议、行政监管等方式，数据主体的诉求能够得到及时回应和处理，避免了因直接进入司法程序可能带来的高成本和长时间等待。这对于保障数据主体的合法权益具有重要的前置性意义，使数据主体在权益受损的初期就能得到有效的保护。

2. 促进行政机关依法行政与数据合规监管

行政救济机制的存在对行政机关形成了监督与制约，促使其在数据监管过程中严格依法行政。行政机关在作出涉及数据主体权益的行政行为时，会更加谨慎地遵循法定程序和法律规定，以避免在行政复议中被撤销或变更。同时，通过对数据处理者的监管与责令整改，行政机关能够推动数据行业的合规发展，提升整个行业的数据保护水平，营造健康的数据生态环境。

二、司法救济的效果与意义

（一）司法救济的效果

1. 权威性与终局性保障公正裁决

司法审判具有权威性和终局性，法院依据严格的法律程序和证据规则进行审理，能够确保裁决结果的公正性。一旦法院作出生效判决，具有强制执行力，能够切实保障数据主体的权益得到实现。例如，在某互联网企业数据侵权民事诉讼案件中，法院经过审理，判决企业赔偿数据主体经济损失及精神损害抚慰金，该判决结果具有权威性，企业必须履行赔偿义务，有效维护了数据主体的合法权益。

2. 全面审查与多元救济

司法救济能够对数据侵权案件进行全面审查，不仅审查行政行为或民事侵权行为的合法性，还能综合考虑各种因素，为数据主体提供多元的救济方式。在行政诉讼中，法院可判决行政机关履行职责、撤销违法行政行为等；在民事诉讼中，法院可判决侵权人承担赔偿损失、停止侵害、赔礼道歉等多种侵权责任。这种全面审查与多元救济的方式，能够充分满足数据主体的不同诉求，为其提供全方位的权利保障。

（二）司法救济的意义

1. 数据主体权益保护的最后屏障

当行政救济无法有效解决数据主体的权益纠纷时，司法救济作为最后一道屏障，为数据主体提供了最终的救济途径。无论行政机关的行政行为还是数据处理者的民事侵权行为，只要数据主体认为其权益受到侵害且未得到妥善解决，都可通过司法程序寻求公正裁决。司法救济的存在，使数据主体在面对复杂的数据侵权问题时，有了最可靠的权利保障手段。

2. 确立数据法律规则与指引社会行为

司法审判过程中，法院通过对具体数据侵权案件的审理，对相关法律条文进行解释和适用，能够确立具有普遍指导意义的数据法律规则。这些规则不仅为后续类似案件的处理提供了参考，也对社会公众和数据处理者的行为起到了指引作用。例如，一些具有代表性的数据侵权案件的判决结果，明确了数据处理者在数据收集、使用、存储等环节的义务和责任，促使数据处理者规范自身行为，推动整个数据行业的健康发展。

三、行政救济与司法救济的协同

（一）行政救济与司法救济的协同机制

1. 行政复议与行政诉讼的衔接

行政复议与行政诉讼存在紧密的衔接关系。在数据法律救济中，一般情况下，数据主体可自行选择先申请行政复议还是直接提起行政诉讼。但对于某些法律规定的特定行政行为，需先经过行政复议，对复议决定不服方可提起行政诉讼，此即行政复议前置程序。在衔接过程中，行政复议机关的复议决定对后续行政诉讼具有一定影响。若复议机关维持原行政行为，作出原行政行为的行政机关和复议机关为共同被告；若复议机关改变原行政行为，则复议机关为被告。这种衔接机制既保障了数据主体的选择权，又确保了行政救济与司法救济的有序进行。

2. 行政监管信息与司法审判的共享

行政机关在数据监管过程中收集的大量信息，如数据处理者的违法违规证据、行业监管标准等，对于司法审判具有重要参考价值。建立行政监管信息与司法审判的共享机制，能够使法院在审理数据侵权案件时及时获取相关信息，提高审判效率和公正性。例如，市场监管部门在对某企业数据合规经营监管中获取的证据材料，可依法向法院提供，作为民事诉讼中认定企业侵权责任的依据之一。同时，法院的审判结果也可反馈给行政机关，为其后续监管决策提供参考，形成行政与司法的良性互动。

（二）行政救济与司法救济的协同意义

"行政与司法的协同，本质是通过法治化路径重构数字时代"权力—权利—技术"的三元关系。在数据法律救济体系中，行政救济与司法救济各自发挥着独特的作用，二者相互协同、相互补充，共同构建了数据主体权益保护的有效屏障，具有重要的协同意义。

1. 权力结构的功能互补

检察机关通过《个人信息保护法》第70条提起公益诉讼，督促行政机关履行监管职责；同时依据《民事诉讼法》第15条提供民事支持起诉，形成"公权监督—私权救济"的双重保障。

2. 技术治理的规则融合

《数据安全法》第21条数据分类分级制度根据数据属性、特点、数量、质量、格式、重要性、敏感程度等因素，科学划分数据资源，配套相应的安全风险控制措施，在释放数据资源价值的同时，保护数据安全和个人隐私。《民法典》第127条适应信息时代涉数据和网络虚拟财产纠纷逐渐增多且日益复杂的趋势，通过制度供给加强对数据和网络虚拟财产的保护。

引例分析

一、判决结果

上海市浦东新区人民检察院（以下简称浦东区院）通过上海市检察机关"公益诉讼全息办案智能辅助系统"发现张某侵犯公民个人信息线索。2021年12月8日，浦东区院以张某侵犯公民个人信息刑事附带民事公益诉讼立案。检察机关统筹发挥刑事检察与公益诉讼检察职能作用，引导公安机关调取某软件公司被索赔、消费者接到诈骗电话及张某通过网络交易获利等证据，证明张某实施违法侵权行为、社会公共利益受损及二者存在因果关系。

2022年1月24日，浦东区院以张某犯侵犯公民个人信息罪向浦东新区人民法院提起刑事附带民事公益诉讼，诉请判令张某在国家级新闻媒体上对其侵犯公民个人信息的行为公开赔礼道歉，删除保存在阿里云等存储介质内的公民个人信息数据，并按其侵犯公民个人信息的获利赔偿人民币38760元。

2022年3月2日，浦东新区人民法院公开开庭审理本案。围绕公益损害与私益损害的区别及违法所得的庭审焦点，浦东区院认为，张某窃取及转卖行为导致众多消费者人身财产损失风险及个人信息保护秩序的破坏，无法通过张某与技术公司赔偿等私益赔偿得以实现。通过提起公益损害赔偿可以更好的修复受损公益，起到惩罚及预防违法行为的作用。根据《民法典》第1182条规定，赔偿数额按照被侵权人因此受到的损失或者侵权人因此获得的利益予以确定。据此检察机关认定张某应赔偿数额为通过网络获利的金额即人民币38760元。在浦东新区人民法院的主持下，张某认可检察机关附带民事公益诉讼提出的诉讼请求，双方达成调解。

2022年6月1日，浦东新区人民法院在互联网上公告调解协议，公告期满后未收到任何意见或建议。2022年7月1日，浦东新区人民法院作出调解书。张某已按照调解书内容履行全部诉讼请求。2022年8月12日，浦东新区人民法院判决被告人张某犯侵犯公民个人信息罪，判处有期徒刑3年、缓刑4年，并处罚金。

二、权益保护

本案中，消费者可以通过以下方式保护自己的权益：

1. 收集证据线索：留意与信息泄露相关的细节，如接到的诈骗电话、短信内容，以及可能涉及的对方联系方式、邮箱地址等，这些琐碎信息可能对后续维权有帮助。

2. 向相关部门报案：向公安部门报案，因为张某的行为可能涉嫌刑事犯罪，公安机关可介入调查。同时，也可以向互联网管理部门、工商部门、消协等机构投诉举报，以保护自己权益并备案。

3. **提醒身边亲朋好友防止被骗**：及时告知亲朋好友自己的信息泄露情况，让他们提高警惕，避免上当受骗。

4. **委托律师维权**：如果个人重要信息丢失且有相关线索，可以向专业律师咨询，依据《民法典》《消费者权益保护法》等，通过法律手段要求侵权人赔礼道歉、消除影响、恢复名誉、赔偿损失等。

三、公益诉讼

检察机关可以对张某提起公益诉讼，原因如下：

1. **法律依据**：根据《个人信息保护法》第70条的规定，个人信息处理者违反《个人信息保护法》规定处理个人信息，侵害众多个人的权益的，检察机关可以依法向法院提起诉讼。张某非法获取并出售消费者个人信息，侵害了众多消费者的权益，符合该条款规定。

2. **侵害公共利益**：张某的行为导致众多消费者面临诈骗风险，公共利益处于持续受损状态，检察机关作为公共利益的代表，有职责通过公益诉讼来维护社会公共利益。

3. **适用公益诉讼类型**：检察机关可以提起刑事附带民事公益诉讼，在追究张某刑事责任的同时，要求其承担民事赔偿责任，以弥补消费者因个人信息泄露所遭受的损失，对侵犯公民个人信息违法犯罪行为起到有效震慑作用，有力维护法律的权威尊严、社会公平正义和社会公共利益。

思考题

1. 请简述数据法律救济的定义及具体特征。
2. 请简述数据法律救济的必要性及具体救济途径。
3. 数据法律救济的类型包括哪些？
4. 请简述数据法律救济中司法救济的具体程序和规则。
5. 请简述司法救济在数据保护中的作用。

第三编 数据法实务

案例一：网络平台经营者商业诋毁及滥用市场支配地位的认定

——北京奇虎科技有限公司、腾讯科技（深圳）有限公司等滥用市场支配地位纠纷[1]

【案情简介】

腾讯科技（深圳）有限公司、深圳市腾讯计算机系统有限公司（以下合称腾讯公司）是 QQ 即时通信软件（以下简称 QQ 软件）的权利人与运营商，在即时通信软件市场和桌面网络游戏、门户网站等网络服务领域拥有很高的市场占有率。北京奇虎科技有限公司、奇智软件（北京）有限公司（以下合称奇虎 360 公司）是 360 安全卫士软件和 360 安全中心网（以下简称 360 网）的权利人和经营者，在安全类软件中拥有很高的市场占有率。由于腾讯公司和奇虎 360 公司当时各有数亿用户，这两家公司之间的网络战争被称为"3Q 大战"（见表 3-1-1）。

表 3-1-1 "3Q 大战"主要事件

时间	主要事件
2010 年 2 月	腾讯公司推出"QQ 医生"App，与奇虎 360 公司"360 安全卫士"App 形成竞争
2010 年 5 月	腾讯公司推出"QQ 电脑管家"App，几乎涵盖"360 安全卫士"App 的所有功能
2010 年 9 月	奇虎 360 公司推出"隐私保护器"App，并提示用户 QQ 软件在未经用户许可的情况下偷窥用户个人隐私文件和数据

---

[1] 北京市第二中级人民法院民事判决书，(2011) 二中民初字第 12237 号；最高人民法院民事判决书，(2013) 民三终字第 4 号；最高人民法院民事判决书，(2013) 民三终字第 5 号。

续表

时间	主要事件
2010年10月	奇虎360公司推出"扣扣保镖"App，宣称该软件具有阻止QQ软件查看用户隐私文件、防止木马盗取用户信息、给QQ软件加速及过滤广告等功能
2010年11月	腾讯公司发布消息称在奇虎360公司停止对QQ软件进行外挂侵犯和恶意诋毁之前，公司决定在装有360网的电脑上停止运行QQ软件，要求用户"二选一"

由于奇虎360公司和腾讯公司的行为引起了网络用户的恐慌，2010年11月20日，工业和信息化部《关于批评北京奇虎科技有限公司和深圳市腾讯计算机系统有限公司的通报》称奇虎360公司和腾讯公司在互联网业务发展中产生纠纷，采取不正当竞争行为，甚至单方面中断对用户的服务，影响了用户的正常业务使用，引起用户不满，造成了恶劣的影响。据此对两公司进行通报批评，责令两公司公开道歉，停止相互攻击行为，并要求两公司及相关互联网信息服务提供者引以为戒，遵守行业规范，维护市场秩序，尊重用户权益，共同促进互联网行业健康、稳定、持续发展。后腾讯公司恢复兼容360网，两公司分别向用户致歉。但两公司的大战并未就此止步，而是转战法院。"3Q大战"以其涉案主体影响范围广、案件持续时间长、案由的复杂性的特点在网络法领域深受讨论，两公司以商业诋毁、不正当竞争、反垄断纠纷的案由分别向人民法院提起诉讼，人民法院对此进行的判定（见表3-1-2）影响了整个法律界对网络平台经营者不正当竞争纠纷的认识与规制。

【案件结果】

表3-1-2 "3Q大战"审理情况

案由/审理阶段	一审	二审
腾讯公司诉奇虎360公司实施商业诋毁	北京市朝阳区人民法院（2010）朝民初字第37626号民事判决书，判决奇虎360公司赔偿腾讯公司40万元	北京市第二中级人民法院（2011）二中民初字第12237号民事判决书，判决驳回上诉，维持原判

续表

案由/审理阶段	一审	二审
腾讯公司诉奇虎360公司不正当竞争	广东省高级人民法院（2011）粤高法民三初字第1号民事判决书，判决：（1）奇虎360公司连带赔偿腾讯公司经济损失及合理维权费用共计500万元；（2）奇虎360公司连续15日在其网站（www.360.cn、www.360.com）首页显著位置，在新浪网（www.sina.com）、搜狐网（www.sohu.com）和网易网（www.163.com）网站首页显著位置，连续7日在《法制日报》和《中国知识产权报》第一版显著位置就其不正当竞争行为向腾讯公司赔礼道歉，消除影响；（3）驳回腾讯公司的其他诉讼请求	最高人民法院（2013）民三终字第5号民事判决书，判决驳回上诉，维持原判
奇虎360公司诉腾讯公司滥用市场支配地位	广东省高级人民法院（2011）粤高法民三初字第2号民事判决书，判决驳回奇虎360公司的全部诉讼请求	最高人民法院（2013）民三终字第4号民事判决书，判决驳回上诉，维持原判

案例分析

随着时代的不断发展与进步，社会资源有限性与市场需求无限性的矛盾呈现出一种新的表现形式，市场竞争逐步从线下转变到线上（网络环境中）。网络环境具有传播速度快、影响范围广的特点，致使线上不正当竞争行为所带来的损害远大于传统线下。为了预防、规制和解决这类新型的不正当竞争行为所带来的问题，我国更新并出台了诸多法律及相关法规，"3Q大战"就是《反垄断法》修改后不久适用该法的案例。该案主要涉及网络平台经营者的部分不正当竞争行为，诸如商业诋毁等，其中腾讯公司和奇虎360公司的市场经营地位也能给我们带来有关垄断行为的思考。市场经营主体的竞争性行为给消费者带来的保护权益之构想亦是社会各界亟须解决的问题。

一、网络平台经营者不正当竞争行为

（一）商业诋毁

商业诋毁行为是指经营者针对竞争对手的营业活动、商品或者服务进行虚假陈述而损害竞争对手的商品声誉或者商业信誉的行为。其虽是一种常见的不正当竞争行为，但在当代网络环境中，商业诋毁的传播速度快、影响范围广、恢复商誉难，比传统的商业诋毁行为带给经营者的危害更大，若经营者应对商业风险的能力不足，则会给其带来不可弥补的损失，最终不利于市场经济秩序的稳定。《反不正当竞争法》第 11 条对商业诋毁行为的不正当性进行了明确，最高人民法院《关于适用〈中华人民共和国反不正当竞争法〉若干问题的解释》（以下简称《反不正当竞争法司法解释》）第 20 条规定："经营者传播他人编造的虚假信息或者误导性信息，损害竞争对手的商业信誉、商品声誉的，人民法院应当依照反不正当竞争法第十一条予以认定。"判定某一行为是否构成商业诋毁的标准在于：其一，是否属于编造、传播虚假信息或误导性信息；其二，是否对竞争对手的商业信誉或者商品声誉造成了损害。经营者之间的商业诋毁以存在竞争关系为前提。

该案中，首先，腾讯公司和奇虎 360 公司具有竞争关系。尽管腾讯公司的主营免费网络是以 QQ 软件为代表的即时通信类软件和服务市场，而奇虎 360 公司的主营免费网络服务市场是以"360 安全卫士"为代表的安全类软件和服务市场，双方免费网络服务的主营市场具有一定的区别，但基于网络服务运营模式的特殊性，各自的竞争优势主要取决于免费网络服务市场中对用户的锁定程度和广度。腾讯公司与奇虎 360 公司在包括网络用户市场和网络广告市场等网络整体服务市场中具有竞争利益，二者具有竞争关系。其次，奇虎 360 公司对腾讯公司所做的行为构成商业诋毁。由于 360 网上的文章内容以"360 隐私保护器"监测到的"QQ 软件'窥视'用户隐私文件"的描述为基础，而奇虎 360 公司并未证明这一描述的客观性，违背了诚实信用的公认商业道德，损害了腾讯公司及其 QQ 软件产品的商业信誉，构成商业诋毁。除上述"360 隐私保护器"的监测提示外，奇虎 360 公司在"360 隐私保护器"界面用语和 360 网的 360 安全中心、360 论坛、360 隐私保护器软件开发小组博客日志、"用户隐私大过天"专题网页中还对 QQ 软件进行了一定数量的评价和表述。这些评价和表述，使用了"窥视""为谋取利益窥视""窥视你的私人文件""如芒在背的寒意""流氓行为""逆天行为""投诉最多""QQ 窥探用户隐私由来已久""请慎重选择 QQ"等词语。

在奇虎 360 公司未证明腾讯公司扫描的文件含有用户隐私的情况下，上述评价和表述缺乏事实基础，并且带有较强的感情色彩，具有负面评价效果和误导性后果，违背诚实信用的公认商业道德，损害了腾讯公司及其 QQ 软件产品的商业信誉，亦构成商业诋毁。

经营者对于他人的产品、服务或者其他经营活动并非不能评论或者批评，但评论或者批评必须有正当目的，必须客观、真实、公允和中立，不能误导公众和损人商誉。经营者为竞争目的对他人进行商业评论或者批评，尤其要尽到谨慎注意义务。网络平台经营者不遵守法律的相关规定，对其他竞争者实施商业诋毁行为，损害竞争对手商业信誉、商品声誉的，由监督检查部门予以处罚。

（二）利用网络从事生产活动的妨碍、破坏行为

除商业诋毁外，"3Q 大战"还涉及《反不正当竞争法》中"互联网专用条款"[2] 第 12 条[3]的适用，辅之以 2022 年 3 月 20 日起施行的《反不正当竞争法司法解释》，该司法解释为司法裁判精准识别《反不正当竞争法》第 12 条规定的网络平台不正当竞争行为提供了指引。其中"强制进行目标跳转"指未经其他经营者和用户同意而直接发生的目标跳转，仅插入链接，目标跳转由用户触发的，应综合考虑插入链接的具体方式，是否具有合理理由以及对用户利益和其他经营者利益的影响等因素来进行认定。经营者事前未明确提示并经用户同意亦属于以误导、欺骗、强迫用户修改、关闭、卸载等方式，恶意干扰或者破坏其他经营者合法提供的网络产品或者服务。在该专用条款出台前，网络平台经营者主要受到商业道德的规制，即网络平台经营者在生产经营活动中，遵循自愿、平等、公平、诚信的原则，遵守法律和商业道德。

该案中，奇虎 360 公司在利用网络从事生产经营活动中对腾讯公司实施了妨碍、破坏行为。QQ 软件采用的是"在免费服务平台上开展盈利业务以及推广其他产品和服务"的商业模式，在其 QQ 平台上设置了各种按钮和图标以便用户根

---

[2] 仇欣欣：《新型互联网不正当竞争司法审查范式构建》，"2023 年世界人工智能大会法治论坛"会议论文，2023 年 7 月于上海。

[3] 《反不正当竞争法》第 12 条规定："经营者利用网络从事生产经营活动，应当遵守本法的各项规定。经营者不得利用技术手段，通过影响用户选择或者其他方式，实施下列妨碍、破坏其他经营者合法提供的网络产品或者服务正常运行的行为：（一）未经其他经营者同意，在其合法提供的网络产品或者服务中，插入链接、强制进行目标跳转；（二）误导、欺骗、强迫用户修改、关闭、卸载其他经营者合法提供的网络产品或者服务；（三）恶意对其他经营者合法提供的网络产品或者服务实施不兼容；（四）其他妨碍、破坏其他经营者合法提供的网络产品或者服务正常运行的行为。"

据需要选用。奇虎360公司针对QQ软件专门开发了"扣扣保镖",在相关网站上宣传"扣扣保镖"全面保护QQ用户安全,并提供相关下载。该"扣扣保镖"运行后对QQ软件进行深度干预,相关用户按照"扣扣保镖"的提示进行相应操作后,使QQ软件相关功能键全部或者部分功能无法使用,改变了QQ软件原有的运行方式,破坏了该软件运行的完整性。奇虎360公司为达到其商业目的,诱导并提供工具积极帮助用户改变腾讯公司QQ软件的运行方式,同时引导用户安装其"360安全卫士",替换"QQ软件安全中心",破坏了QQ软件相关服务的安全性并对QQ软件整体性具有很强的威胁。奇虎360公司专门针对QQ软件开发、经营"扣扣保镖",以帮助、诱导等方式破坏QQ软件及其服务的安全性、完整性,减少了腾讯公司的经济收益和增值服务交易机会,干扰了腾讯公司的正当经营活动,损害了腾讯公司的合法权益,违反了诚实信用原则和公认的商业道德。对此,主管机关应当按照《反不正当竞争法》相关规定予以处罚。

(三)其他不正当竞争行为

数字经济形态下,数据和算法及其运行技术创新了商业模式,各类依托信息通信技术产生的互联网新型不正当竞争行为不断涌现。相较于传统的假冒、仿造权利人注册商标、商品,实施商业贿赂,夸大宣传产品性能、特征等不正当竞争行为,涉及网络平台的不正当竞争行为在表现形式、实施手段方面更为灵活多变。据统计,涉及有关网络平台的不正当竞争行为主要表现为广告屏蔽、流量劫持、刷量、软件外挂、阻碍安装、竞价排名、二选一以及其他不当干扰等形式。对此,要善于利用《反不正当竞争法》第12条的兜底条款,即利用技术手段、通过影响用户选择或者其他方式实施其他妨碍、破坏其他经营者合法提供的网络产品或者服务的正常运行的行为,尽可能地对新型不正当竞争行为进行规制。

二、网络平台经营者的垄断行为

2021年,国务院反垄断委员会印发《关于平台经济领域的反垄断指南》(以下简称《反垄断指南》),指出互联网平台是通过网络信息技术,使相互依赖的双边或者多边主体在特定载体提供的规则下交互,以此共同创造价值的商业组织形态。平台经济又称互联网经济以及数字经济,其主要的参与者为平台经营者以及利用平台的消费者。平台经济的发展使传统反垄断纠纷的占比逐步从线下转移到线上,其中垄断的形式具有灵活性、创新性以及复杂性,主要表现为网络平台经营者之间签订垄断协议、滥用其在网络平台的支配地位以及在网络领域实施经营者集中。垄断形式的变化决定了其原有的判断标准面临失灵的风险,故为了更好地解决上述问题，其标准要随之更新。该案主要涉及在平台经济背景下，滥用市场支配地位的反垄断法规制。

（一）相关市场的界定

竞争行为都是在一定的市场范围内发生和展开的，相关市场界定的目的是明确经营者所面对的竞争约束，合理认定经营者的市场地位，并正确判断其行为对市场竞争的影响，判断经营者行为是否违法以及在违法情况下需承担的法律责任等。在反垄断案件的审理中，界定相关市场通常是重要的分析步骤。在互联网领域，数字平台经济具有较为独特的技术特征和复杂的商业运营模式，其反垄断执法更加依赖于界定相关市场这一竞争分析的逻辑起点。

如今以数字技术和网络协同为基础的平台经济迅猛发展，而配套的反垄断规则体系未能跟上新型经济模式发展的步伐。特别是数字经济环境下传统市场界定方法即替代性分析和假定垄断者测试分析的失灵，使实务执法缺乏相应的理论支撑。在该案中，一审法院和二审法院在相关市场界定的要素选择上发生分歧，最终法院模糊了对相关市场的界定，驳回了奇虎360公司认为即时通信市场构成一个独立的相关市场的主张，而将相关市场界定为中国即时通信服务市场：既包括个人电脑端即时通信服务，又包括移动端即时通信服务；既包括综合性即时通信服务，又包括文字、音频以及视频等非综合性即时通信服务。

基于案件具体情况，尤其是案件证据、相关数据的可获得性及相关领域竞争的复杂性，界定相关市场极其困难，在司法实务中并非任何滥用市场支配地位的案件均必须明确而清楚地界定相关市场。即使不明确界定相关市场，也可通过排除或者妨碍竞争的直接证据对被诉经营者的市场地位及被诉垄断行为可能导致的市场影响进行评估。同时，在滥用市场支配地位案件的审理中，界定相关市场仅是评估经营者的市场力量及被诉垄断行为对竞争影响的工具，其本身并非目的。因此，在网络平台垄断纠纷案件中，我们可以参考常规市场界定分析方法，结合案件证据、相关数据等，亦可模糊市场边界。

（二）市场支配地位认定

市场支配地位是经营者在相关市场内具有能够控制商品价格、数量或者其他交易条件，或者能够阻碍、影响其他经营者进入相关市场的市场地位。市场份额是市场支配地位认定的重要因素，一般而言，市场份额越高，持续的时间越长，就越可能预示着市场支配地位的存在。《反垄断法》第24条[4]规定了市场支配地位的推定规则，但市场份额在认定市场支配力方面的地位和作用必须根据案件具体情况确定。

市场份额只是判断市场支配地位的一项比较粗糙且可能具有误导性的指标。在市场进入比较容易或高市场份额源于经营者更高的市场效率、提供了更优异的产品，抑或是市场外产品对经营者形成较强的竞争约束等情况下，高的市场份额并不能直接推断出市场支配地位的存在。特别是互联网环境下的竞争存在高度动态的特征，相关市场的边界远不如传统领域那样清晰，在此种情况下，更不能高估市场份额的指示作用，而应更多地关注市场进入，经营者的市场行为，对竞争的影响等有助于判断市场支配地位的具体事实和证据。

该案中，由于互联网即时通信领域的竞争更多的是争夺用户注意力，经营者以免费的基础即时通信服务吸引用户，并利用用户资源和注意力通过增值服务和广告来获取收益，因此用户的有效使用时间、使用频度、活跃用户数等通常是考察市场份额较为恰当的指标。结合该案相关证据，腾讯公司无论是在个人电脑端还是在移动端即时通信服务市场的市场份额均超过80%。但即时通信领域的竞争格局日渐多元化，创新较为活跃，其正处于蓬勃发展时期，市场竞争比较充分。腾讯公司控制商品价格、质量、数量或者其他交易条件的能力较弱，其财力和技术条件对其市场力量的影响非常有限。并且网络效应和客户黏性等因素并没有显著提高用户对腾讯公司提供的即时通信服务的依赖性。实例证明，腾讯公司所在的即时通信服务市场进入较为容易。奇虎360公司主张腾讯公司实施不兼容行为、迫使用户进行"二选一"的行为是其具有市场支配地位的体现，人民法院未予支持。认定经营者是否具有市场支配地位需要结合具体事实和证据，经营者的主观认知对认定其是否具有市场支配地位并无直接关联性。腾讯公司实施"二选一"行为也未造成实际影响。

互联网平台具有动态性的特征，这使平台经营者所拥有的市场份额也在不断变化之中，所以仅根据市场份额来衡量平台经营者是否具有支配地位不够准确，但界定市场份额仍具有价值，故可在互联网平台上采用其他指标来推定平台经营

---

[4]《反垄断法》第24条规定："有下列情形之一的，可以推定经营者具有市场支配地位：（一）一个经营者在相关市场的市场份额达到二分之一的；（二）两个经营者在相关市场的市场份额合计达到三分之二的；（三）三个经营者在相关市场的市场份额合计达到四分之三的。有前款第二项、第三项规定的情形，其中有的经营者市场份额不足十分之一的，不应当推定该经营者具有市场支配地位。被推定具有市场支配地位的经营者，有证据证明不具有市场支配地位的，不应当认定其具有市场支配地位。"

者在互联网平台上的市场份额，如用户使用产品的数量、数据的规模和网络效应等具有影响力的代表性指标。除此之外，判断经营者是否具有市场支配地位可以考虑市场进入壁垒的影响，市场进入壁垒包括技术壁垒与资本壁垒，互联网行业是以技术和资本为支撑的创新型产业，经营者拥有关键技术和雄厚资本对于市场份额的占有十分重要，是判定经营者是否具有支配地位的关键。[5]

（三）滥用市场支配地位

滥用市场支配地位是垄断行为的一种，除此之外，经营者集中和滥用行政权力排除、限制竞争也是反垄断重点关注对象。《反垄断法》禁止具有市场支配地位的经营者从事滥用市场支配地位行为。通常情况下，只有界定相关市场，分析经营者在相关市场上是否具有支配地位，才能根据个案情况具体分析滥用市场支配地位案件。《反垄断指南》将网络平台经营者滥用市场支配地位的行为分为不公平价格行为、低于成本销售、拒绝交易、限定交易、搭售或者附加不合理交易条件、差别待遇。原则上，如果被诉经营者不具有市场支配地位，则无须对其是否滥用市场支配地位进行分析，可以直接认定其不构成《反垄断法》所禁止的滥用市场支配地位行为。不过，在相关市场边界较为模糊、被诉经营者是否具有市场支配地位不甚明确时，可以进一步分析被诉垄断行为对竞争的影响效果，以检验关于经营者是否具有市场支配地位的结论正确与否。此外，即使被诉经营者具有市场支配地位，判断其是否构成滥用市场支配地位，也需要综合评估该行为对消费者和竞争造成的消极效果和可能具有的积极效果，进而对该行为的合法与否作出判断。

该案中，一审法院与二审法院均认定腾讯公司在该案的相关市场中不具有市场支配地位，但结合案件事实，对于腾讯公司仍有对其是否具滥用市场支配地位分析的必要。第一，奇虎360公司认为腾讯公司推出"QQ管家"构成"搭售"，对此两审法院均未予支持。其原因在于腾讯公司在即时通信市场上的市场力量并未延伸到杀毒软件市场，打包安装具有一定的合理性，搭售行为的强制性并不明显。第二，奇虎360公司主张腾讯公司要求用户"二选一"，实施产品不兼容行为滥用了市场支配地位，构成垄断行为。一审法院指出，腾讯公司单方面采取"二选一"的行为属于正当防卫，但超出了必要的限度；二审法院认为，虽然腾讯公司实施的"产品不兼容"行为对用户造成了不便，但是并未导致排除或者限制竞争的明显效果，进一步强化了"不兼容"行为的正当性。腾讯公

---

[5] 申乐诚：《互联网平台反垄断相关市场界定》，载《经济研究导刊》2023年第10期。

司实施的"产品不兼容"行为虽对奇虎360公司的市场份额造成一定程度的影响，但《反垄断法》所关注的重点并非个别经营者的利益，而是健康的市场竞争机制是否受到扭曲或者破坏。这一方面说明腾讯公司实施的"产品不兼容"行为不构成《反垄断法》所禁止的滥用市场支配地位行为，也从另一方面佐证了腾讯公司不具有市场支配地位的结论。

随着数据化时代的到来，相应的滥用市场支配地位的形式也会随之变化，无法详尽罗列。因此，这就要求我们在判断经营者是否属于滥用支配地位的情形时适用原则性的规定即分析经营者的行为是否合理。[6]

三、网络平台商战与消费者保护

我国互联网应用平台经营模式已经普及，各大互联网企业都先后进入平台战略时代。互联网经营者通过特定的切入点进入互联网领域，在不同类型和需求的消费者之间发挥中介作用，以此创造价值。在平台的一端，互联网提供的服务通常是免费的，以此吸引用户的注意力；在平台的另一端，互联网经营者利用用户资源和注意力提供收费增值服务或者向广告主提供广告服务。可以说，消费者在经营者互联网竞争中占据重要的位置，经营者的经营行为需以需求为导向。经营者非以损害他人合法权益和谋求不正当商业利益为目的，提供尽可能便利消费者选择或者更好满足消费需求的中立性技术工具或者手段，非但不会受到法律禁止，还会得到市场激励。而且，经营者采取哪一种商业模式，取决于市场竞争状况和消费者选择。即使是在网络平台消费者也具有知情权，即消费者在互联网消费平台中具有知悉其购买、使用的商品或者接受的服务的真实情况的权利；其亦具有选择权，即具有自主选择提供商品或者服务的经营者，自主选择商品品种或者提供服务的方式，自主决定购买或者不购买任何一种商品、接受或者不接受任何一项服务的权利。

该案中，两审法院均认可了腾讯公司"产品不兼容"的行为具有正当性。对于该行为的负面性，二审法院仅指出"对用户造成了不便""不意味着上诉人实施'产品不兼容行为'无可指责"。《反垄断法》保护竞争，而不仅是保护竞争者，其最终目标乃是维护市场经济秩序，保护消费者的权利。在该事件中，奇虎360公司和腾讯公司对用户的争夺，都是建立在损害用户利益的基础上，具体而言奇虎360公司利用用户对于隐私权的重视，误导用户下载使用软件，进而达到其争夺市场的目的；而腾讯公司为了"自保"，阻止用户在"谣言"下流失，

---

[6] 丛晓琳：《互联网平台经济发展中反垄断法的适用研究》，载《华章》2024年第3期。

拒绝与奇虎兼容，逼迫用户二选一。用户的利益便成了两个平台竞争的牺牲品，无论是工业和信息化部的干预还是诉讼，双方均没有对此付出相应的代价。

"3Q 大战"事件后，引起各界对网络平台消费者权益的重视。如《规范互联网信息服务市场秩序若干规定》将绝大多数条文用于平衡网络信息服务提供者和用户之间的权利义务关系，对于互联网信息服务者施加了更多强制性义务。《反不正当竞争法》及相关司法解释更加重视用户的知情权、选择权、公平交易权及获得赔偿权，从而对经营者利用网络从事生产经营活动进行了规制。随着 Web3.0 时代的到来，网络平台消费者的权益保护将会面对新的问题，且法律本身具有滞后性，因此立足于科技的进步探索保护消费者权益的新路径十分必要。

案例二：网络平台经营者泄露用户隐私信息的处理
——庞某鹏与北京趣拿信息技术有限公司等隐私权纠纷[1]

【案情简介】

2014年10月11日，庞某鹏委托鲁某通过北京趣拿信息技术有限公司（以下简称趣拿公司）下辖网站去哪儿网平台订购了中国东方航空股份有限公司（以下简称东航公司）机票1张，所选机票代理商为长沙星旅票务代理公司（以下简称星旅公司）。去哪儿网订单详情页面显示该订单登记的乘机人信息为庞某鹏姓名及身份证号，联系人信息、报销信息均为鲁某及其尾号58的手机号。2014年10月13日，庞某鹏尾号49手机号收到来源不明号码发来短信称由于机械故障，其所预订航班已经取消。该号码来源不明，且未向鲁某发送类似短信。鲁某拨打东航公司客服电话进行核实，客服人员确认该次航班正常，并提示庞某鹏收到的短信应属诈骗短信。2014年10月14日，东航公司向庞某鹏手机号码发送通知短信，告知该航班时刻调整。当日19时43分，鲁某再次拨打东航公司客服电话确认航班时刻，被告知该航班已取消。后庞某鹏诉至法院，主张趣拿公司和东航公司泄露其隐私信息包括其姓名、尾号49手机号及行程安排（包括起落时间、地点、航班信息），要求趣拿公司和东航公司承担连带责任，案件审理结果见表3-2-1。

【案件结果】

表3-2-1 庞某鹏与趣拿公司等隐私权纠纷审理结果

审理阶段	审理结果
一审	北京市海淀区人民法院（2015）海民初字第10634号，判决驳回原告全部诉讼请求

---

[1] 北京市第一中级人民法院民事判决书，（2017）京01民终509号。

续表

审理阶段	审理结果
二审	北京市第一中级人民法院（2017）京01民终509号，判决：（1）撤销北京市海淀区人民法院（2015）海民初字第10634号民事判决；（2）趣拿公司于该判决生效后10日内在其官方网站（www.qunar.com）首页以公告形式向庞某鹏赔礼道歉，赔礼道歉公告的持续时间为连续3天（公告内容需经法院核准，如拒不履行该义务，法院将在全国公开发行的媒体上公布该判决的主要内容，费用由趣拿公司负担）；（3）东航公司于该判决生效后10日内在其官方网站（www.ceair.com）首页以公告形式向庞某鹏赔礼道歉，赔礼道歉公告的持续时间为连续3天（公告内容需经法院核准，如拒不履行该义务，法院将在全国公开发行的媒体上公布该判决的主要内容，费用由东航公司负担）；（4）驳回庞某鹏的其他诉讼请求

案例分析

在大数据时代，网络运营商获取用户信息尤其便利。单独使用这些信息或许不能作为识别个人身份的依据，但信息进行整合后，便成为识别特定自然人身份的关键，自然人的身份信息具有私密性，应受到隐私权的保护。网络平台经营者较用户而言，通常具有较高的技术水平，故在司法实务中，对于网络平台泄露用户隐私的举证责任大多由网络平台经营者承担，而用户仅需提供证据表明平台经营者具有泄露个人隐私信息的高度可能，平台经营者对此可进行反证推翻这种高度可能。举证责任的承担最终影响纠纷的最终责任人。该案对于网络平台个人信息在隐私权的界定以及基于隐私权产生纠纷的举证责任和最终责任的承担方面具有极大的意义。

一、网络平台隐私权界定

自然人的个人信息是以电子或者其他方式记录的能够单独或者与其他信息结合识别特定自然人的各种信息，包括自然人的姓名、出生日期、身份证件号码、生物识别信息、住址、电话号码、电子邮箱、健康信息、行踪信息等。个人信息中的私密信息，适用有关隐私权的规定；没有规定的，适用有关个人信息保护的规定。《民法典》规定任何组织或者个人不得以刺探、侵扰、泄露、公开等方式侵害他人的隐私权。隐私是自然人的私人生活安宁和不愿为他人所知晓的私密空间、私密活动、私密信息。

该案中，庞某鹏被泄露的信息包括姓名、尾号 49 手机号、行程安排（包括起落时间、地点、航班信息）等。根据《民法典》的相关规定，庞某鹏被泄露的上述诸信息均属于隐私信息，可以通过隐私权主张救济。在日常民事交往中，姓名和手机号发挥着身份识别和信息交流的重要作用。在交易中，姓名和手机号不但不应保密，反而是需要向他人告知的。然而，在大数据时代，信息的收集和匹配成本越来越低，原来单个的、孤立的、可以公示的个人信息一旦被收集、提取和综合，就完全可以与特定的个人相匹配，从而形成某一特定个人的详细而准确的整体信息。此时，这些全方位、系统性的整体信息，就不再是单个的可以任意公示的个人信息，这些整体信息一旦被泄露扩散，个人的私人空间及隐私就会遭受巨大威胁，人人将处于惶恐之中。因此，基于合理事由掌握上述整体信息的组织或个人应积极地、谨慎地采取有效措施防止信息泄露。任何人未经权利人的允许，都不得扩散和不当利用能够指向特定个人的整体信息。

结合案例，若诈骗分子仅知庞某鹏的姓名或手机号，或单独知道庞某鹏的行程信息，则无法发送关于航班取消的诈骗短信。但事实上诈骗分子掌握了上述三项信息，从而形成一定程度上的整体信息，故成功发送诈骗短信。因此，即使单纯的姓名和手机号不构成隐私信息，但当姓名、手机号和庞某鹏的行程信息（隐私信息）结合在一起时具有可识别性、针对性便成为隐私信息。另外，隐私权自提出后，经过 100 多年经济社会的发展，已不再局限于提出时的内涵。随着对个人信息保护的重视，隐私权中已经被认为可以包括个人信息自主的内容，即个人有权自主决定是否公开及如何公开其整体的个人信息。就姓名而言，自然人本就对其姓名拥有姓名权。但同时，姓名本身也是一种身份识别信息，它和手机号及行程信息结合起来的个人信息也应属于个人信息自主的内容。基于此，将姓名、手机号和行程信息结合起来的信息归入个人隐私进行一体保护，也符合信息时代个人隐私、个人信息电子化的趋势。

信息化时代大数据、云计算和人工智能等技术的进步，使网络平台经营者获取消费者隐私信息更为容易，用户在网络平台中不觉间便泄露了自己的隐私。并且由于网络信息传播的快速化和广泛化以及网络行为的匿名化，使网络侵权行为的后果远远超出传统法律的管辖和控制范围。相比于传统企业的自利性与服务性，互联网平台企业在为消费者带来便利化服务以促进社会经济发展的同时，也会出于企业利益最大化的考虑，凭借云计算技术过度挖掘其掌握的个人数据背后所蕴藏的商业价值。与此同时，由于互联网平台企业的市场行为具有虚拟性、互动性、广域性和即时性等特点，加之互联网领域的市场垄断效应，使消费者的信息往往被少数的互联网巨头所掌握。因此，信息时代互联网企业侵犯公民隐私的风险显著增大，其侵权行为远远超出了传统意义上隐私权侵害的共性特征范围，而更具有隐蔽性、复杂性。[2]

二、网络平台隐私泄露的举证责任承担

根据最高人民法院《关于适用〈中华人民共和国民事诉讼法〉的解释》第108条[3]的规定，该案中的举证责任关键是看庞某鹏提供的证据能否表明东航公司和趣拿公司存在泄露庞某鹏个人隐私信息的高度可能，以及东航公司和趣拿公司的反证能否推翻这种高度可能。

从机票销售的整个环节看，庞某鹏本人、鲁某、趣拿公司、东航公司、中国民航信息网络股份有限公司（以下简称中航信，其为东航公司提供航班信息管理服务）都是掌握庞某鹏姓名、手机号及涉案行程信息的主体。但从该案现有证据及庞某鹏、鲁某在整个事件及诉讼中的表现看，庞某鹏和鲁某的行为并未违背一名善意旅客所应有的通常的行为方式。在没有相反证据予以证明的情况下，人民法院认定庞某鹏、鲁某在参加购买机票的民事活动及该案民事诉讼活动时具备诚实、善意的通常状态，不属于自己故意泄露个人信息而进行虚假诉讼。所以，上述主体中，可以排除庞某鹏和鲁某泄露庞某鹏隐私信息的可能。

在排除了庞某鹏和鲁某的泄露可能性之后，趣拿公司、东航公司、中航信都存在泄露信息的可能。从收集证据的资金、技术等成本上看，作为普通人的庞某鹏根本不具备对东航公司、趣拿公司内部数据信息管理是否存在漏洞等情况进行举证证明的能力。因此，客观上，法律不能也不应要求庞某鹏确凿地证明必定是东航公司或趣拿公司泄露了其隐私信息。从庞某鹏已经提交的现有证据看，庞某鹏已经证明自己是通过去哪儿网在东航公司官网（由中航信进行系统维护和管理）购买机票，并且东航公司和去哪儿网都存有庞某鹏的手机号。因此，东航公司和趣拿公司以及中航信都有能力和条件将庞某鹏的姓名、手机号和行程信息匹配在一起。虽然，从逻辑上讲，任何第三人在已经获知庞某鹏姓名和手机号的

---

[2] 陈剩勇、卢志朋：《互联网平台企业的网络垄断与公民隐私权保护——兼论互联网时代公民隐私权的新发展与维权困境》，载《学术界》2018年第7期。
[3] 最高人民法院《关于适用〈中华人民共和国民事诉讼法〉的解释》第108条规定："对负有举证证明责任的当事人提供的证据，人民法院经审查并结合相关事实，确信待证事实的存在具有高度可能性的，应当认定该事实存在。对一方当事人为反驳负有举证证明责任的当事人所主张事实而提供的证据，人民法院经审查并结合相关事实，认为待证事实真伪不明的，应当认定该事实不存在。法律对于待证事实所应达到的证明标准另有规定的，从其规定。"

情况下，如果又查询到了庞某鹏的行程信息，都可以将这些信息匹配在一起，但这种可能性却非常低。因为根据东航公司出具的说明，如需查询旅客航班信息，需提供订单号、旅客姓名、身份证号信息后才能逐个查询。第三人即便已经获知庞某鹏姓名和手机号，也很难将庞某鹏的订单号、身份证号都掌握在手，即很难查询到庞某鹏的航班信息。与普通的第三人相比，恰恰是趣拿公司、东航公司、中航信已经把上述信息掌握在手。此外，一个非常重要的背景因素是，在该案所涉事件发生前后的一段时间，东航公司、趣拿公司和中航信被多家媒体质疑存在泄露乘客信息的情况。这一特殊背景因素在很大程度上暗示了东航公司、趣拿公司和中航信存在泄露庞某鹏隐私信息的可能。综上，人民法院认定东航公司、趣拿公司存在泄露庞某鹏隐私信息的高度可能。

诉讼中东航公司和趣拿公司都提供证据表明其采取措施尽到了对客户信息的安全保密职责，因而没有侵犯庞某鹏隐私权。东航公司在二审中提交的证据，还表明信息泄露也可能是犯罪分子所为。对此，东航公司和趣拿公司的反证表明其采取了一定的安全管理措施，且犯罪分子窃取信息也是可能的泄露原因。但在人民法院已经确认东航公司、趣拿公司存在泄露庞某鹏隐私信息高度可能的情况下，东航公司和趣拿公司并未举证证明该案中庞某鹏的信息泄露的确可归因于他人，亦未举证证明该案中庞某鹏的信息泄露可能是因为难以预料的黑客攻击，同时也未举证证明庞某鹏的信息泄露可能是其或鲁某所为。在这种情况下，东航公司、趣拿公司存在泄露庞某鹏隐私信息的高度可能的结论很难被推翻。更何况，在该案事件所处时间段内，东航公司和趣拿公司都被媒体多次质疑泄露乘客隐私，国家民航局公安局甚至发文要求航空公司将当时的亚安全模式提升为安全模式。这些情况都表明，东航公司和趣拿公司的安全管理并非没有漏洞，而是存在提升的空间。因此，二审法院确认东航公司和趣拿公司存在泄露庞某鹏个人隐私信息的高度可能。

三、网络平台泄露用户隐私的责任承担

该案为一般侵权责任纠纷，归责原则为过错责任原则。如上所述，东航公司和趣拿公司均有泄露隐私的高度可能性，但其是否应该承担责任归根结底还须审查其是否有过错。近些年来，对公民个人隐私以及个人信息的保护已成为社会共识。《消费者权益保护法》第29条第2款中明确规定经营者及其工作人员对收集的消费者个人信息必须严格保密，不得泄露、出售或者非法向他人提供。经营者应当采取技术措施和其他必要措施，确保信息安全，防止消费者个人信息泄露、丢失。《民法典》将个人信息归于人格权中的隐私权进行保护。《个人信息保护

法》亦规定个人信息处理者应当对其个人信息处理活动负责，并采取必要措施保障所处理的个人信息的安全。这些均是在立法层面上对消费者个人隐私和信息的保护，也是对经营者保护消费者个人信息的强制性规定。经营者违反上述规定，即被视为存在过错。

该案中，东航公司和趣拿公司作为各自行业的知名企业，一方面因其经营性质掌握了大量的个人信息，另一方面亦有相应的能力保护好消费者的个人信息免受泄露，这既是其社会责任，也是其应尽的法律义务。诚然，对个人信息的保护是一个逐步的过程，从社会现实来讲不宜苛责过甚。但从现有证据看，东航公司和趣拿公司在被媒体多次报道涉嫌泄露乘客隐私后，即应知晓其在信息安全管理方面存在漏洞，但是，该两家公司却并未举证证明其在媒体报道后迅速采取了专门的、有针对性的有效措施，以加强其信息安全保护。该案泄露事件的发生，正是其疏于防范导致的结果，因而可以认定趣拿公司和东航公司具有过错，理应承担侵权责任。

案例三：元宇宙侵权第一案

——杭州原与宙科技有限公司、深圳奇策迭出文化创意有限公司侵害作品信息网络传播权纠纷[1]

【案情简介】

杭州原与宙科技有限公司、深圳奇策迭出文化创意有限公司侵害作品信息网络传播权纠纷，被称为元宇宙侵权第一案，其案情如表3-3-1所示：

表3-3-1 元宇宙侵权第一案案情

时间	事件
2021年3月16日	深圳奇策迭出文化创意有限公司（以下简称奇策公司）与马千里签订《著作权授权许可使用合同》，约定马千里作为"我不是胖虎"系列美术作品的作者和著作权人，将其享有著作权的美术作品以独占许可方式授权给奇策公司，包括著作权中的财产性权利、制止侵权权利，授权期间为2017年2月14日至2025年2月13日
2021年12月16日	马千里在微博"不二马大叔"上发布《胖虎打疫苗》图，此外《胖虎下山》一书的作者署名为不二马，由北京联合出版公司出版，该书162至163页附有一张《胖虎打疫苗》图
2022年3月20日	马千里就"我不是胖虎"系列美术作品签署著作权合同，进一步确认2021年3月16日原双方签订《著作权授权许可使用合同》第1条第18款中"其他由马千里享有著作权的'我不是胖虎'系列美术作品"包括《胖虎下山》书籍中收录的全部美术作品
2021年12月4日	账号"点点滴滴"在杭州原与宙科技有限公司（以下简称原与宙公司）经营管理的Bigverse平台通过支付宝向王春香（注册用户"anginin"）支付899元购买作品《胖虎打疫苗》，后于2022年3月4日因"作品涉及搬运"被退款

---

[1] 浙江省杭州市中级人民法院民事判决书，(2022)浙01民终5272号。

享有《胖虎打疫苗》著作权的奇策公司以原与宙公司侵犯其著作权为由向人民法院提起诉讼，判决结果如表3-3-2所示：

【案件结果】

表3-3-2 元宇宙侵权第一案判决

审理阶段	判决主文
一审	杭州互联网法院（2022）浙0192民初1008号民事判决书，判决：（1）原与宙公司立即停止侵害奇策公司《胖虎打疫苗》美术作品信息网络传播权的行为；（2）原与宙公司赔偿奇策公司经济损失及合理支出4000元；（3）驳回奇策公司其他诉讼请求
二审	杭州市中级人民法院（2022）浙01民终5272号民事判决书，判决驳回上诉，维持原判

案例分析

2022年12月，历时将近1年的中国"NFT侵权第一案"二审宣判，其明确了Non-Fungible Token（以下简称NFT）数字藏品作为网络虚拟财产交易的法律实质，确定了NFT数字作品的出售转让不属于《著作权法》意义上的发行行为而是信息网络传播行为，受该法信息网络传播权的规制。在现行法律对数字藏品交易未有定性、尚有疑虑的情形下，该案的判决为我国NFT数字藏品交易安全的法律保障提供思路，可谓个案推动司法的典型案件。

一、NFT概述

NFT指非同质权益凭证，用来标记特定数字内容的区块链上的元数据，NFT是区块链技术下的一个新兴应用场景。NFT表现为区块链上一组加盖时间戳的元数据，其与存储在网络中某个位置的某个数字文件具有唯一的且永恒不变的指向性，该元数据显示为特定数字内容的具体网址链接或者一组哈希值，点击链接或者使用哈希值进行全网检索，就能够访问被存储的特定数字内容。该凭证与区块链上的智能合约相关联，能够记录关于该特定客体的初始发行者、发行日期以及未来的每一次流转信息。每一个NFT都是独一无二的，一个NFT与另一个NFT不可相互交换，一个NFT也不能拆分为若干个子单位，这即为NFT"非同质化"的内涵。非同质化通证不存储数字作品文件，只记录数字作品文件的数据特征。

通过NFT进行交易的文学艺术领域的作品被称为"NFT数字作品",提供该作品交易的平台被称为"NFT数字作品交易服务平台"。平台的注册用户将作品上传于NFT数字作品交易服务平台中的区块链上,该作品上链后生成与作品一一对应的序列号,作为作品上链的凭证,在作品上链的过程中,区块链会记录作品上传者对应的加密钱包地址,指向发布者的唯一身份。NFT中部署智能合约自动执行交易规则,平台铸造NFT的过程即以技术的方式生成权利凭证和起草交易合同的过程,而发布NFT作品的行为等同于将作品置于网络进行传播。NFT存储于区块链上,因此其天然地享有了区块链去中心化、加密安全等特点。NFT的底层技术是区块链,区块链的技术逻辑是将每个区块相连形成链状,链上的每个区块都包含其余区块的数据,一旦任意一个区块发生了变动,后面相连的区块数据都会发生变化,篡改易于发现且需共识认证。这在一定程度上赋予了NFT以安全性和公信力。[2]

NFT是"数字化的物品",在通常的交易语境下,NFT交易仅代表作为虚拟"物"的财产权转移,交易并不当然延及数字作品版权权利的转让或许可。在NFT交易平台的用户协议中常见以下声明:"数字藏品的版权由发行方或创作者所有。"如果要获得NFT映射的数字作品的版权,需要另外取得版权人的书面同意。交付方式上,数字作品的NFT交易与常规数字作品交易也有显著区别。从表象上看,NFT是一串能够映射作品信息、证明权利归属的计算机字符。在数字作品的NFT交易过程中,卖家给付的就是这一串计算机字符。数字作品始终被存储在最初铸造NFT时创作人所上传的服务器中,交易并不导致存储位置的变动。区块链上的记录能够证明NFT权属的变动,是资产法律关系的链上交易,与传统数字作品交易过程不同即无须完成数字作品的占有变动。

著作权人或经其授权的主体在第三方交易服务平台上发行NFT数字作品,需要注册登录一个NFT交易平台,交易平台允许用户通过数字钱包账户来登录,数字钱包是一种类似于支付宝钱包的用于网络支付的账户。在登录NFT交易平台之后,卖家就可以在其账户下添加欲出售的作品。对于NFT交易平台的买家来说,只要其通过数字钱包支付对价和服务费,就可成为平台上公开显示该数字作品的所有者,并且智能合约中嵌入的"自动执行"代码也会被触发,在区块链上生成新的所有者信息。

---

[2] 余俊缘:《数字作品NFT交易的本质、规则及法律风险应对》,载《科技与出版》2022年第10期。

二、NFT 数字作品信息网络传播权与发行权的辨析

涉案作品《胖虎打疫苗》呈现作者的独特个体表达，体现了一定的艺术美感，属于《著作权法》意义上的美术作品。该法第 10 条第 1 款第 12 项规定了信息网络传播权的定义即以有线或者无线方式向公众提供，使公众可以在选定的时间和地点获得作品的权利。涉案 Bigverse 平台中 NFT 数字作品的交易流程为：网络用户（上传）"铸造"—上架发布—出售转让。在 NFT 数字作品的"铸造"阶段，网络用户将存储在终端设备中的数字化作品复制到 NFT 数字作品交易平台的中心化服务器上，产生了一个新的作品复制件；在 NFT 数字作品的上架发布阶段，NFT 数字作品的铸造者（发布者）通过将 NFT 数字作品在交易平台上架发布的形式，使公众可以在选定的时间和地点获得该作品，此种获得既可以是不以受让为条件的在线浏览，也可以是在线受让之后的下载、浏览等；在 NFT 数字作品的出售转让阶段，交易双方完成 NFT 数字作品对价的支付和收取，区块链中与之对应的 NFT 作相应的变更记录。在上述转让交易过程中，NFT 数字作品始终存在于作为"铸造者"的网络用户最初上传所至的服务器中，未发生存储位置的变动。虽然 NFT 数字作品所有权转让结合了区块链和智能合约技术，但是 NFT 数字作品是通过铸造被提供在公开的互联网环境中，交易对象为不特定公众，每一次交易通过智能合约自动执行，可以使公众可以在选定的时间和地点获得 NFT 数字作品，故 NFT 数字作品交易符合信息网络传播行为的特征。该案中，网络用户 anginin 将其铸造的涉案 NFT 数字作品在公开的互联网平台发布，使公众可以在其选定的时间和地点获得该作品，属于以有线或者无线方式向公众提供作品的信息网络传播行为，受信息网络传播权规制。

我国《著作权法》第 10 条第 1 款第 6 项定义发行权为以出售或者赠与方式向公众提供作品的原件或者复制件的权利。可见，虽然 NFT 数字作品交易对象是作为"数字商品"的数字作品本身，交易产生的法律效果亦表现为所有权转移。但因发行权的核心特征在于作品原件或复制件的所有权转移，即当前《著作权法》中的发行被限定为有形载体上的作品原件或复制件的所有权转移，故未经权利人许可将 NFT 数字作品在第三方交易平台的出售行为尚无法落入发行权控制范畴。发行权的实质意义是著作权人以赠与或者出售作品载体（原件和复制件）的形式将作品内容提供给受让人，与之伴随的是作品原件和复制件物权的移转。NFT 数字作品出售转让的结果是在不同的民事主体之间移转财产性权益，并非物权的移转，故其虽能产生类似于"交付"的后果，但尚不能落入发行权的规制范畴。

需要指出的是，NFT 数字作品交易并不能适用权利用尽原则。其一，在著作权领域，权利用尽原则主要适用于对发行权的权利限制，被称为"发行权一次用尽原则"或"首次销售原则"，该原则主要目的是防止他人出售作品的非法复制件，而非限制合法售出的作品原件或复制件的使用、处置权利。但著作权领域的权利用尽原则的适用基础是作品与其有形载体不可分离，对作品有形载体的使用权利作出规制，具有物理空间和现实操作的可控性。但网络改变了作品的传播方式，公众无须通过转移有形载体就可以获得作品的复制件。这一过程与传统传播途径的根本区别是不会导致作品有形载体在物理意义上的转移。其二，NFT 交易模式下，从著作权人手中合法获得 NFT 数字作品的受让人，不必上传该数字作品即可在同一交易平台或者其他合作交易平台将其转售。NFT 数字作品具有稀缺性及交易安全性，如果 NFT 数字作品可以无成本、无数量限制复制，即便是合法取得 NFT 数字作品复制件的主体，其潜在的可供后续传播的文件数量也是难以控制的，这有违发行权制度设立的本意，对著作权人而言亦有失公平。其三，在 NFT 交易模式下，不特定公众可以在不特定的时间和地点获得 NFT 数字作品，属于典型的信息网络传播行为。这种以信息网络途径传播作品的行为属于信息流动，并不导致作品有形载体所有权或占有权转移，自然不受发行权的控制，亦就缺乏了适用权利用尽原则的前提和基础。

两审法院虽都主张 NFT 数字作品受信息网络传播权规制，但在《著作权法》领域，仍存在争议。NFT 数字作品的出售虽然更接近于发行行为，但以发行权控制存在"无作品载体"的法律障碍；适用信息网络传播权规则虽然可以消除这个障碍，但是一方面，这个权利难以契合著作权人遭受的实际损害，也难以进一步控制非法铸造的 NFT 数字作品的转售行为；另一方面，因为发行权一次用尽原则难以适用，交易合同就可以任意阻碍合法铸造的 NFT 数字作品的转售和流通，这会带来新的问题。[3]

三、NFT 数字作品交易过程中的法律风险及平台应对措施

（一）NFT 数字作品交易过程中的法律风险

NFT 数字作品交易可能引发侵权后果。基于 NFT 数字作品的网络虚拟财产属性，NFT 数字作品的产生和取得均应当符合法律规定，只有合法的 NFT 数字作品才能受到法律的保护。NFT 数字作品交易平台的网络用户一旦将侵害他人

---

[3] 张伟君、张林：《论数字作品非同质权益凭证交易的著作权法规制——以 NFT 作品侵权纠纷第一案为例》，载《中国出版》2022 年第 14 期。

著作权的作品铸造为 NFT 数字作品，就会导致该 NFT 数字作品上创设的"财产性权益"因不合法而无法受到保护，故其铸造交易行为不仅侵害了他人的著作权，而且损害了交易相对方的合法权益。基于 NFT 数字作品采用的区块链技术，除侵权信息存在于中心化服务器上，记录该错误信息的 NFT 也存在于区块链上，这势必动摇 NFT 作为非同质化权益凭证的根基，严重影响 NFT 数字作品的交易安全，破坏 NFT 数字作品平台的信任机制和交易秩序。

(二) NFT 平台的应对方式

第一，履行一般网络服务提供者的责任。根据最高人民法院《关于审理侵害信息网络传播权民事纠纷案件适用法律若干问题的规定》第 11 条[4]，原与宙公司作为 NFT 数字作品交易平台的经营者，其提供的网络服务有别于自动接入、自动传输、信息存储空间、搜索、链接、文件分享技术服务，属于一种新型的网络服务。基于 NFT 数字作品交易平台提供网络服务的性质、平台的控制能力、可能引发的侵权后果以及平台的营利模式，原与宙公司应当对其网络用户侵害信息网络传播权的行为负有相对于一般网络服务提供者而言较高的注意义务。不仅仅是与此案相关的原与宙公司，对于适用 NFT 技术的其他平台，亦应承担此义务。

第二，平台理应构建相应的侵权预防机制，从源头上防止侵权发生，必要时可要求铸造用户提供担保机制，最大限度防止 NFT 数字作品存在瑕疵。作为预防侵权的合理措施，相关平台公司的审查介入时间应当提前到用户铸造 NFT 数字作品之时。除在网络服务协议中要求用户不得侵害他人知识产权外，相关平台公司还可以要求用户就其具体铸造的 NFT 数字作品承诺享有相应权利，并在必要的时候可要求其提供担保。

第三，建立有效的知识产权审查机制，对平台上交易的 NFT 作品的著作权做初步审查，如审查申请 NFT 铸造的用户是否提供了涉及著作权底稿、原件、合法出版物、著作权登记证书、认证机构出具的证明等初步证据证明其为著作

---

[4] 最高人民法院《关于审理侵害信息网络传播权民事纠纷案件适用法律若干问题的规定》第 11 条规定："网络服务提供者从网络用户提供的作品、表演、录音录像制品中直接获得经济利益的，人民法院应当认定其对该网络用户侵害信息网络传播权的行为负有较高的注意义务。网络服务提供者针对特定作品、表演、录音录像制品投放广告获取收益，或者获取与其传播的作品、表演、录音录像制品存在其他特定联系的经济利益，应当认定为前款规定的直接获得经济利益。网络服务提供者因提供网络服务而收取一般性广告费、服务费等，不属于本款规定的情形。"

权、与著作权有关权益的权利人。当然，这种审查应当是基于网络服务提供者具有的善良管理者义务角度进行评价，并且应赋予网络服务提供者一定的自主决策权和审查空间，可以在法律规定的框架内，根据自身审查需要、知识产权权利类型、产业发展等实际情况等因素，对具体要求进行明确和细化。从判断标准来看，应当采用"一般可能性"标准。也就是说，该初步证据应当排除明显不能证明是著作权、与著作权有关的权利的证据，该证据具有使一般理性人相信存在权利的可能性即可。

NFT 作为区块链技术的重要应用，契合了加快发展数字经济、促进城市数字化转型的趋势和需求。借助于区块链技术构建数字作品的唯一凭证，NFT 应用场景使基于数字作品的财产性权益能够以出售或者赠予的方式发生移转，从而给互联网环境下的作品传播与商业化利用带来新的契机，亦为知识产权的保护方式提供新的思路。构建公开透明、可信可溯源的链上数字作品新生态：一方面，需要规范 NFT 数字作品交易行为、促使其在法律制度框架内有序发展；另一方面，应当赋予 NFT 数字作品交易网络服务提供者以必要的自主决策权，由其根据具体的作品和权利类型、自身经营需要、产业发展要求等实际情形自主决定采取合乎法律规范的具体审查措施，例如自行决定设置侵权举报奖励及侵权黑名单处罚机制等。

案例四：网络平台经营者非法抓取、使用用户信息的不正当竞争行为

——北京微梦创科网络技术有限公司、北京淘友天下技术有限公司等不正当竞争纠纷[1]

【案情简介】

微梦公司是新浪微博的经营人与与备案人。北京淘友天下技术有限公司、北京淘友天下科技发展有限公司（以下简称二淘友公司）共同经营脉脉软件及脉脉网站。双方签订《开发者协议》，通过微博平台 Open API 进行合作，合作期为 2013 年 9 月 11 日至 2014 年 8 月 15 日。合作期间内，二淘友公司超出合作权限获取并使用新浪微博用户的职业信息、教育信息。双方合作结束后，二淘友公司对从新浪微博获取的非脉脉用户的信息进行了清理，但截至 2014 年 9 月，脉脉软件中仍显示部分非脉脉用户的新浪微博用户信息。二淘友公司未经新浪微博的授权及新浪微博用户的同意，展示了脉脉用户手机通讯录联系人与新浪微博用户的对应关系。后微梦公司对二淘友公司提起了诉讼（见表 3-4-1）。

【案件结果】

表 3-4-1 微梦公司、二淘友公司不正当竞争纠纷判决情况

审理阶段	判决主文
一审	北京市海淀区人民法院（2015）海民（知）初字 12602 号民事判决书，判决：(1) 该判决生效之日起，被告二淘友公司停止涉案不正当竞争行为；(2) 该判决生效之日起 30 日内，被告二淘友公司共同在脉脉网站（www.maimai.cn）首页、脉脉客户端软件首页连续 48 小时刊登声明，就该案不正当竞争行为为原告微梦公司消除影响（声明内容须经一审法院审核，逾期不履行，一审法院将根据原告微梦公司申请，在相关媒体公布判决主要内容，费用由二淘友公司承担）；(3) 该判决生效之日起 10 日内，被告二淘友公司共同赔偿原告微梦公司经济损失 200 万元及合理费用 208998 元；(4) 驳回原告微梦公司的其他诉讼请求

---

[1] 北京知识产权法院民事判决书，(2016) 京 73 民终 588 号。

续表

审理阶段	判决主文
二审	北京市知识产权法院（2016）京 73 民终 588 号民事判决书，判决驳回上诉，维持原判

案例分析

数据是新治理和新经济的关键，随着互联网科技的高速发展，数据价值在信息社会中尤为重要。对企业而言，数据已经成为一种商业资本、一项重要的经济投入，科学运用数据可以创造新的经济利益。数据的获取和使用，不仅是企业竞争优势的来源，而且能为企业创造更多的经济效益，是经营者重要的竞争优势与商业资源。个人信息是数据信息的重要组成部分，互联网中取得数据信息的方式一般可以分为两种，即经合法授权后的获取和通过爬虫技术手段的抓取。该案主要对第一种经合法授权即 Open API 合作者开放模式进行分析。

一、Open API 合作者开发概述

Open API 是一种新型的互联网应用开发模式，是随着互联网技术的发展，实现信息资源共享的新途径。Open API 的优势在于开放了资源的外部访问、调用，提供资源共享的机会。同时，通过提供有限接口用于数量和频度的获取，也保护了资源提供者。新浪微博通过 Open API，让第三方应用可以在用户授权的前提下，通过相应接口获取相关信息。Open API 通过《开发者协议》来约定双方的权利义务，并且通过该协议来实现对用户数据信息的保护。从技术上讲，Open API 通过权限控制实现对用户的角色分配进而实现对数据控制的目的。

二、数据信息使用规则

（一）数据信息权属争议

通过用户授权，网络平台获取用户姓名、昵称、联系方式等个人信息。平台对上述信息进行收集、整理、分析形成一个庞大的数据库。数据库中的数据信息属于用户个人还是网络平台成为现实中的争议焦点。一部分人主张，数据库中的信息由用户提供，自然应归属于用户，即用户对此享有人格权；而另一部分人主张平台对数据的整理、分析不仅提供了劳动力还为此付出了必要的成本，故应将

该数据库的所有权归属于平台即平台拥有数据的财产权。但根据我国现行法律规定，数据信息相关权利不属于法定权利。一些学者基于这种社会现实，主张设立一个新的具有财产权性质的数据权，它与个人信息权区别开，指依法开展数据收集、存储、加工、传输活动的商事组织及特定条件下的自然人对"数据集合"享有的占有、处理、处分的权利。这种权利不需要经过严格逻辑汇编，不要求原创性，亦不需要在规模、种类、更新的及时性和速度等方面超前。数据权的权利属性是对世性的财产权。法律赋予某种事物以公开且稳定的财产权，能够持续激励权利人创造、改进和更好地使用，实现稀缺资源的配置，产生更大的效用。当数据源自网络用户的个人信息时，数据权和个人信息权就成为一对既彼此关联又相互冲突的权利，而个人信息权具有相对优先性。[2]

（二）"用户授权"+"平台授权"的双重授权原则

在数据信息权属争议不明的情况下，使用网络平台的数据信息就需要考虑多方主体。

1. 用户授权的原因

数据信息不仅体现了互联网经营者重大的竞争利益，更是消费者个人合法权益的重要组成部分。用户有权在充分表达自由意志的情况下向他人提供自己的信息或不提供信息，也有权充分了解他人使用自己信息的方式、范围，并对不合理的数据信息使用行为予以拒绝。

该案中，微梦公司与二淘友公司在《开发者协议》中约定开发者应用或者服务需要收集用户数据的，必须事先获得用户的同意，且仅应当收集为应用程序运行及功能实现所必需的用户数据和用户在授权网站或开发者应用生成的数据或信息；开发者应当告知用户相关数据收集的目的、范围及使用方式，以保障用户的知情权。未经用户同意，开发者不得收集用户的隐私信息数据及其他微梦公司认为属于敏感信息范畴的数据，开发者不得收集或者要求用户提供任何微博账号、密码以及提供用户关系链、好友列表数据等。一旦开发者停止使用开放平台或微梦公司基于任何原因终止对开发者在微博开放平台的服务，开发者必须立即删除全部从微博开放平台中获得的数据。据此可知，Open API 合作开发模式下，事先征得用户的同意为必要，但实际上，因用户与网络平台信息的不对等，无法充分地获取所有用户的同意。

---

[2] 许可：《数据保护的三重进路——评新浪微博诉脉脉不正当竞争案》，载《上海大学学报（社会科学版）》2017年第6期。

在互联网中，对用户个人信息的采集和利用需以取得用户的同意为前提，这是互联网企业在利用用户信息时应当遵守的一般商业道德。在大数据和云计算时代，包括个人信息在内的数据，只有充分地流动、共享、交易，才能实现集聚和规模效应，最大程度地发挥数据价值。但数据在再利用时应给予用户、数据提供方保护及控制的权利。同时，尊重个体对个人信息权利的处分和对新技术的选择是在个人信息保护和大数据利用的博弈中找到平衡点的重要因素。

2. 平台授权的原因

《反不正当竞争法》的宗旨是在鼓励和保护公平竞争的同时，明确保护经营者和消费者的合法权益。包括社交应用软件在内的各类互联网产品或服务之所以能迅速产生广泛影响力、形成巨大的经营规模并吸引大量投资，其中重要的原因在于网络平台能够高效聚集大量用户，使"注意力经济"最大限度地发挥成效。这些用户在网络平台中的现实存在体现为其自行填写或好友评价的信息，以及留存于网络平台中或由该网络平台通过相关途径获取的相关用户各类身份标签等信息，如名字、昵称、头像、性别、地域、职业、毕业学校、喜好，甚至感想见闻等。这些用户信息能为网络平台带来巨大的经济利益。一方面，用户信息的规模及质量一定程度上反映了网络平台用户的活跃度，影响网络平台的吸引力，掌握更多用户信息，通常意味着拥有更大的用户规模。对于互联网经营者而言，只有维持已有用户并不断吸引新用户，才能推进网络平台的经营发展。另一方面，用户信息是经营者分析整理用户需求，开发特色产品和服务，提升用户体验的重要来源。这也是微梦公司在《开发者协议》中将用户信息定义为微博商业秘密的原因。在市场竞争中，尊重并保护开发者提供平台的劳动成果，是一项基本要求。

三、数据信息使用的注意义务

（一）网络运营者的注意义务

互联网中用户即是消费者，对用户合法权益的保护是每一个互联网企业的责任。该案中，微梦公司作为 Open API 平台提供方，在其认为没有授予二淘友公司相应权限的情况下，二淘友公司已然通过 Open API 获取相应信息，暴露出微梦公司对 Open API 的权限控制存在漏洞。并且微梦公司不仅在与二淘友公司合作期间没有发现其用户的教育信息和职业信息通过 Open API 被调用，而且其在诉讼中提交的证据亦不能完整呈现通过 Open API 调取相关数据的记录。这体现出微梦公司作为大型互联网运营平台对于用户信息保护的责任意识与技术水平十分欠缺，亟待提高。因此，鉴于 Open API 合作开发模式的巨大潜力以及在互联网大数据时代的积极作用，互联网企业在运用 Open API 开展合作开发时，不仅应将用户数据作为竞争优势加以保护，还应将保护用户数据信息作为企业的社会责任，采取相应的技术措施提升 Open API 合作模式中相应权限的控制，不断完善 Open API 合作模式。

网络运营者是网络建设与运行的关键参与者，在保障网络安全中具有优势和基础性作用，应当遵循合法、正当、必要的原则，从以下几个方面尽到网络运营者的管理义务：其一，制定内部数据信息安全管理制度和操作规程，确定网络安全负责人，落实网络数据信息安全保护责任；其二，采取防范计算机病毒和网络攻击、网络侵入等危害网络数据信息安全行为的技术措施；其三，采取监测、记录网络运行状态、网络安全事件的技术措施，并按照规定留存相关的网络日志；其四，采取数据分类、重要数据备份和加密等措施；其五，制定网络安全事件应急预案，及时处置系统漏洞、计算机病毒、网络攻击、网络侵入等安全风险。

（二）第三方平台的注意义务

作为第三方应用脉脉软件的经营者，也应当在尊重用户知情权的基础上合法使用用户信息。该案中，仅因有人注册为脉脉软件用户时向脉脉软件上传个人手机通讯录，则与该通讯录联系人相关的新浪微博用户，无论其是否为脉脉软件用户，都能显示在一度人脉中。通过关联该手机通讯录联系人，能将大量非脉脉软件用户的新浪微博用户信息展示到二度人脉中，还能通过相关技术手段，展示三度人脉，一度人脉、二度人脉间还能提示哪些为共同好友。一审法院认为，此种对应关系的展现，明显未考虑用户权益。一是二淘友公司未在《开发者协议》中充分告知脉脉软件用户上传通讯录的要求及后果，且脉脉软件用户无权选择关闭相关对应关系或展示方式。二是未考虑、亦未尊重新浪微博用户对个人微博用户信息是否公开、如何公开的自主意愿，使相关不愿通过手机号等方式查找到自己的新浪微博用户在不知情的情况下因为某些原因成为他人通讯录联系人而暴露自己的新浪微博用户身份及信息。三是未提供脉脉软件用户与其一度人脉、二度人脉之间共同好友展示状态的选择，使那些不愿出现在相关人脉圈的用户在不知情的情况下被关联。

第三方应用开发者作为网络建设与运行的重要参与者，在收集、使用个人数据信息时，应当遵循诚实信用原则及公认的商业道德，取得用户同意并经网络运营者授权后合法获取、使用数据信息。对于 Open API 合作开发模式，人民法院认为第三方应用开发者通过 Open API 合作开发模式获取并使用用户数据应当充分尊重用户的隐私权、知情权和选择权，应当诚实守信，遵守《开发者协议》约定的内容，在运用技术获取数据信息时应以诚信为本。

互联网技术飞速发展，各种新型的开发模式及应用不断涌现，这其中难免会出现技术的不足或管理的缺陷，当面临可能触及消费者利益的情况时，诚实的网络经营者应当本着诚实信用的原则，遵守公认的商业道德，以保护消费者的利益为优先选择，而不是任凭技术能力获得相关的数据信息或竞争优势。在互联网+大数据时代，用户数据安全与商业化利用是形影不离的两个问题，只有在充分尊重用户意愿，保护用户隐私权、知情权和选择权的前提下，才能更好地利用数据信息，促进网络经济的发展，进而实现增进消费者福祉，营造公平有序的互联网竞争环境。这需要所有网络经营者及互联网参与者的共同努力。

案例五：网络平台经营者数据爬取行为的合规边界
——以 HiQ 实验室诉 LinkedIn 案为例

【案情简介】

LinkedIn（以下简称领英）成立于 2002 年，是一个拥有 5 亿会员的职业社交网站。通过会员发布简历和招聘信息，并与其他会员建立"人脉关系"，领英收集存储了大量与用户相关的学历背景、工作经验、职位职称、技能证书等信息。根据领英的用户协议，会员拥有他们提交或发布到领英的内容和信息的所有权，并仅授予领英"使用、复制、修改、分发、发布和处理"这些信息的非独家许可。领英允许会员选择各种隐私设置，会员可以指定其个人资料部分对公众可见（领英会员和非会员），部分对直接关系人可见或者所有会员可见。该案只涉及公众可见的资料。领英已经采取措施保护其网站上的数据，防止其被滥用或者盗用。HiQ 实验室是一家成立于 2012 年以公共数据源为基础的数据分析公司，其主营业务是利用网络爬虫获取领英等网站上公开的用户信息，结合一种专有的算法，将生成的人力资源分析报告出售给商业客户。HiQ 实验室提供两种分析，第一种是"Keeper"，旨在识别出最有可能被挖走的员工。根据 HiQ 实验室的说法，该产品使雇主通过提供职业发展机会、留任奖金或者其他津贴，以留住有价值的员工。第二种是"Skill Mapper"，对员工的技能进行汇总。该工具帮助雇主识别员工的技能差距，这样他们就可以在这些领域提供内部培训，促进内部流动性，减少外部招聘的费用。

2017 年 5 月，领英向 HiQ 实验室发送了一封勒令停止函，声称 HiQ 实验室违反了领英的用户协议，要求 HiQ 实验室停止访问和窃取领英服务器上的数据，且领英已经通过检测、监控和阻止抓取活动的系统，实施技术措施，防止 HiQ 实验室访问并帮助其他人访问领英网站。HiQ 实验室回应并要求领英承认其访问领英公共页面的权利。后双方进行了诉讼，该案审理情况见表 3-5-1。

【案件结果】

表 3-5-1　HiQ 实验室诉 LinkedIn 案审理情况

时间	管辖法院	裁判结果
2017 年 5 月	加利福尼亚州北区联邦地区法院	裁定对领英发布初步禁令，禁止领英拒绝 HiQ 实验室访问领英会员的公开数据资料
2019 年 9 月	美国联邦第九巡回法院	支持一审判决，允许 HiQ 实验室继续访问领英的公开数据库
2021 年 6 月	美国最高法院	批准领英的复审令，要求美国联邦第九巡回上诉法院重审该案
2019 年 9 月	美国第九巡回法院	裁定如果领英会员的个人资料"任何人都可以用浏览器浏览"，那么领英不能阻止 HiQ 实验室抓取这些个人资料。后美国最高法院发回重审
2022 年 4 月	美国第九巡回法院	维持原判，不认定 HiQ 实验室抓取领英公开数据的行为违反了《计算机欺诈和滥用法案》
2022 年 12 月	加利福尼亚州北区联邦地区法院	支持领英的诉求，永久禁止 HiQ 实验室在领英上抓取或使用虚假账户

案例分析

前面几次审理以公共利益为基础，法院均认为抓取已经公开的数据并不违反美国任何法律，相反通过数据共享和利用，可以促进数据经济发展。HiQ 实验室作为一家数据分析公司，数据收集不是其核心业务，若按照领英的主张要求 HiQ 实验室自己收集数据，则意味着要让其改变整个公司的属性，在法官看来是不可取的，因而论证 HiQ 实验室无法离开领英的数据生存。最后加利福尼亚州北区联邦地区法院也就是曾经的一审法院作出的判决与最初大不相同，不仅禁止 HiQ 实验室通过违反其用户协议的方式，直接或间接地通过第三方、中介或代理访问和使用领英平台，而且必须永久删除所拥有、保管或控制的任何软件、脚本或代码。这种判决内容的变化不由得引发我们对于数据爬取行为合规边界的思考。

一、数据爬取行为概述

数据是指对客观事件进行记录并可以鉴别的符号，是对客观事物的性质、状态以及相互关系等进行记载的物理符号或这些物理符号的组合。它不仅可以是狭义上的数字，还可以是具有一定意义的文字、字母、数字符号的组合、图形、图像、视频、音频等。数据经加工之后就成为信息，这些信息对于企业乃至国家与社会来说具有极大的价值。在如今平台经济不断发展的背景下，数据成为关键生产要素，早已成为各个企业为提高竞争力而争夺的对象，且各个企业会设置反爬取措施避免自身数据被他人爬取。企业的数据来源于用户直接提供的一手数据和经企业自行加工的生成数据。收集到数据后，必须进行流通，而当今数据流通机制包含两种不同的路径：一是多方基于合同安排，通过 Open API 进行数据共享；二是通过爬虫软件自动地抽取他方数据库数据，其表现为"网页抓取""屏幕抓取"等数据爬取形式。[1] 对于数据共享引发的思考，在"新浪微博诉脉脉不正当竞争案"（本书案例四）中进行了重点分析。此处主要针对单方获取其他数据库数据即数据爬取行为应怎样定性的问题。

数据爬取是指通过程序来获取需要的网站上的内容信息，比如文字、视频、图片等数据。网络爬虫（又称网页蜘蛛、网络机器人）是一种按照一定的规则自动抓取万维网信息的程序或者脚本，其亦是一个自动提取网页的程序，为搜索引擎从网上下载网页，是搜索引擎的重要组成部分。所有被爬虫抓取的网页都会被系统存储，进行一定的分析、过滤、并建立索引，以便之后查询和检索。简单来说就是抓取网上公开或者未公开的信息，进行自己的分析，以服务于抓取方，获得最大利益。

爬取是数字时代更便利的信息收集工具，不当的数据爬取会损及企业权益、个人权利和国家安全。故对于爬取行为，"反爬"措施亦是正当的商业行为。常见的反爬虫手段可以分为两大类：一是爬虫协议（Robots 协议），是专门用于指导搜索引擎爬虫如何访问网站的文本文件。它不仅为搜索引擎提供了重要的指导，还具有防止网站被抓取的能力。由网站所有者根据自身需要在网站程序开头写入 Robots.txt 文件，载明该网站中禁止爬虫抓取的网页，在爬虫程序访问网站时对其进行"允许"或"不允许"的提示，以及在访问网站时需要遵循的规则。Robots 协议既像授权协议，又像"网站管家"具有单方意思表示的特点。二是爬虫识别技术，由于爬虫访问频率远高于用户访问频率，一旦对该网站的访问频率达到阈值，就会触发屏蔽请求、禁止访问、输入验证码等保护机制，可有效识别并拦截爬虫抓取。

---

[1] 许可：《数据爬取的正当性及其边界》，载《中国法学》2021 年第 2 期。

二、数据爬取行为的影响

"科技是一把双刃剑",任何依托于科学技术的事物都必须通过实践进行检验。由于法律具有滞后性,故需在发展的过程中对该事物进行价值判断以及取舍。毫无疑问,数据爬取行为有其正向价值以及负面影响,主要表现如下:

(一) 价值导向

第一,加强数据自由流通,促进经济产业发展。"十四五"规划要求统筹数据开发利用、隐私保护和公共安全,加快建立数据资源产权、交易流通、跨境传输和安全保护等基础制度和标准规范。流通的数据方有价值,就互联网平台而言,通过各种途径搜集广大用户的信息,除了方便用户使用其软件外,更为直接的目的是利用这些数据信息获利。一方面,通过大数据技术、分析、整理这些庞大的信息,然后进行精准推送,例如通过用户授权平台使用其声音,平台进行"大数据监听",当用户使用该平台时,就能满足用户的需求,从而吸引用户消费。另一方面,平台搜集个人信息后,在用户授权的主体范围内,通过合作等方式"盘活"这些数据,从而获取利益。数据如果未能进行流通,那么只能像"仓库"一般,维护其正常运营还需消耗更多的技术资源、人力资源及社会资源。而且,通过实施数据爬取行为,后发的或者新入的企业无须通过积累用户和获取稳定的数据来源即可高效地获得大量高质量的数据。这种从其他网页、网站等空间获取数据资源的方式满足了企业对数据质量、数量和流通速度的要求,客观上实现了数据流通与共享,推动了数字经济发展。[2]

第二,反不正当竞争,维护市场竞争秩序。一般而言,企业收集用户的信息后,通过 Robots.txt 文件授权其他主体使用。在浏览器的网址搜索栏中输入域名/robots.txt,可以查看平台的 Robots 协议,各个网络平台存在差别授权,即少量拥有技术壁垒的企业,因各种原因排除或者限制一些平台抓取其信息。我国《反垄断法》的调整对象是垄断行为,一定程度上,平台的差别授权达到了垄断中的排除、限制竞争的效果。[3] 故允许数据爬取行将减少差别授权带来的垄断行为,最终维护经济秩序。

第三,整合公开资源,维护社会公共利益。在被收集数据本身经授权的情况下,即在本案中,HiQ 实验室仅仅抓取领英平台中已经公开的用户信息,且其已

---

[2] 陈兵:《保护与竞争:治理数据爬取行为的竞争法功能实现》,载《政法论坛》2021年第6期。
[3] 宋家璇、董金鑫:《数据爬取合法化的正当性及制度设计》,载《秦智》2024年第2期。

经采取了类似 Robots 协议的技术措施防止其被盗或者滥用，能够被爬取的信息自然具有公开性。美国的州法院以及联邦法院亦是基于此认为 HiQ 实验室爬取领英的数据是为了公共利益。数据爬取能通过网络爬虫等相关技术手段，以较低成本、较快速度从其他网页、网站等空间大规模复制目标对象数据。若将此手段用在分析、判断公开数据上，继而服务于公共利益，将会发挥数据的最大价值。

（二）法律风险

爬虫技术作为一种数据搜集的手段，本身并没有合法与非法之分，但面对互联网上众多的数据，如果不加以限定，任由爬虫随意爬取，势必会对互联网生态造成影响，无限制的爬虫程序可能对网站服务器造成压力；不少打着"大数据"旗号的公司，用爬虫程序抓取未公开、未授权的个人敏感信息，甚至违规留存、使用、买卖这些隐私数据，严重扰乱市场经济秩序。另外还会出现以下不利情形：

第一，侵害用户个人信息。通过用户授权，平台获取并使用用户个人信息。在未经用户允许的情况下，爬取并利用这些信息，一方面侵犯用户个人隐私，另一方面在使用过程中，用户信息暴露后，将给用户造成难以预估的损失。

第二，侵犯平台知识产权。平台获取公民个人信息后，这部分数据经整理和分析后的权利属于平台亦或是用户尚存在争论。我国现行法律并没有对企业收集数据作出规定，也没有赋予其原权，即使数据源于现实中的主体或是使用软件的公民。但主流观点认为经营者投入了劳动、金钱、时间等，若未经允许擅自使用，便是侵犯了平台经营者的权利。市场经济鼓励市场主体在信息的生产、搜集和使用等方面进行各种形式的自由竞争，但是这种竞争应当充分尊重竞争对手在信息的生产、搜集和使用过程中的辛勤付出。

第三，引发不正当竞争纠纷。随着信息技术产业和互联网产业的发展，尤其是在"大数据"时代的背景下，信息所具有的价值超越以往任何时期，越来越多的市场主体投入巨资收集、整理和挖掘信息，如果不加节制地允许市场主体任意地使用或利用他人通过巨大投入所获取的信息，将不利于商业投入、产业创新和诚实经营，最终损害健康的竞争机制。

第四，触及刑事犯罪。刑法具有谦抑性，一般的数据爬取行为更多受到民商、经济法的规制，但一些数据爬取行为手段上的违法性会破坏网络平台的系统，绕过平台服务器的身份检验，绕过服务器的访问违反基本的商业准则，从而受到非法获取计算机信息系统数据罪的规制，一些数据爬取行为甚至会侵犯特定领域，触犯非法获取计算机信息系统罪。此时，实施上述行为侵犯的便不再是某一具体平台的利益，而是整个社会的经济秩序稳定乃至社会公共利益的公平获取。

三、数据爬取行为的法律适用现状

除了该案，我国还有过类似因数据爬取而涉诉的案件，如2016年"北京百度网讯科技有限公司与上海汉涛信息咨询有限公司其他不正当竞争纠纷"[4]。原告上海汉涛信息咨询有限公司（以下简称汉涛公司）认为百度网讯科技有限公司（以下简称百度公司）通过搜索引擎抓取涉案信息并不违反Robots协议，但并不意味着百度公司可以任意使用这些信息，若不对使用他人网站信息的方式进行合理控制，将会导致百度公司以极低的成本获取汉涛公司的经营成果，对此两审法院均予以支持。随着数据中蕴含的个人信息权益、经济利益和公共空间问题的突显，数据爬取的"刑事化趋势"也开始出现，参见全国首例爬虫行为入罪案"上海晟品网络科技有限公司、侯某强等非法获取计算机信息系统数据案"[5]。梳理现有的数据爬取纠纷判决，可以发现我国法院普遍认为未经授权爬取数据侵犯了平台的数据财产利益，通过援引《反不正当竞争法》第2条判定未经授权爬取数据构成侵权。对涉及信息使用的市场竞争行为是否具有不正当性的判断应当综合考虑以下因素：涉案信息是否具有商业价值，能否给经营者带来竞争优势；信息获取的难易程度和成本付出；对信息的获取及利用是否违法、违背商业道德或损害社会公众利益；竞争对手使用信息的方式和范围。对于互联网行业中爬取行为，各方普遍认为依据Robots协议，搜索引擎违反Robots协议抓取网站的内容，违背了公认的商业道德，从而构成不正当竞争。但并不能因此认为，搜索引擎只要遵守该协议就一定合法。在领英公司已经采取措施保护网站上的数据的基础上，HiQ实验室遵守了相关规则，抓取公共数据，最后还是被认定为侵权。也正如汉涛公司所称Robots协议只涉及搜索抓取网站信息的行为是否符合公认的行业准则的问题，不能解决搜索引擎抓取网站信息后的使用行为是否合法的问题。

另外，无论是美国法院还是我国法院对数据爬取行为的认定均不具有统一性：一方面认为数据是经营者自主经营之结果，而这种自主经营又是实现竞争机制的重要基础，因此需要限制数据爬取行为；另一方面认为这种基于数据控制的排他行为也可能对竞争对手的经营活动产生干扰甚至成为排除、限制竞争的工

---

[4] 上海知识产权法院民事判决书，(2016) 沪73民终242号。
[5] 北京市海淀区人民法院刑事判决书，(2017) 京0108刑初2384号。

具,进而扰乱市场秩序。[6]

四、数据爬取行为的正当性标准

数据爬取行为正当性的前提在于数据作为网络空间中自由流通的符号,广泛存在于公共领域,是可以由任何人收集、使用的公共资源。基于其本身的开放性、公共性,数据通过自由流通来实现社会化利用。目前,在诸多因素的影响下,各国并没有对数据爬取行为进行限制,认定其正当性主要从以下几个方面分析:

（一）数据爬取手段是否具有正当性

从技术维度上来看,如果通过合法途径没有办法获取,必须通过非法技术等措施,这种情况下可以认定其不正当。破坏平台的技术措施获取数据是常见的不正当情况,例如利用爬虫突破加密算法、通过技术手段绕开平台的验证程序、突破原告平台针对爬虫采取的异常封号封禁和IP访问限制策略等行为均具有不正当性。合法的爬虫技术不应具有入侵性,不应避开或突破被访问网站的技术防护措施。

（二）数据爬取行为是否符合商业道德

市场主体在使用他人所获取的信息时,仍然要遵循公认的商业道德,在相对合理的范围内使用。商业道德本身是在长期商业实践中所形成的公认的行为准则。Robots协议是对使用数据网站的限制,在搜索引擎领域已经成为信息网络行业的特定行业惯例或行业公约。因此,绕过该协议的授权进行的数据爬取行为,违背了商业道德。

（三）价值利益平衡

在数据要素市场建章立制的过程中,"数据产权如何明晰"是一个关键问题。在数据爬取过程中,数据产权并不是必须的,因为这里的症结并不在于法律上数据归属于何方,而是如何判定谁享有的权益更多。某一行为虽然损害了其他竞争者的利益,但可能具有促进市场竞争、增加消费者福祉的积极效应。因此在这一过程中:一方面,需要考虑产业发展和互联网环境所具有信息共享、互联互

---

[6] 高建成:《限制数据抓取行为的违法性认定——以美国干扰侵权理论为视角》,载《财经法学》2022年第6期。

通的特点；另一方面，要兼顾信息获取者、信息使用者和社会公众三方的利益，既要考虑信息获取者的财产投入，还要考虑信息使用者自由竞争的权利，以及公众自由获取信息的利益，在利益平衡的基础上划定行为的边界。只有准确地划定正当与不正当使用信息的边界，才能平衡公平与效率。

案例六：网络平台经营者的数据合规管理

——以国家互联网信息办公室对滴滴全球股份有限公司作出网络安全审查相关行政处罚为例

【案情简介】

滴滴全球股份有限公司（以下简称滴滴公司）成立于2013年1月11日，注册地为开曼群岛（英国）。滴滴公司成立时间较早，但为大众所熟知是在共享经济政策兴起之时，滴滴出行成为出租车的替代品，并且滴滴出行优惠力度大，计费精准，功能较为全面，在推出之后迅速在市场上铺开，下载注册滴滴出行App的用户也呈指数型增长。此后，滴滴公司不断开发新的软件项目，注册新的关联公司。用户若想使用这些新服务项目必须下载新的软件，且授权给软件更多的信息。用户基于保障其使用软件体验的需要将个人信息授权给软件，但滴滴公司在获取用户信息时超越其中的"底线"，即过度搜集用户的信息。2021年，一些用户察觉到其中的异样，举报了滴滴公司的不正当行为，相关部门对此进行了处理（见表3-6-1）。

表3-6-1 2021年滴滴公司不正当行为审查情况

时间	审查机构	文件	措施
2021年7月2日	网络安全审查办公室	《关于对"滴滴出行"启动网络安全审查的公告》	审查期间滴滴出行App停止新用户注册
2021年7月4日	中央网络安全和信息化委员会办公室	《关于下架"滴滴出行"App的通报》	（1）通知应用商店下架滴滴出行App；（2）要求滴滴出行软件开发公司严格按照法律要求，参照国家有关标准，认真整改存在的问题

续表

时间	审查机构	文件	措施
2021年7月9日	中央网络安全和信息化委员会办公室	《关于下架"滴滴企业版"等25款App的通报》	（1）通知应用商店下架上述25款App； （2）各网站、平台不得为"滴滴出行""滴滴企业版"等25款已在应用商店下架的App提供访问和下载服务； （3）要求相关运营者严格按照法律要求，参照国家有关标准，认真整改存在的问题

以上三个时间段的审查工作均是通过举报滴滴出行App存在严重违规收集、使用个人信息问题，经检查核实后作出的行政处罚决定，参照《网络安全法》第64条的规定，其处罚结果不足以对滴滴公司造成很较大的损失，产生的社会影响较小。但在2021年7月16日，按照网络安全审查工作安排，国家互联网信息办公室会同公安部、国家安全部、自然资源部、交通运输部、税务总局、市场监管总局等部门联合进驻滴滴公司，这才真正详细地揭露了滴滴公司的违法行为。经查明，滴滴公司共存在16项违法事实，归纳起来主要是以下几个方面（见表3-6-2）。

表3-6-2 滴滴公司违法事实

序号	违法事实
1	违法收集用户手机相册中的截图信息
2	过度收集用户剪切板信息、应用列表信息
3	过度收集乘客人脸识别信息、年龄段信息、职业信息、亲情关系信息、"家"和"公司"打车地址信息
4	过度收集乘客评价代驾服务时、App后台运行时、手机连接桔视记录仪设备时的精准位置（经纬度）信息
5	过度收集司机学历信息、明文形式存储司机身份证号信息
6	在未明确告知乘客情况下分析乘客出行意图信息、常驻城市信息、异地商务或异地旅游信息
7	在乘客使用顺风车服务时频繁索取无关的"电话权限"
8	未准确、清晰说明用户设备信息等19项个人信息处理目的
9	滴滴公司存在实施严重影响国家安全的数据处理活动，以及拒不履行监管部门的明确要求，阳奉阴违、恶意逃避监管等其他违法违规问题

【案件结果】

根据网络安全审查结论及发现的问题和线索，国家互联网信息办公室依法对滴滴公司涉嫌违法行为进行立案调查。其间，国家互联网信息办公室进行了调查询问、技术取证，责令滴滴公司提交了相关证据材料，对案件证据材料深入核查分析，并充分听取滴滴公司意见，保障滴滴公司合法权利。经查实，滴滴公司违反《网络安全法》《数据安全法》《个人信息保护法》的违法违规行为事实清楚、证据确凿、情节严重、性质恶劣，应当从严从重予以处罚。2022 年 7 月 21 日，国家互联网信息办公室依据相关法律法规，对滴滴公司处人民币 80.26 亿元罚款，对滴滴公司董事长兼 CEO 程某、总裁柳某各处人民币 100 万元罚款。此次对滴滴公司的网络安全审查相关行政处罚，与一般的行政处罚不同，具有特殊性。滴滴公司的关联 App 过度收集个人信息、强制收集敏感个人信息、App 频繁索权、未尽个人信息处理告知义务，未尽网络安全数据安全保护义务等，违法行为的性质极为恶劣，持续时间长，严重侵害用户个人信息权益，相关部门予以了从严从重处罚。

案例分析

天价罚单引来社会各界广泛的关注，对滴滴公司的处罚是《网络安全法》《数据安全法》《个人信息保护法》实施以来对数据违法行为处罚金额最高的标志性案例，给全体涉数据企业敲响了合规警钟。在数据成为关键生产要素的数字经济时代，所有企业须高度重视数据中的个人信息保护，坚守国家安全生命线，在依法合规安全的前提下推进数据要素价值充分释放。

一、个人信息的保护

（一）该案违法行为分析

《个人信息保护法》第 4 条第 1 款指出个人信息是以电子或者其他方式记录的与已识别或者可识别的自然人有关的各种信息，不包括匿名化处理后的信息。在数据时代，网络平台等组织收集、存储、使用、加工、传输、提供、公开、删除等处理个人信息需要遵循一定的原则，该案中，滴滴公司未遵循上述原则，其违法行为主要表现如下：

第一，过度收集个人信息。《个人信息保护法》第 6 条要求处理个人信息应当具有明确、合理的目的，并应当与处理目的直接相关，采取对个人权益影响最小的方式；收集个人信息，应当仅限于实现处理目的的最小范围，不得过度收集个人信息。也就是说，个人信息处理应遵循"最小必要"原则。在不同业务领域中，国家互联网信息办公室联合其他部门出台了《常见类型移动互联网应用程序必要个人信息范围规定》明确 App 不得因为用户不同意提供非必要个人信息，而拒绝用户使用其基本功能服务。该规定所称必要个人信息，是指保障 App 基本功能服务正常运行所必需的个人信息，缺少该信息 App 即无法实现基本功能服务；具体是指消费侧用户个人信息，不包括服务供给侧用户个人信息。该规定对常见类型 App 的必要个人信息范围进行了明确。滴滴出行 App 属于网约车类 App，基本功能服务为"网络预约出租汽车服务、巡游出租汽车电召服务"，其必要个人信息包括：注册用户移动电话号码；乘车人出发地、到达地、位置信息、行踪轨迹；支付时间、支付金额、支付渠道等支付信息（网络预约出租汽车服务）。滴滴公司收集的人脸识别信息、年龄段信息、职业信息、亲情关系信息等显然不属于上述个人信息的范围。对于非必要的信息，在收集时应和必要信息区分，并给予用户拒绝授权的选择。企业如果未加区分通过隐私政策要求用户一并授权，则可能会面对过度收集信息的风险。在数据时代，基于海量数据的处理和分析是互联网企业的核心竞争优势之一，各大网络厂商均倾向通过提供产品或服务尽可能收集更多的用户信息、行为数据等，因而过度收集个人信息一直是数据合规监管的重点领域。

第二，信息收集方式违法。滴滴公司在乘客评价代驾服务时、App 后台运行时、手机连接桔视记录仪设备时，收集了客户精准位置（经纬度）信息 1.67 亿条。《网络安全法》要求网络运营者收集、使用个人信息，应当遵循合法、正当、必要原则。滴滴公司收集信息的场景显然不符合最小必要原则。在收集信息时，即使收集的信息类别属于业务所必需，也要注意收集的时间点，是否符合最小必要原则。位置信息和行踪轨迹是网约车类 App 提供服务所必需的，但并不意味网约车 App 可以不分时间地收集用户的位置信息。网约车 App 收集用户的位置信息，目的在于了解用户位置进行车辆派单接送用户，并在行程中保证安全。在评价代驾服务、App 后台运营等场景，由于不涉及前述服务的提供，自然收集位置信息也并非必要。

第三，未对个人信息采取相应的加密安全技术措施。《个人信息保护法》第 9 条规定：个人信息处理者应当对其个人信息处理活动负责，并采取必要措施保障所处理的个人信息的安全。第 51 条规定："个人信息处理者应当根据个人信息的处理目的、处理方式、个人信息的种类以及对个人权益的影响、可能存在的安全风险等，采取下列措施确保个人信息处理活动符合法律、行政法规的规定，并防止未经授权的访问以及个人信息泄露、篡改、丢失；……（三）采取相应的加密、去标识化等安全技术措施……"滴滴公司过度搜集司机学历信息14.29万条，以明文形式存储司机身份证号信息5780.26万条，以"明文形式"存储将会有泄露的风险。

第四，未经同意处理个人信息。《个人信息保护法》规定处理个人信息应当取得个人同意（法律规定的豁免情形除外）且基于个人同意处理个人信息的，该同意应当由个人在充分知情的前提下自愿、明确作出。法律、行政法规规定处理个人信息应当取得个人单独同意或者书面同意的，从其规定。个人信息的处理目的、处理方式和处理的个人信息种类发生变更的，应当重新取得个人同意。《网络安全法》规定网络产品、服务具有收集用户信息功能的，其提供者应当向用户明示并取得同意。滴滴公司在未明确告知乘客情况下分析乘客出行意图信息539.76亿条、常驻城市信息15.38亿条、异地商务或异地旅游信息3.04亿条，该行为违反了法律的相关规定。

（二）个人信息保护

第一，正当性、必要性、合法性审查。

一是正当性审查。数据合规的监管应走入深水区，从表面合规进入实际合规层面。将"告知同意"作为数据处理合法性基础时，个人信息处理规则的告知应确保完整、透明和清晰，即应遵循"正当性"原则。

二是必要性审查。企业各业务实际收集信息的范围应以业务的关联范围和实现目的的必要为限，即应遵循"必要性原则"。企业业务活动中可能涉及财务数据、行业数据、信息系统数据等，因此企业应梳理业务活动中涉及的全部数据类型，并排查其中属于个人信息的情形。在了解企业业务活动中涉及个人信息和个人敏感信息的情形后，企业则应该按照业务类别，分类确认收集相关信息是否符合最小必要原则，此步骤可能需要企业的法律合规人员和业务部门人员探讨，为实现特定的业务功能，收集哪些信息是必要的，对过度收集的信息类别，应停止收集并给予客户单独授权的机会。

三是合法性审查。上述两个审查方向都是实质合法性范畴的内容，更多聚焦于个人信息处理的目的与手段的合法与合理。这也是企业实质合规的重点内容。相反，流于形式的"告知—同意"已不再是企业利用App、小程序等收集个人信息合法的挡箭牌。对于必要的个人信息，要进行合法性审查，确保收集信息的流程，涉及的告知书、同意方式的内容和形式合法合规。对于一般种类的个人信息，应严格履行"告知同意"义务，告知内容要符合《个人信息保护法》的要求，包括处理目的、处理方式、处理的个人信息种类、保存期限等信息。对于个人敏感信息，则需要履行增强义务，通过单独的同意书或者弹窗等方式进行单独告知，并告诉处理敏感个人信息的必要性以及对个人权益的影响。

第二，对于个人信息使用加工，应注重规则的告知与同意征求。该案中，滴滴公司在未明确向用户告知使用目的及方式的情况下，进行用户数据的各类分析严重违规。企业完成数据收集后使用数据的环节往往比较隐秘，这是需要企业多部门协同合规才可完成的重点工作。为了规避"暗箱操作"，确保数据使用、加工规则的透明和合法，企业应及时发现并纠正业务实际使用过程中超过隐私规则告知及授权范围或其他合法性基础范畴的情形。建立责任部门数据使用方式报备、合规等部门评估和监管机制，以及在必要的情况下重新进行告知删除和同意，是较好的预防使用违规的管控方式。

第三，加强技术性保护。对于个人信息的安全保护，尤其敏感个人信息，在传输和存储环节应依法采取加密、去标识等安全技术措施，避免明文存储引发数据泄露、篡改和丢失等安全风险。

二、网络安全与国家安全保护

（一）该案与国家安全的关系剖析

从滴滴公司的违法事实可以看出，违法行为均违反个人信息保护义务，但值得注意的是，国家互联网信息办公室在答记者问中表示"网络安全审查还发现，滴滴公司存在严重影响国家安全的数据处理活动以及拒不执行监管部门的明确要求，阳奉阴违、恶意逃避监管等其他违法违规问题。滴滴公司违法违规运营给国家关键信息基础设施安全和数据安全带来严重安全风险隐患。因涉及国家安全，依法不公开"。滴滴公司之所以被处以重罚，是因为其在个人信息处理过程中严重违规，还有一定的原因是滴滴公司的行为损害了国家数据安全。

该案中处罚的主体为滴滴公司（滴滴全球股份有限公司，DiDiGlobal Inc.），非2021年7月2日公告中触发网络安全审查活动的主体。有关信息显示，境外公司"滴滴公司"为境内运营"滴滴出行"业务的实际控制主体，对境内业务数据处理活动起了决策、监督和管理等主导作用，符合《数据安全法》《个人信息保护法》有关适用范围规定，可依法（《数据安全法》第2条[1]和《个人信

---

[1]《数据安全法》第2条规定："在中华人民共和国境内开展数据处理活动及其安全监管，适用本法。在中华人民共和国境外开展数据处理活动，损害中华人民共和国国家安全、公共利益或者公民、组织合法权益的，依法追究法律责任。"

息安全法》第 3 条[2]）采取行政管理的域外管辖。

　　处罚对象从境内公司变更为背后的境外公司，更多是为了防止滴滴公司在美股上市运营的操作给国家安全带来系统性风险。滴滴公司的美股上市过程及后续的运营过程，基于美国上市公司有关管控需求和数据披露需求，有可能需向美国证券交易委员会等监管部门披露滴滴公司运营有关资料与数据，其中就包括滴滴公司位于中国境内的关联主体，包括但不限于该集团下的 41 个 App 所收集多达几百亿条的巨量个人信息（含敏感个人信息）、地图测绘等重要数据，以及基于这类数据适用和加工所产生的衍生数据。这类数据出境或提交给有关国家的监管部门，将对国家数据安全和国家安全构成严重威胁。[3]

（二）该案对于网络及国家安全保护的影响

　　就审查过程的关联监管动作而言，该案是网络安全审查工作以及有关部门对境外发行上市企业的安全监管工作的进一步完善的催化剂。该案发生后，相关部门对《网络安全审查办法》进行修订，明确将"数据活动"纳入审查范围并要求"掌握超过 100 万用户个人信息的运营者赴国外上市，必须向网络安全审查办公室申报网络安全审查"。在滴滴公司接受审查期间，《网络安全审查办法》亦进行了更新。另外该事件还促进了国务院《境内企业境外发行证券和上市管理试行办法》的出台及实施，强化了境外发行证券与上市的国家安全管理与数据出境安全管理。该办法于 2023 年 3 月 31 日起正式实施，明确境内企业境外发行上市涉及向境外提供个人信息和重要数据等的，应当符合法律、行政法规和国家有关规定。境内企业境外发行上市活动，应当严格遵守外商投资、网络安全、数据安全等国家安全法律、行政法规和有关规定，切实履行维护国家安全的义务。涉及安全审查的，应当在向境外证券监督管理机构、交易场所等提交发行上市申请前依法履行相关安全审查程序。境外发行上市的境内企业应当根据国务院有关主管部门要求，采取及时整改、作出承诺、剥离业务资产等措施，消除或者避免境外发行上市对国家安全的影响。其要求境内企业境外发行上市不得威胁或危害国家安全，遵循网络安全、数据安全等国家安全法律法规和履行国家安全保护义

---

[2]《个人信息保护法》第 3 条规定："在中华人民共和国境内处理自然人个人信息的活动，适用本法。在中华人民共和国境外处理中华人民共和国境内自然人个人信息的活动，有下列情形之一的，也适用本法：（一）以向境内自然人提供产品或者服务为目的；（二）分析、评估境内自然人的行为；（三）法律、行政法规规定的其他情形。"

[3] 许瑞凤：《后车之鉴丨滴滴公司巨额罚款事件及其合规信号后解》，载微信公众号"北源有数"2022 年 7 月 27 日，https://mp.weixin.qq.com/s/RV9AzOEvlwIbZ85bmhlIOw。

务，以及遵守安全审查制度等要求。这是国家多个监管部门联动对齐，进一步强化对境内上市和数据出境的安全监管要求，以整体落实国家安全防范要求的适配性工作。

除此之外，网络安全审查办公室以与"滴滴出行"App被审查同样的理由启动了对已赴美上市的"运满满""货车帮""BOSS直聘"等App的网络安全审查工作。尤其针对掌握了巨量国民个人信息且赴境外上市的大型互联网平台公司，因境内上市可能出现违规的数据出境行为和上市所在地将数据提供和数据披露作为监管要求而可能引发国家网络安全、数据安全和国家安全等系统性风险。监管部门透过该案举一反三，主动排查可能影响国家安全的数据处理活动所带来的风险。[4]

（三）维护网络安全与国家安全的措施

《网络安全法》《数据安全法》《个人信息保护法》的立法宗旨，均包括保护国家数据安全。该案的发生也给实施境外上市、境外融资等跨境数据流动行为的企业敲响了警钟。未来国家监管部门对数据合规的执法也会继续以国家数据安全为导向，企业应切实履行好自身数据合规义务，避免合规风险。企业内部应建立国家整体安全观并切实承担社会责任并履行维护数据安全和个人信息保护的义务。企业在业务运营过程或基于数据处理享受其带来的红利时，应建立并践行牢固的国家安全观，积极履行数据安全保护义务，守住合规底线。

---

[4] 许瑞凤：《后车之鉴｜滴滴公司巨额罚款事件及其合规信号后解》，载微信公众号"北源有数"2022年7月27日，https://mp.weixin.qq.com/s/RV9AzOEvlwIbZ85bmhlIOw。

案例七：网络平台经营者数据泄露事件的处理
——以阿里云计算有限公司未经用户同意擅自泄露个人信息为例

【案情简介】

2021年7月5日，浙江省通信管理局作出《关于答复××投诉事项函》。针对某一用户提交的关于阿里云计算有限公司（以下简称阿里云公司）未经用户同意擅自泄露个人信息的投诉材料，经该局调查核实，认为2019年11月11日，阿里云公司未经用户同意擅自将用户留存在的注册信息泄露给第三方合作公司。该行为违反了《网络安全法》的相关规定。鉴于未造成严重后果，最终该局责令阿里云公司改正。对此，2021年8月23日下午，阿里云公司回应称：根据自查，该投诉事件应为2019年11月11日前后，阿里云公司一名电销员工违反公司纪律，利用工作便利私下获取客户联系方式，并透露给分销商员工，从而引发一名客户投诉。

【案件结果】

对此，浙江省通信管理局认为阿里云公司的行为违反了《网络安全法》第42条第1款[1]的规定。根据《网络安全法》第64条，该局已责令阿里云公司改正。对此阿里云公司亦表示：公司严禁员工向第三方泄露用户注册信息，已根据公司制度对该事件进行严肃处理，并遵照浙江省通信管理局要求积极整改，对人员管理层面上的不足进行强化改进。该案中，浙江省通信管理局仅责令阿里云公司改正，原因在于该案件的损害结果不大，社会影响较小。相关部门就此作出回应不仅可以安抚投诉人，而且也可以对同行业乃至各个收集公民信息的企业、公司等作出警示。

---

[1]《网络安全法》第42条第1款规定：“网络运营者不得泄露、篡改、毁损其收集的个人信息；未经被收集者同意，不得向他人提供个人信息。但是，经过处理无法识别特定个人且不能复原的除外。”

案例分析

在大数据时代背景下,使用各种网络平台均需注册,网络平台收集用户信息也变得便捷,但在此过程中过度搜集用户信息及泄露用户隐私的情形也防不胜防。案例六主要呈现的是网络平台过度收集用户信息及适用方式不适当,而该案主要探讨用户信息被网络平台收集后遭泄露的问题。此处以阿里云 App 为例进行分析,其在某些方面与其他功能类似的 App 相契合,在剖析完阿里云 App 后,亦可据此探索其他 App 的用户隐私保护规则。

一、网络平台使用用户信息的方式及原则

(一)直接使用

企业设计开发并经营 App,用户根据其需求进行注册使用。用户注册账户之前网络平台通常要求用户勾选《法律声明及隐私政策》,若用户不勾选,意味着其拒绝提供并授权平台使用其信息,平台不能实现用户信息收集的功能,该用户亦无法正常使用应用。根据《网络安全法》第 24 条第 1 款[2]的规定,用户使用网络运营服务,既是权利也是义务。如此要求,既可保障个人权益,也可保护社会公共利益。并且我国实施网络可信身份战略,支持研究开发安全、方便的电子身份认证技术,推动不同电子身份认证之间的互认,这与 Web3.0(单独网站内的信息可直接和其他网站相关信息进行交互、整合)时代发展趋势相契合。网络世界虽是虚拟世界,但是活跃在网络世界的人是真实的,推进此战略的实施,亦可保障网络世界的安全。

(二)间接使用

1. 信息共享

原则上,阿里云 App 不会与其他组织和个人共享用户的信息,但有原则就有例外,阿里云 App 的产品及服务中的某些模块和功能由服务商提供,为此,阿里云公司可能会与合作伙伴共享用户的某些个人信息,前提是获取用户明确同意。另外,阿里云公司为履行法定的共享义务,可能会根据法律法规的规定,诉

---

[2]《网络安全法》第 24 条第 1 款规定:"网络运营者为用户办理网络接入、域名注册服务,办理固定电话、移动电话等入网手续,或者为用户提供信息发布、即时通讯等服务,在与用户签订协议或者确认提供服务时,应当要求用户提供真实身份信息。用户不提供真实身份信息的,网络运营者不得为其提供相关服务。"

讼、仲裁需要，或按行政、司法机关依法提出的要求，对外共享用户的信息以及阿里云公司为订立、履行用户作为一方当事人的合同所必需的情况下会进行共享用户的信息。

2. 委托他人处理

除了共享信息，阿里云 App 还会委托授权合作伙伴处理用户的个人信息，以便授权合作伙伴代表该平台为用户提供某些服务或履行职能。但授权合作伙伴只能接触到其履行职责所需的信息，且该平台将会通过协议要求第三方不得将此信息用于其他任何超出委托范围的目的。如果授权合作伙伴将用户的信息用于该平台未委托的用途，其须单独征得用户的同意。目前，该阿里云 App 委托的授权合作伙伴包括广告、分析服务类的授权合作伙伴，产品或服务的供应商和其他合作伙伴，支付类授权的合作伙伴。

（三）使用原则

无论是共享还是授权委托，其均须承诺遵守合法正当与最小必要原则，用户知情权与决定权最大化原则及安全保障能力最强化原则。但实际履行中的情况如何，平台是否遵循这些原则需要用户自行判断。只有用户有保护自己信息权益的积极性，企业有保护用户信息的方式，国家有保护公民权益的机制，方能维护网络世界的安全与秩序。

二、网络用户信息的保护

阿里云 App 在用户注册使用时需要用户提供手机号码，电子邮箱地址，个人用户实名认证信息包括姓名、身份证号码；企业用户的实名认证信息包括企业名称、企业证件及信息、企业法定代表人信息，支付宝账号信息、银行账号信息或者面部特征的生物识别信息等。种类如此丰富，数量极其庞大的信息不仅事关个人权益，也关系社会公共利益及社会稳定。

（一）利益相关人

用户可以主动保护自己的个人信息。当用户发现他人不正当地收集或使用用户的个人信息时，用户可以快速地联系平台，要求平台解决。网络运营者应当建立网络信息安全投诉、举报制度，公布投诉、举报方式等信息，及时受理并处理有关网络安全的投诉和举报。网络运营者对网信部门和有关部门依法实施的监督检查应当予以配合。用户发现平台不正当地收集或者使用用户的个人信息时，可以依照《网络安全法》第 43 条[3]的规定进行处理。就该案而言，利益相关人既可以直接向行政部门投诉，也可以向平台主张权益，要求平台删除其储存的信息。

（二）网络运营者

阿里云公司以及各个网络运营者面对其收集的用户信息应当严格保密，并建立用户信息保护制度。并且为了提高使用阿里云 App 及其关联公司、合作伙伴提供服务的安全性，确保操作环境安全与可识别账号异常状态，保护用户或公众的人身财产安全免遭侵害，更好地预防钓鱼网站、欺诈、网络漏洞、计算机病毒、网络攻击、网络侵入等安全风险，更准确地识别违反法律法规或阿里云 App 相关协议、规则的情况，当用户使用阿里云 App 期间，阿里云公司可能使用用户的账号信息、设备信息、有关网络日志以及其关联公司、合作伙伴合法分享的信息，来判断用户账号及交易风险，进行身份验证、安全事件的检测及防范，并依法采取必要的记录、审计、分析、处置措施。用户的搜索查询内容、IP 地址、浏览器的类型、电信运营商、使用的语言、访问日期和时间及用户访问的网页记录将会被网络运营者保存。对于网页记录保存的问题，《网络安全法》要求各个平台保留 6 个月以上的页面浏览记录。虽然用户可以在自己使用的设备上删除记录，但基于该用户使用的专属 IP，其浏览记录并没有被实际删除，若相关人员基于法律或者公共利益的原因查询，也有迹可循。如此一来真正做到网络世界不是法外之地，违法行为无处可逃。谷歌浏览器有无痕浏览的选项，国产浏览器也渐渐往这趋势上发展，但若真的推行这种浏览模式，在保护公民隐私的同时也让不法分子有机可乘，所以如何把握其中的度非常重要。

三、数据泄露事件的合规化应对

对企业而言，合规化应对数据泄露事件具有重要意义。发生数据泄露事件时，企业不仅可能面临数据资产流失、声誉损失，还可能因未尽数据安全义务或者个人信息保护义务承担法律责任。合规化应对数据泄露事件，应根据事件的不同阶段并采取相应措施。

第一，事前预防数据泄露。企业应在内部建立数据泄露应急响应工作机构，

---

[3]《网络安全法》第 43 条规定："个人发现网络运营者违反法律、行政法规的规定或者双方的约定收集、使用其个人信息的，有权要求网络运营者删除其个人信息；发现网络运营者收集、存储的其个人信息有错误的，有权要求网络运营者予以更正。网络运营者应当采取措施予以删除或者更正。"

确定人员分配及具体职能。根据《网络安全法》第25条[4]和《个人信息保护法》第51条[5]的规定，企业应制定详细的数据泄露应急预案。该应急预案的具体内容，参考相关标准的规定，应与数据泄露事件的规划和准备、发现和报告、评估和决策、响应和经验总结等工作相关联，规范开展以上工作的过程、准则。企业应建立并实施数据泄露事态监测、预警与报告机制，从源头上控制数据泄露事件的发生。

第二，积极解决应对数据泄露事件。根据《网络安全法》第25条，《数据安全法》第29条[6]及国家市场监督管理总局、国家标准化管理委员会发布的《信息安全技术 个人信息安全规范》第10.1、10.2条的规定，企业应完成如下响应措施：一是根据数据泄露事件的严重程度，上报有关主管部门。企业应按照《国家网络安全事件应急预案》等有关规定及时上报有关主管部门，报告内容包括但不限于涉及主体的类型、数量、内容、性质等总体情况，事件可能造成的影响，已采取或将要采取的处置措施，事件处置相关人员的联系方式等。二是若涉及个人信息泄露，需注意判断该等事件是否可能给个人的合法权益造成严重危害，如敏感个人信息泄露，应及时将事件相关情况告知受影响的个人信息主体，告知方式包括邮件、信函、电话、推送通知等方式。难以逐一告知个人信息主体时，应采取合理、有效的方式，如通过新闻媒体发布与公众有关的警示信息。[7]

第三，总结反思数据泄露事件的问题。总结数据泄露事件存在的问题可帮助企业发现原有方案的疏漏，并帮助企业改进其固有的方案。随着大数据时代的到来，科学技术不断进步以及市场需求不断增多，数据泄露事件只会层出不穷，即

---

[4]《网络安全法》第25条规定："网络运营者应当制定网络安全事件应急预案，及时处置系统漏洞、计算机病毒、网络攻击、网络侵入等安全风险；在发生危害网络安全的事件时，立即启动应急预案，采取相应的补救措施，并按照规定向有关主管部门报告。"

[5]《个人信息保护法》第51条规定："个人信息处理者应当根据个人信息的处理目的、处理方式、个人信息的种类以及对个人权益的影响、可能存在的安全风险等，采取下列措施确保个人信息处理活动符合法律、行政法规的规定，并防止未经授权的访问以及个人信息泄露、篡改、丢失：（一）制定内部管理制度和操作规程；（二）对个人信息实行分类管理；（三）采取相应的加密、去标识化等安全技术措施；（四）合理确定个人信息处理的操作权限，并定期对从业人员进行安全教育和培训；（五）制定并组织实施个人信息安全事件应急预案；（六）法律、行政法规规定的其他措施。"

[6]《数据安全法》第29条规定："开展数据处理活动应当加强风险监测，发现数据安全缺陷、漏洞等风险时，应当立即采取补救措施；发生数据安全事件时，应当立即采取处置措施，按照规定及时告知用户并向有关主管部门报告。"

[7] 黄凯：《通商企业数据合规指引专题｜数据泄露事件的合规化应对》，载微信公众号"通商律师事务所"2022年11月11日，https://mp.weixin.qq.com/s/e6nusMvV6GxvyVVIwGyqeQ。

使再多的预防机制也不能完全避免其发生，因此就需要个人、企业以及社会根据已发生的数据泄露事件进行总结，将问题扩宽、扩远，为数据泄露事件再次出现做好准备。

  数据泄露作为重要的数据安全风险，始终受到社会各层面的关注，在各行各业数字化转型、业务线上化的背景下，企业需重视数据泄露事件的合规应对，通过在事前、事中及事后的三个阶段的准备与总结有效预防、及时发现并充分处理数据泄露事件，控制数据泄露事件对个人、企业以及社会的不利影响。

案例八：非法获取网络用户信息的有关刑事责任
——以逯某、黎某侵犯公民个人信息案为例[1]

【案情简介】

2020年8月14日，淘宝（中国）软件有限公司（以下简称淘宝公司）报警，其公司安全风控员在工作中发现淘宝平台的评价接口存在异常流量行为，经排查后发现2020年7月6日至2020年7月13日，有黑产通过mtop订单评价接口绕过平台风控批量爬取加密数据，爬取字段量大，7月6日至7月13日平均每天爬取数量为500万条，爬取内容包括买家用户昵称、用户评价内容、昵称等敏感字段。经淘宝网站排查发现，逯某有重大作案嫌疑，作案地点河南省商丘市睢阳区某家属院，公安机关立案。被告人逯某、黎某分别于2020年8月15日、8月21日被抓获。

经审理查明被告人黎某在湖南省浏阳市成立了浏阳市泰创网络科技有限公司（自然人独资），该公司设有返利部、客服部、招商部等部门。被告人逯某受雇于被告人黎某，作为公司技术员，每月工资1万元。自2019年11月，被告人逯某在商丘市睢阳区家中利用自己开发的爬虫软件，通过淘宝网页接口爬取淘宝客户的信息，并将其中淘宝客户的手机号码提供给被告人黎某，用于浏阳市泰创网络科技有限公司的经营活动。该公司2019年11月至2020年7月利用该信息经营共获利340187.68元。经司法鉴定，被告人逯某通过其开发的软件爬取淘宝客户的数字ID、淘宝名称、手机号码等淘宝客户信息共计1180738048条，被告人逯某将其爬取信息中的淘宝客户手机号码通过微信文件的形式发送给被告人黎某共计19712611条。

【案件结果】

法院认为，被告人逯某受雇于被告人黎某，二人违反国家规定，非法获取公民个人信息，情节特别严重，其行为均已构成侵犯公民个人信息罪。公诉机关指控罪名成立，且系共同犯罪，被告人逯某、黎某有坦白情节，且认罪认罚，对其

---

[1] 河南省商丘市睢阳区人民法院刑事判决书，（2021）豫1403刑初78号。

均可从轻处罚。综合其犯罪情节及社会危害性，判决被告人黎某犯侵犯个人信息罪，判处有期徒刑3年6个月，并处罚金人民币35万元；被告人逯某犯侵犯个人信息罪，判处有期徒刑3年3个月，并处罚金人民币10万元。

案例分析

随着物联网、云计算等新技术与大数据的融合发展，淘宝公司作为具有庞大体系的企业，利用其在市场上的地位，掌握海量用户数据信息。以数据信息为基础，淘宝公司能更高效、便捷、海量地获取收益，但同时也对其存储技术以及安全保护水平提出了更高的要求。如若保护不到位，其收集的信息被泄露，将会对社会公共安全造成极大的影响。《刑法》以保护社会公共安全为其宗旨之一，网络世界不是法外之地，不仅受私法规制，亦受公法的规制。从涉App数据的网络犯罪来看，实务中出现最多的便是侵犯公民个人信息罪、非法获取计算机信息系统数据罪以及侵犯商业秘密罪。

一、侵犯公民个人信息罪

我国《刑法》第253条之一规定行为人违反国家有关规定，向他人出售或者提供公民个人信息构成侵犯公民个人信息罪。其法益为公民的隐私权和信息的自我决定权。2017年最高人民法院、最高人民检察院通过《关于办理侵犯公民个人信息刑事案件适用法律若干问题的解释》明确《刑法》第235条之一规定的"公民个人信息"是指以电子或者其他方式记录的能够单独或者与其他信息结合识别特定自然人身份或者反映特定自然人活动情况的各种信息，包括姓名、身份证件号码、通信通讯联系方式、住址、账号密码、财产状况、行踪轨迹等；并对情节严重以及情节特别严重的情形进行了细化规定。2021年通过的《个人信息保护法》将个人信息定义为以电子或者其他方式记录的与已识别或者可识别的与自然人有关的各种信息，不包括匿名化处理后的信息。该案中，被告人逯某与黎某通过爬取淘宝网页中客户的数字ID、淘宝名称、手机号码等淘宝用户信息侵犯了淘宝用户的合法权益；被爬取的客户信息共计1180738048条，最后获利340187.68元属于《刑法》规定的情节特别严重。

众所周知，刑法具有谦抑性，刑法是对犯罪人人身自由的限制，不到万不得已，不能适用该手段。但当一个行为严重损害了公民的合法权益，就另当别论。

2016年，山东省的徐某玉案[2]给个人信息保护敲响了警钟。整个案件不仅涉及诈骗罪，且涉及侵犯公民个人信息罪。其中年仅19岁的被告人杜某通过植入木马的方式测试山东省2016年普通高等学校招生考试信息平台网站管理权限时发现漏洞，利用网站漏洞获取权限后，在数据库中找到山东省考生信息并下载，后对外出售。在杜某与被告人陈某的交易过程中，杜某贩卖了10万余条高考考生信息，获利共计14100余元，而陈某购买考生的信息成本低至两三角一条。最终被告人杜某因犯侵犯公民个人信息罪，被判处有期徒刑6年，并处罚金人民币6万元；没收违法所得14100元。该案虽然结束了，但是带给社会的警示和思考却未结束，2017年起实施的《网络安全法》建立了个人信息数据泄露通知制度。如果发生个人信息泄露，网络运营者要立即采取补救措施，按规定及时告知受影响的个人并报告有关部门。此外，《民法典》也为个人信息安装了一道"防火墙"。若公民个人信息权利受到侵犯，可根据《民法典》第111条[3]主张权益保护。

二、非法获取计算机信息系统数据罪

《刑法》第285条规定行为人违反国家规定，侵入国家事务、国防建设、尖端科学技术领域以外的计算机信息系统或者采用其他技术手段，获取该计算机信息系统中存储、处理或者传输的数据，或者对该计算机信息系统实施非法控制的行为构成非法获取计算机信息系统数据罪。其侵犯的法益为计算机信息系统数据管理秩序。该罪的前置规定主要包括2009年修正的全国人民代表大会常务委员会《关于维护互联网安全的决定》、2012年公布的全国人民代表大会常务委员会《关于加强网络信息保护的决定》、2011年修订的《计算机信息系统安全保护条例》和2017年实施的《网络安全法》等。这些法规中并未明确禁止通过技术手段获取他人App数据的行为，但不能简单以此理由将该类行为直接出罪。

实务中非法获取用户数据的主体一般是网络运营者，即网络的所有者、管理者和网络服务提供者，与他人利用技术手段非法获取App中的数据行为相比，App网络运营者由于具有主体上的优势，在非法获取用户数据上更加便捷，其手段方式较前者也存在明显的差别。基于用户协议和授权，用户同意App获取其相关数据甚至包括部分敏感信息以便于享受App的功能服务，App未经授权，

---

[2] 山东省临沂市中级人民法院刑事判决书，(2017)鲁13刑初26号。
[3] 《民法典》第111条规定："自然人的个人信息受法律保护。任何组织或者个人需要获取他人个人信息的，应当依法取得并确保信息安全，不得非法收集、使用、加工、传输他人个人信息，不得非法买卖、提供或者公开他人个人信息。"

超出权限收集用户手机内的数据就构成了"利用其他技术手段"获取数据的行为。例如，App 通过植入的 SDK 插件，在用户不知情的情况下，窃取用户敏感数据；还有山寨 App 通过混淆用户下载使用，进而窃取用户的隐私数据。这些行为危害计算机信息系统的安全，扰乱公共信息管理秩序，在对公民的隐私数据造成威胁的同时，也对互联网企业的合法权益造成了危害。

对于 App 非法获取其用户数据的行为的罪名适用应依照以下处理原则：一是非法获取的用户数据不属于个人信息，并且达到了情节严重的标准，应当以非法获取计算机信息系统数据罪论处；二是非法获取的用户数据明确属于个人信息，并且满足情节标准的，构成非法获取计算机信息系统罪与侵犯公民个人信息罪的想象竞合，从一重罪处罚，但由于两罪名法定刑轻重完全重合，需要根据犯罪情节比较孰轻孰重，然后按照较重之罪进行适用。[4]

三、侵犯商业秘密罪

我国《刑法》第 219 条[5]规定了侵犯商业秘密罪，其法益是权利人对商业秘密所拥有的合法权益及受国家保护的正常有序的市场经济秩序。2020 年《刑法修正案（十一）》对侵犯商业秘密罪进行了修改，删除了该罪中关于商业秘密罪的定义。这一修改是出于立法技术的考虑，使刑法与前置法中关于商业秘密的概念相一致，保持法秩序统一。另外，其在侵犯商业秘密的行为中增加了"电子侵入"行为方式。在《刑法修正案（十一）》颁布之前，通过电子侵入的方式获取商业秘密的情形较为常见，而这种行为模式主要通过兜底条款进行规制。《刑法修正案（十一）》明确将电子侵入作为行为手段之一，充分体现对此类行为的重视。《反不正当竞争法》第 9 条规定，商业秘密是指不为公众所知悉、具有商业价值并经权利人采取相应保密措施的技术信息、经营信息等商业信息。该条还规定经营者不得实施以盗窃、贿赂、欺诈、胁迫、电子侵入或者其他不正当手段获取权利人的商业秘密的行为。

判断 App 平台的信息是否为商业秘密需要从以下三个角度进行判断：其一，

---

[4] 冉植权：《APP 非法获取其用户数据的刑法适用研究》，载《西部学刊》2020 年第 24 期。
[5]《刑法》第 219 条规定："有下列侵犯商业秘密行为之一，情节严重的，处三年以下有期徒刑，并处或者单处罚金；情节特别严重的，处三年以上十年以下有期徒刑，并处罚金：（一）以盗窃、贿赂、欺诈、胁迫、电子侵入或者其他不正当手段获取权利人的商业秘密的；（二）披露、使用或者允许他人使用以前项手段获取的权利人的商业秘密的；（三）违反保密义务或者违反权利人有关保守商业秘密的要求，披露、使用或者允许他人使用其所掌握的商业秘密的。明知前款所列行为，获取、披露、使用或者允许他人使用该商业秘密的，以侵犯商业秘密论。本条所称权利人，是指商业秘密的所有人和经商业秘密所有人许可的商业秘密使用人。"

秘密性。作为商业秘密的技术信息和经营信息必须具有"不为公众所知悉"的特点。具备保密性是商业秘密为权利人带来经济利益的前提，是法律保护商业秘密的基础，也是与专利权、著作权的区别。"公众"指某一行业或者潜在竞争者。其是对商业秘密处于未公开状态的描写，也是对新颖性的要求。其二，价值性，即能为权利人带来现实的或者潜在的经济利益或者竞争优势。商业秘密的价值性体现在能够给权利人带来直接或间接的经济利益，但是从根本上而言，是权利人在竞争上的优势。其三，保密性，商业秘密的保密措施是非公知性要求的延伸。它是指具备非公知性信息的所有人基于维持该非公知状态而采取的客观举措，即保密措施系基于"秘密性"的需要而采取的外部表现行为。保密措施并不要求万无一失，但应当是合理的。保密规则的明确性需要对可能知悉其非公知性信息的相对人明示需保密的范围以及相应的保密要求。实务中有非法获取型和违约交织型侵犯商业秘密，而该案中所体现出来的便是行为人通过电子侵入的方式非法获取 App 信息。但其不构成侵犯商业秘密罪，原因在于行为人获取的信息具有公开性，不具有商业秘密的特征。

案例九：网络经营平台竞价搜索排名规制

——唐山人人信息服务有限公司、北京百度网讯科技有限公司滥用市场支配地位纠纷[1]

【案情简介】

唐山人人信息服务有限公司（以下简称唐山人人公司）是全民医药网的实际经营者。北京百度网讯科技有限公司（以下简称百度公司）是百度搜索引擎的实际经营者。唐山人人公司以滥用市场支配地位为由向人民法院起诉百度公司。百度公司的用户在百度搜索中输入关键词时，搜索结果的排名主要有自然排名和竞价排名两种方式。唐山人人公司认为，其降低了对百度搜索竞争排名的投入，百度公司即对全民医药网进行了全面屏蔽，从而导致全民医药网访问量大幅度降低，百度公司的行为构成滥用市场支配地位强迫唐山人人公司进行竞价排名交易的行为。

【案件结果】

首先，经营者是否具有市场支配地位，应该严格按照《反垄断法》的相关规定判断，即使是搜索引擎服务商向用户提供免费搜索服务，也依然存在《反垄断法》意义上的相关市场。使用中文搜索引擎的多数用户位于中国，而中国用户可以选择并获取的具有较为紧密替代关系的搜索引擎服务一般也源于中国，可以确定中国为该案的相关地域市场。唐山人人公司主张百度公司占据相关市场支配地位，只提交了两篇有关百度公司市场地位的新闻报道，并没有提供具体的计算方式、方法及有关基础性数据等证据使法院确信该市场份额的确定源于科学、客观的分析。也就是说，唐山人人公司未能举证证明百度公司在"中国搜索引擎服务市场"中占据了支配地位。

其次，百度公司虽然对全民医药网的自然排名结果实施了减少收录数量的技术措施，但其行为是对全民医药网存在"垃圾外链"进行的处罚，而且唐山人人公司在庭审过程中也承认了全民医药网确实存在"垃圾外链"。百度公司实施

---

[1] 北京市高级人民法院民事判决书，(2010) 高民终字等489号。

反作弊机制只是为了使搜索结果更为真实和可靠,从而保证广大搜索引擎用户的利益,这种措施本身是正当的,现有证据也无法证明百度公司的上述措施对唐山人人公司而言存在歧视性或者胁迫性,不构成滥用市场支配地位的行为。据此,北京市高级人民法院判决驳回唐山人人公司的全部诉讼请求。

案例分析

该案以滥用市场支配地位纠纷为案由诉至法院,但其中还有一处关键问题,便是搜索引擎竞价排名。时代在不断进步,曾经百度搜索"一家独大",如今各种类型的搜索引擎不断出现,使竞价搜索涉及的相关问题亟须得到改善和解决。搜索引擎竞价排名是什么、产生什么问题、之后需如何进行规制等亦是社会各界应厘清并解决的问题。

一、搜索引擎竞价排名

随着科技的进步,Web2.0(由用户独立参与、创造并管理信息)时代在不断地演进,出现了众多搜索引擎平台。"百度"作为全球领先的中文搜索引擎,基于全球互联网向广大网民提供中文检索服务。根据用户的指令,百度的搜索引擎系统会以非人工检索方式自动生成到第三方网页的链接,以便用户能够找到和使用第三方网页上各种文档、资料等内容。"百度"自身不存储、控制、编辑或修改被链接的第三方网页上登载、存储、编辑、显示被检索(包括但不限于以文字、图片或者音乐等形式出现)的信息的内容或其表现形式。在中国,遇事不决找"百度"已成为新时代解决问题的一种参考方式,各种类型的网站以及App也都嵌入了搜索引擎。

用户提出问题—在百度搜索上输入关键词—百度搜索呈现结果,这是用户使用百度搜索的流程,用户想要的便是其中的结果。这结果排名方式有两种:自然排名与竞价排名。自然排名是指百度搜索(此处亦指搜索引擎服务提供商)根据用户输入的关键词,通过程序在其信息库中寻找适宜的结果,按照百度搜索设置的规则进行排序。其通过向用户提供免费的信息搜索服务来产生大量的访问和流量,是百度搜索的一项基本服务。竞价排名是指百度搜索(此处亦指搜索引擎服务提供商)根据用户输入的关键词来展示结果,并根据竞价排名和关键词等相关因素对上述结果进行排序。各方对于搜索结果中自然排名的呈现无争议,但对于竞价排名因涉及多方的利益成为争议、讨论、规制的重点。

一般认为,百度搜索引擎提供的竞价排名与广告类似,是一种网络营销模式。广告主（个人或企业）出价购买特定关键词即产品或服务的具体名称的广告展示位置，当用户在百度搜索引擎上输入关键词，引擎会展示竞价后的结果，将用户即潜在客户带到广告主（个人或企业）的网站进行访问。这里展示排名的关键与核心是"竞价"，但通过搜索引擎的算法进行广告展示排名不一定出价高就一定排在前面。在竞价排名搜索中，广告主（个人或企业）可以设置广告展示的预算、出价和投放地域等参数，以便更好地控制广告展示效果。当用户点击广告链接进入广告主（个人或企业）网站时，广告主需要向搜索引擎支付每次点击费用，这就是所谓的"按点击付费"广告模式（Pay–Per–Click，PPC）。竞价排名是一种非常有效的在线广告类型，可以帮助个人或企业在搜索引擎中展示他们的品牌、产品或服务，现已成为众多中小企业提升业绩，赢得潜在客户的武器。

在搜索引擎中进行竞价排名的特点在于按效果付费，性价比高。竞价推广排名完全按照给个人或企业带来的潜在用户访问数量计费，没有客户访问不计费，其可以灵活控制推广力度和资金投入，即根据自己的广告预算和排名可要求搜索引擎服务提供商随时开始或取消竞价排名，或者在后台设置每天广告投放时间，如整天或阶段性时间，还可控制投放广告的最高金额，如每天点击消费达到200元，就让竞价后台管理系统撤下排名位置广告。每次点击的收费因关键字不同而有所差异，但可设置其想要的关键字，且关键字数量不受限制，无论提交多少，均按网站的实际被点击量计费。况且广告主（个人或企业）的推广信息只出现在真正感兴趣的潜在客户面前，针对性强，更容易实现推销。竞价搜索网站建设要求低，一般来说，只要广告主（个人或企业）参与竞价，无论网站或者网页的质量如何，只要采用合适的关键词与出价，搜索引擎排名就可以在第一页或者第一名的位置。

竞价排名并不全然有利，诸如关键词的价格高昂，对于竞争激烈的词，单价可以达到数元甚至数百元，广告主1个月就要消费数千元甚至数万元。竞价搜索的自动化程度还不够高，管理繁琐，广告主若要保证位置和控制成本，需要不停查看价格并设置最合适的价格来进行竞价。在Web3.0时代还未到来之前，每个搜索引擎都是各自独立的，即广告主（个人或企业）在百度搜索做了竞价后，不会在谷歌、雅虎等网站上出现排名。广告位置的稳定性差，容易受价格及预算影响。并且在一些情况下会被竞争对手、广告公司等恶意点击，在按点击量进行收费的竞价排名中，这无疑是在浪费广告主的资源。

二、搜索引擎竞价排名中的违法表现

竞价排名在不断发展演进，其中不免出现一些问题甚至违法行为，以百度搜索为例，2016年5月，相关部门组成调查组进驻百度公司对"魏则西事件"进行调查，调查组认为百度竞价机制存在付费竞价权重过高、商业推广标识不清等问题，影响了搜索结果的公正性和客观性，容易误导网民等。除了调查组认定的几个问题之外，百度乃至各个搜索引擎服务提供商提供的竞价排名尚存在其他违法表现，主要有以下几处：

（一）虚假广告及恶意链接

上述内容虽将竞价排名定义为网络广告营销模式，但是在实践中，竞价排名的法律性质尚未明确，搜索引擎服务提供者的审查义务有限，故而搜索行业正在成为虚假广告的重灾区，一些虚假广告甚至给消费者的人身和财产造成了极大的伤害。此处基于竞价排名具有明显的宣传及商业目的，而不仅是对客户网站的技术链接，并且参与竞价排名的关键词链接基本上指向特定的产品、品牌、服务，因此可以认定竞价排名具有商业广告性质。

《广告法》明确规定广告必须是真实的、合法的、符合社会主义建设需要的，并且不能使用虚假的内容故意欺骗、错误引导消费者。在竞价排名中，主要存在几种形式的虚假广告和恶意链接：其一，将热门的、流行的词设置为关键词，以此吸引网络用户的注意力，但点击搜索链接后产品或服务可能不存在。如输入某一类考试，网络平台展示出来的是某一培训机构。其二，广告主为逃避平台监管，在开通竞价推广服务后，采用二次跳转等隐蔽手段，使用户进入另外的网页。其三，广告主链接中所提供的商品或服务不存在，即其在链接中设置与其产品或服务不相关的关键词，吸引潜在客户进行浏览，一些广告主通过这种方式收集用户信息，进而实现其他不正当的目的。

（二）关键词商标侵权

在搜索引擎中使用竞价排名的目的在于宣传企业或者个人提供的产品或服务，而对于知名度低，或新成立的企业来说最便捷的方法就是"搭便车"，即使用知名度高的商号或字号来定义关键词，将用户引入自己的商品宣传广告或者网页上，以获取交易机会。在关键词推广中，商标的适用会出现在两个阶段中：第一，是将商标作为关键词置于关键词服务提供者的推广系统中，这是对商标的隐形使用，能够一定程度上逃脱搜索引擎服务提供者的监管。[2] 第二，是将商标作为关键词放置于搜索结果页面的推广标题、推广信息上，即外部使用亦称对商标的显性使用，最终将会影响用户的判断。

（三）竞价排名中的垄断行为

在网络的背景下亦会产生竞争，搜索引擎服务提供商利用其在市场上的竞争优势地位和支配力会产生垄断行为。垄断产生后，一些企业或者个人若需要采用竞价搜索的方式宣传其产品和服务，基于用户对搜索引擎的信任，以及网络广告宣传的优势，其不得不对此垄断进行妥协。

三、竞价排名的的规制路径

2016年6月，国家互联网信息办公室出台《互联网信息搜索服务管理规定》专门对互联网信息搜索进行规制，对搜索引擎服务提供商和网址提供者均作出了要求。

（一）搜索服务提供者的审查义务

《互联网信息搜索服务管理规定》第11条指出互联网信息搜索服务提供者提供付费搜索信息服务，应当依法查验客户有关资质，考虑到竞价排名所特有的关键词广告的特征，在对广告主进行主体资格审查时，需要重点审查广告主是否具有使用某些商标关键词的权利能力。此外，对于《广告法》规定的某些特殊商品的广告发布，如医疗、药品、医疗器械等广告，其应对相关广告主的主体资质进行严格审查。在竞价排名广告中对广告资质进行审查，获取广告主真实的名称、地址等信息是广告发布者应尽的义务，是对消费者权利救济的保障，也是搜索引擎商降低自己风险的途径。除审查主体资质外，其在搜索引擎能力范围内还需审查内容，即对搜索页面上具体显示的相关标题和简短文字描述构成的可链接的网页信息内容进行审查。另外，搜索引擎服务提供商应对广告主的被链接网站内容进行审查。

（二）搜索服务提供者的标识义务

《互联网信息搜索服务管理规定》第11条要求对付费搜索信息逐条加注显

---

[2] 姚志伟、慎凯：《关键词推广中的商标侵权问题研究——以关键词推广服务提供者的义务为中心》，载《知识产权》2015年第11期。

著标识,亦要求互联网信息搜索服务提供者提供商业广告信息服务,应当遵守相关法律法规。《广告法》规定,通过大众传播媒介发布的广告应当有广告标记,应与其他非广告信息相区别,以免消费者产生误解。在互联网普及之后,搜索引擎不仅成为公众获取信息的主要来源,也成为其寻医问药的重要途径。在搜索引擎"谷歌"搜索某一病症,会发现"谷歌"同样也有医疗广告,但确有着更为明显的标识。故搜索引擎服务提供商应当结合搜索引擎页面显示惯例,设置明显的付费广告栏。

(三)建立完善先行赔付等网民权益保障机制

畅通网民监督举报渠道,提高对网民举报的受理、处置效率;对违法违规信息及侵害网民权益行为,一经发现立即终止服务;建立完善相关机制,对网民因受商业推广信息误导而造成的损失予以先行赔付。如百度公司推出《百度网民权益保障计划》,百度注册用户在登录百度账号状态下,在百度搜索结果页面及其他百度域名下点击带有"保"的网站/小程序或者"广告"标识的搜索结果链接进入的网站或在百度信誉档案页点击商家"基础信息"栏目中的"网站地址"进入的网站,或点击在百度信息流中有"广告"标识的链接进入的网站后发生因相关网站/小程序经营者采取假冒官网,假冒官方小程序,假冒合法资质、合法授权、网络钓鱼等诈骗行为,致使用户与该经营者发生生活消费交易后受到直接经济损失的。用户可按照保障计划的有关规则向百度公司申请保障金,或得到百度公司在消费维权方面的相关支持。

案例十：金融机构数据交易的合规性和合法性分析

——以国家金融监管总局对中信银行股份有限公司作行政处罚决定为例[1]

【案情简介】

2023年12月29日，国家金融监督管理总局对中信银行股份有限公司（以下简称中信公司）作出金罚决字〔2023〕69号行政处罚决定书。该公司主要的违法违规事实为：其一，部分重要信息系统应认定未认定，相关系统未建灾备或灾难恢复能力不符合监管要求；其二，同城数据中心长期存在基础设施风险隐患未得到整改；其三，对外包数据中心的准入前尽职调查和日常管理不符合监管要求，部分数据中心存在风险隐患；其四，数据中心机房演练流于形式，部分演练为虚假演练，实际未开展；其五，数据中心重大变更事项未向监管部门报告；其六，运营中断事件报告不符合监管要求。国家金融监督管理总局依据《银行业监督管理法》第21、46条和相关审慎经营规则对中信公司作出罚款400万元的行政处罚。

案例分析

由上述案例可知，国家金融监督管理总局主要针对中信公司的数据安全保护基础设施及工作步骤进行要求，明显可以看出国家加大了金融机构对于数据交易安全保护的义务。其原因在于经济不断发展，个人及企业具有一定的经济基础，能够存储在金融机构的资金量增大；且在数据不断发展的时代，个人及企业向金融机构提供了较多的信息，科学技术的进步使犯罪手段层出不穷，亦增大保护上述资金和信息的难度。除此之外，也出现了金融机构内部人员利用其工作便利侵犯公民个人信息的情形，如某金融公司利用格式合同强制授权，无差别地获取借款人关系人、通讯信息、互联网使用信息等个人信息；某商业银行员工通过虚构

---

[1] 国家金融监督管理总局行政处罚决定书，金罚决字〔2023〕69号。

业务办理需求，查询公民个人征信报告，累积出售个人征信报告 900 余份，非法获利 20 余万元。金融机构数据交易安全的重要性不言而喻，在交易的过程中不免出现风险，如何应对此类风险是个人、金融机构及国家应重视并解决的问题。

一、金融机构数据交易安全及合规

数字经济时代，数据是金融的血液，数据要素融入金融服务全流程，贯穿业务运行全链条，数据安全是金融安全、平稳、健康发展的重要基础，并逐步成为金融稳定甚至国家安全的重要影响因素。海量数据中蕴含着大量个人隐私和企业的商业秘密，一旦发生泄露事件，会给用户、企业及金融机构带来负面影响、经济损失，甚至法律责任，为此需要对金融数据交易安全进行合规性分析，以降低交易风险。从效力上看，金融数据合规具有强制性。《网络安全法》《数据安全法》《个人信息保护法》在法律层面规制金融数据交易安全，其具有公法的特征亦具有国家强制力。从内容上看，金融数据合规具有全面性。金融数据合规涉及个人金融信息、数据分类、数据出境等多个方面的内容，涉及采集、传输、存储、使用、销毁等多个环节，各个方面与环节共同形成金融数据合规体系。从效果上看，金融数据合规同时具有预防与救济双重作用。其通过建立健全完善的合规体系、提前识别合规风险并有效化解、将风险控制在金融业机构内部的方式可进行事前预防；在面临国家权力机关的调查时，金融机构可以此争取宽大处理。

二、金融机构数据交易安全的挑战

（一）数据安全外部风险增加

大数据、人工智能等新兴技术的快速发展和在金融行业的落地实践，不断催生新的金融服务和金融业态，推动了金融数字化转型和经济社会的发展。金融机构交易过程中，会使用用户和企业中的身份信息、金融资产、交易数据等隐私信息。随着交易数量和风险在不断增加，如何使这些信息免受泄露和盗用成为金融机构面临的挑战。另外，金融机构通常会与很多第三方供应商或者客户合作，如供应商、客户等，这些合作也带来了信息安全方面的挑战。例如，第三方机构可能存在安全隐患，或者可能利用合作机会窃取或篡改机构的数据。

（二）数据安全内部系统问题

首先，为保障数据交易的便捷性、安全性，金融机构通常会使用诸多组件和数据源，但这些组件和数据源作为人为的技术产品，也存在如操作系统漏洞、网络安全漏洞，应用程序漏洞等安全隐患。其次，数据安全保护难以精细分级。由于金融业务繁杂，金融数据量大，同样的数据在不同行业、不同业务场景、不同生命周期对应的敏感级别各不相同，导致金融机构难以对大量数据进行详细分类，实施有针对性的数据安全保护策略极为困难。最后，数据安全防护措施相对传统。据了解，一些金融机构采取了一系列传统的技术手段如数据加密、访问控制等来防止数据被盗取或篡改。但采取技术措施之后数据难以流动并释放其价值，造成了数据资源的冗余和浪费，金融机构亦面临保守不前的窘境，数据安全信息共享难以实现。

三、金融机构数据交易安全的措施

数据安全治理是金融数据交易安全的基础保障，《数据安全法》给金融机构数据安全工作带来新的机遇与挑战。金融机构应在监管规范和标准之下，紧密结合自身实际开展数据安全治理工作，从推动金融数据交易安全组织，强化对金融数据交易违法行为的监管、推进金融机构与用户协同维护数据交易安全等方面，更好地应对数据交易安全风险挑战。

第一，推动金融数据交易安全的立法工作。我国应加快金融数据安全保护的法律法规建设，厘清金融数据所有权、使用权等问题，明确金融交易信息在网络平台上流通和共享标准、规范，使数据的流转有据可依，有法可循；面对金融数据交易领域的无序竞争现象，应在对金融数据确权的基础上，明确数据采集、存储、共享等各个环节的法律形式和执行标准。

第二，强化对金融数据交易违法行为的监管。首先，我国应完善和优化金融数据交易安全的监管组织机构，对相关部门的监管职责进行明确，并同时将金融数据安全治理纳入国家反垄断体系之中。其次，相关部门建立完善的数据交易监管体系，并制定科学、合理的金融数据业务集中度审查标准，构建金融数据交易安全体系。最后，我国应建立完善的金融机构备案制度，规范金融科技企业处理金融数据原则，将其纳入现行监管体系内。

第三，推进金融机构与用户协同维护数据交易安全。强化金融数据交易安全的管理方式，制定安全等级标准，可以预防金融交易安全的内部问题。以传统组件和数据源为基础，通过总结其存在的技术漏洞，提升金融机构技术水平，可以有效地避免金融数据盗用、泄露等外部问题。除此之外，个人和企业作为数据交易的参与方应发挥其在此过程中的作用，具体而言，我国应通过提升个人和企业的金融数据交易安全意识，引导他们对金融服务中常见问题的关注，增加其风险防范意识。对此，个人和企业可采取定期升级账户密码、科学处理交易数据等措施来加强其对自身金融数据信息的保护，提升自身的维权意识和水平。